MOTORCYCLE

高档摩托车维护保养速查

夏雪松 主编

化学工业出版社
·北京·

本书主要介绍了杜卡迪、阿普利亚、宝马、KTM、凯旋、哈雷-戴维森、本田、川崎、雅马哈、铃木10个品牌高档进口摩托车的油品规格与加注量、熔丝规格与用途、制动片磨损极限规范值、传动链张紧度检查与调整、传动链润滑、灯泡规格与更换、大灯照射方向调节、轮胎规格与更换等内容。本书图文并茂，内容丰富，实用性强。

本书既可作为初学高档摩托车修理人员的入门指导，也可供广大摩托车爱好者、驾驶人员以及大中专院校相关专业的师生阅读和参考。

图书在版编目（CIP）数据

高档摩托车维护保养速查/夏雪松主编．—北京：化学工业出版社，2018.1（2023.1重印）

ISBN 978-7-122-31143-6

Ⅰ.①高… Ⅱ.①夏… Ⅲ.①摩托车-车辆修理②摩托车-车辆保养 Ⅳ.①U483.07

中国版本图书馆CIP数据核字（2017）第302316号

责任编辑：辛　田　　　　文字编辑：冯国庆
责任校对：边　涛　　　　装帧设计：王晓宇

出版发行：化学工业出版社（北京市东城区青年湖南街13号　邮政编码100011）
印　　装：大厂聚鑫印刷有限责任公司
787mm×1092mm　1/16　印张16½　字数402千字　2023年1月北京第1版第2次印刷

购书咨询：010-64518888　　　　售后服务：010-64518899
网　　址：http://www.cip.com.cn
凡购买本书，如有缺损质量问题，本社销售中心负责调换。

定　价：94.00元

前言

随着我国经济建设的飞速发展，人们收入水平不断提高，高档摩托车的保有量也越来越多，为了满足车主和综合维修厂对高档摩托车维护保养信息的需求，笔者根据国内高档进口摩托车的保有量，有针对性地选取了杜卡迪、阿普利亚、宝马、KTM、凯旋、哈雷-戴维森、本田、川崎、雅马哈、铃木共10个车系30多种畅销高档摩托车的维护保养数据，对油品规格、机油更换、油位检查、制动摩擦片检查、熔丝规格及功能说明、灯泡规格与更换、前照灯调节、传动链条检查与调节、轮胎规格与轮胎压力、悬架弹簧预紧力、回弹阻尼及压缩阻尼调节等常见的维护保养项目进行了详细的叙述与说明，可供车主和维修厂人员在维护保养中参考使用。本书内容丰富，编排合理，查找方便，是一本极具实战价值和参考价值的维修书籍。

本书由夏雪松主编，其他参加编写的人员有江艳秋、徐志军、李杰清、王剑峰、刘玲、张雅成、崔秀平、田建宇、李文惠、刘刚、胡志涛、胡长宏、钱善虎、李小明、李晨、夏晓云、秦帅帅、孟晓波、王殿虎、罗秋婷、史玥丽、罗亮、宋鹏飞、贾利英、郭艳虎、李建明、王斌、赵彩英、李云娟、王志红。

由于笔者水平有限，书中不足之处在所难免，希望广大读者批评指正。

编　者

目录

第一章

DUCATI（杜卡迪）摩托车

第一节　MONSTER（怪兽）系列

一、2015年款MONSTER（怪兽）1200/1200 S摩托车维护保养

1. 油品规格（表1-1-1）

表1-1-1　油品规格

部　　件	规　　格	用　　量
发动机油底壳及机油滤清器	Shell Advance 4T Ultra发动机机油 黏度:SAE15W-90	3.7L
前、后制动器及离合器	Shell Advance Brake Dot4制动液	
前叉	Shell Advance Fork 7.5或Donax TA	左侧叉杆:506mL 右侧叉杆:500mL
发动机冷却系统	ENI Agip Permanent Spezial防冻液	2.5L

2. 发动机机油液面高度检查（表1-1-2）

表1-1-2　发动机机油液面高度检查

步骤	操　　作
1	确保摩托车发动机处于冷机状态
2	使摩托车处于与地面垂直的状态
3	按照图1-1-1所示，通过离合器盖上的检视孔（图1-1-1中的1）来查看发动机机油液面高度
4	发动机机油液面高度必须处于检视孔对应的MAX（上限）和MIN（下限）刻度之间
5	如果检查发现机油不足，应立即拆下机油加注盖（图1-1-1中的2）加注Shell Advance 4T Ultra发动机机油
6	机油加注到规范刻度后，将机油加注盖重新装好

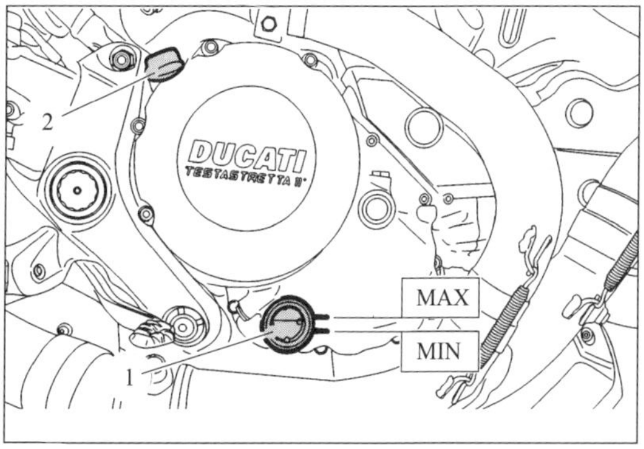

图1-1-1　检查发动机机油液面高度

3. 发动机冷却液液面检查（表 1-1-3）

表 1-1-3　发动机冷却液液面检查

步骤	操　作
1	使发动机冷机
2	将车把向左侧转动，查看转向套管右侧冷却液膨胀罐中的冷却液液面高度
3	按照图 1-1-2 所示，液面高度应处于膨胀罐上的 MAX 和 MIN 标记之间
4	如果液面高度低于 MIN 标记，应拧下冷却液加注盖（图 1-1-2 中的 1），加注 ENI Agip Permanent Spezial 冷却液至 MAX 标记
5	将加注盖拧好

4. 制动器及离合器液面高度检查

按照图 1-1-3 所示的液面高度标记执行液面高度核查，液面不能低于 MIN 标记。

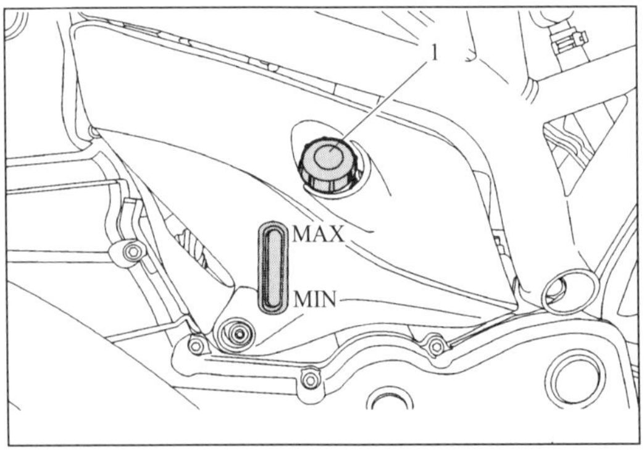

图 1-1-2　发动机冷却液加注盖及液面高度识别

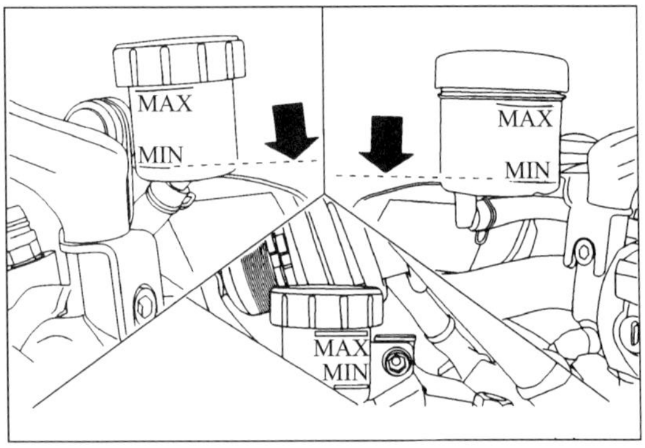

图 1-1-3　制动器及离合器液面高度标记识别

5. 制动衬块磨损检查

从制动卡钳之间的开口对制动衬块磨损进行检查，如图 1-1-4 所示，如果发现任一制动衬块上摩擦材料最小厚度只有 1mm 时，必须将 2 个制动衬块全部更换。

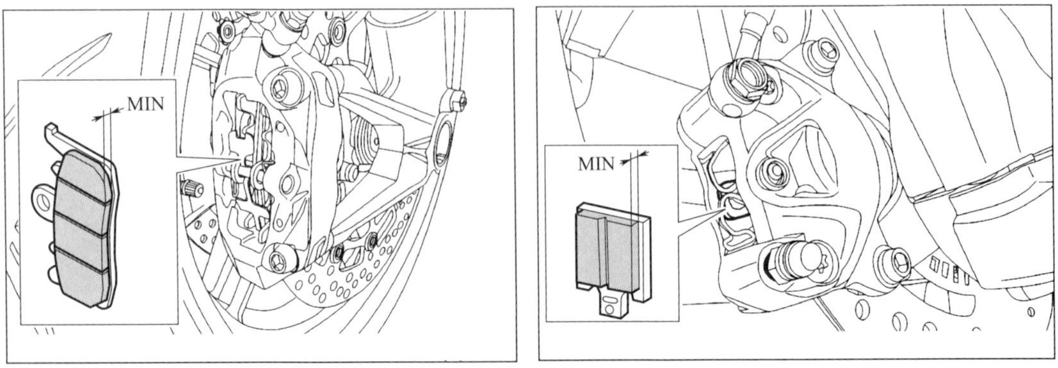

图 1-1-4　制动衬块磨损检查

6. 传动链张紧度检查（表 1-1-4）

表 1-1-4　传动链张紧度检查

步骤	操　　作
1	转动后轮，直至传动链绷紧
2	把摩托车用侧脚架支好，将传动链向下压，然后松开
3	按照图 1-1-5 所示，测量大铝叉与链条销中心之间的距离（图 1-1-5 中的 A）
4	确认距离应为 30～32mm

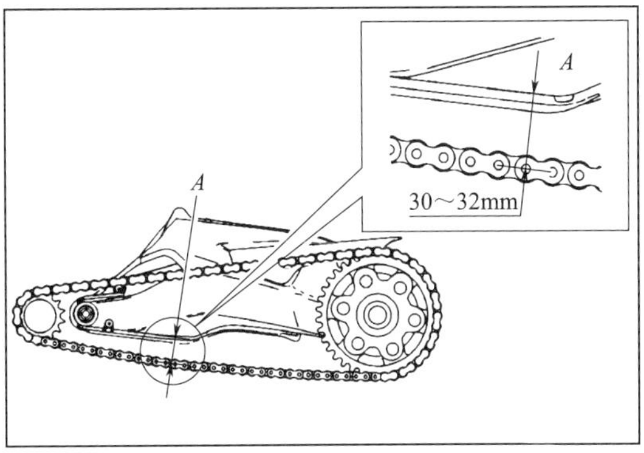

图 1-1-5　传动链张紧度检查

7. 传动链润滑

如果维护保养时发现传动链脏污，首先用溶剂将传动链清洗干净，然后用压缩空气或吸水材料将传动链吹干或吸干，最后用 Shell Advance Chain 或 Advance Teflon Chain 润滑剂对传动链进行润滑。

8. 火花塞型号

火花塞型号为 NGK MAR9-J。更换时要确保型号准确。

9. 轮胎压力规范

检查轮胎压力时，应确保轮胎处于冷胎时进行。

摩托车为单人驾驶时，前轮轮胎压力应为 2.3bar（1bar=10^5Pa，下同），后轮轮胎压力应为 2.5bar。

摩托车为双人乘坐时（一名驾驶员和一位乘客），前轮轮胎压力应为 2.5bar，后轮轮胎压力应为 2.8bar。如果要行驶在崎岖不平的路面，可将前轮轮胎压力在规范值的基础上再增加 0.2～0.3bar。

10. 轮胎花纹最小厚度规范

按照图 1-1-6 所示，在轮胎磨损最大的位置测量轮胎花纹最小厚度，不能低于 2mm。否则应更换新轮胎。

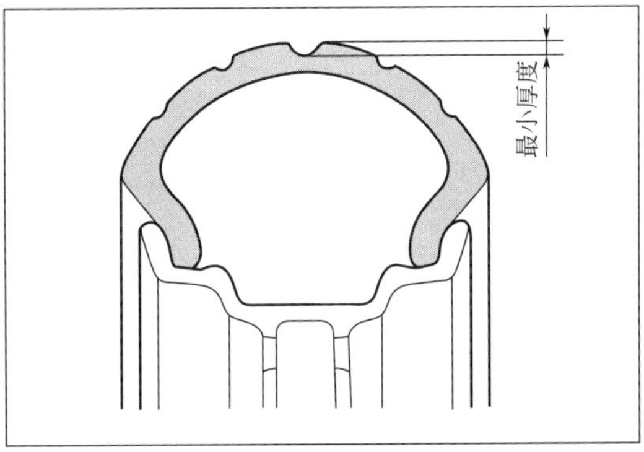

图 1-1-6　测量轮胎花纹最小厚度

11. 轮胎规范

前轮为 120/70-ZR17 无内胎式轮胎，后轮为 195/55-ZR17 无内胎式轮胎。

12. 车灯规格

车灯规格参见表 1-1-5，更换灯泡时要仔细核对灯泡的数量和功率，以免发生错误。

表 1-1-5　车灯规格

车　　灯	规　　格
前照灯近光灯泡	H4 BV(12V-60/55W)
前照灯远光灯泡	H4 BV(12V-60/55W)
行车灯	6 个 12V-10W 的 LED 灯泡

续表

车　　灯	规　　格
前转向灯	12V-10W 的灯泡(MONSTER 1200)
后转向灯	12V-10W 的灯泡(MONSTER 1200)
前转向灯	1 个 13.5V-3.1W 的 LED 灯泡
后转向灯	4 个 13.5V-0.68W 的 LED 灯泡
车牌照明灯	3 个 13.5V-0.7W 的 LED 灯泡
车后制动灯	12 个 13.5V-2.8W 的 LED 灯泡

13. 熔丝说明

(1) 主熔丝（图 1-1-7）

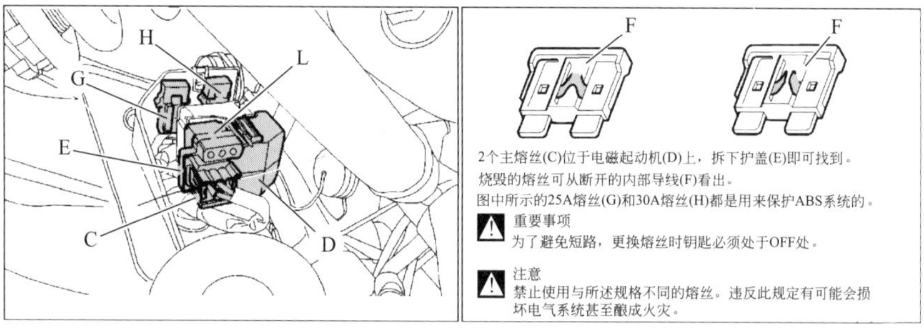

图 1-1-7　主熔丝说明

(2) 车辆左侧熔丝盒内熔丝说明（图 1-1-8）

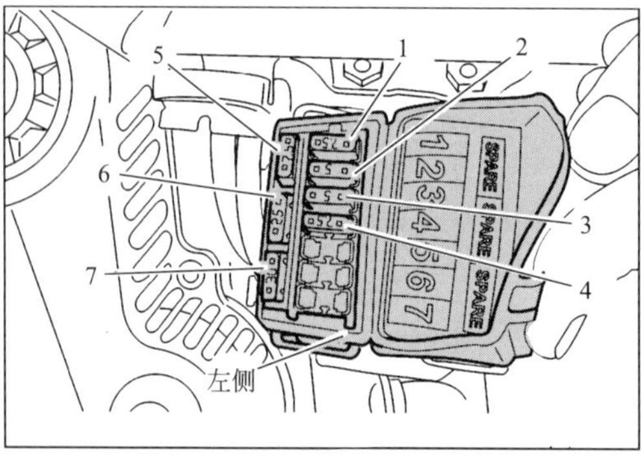

位置	保护部件	规格/A
1	钥匙	7.5
2	报警灯	5
3	制动灯	5
4	诊断	3
5	预留	7.5
6	预留	25
7	预留	30

图 1-1-8　车辆左侧熔丝盒内熔丝说明

(3) 车辆右侧熔丝盒内熔丝说明（图 1-1-9）

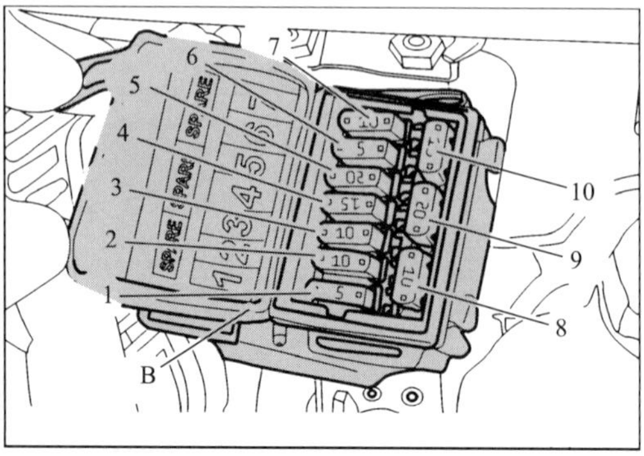

位置	使用部件	规格/A
1	灯光	5
2	仪表盘	10
3	钥匙1	10
4	钥匙2	15
5	继电器	20
6	电控单元	5
7	BBS(黑箱系统)	10
8	预留	10
9	预留	20
10	预留	15

图 1-1-9　车辆右侧熔丝盒内熔丝说明

14. 大灯定向调节

在使用过程中发现摩托车大灯照射方向发生偏离时，应按照图 1-1-10 所示，用螺丝刀转动图中所示的调节螺栓，将大灯的照射方向调节准确。

15. 车架识别编号位置

摩托车车架识别编号位置如图 1-1-11 所示，车主应准确记录该编号，订购配件时，必须准确告知配件商该编号，以免发生配件错购或错配。

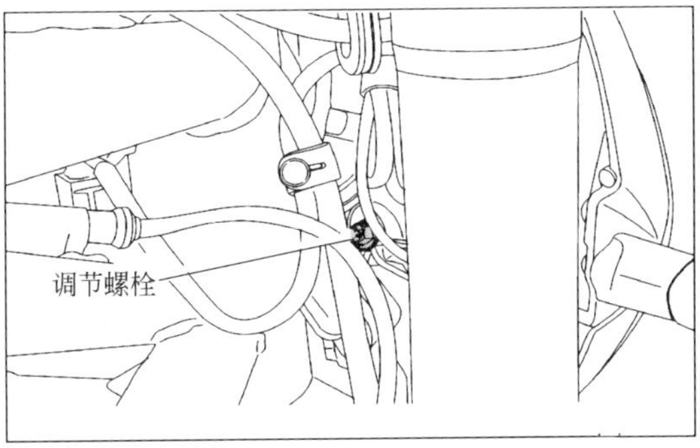

图 1-1-10　大灯照射方向调节螺栓

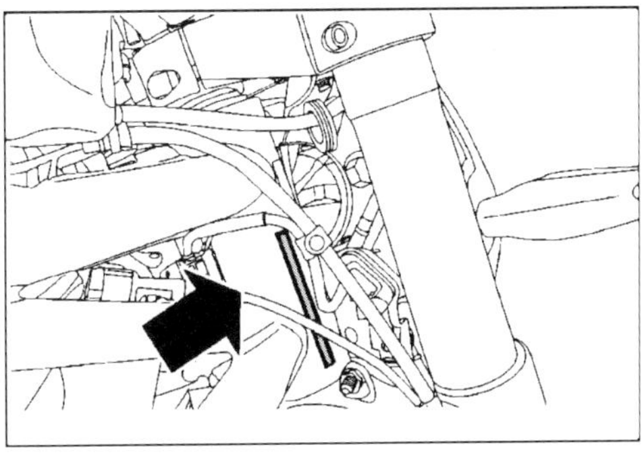

图 1-1-11　车架识别编号位置

16. 发动机识别编号位置

发动机识别编号位置如图 1-1-12 所示，也是订购配件时必须要准确提供的号码。

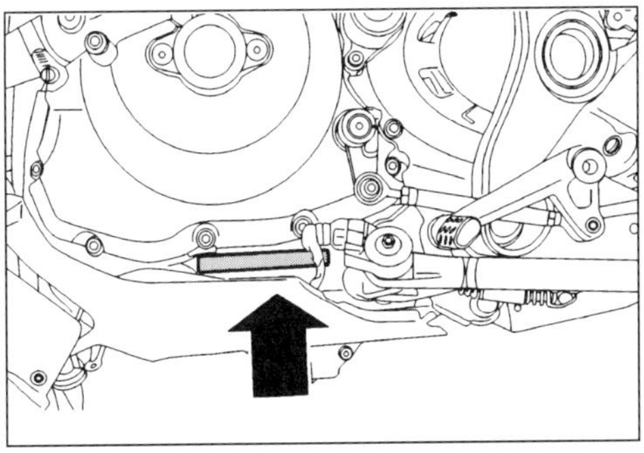

图 1-1-12　发动机识别编号位置

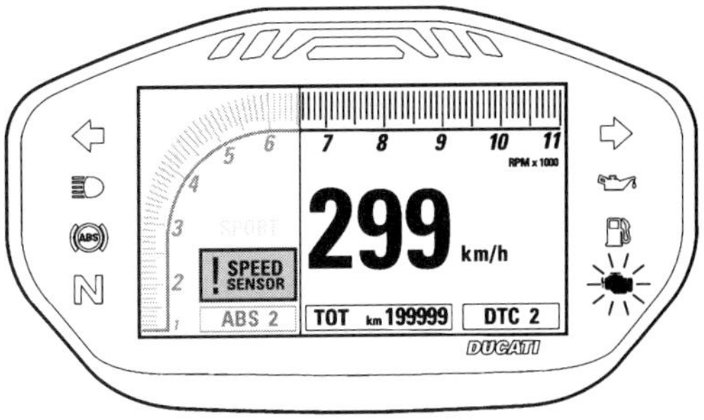

图 1-1-13　故障信息图例（! SPEED SENSOR，速度传感器故障）

17. 仪表板故障信息显示说明

摩托车仪表板具有故障信息显示功能，如图 1-1-13 所示。当发生故障时，仪表板右下方的故障指示灯点亮，故障信息也一同显示在仪表板的显示屏上，提示车主尽快与维修厂联系处理。

常见的故障信息说明参见表 1-1-6。

表 1-1-6　常见的故障信息说明

显示信息	含　义
CAN LINE	CAN(控制器区域网络)总线故障
UNKNOWN DEVICE	电控单元未被系统识别
ABS	ABS(防抱死制动系统)电控单元不通信/运行不正常

续表

显示信息	含　义
BBS	BBS(黑箱系统)电控单元不通信/运行不正常
	BBS(黑箱系统)电控单元一般性故障
DSB	DSB(仪表板)电控单元不通信/运行不正常
IMMOBILIZER	防盗系统 E-Lock 电控单元一般性故障
	钥匙-天线(防盗器)运行不正常
ENGINE	ENGINE(发动机)电控单元不通信/运行不正常
	ENGINE(发动机)电控单元一般性故障
	节气门位置传感器故障
	节气门电动机/继电器故障
	压力传感器故障
	发动机冷却液温度传感器故障
	进气温度传感器故障
	燃油喷射继电器故障
	点火线圈故障
	喷油器故障
	发动机转速传感器故障
	氧传感器或氧传感器加热器故障
	摩托车启动继电器故障
FUEL SENSOR	燃油传感器故障
SPEED SENSOR	前轮/后轮轮速传感器故障
BATTERY	蓄电池电压过低或过高
STOP LIGHT	制动灯失灵
FAN	冷却风扇故障
SIDE STAND	摩托车侧脚架传感器故障
T-AIR	大气温度传感器故障
DDA	杜卡迪数据采集电控单元工作不正常

18. 操纵部件调节

（1）离合器控制杆与车把旋转手柄之间距离调节　离合器控制杆（图 1-1-14 中的 1）上配有一个旋钮（图 1-1-14 中的 2），车主如果感觉操纵起来不顺手，可通过转动该旋钮将离合器控制杆与摩托车旋转手柄之间的距离调节到自己感觉最恰当的状态。沿顺时针方向转动旋钮，控制杆与手柄之间的距离会增大；沿逆时针方向转动旋钮，控制杆与手柄之间的距离会减小。

（2）前制动控制杆与车把手之间的距离调节　前制动控制杆（图 1-1-15 中的 1）上配有一个旋钮（图 1-1-15 中的 2），车主如果感觉操纵起来不顺手，可通过转动该旋钮将前制动器控制杆与摩托车把手之间的距离调节到自己感觉最恰当的状态。沿顺时针方向转动旋钮，控制杆与把手之间的距离会增大；沿逆时针方向转动旋钮，控制杆与手柄之间的距离会减小。

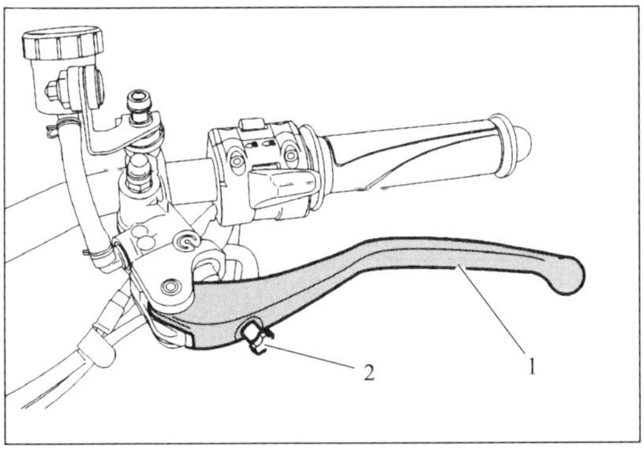

图 1-1-14 离合器控制杆与调节旋钮识别

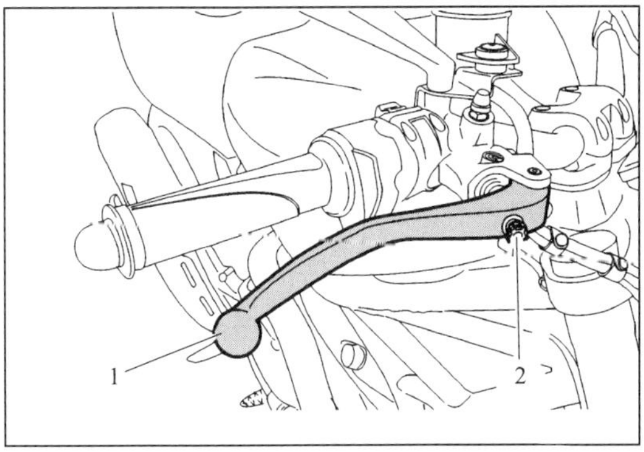

图 1-1-15 前制动控制杆与调节旋钮识别

（3）变速器踏板位置调节 为了使变速器踏板位置更适合车主，可按照图 1-1-16 所示，首先固定住变速器踏板控制杆（图 1-1-16 中的 1），然后松开控制杆的 2 个防松螺母（图 1-1-16 中的 2 和 3），用一把开口扳手在六角部位转动控制杆，将变速器踏板调节到最合适的位置。调节完毕后，将 2 个防松螺母紧固好。

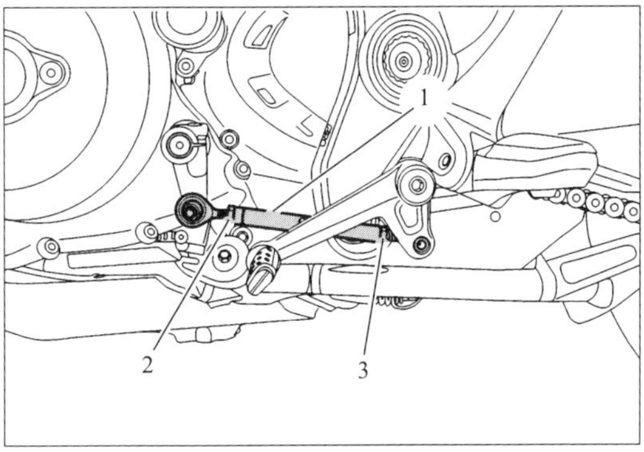

图 1-1-16 变速器踏板控制杆和固定螺母识别

（4）后制动踏板位置调节 为了使后制动踏板位置更适合车主，可按照图 1-1-17 所示，松开防松螺母（图 1-1-17 中的 1），然后转动后制动踏板行程调节螺栓（图 1-1-17 中的 2），将踏板位置调节到最合适的位置后，重新拧紧防松螺母。

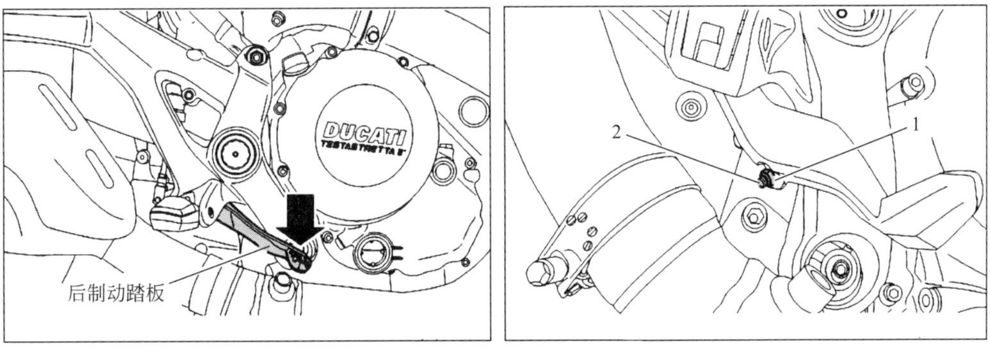

图 1-1-17 后制动踏板位置调节

二、2014 年款 MONSTER（怪兽）796 摩托车维护保养

1. 油品规格（表 1-1-7）

表 1-1-7 油品规格

部 件	规 格	用 量
发动机油底壳及机油滤清器	Shell Advance 4T Ultra 发动机机油 黏度：SAE15W-50	3.7L

续表

部　　件	规　　格	用　　量
前、后制动器及离合器	Shell Advance Brake Dot 4 制动液	
电气触点保护	Shell Advance 触点清洁剂	
前叉	Shell Advance Fork 7.5 或 Donax TA	

2. 发动机机油液面高度检查（表 1-1-8）

表 1-1-8　发动机机油液面高度检查操作步骤

步骤	操　　作
1	确保摩托车发动机处于冷机状态
2	将摩托车扶正，保持与地面垂直的状态
3	按照图 1-1-18 所示，通过离合器盖上的检视孔（图 1-1-18 中的 1）来查看发动机机油液面高度
4	发动机机油液面高度必须处于检视孔对应的 MAX（上限）和 MIN（下限）刻度之间
5	如果检查发现机油不足，应立即拆下机油加注盖（图 1-1-18 中的 2）加注 Shell Advance 4T Ultra 发动机机油
6	将机油加注到规范刻度后，重新装好机油加注盖

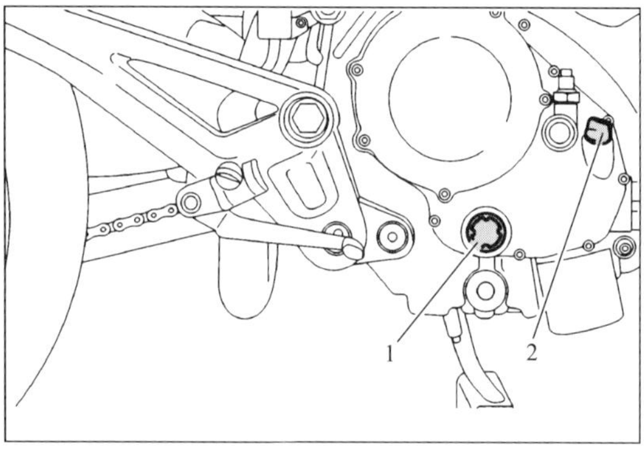

图 1-1-18　检查发动机机油液面高度

3. 制动器及离合器液面高度检查

按照图 1-1-19 所示的液面高度标记执行液面高度核查，液面不能低于 MIN 标记。

4. 制动衬块磨损检查

从制动卡钳之间的开口对制动衬块磨损进行检查，如图 1-1-20 所示，如果发现任一制动衬块上摩擦材料最小厚度只有 1mm 时，必须将 2 个制动衬块全部更换。

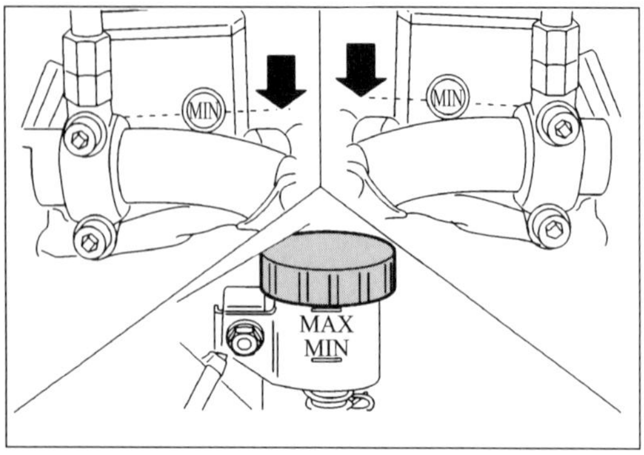

图 1-1-19　制动器和离合器液面高度标记识别

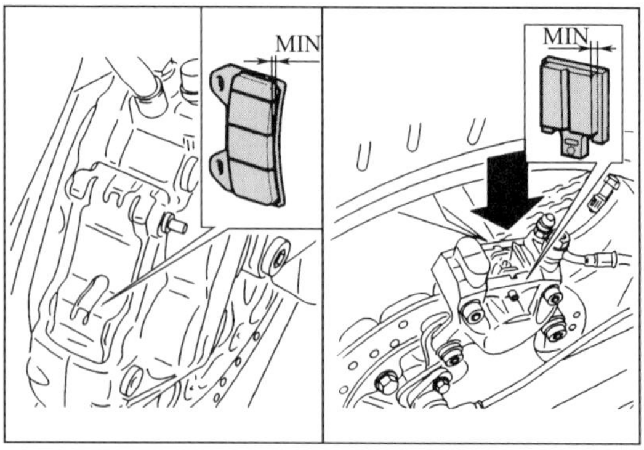

图 1-1-20　制动衬块磨损检查

5. 关节润滑

应定期检查节气门钢索和启动器控制钢索外部的塑胶材料的状态，塑胶材料不能出现压痕和裂痕，应使用 Shell Advance Grease 或 Retinax LX2 润滑剂在钢索端部进行润滑。对于节气门钢索，按照图 1-1-21 所示，拧下壳体上的 2 个固定螺栓（图 1-1-17 中的 1），用润滑剂润滑钢索末端和滑轮。润滑完毕后，将螺栓安装好，紧固至 1.8N·m。

6. 节气门调节手柄自由行程调节

节气门控制手柄在任意转向位置均必须保持自由行程，从手柄外周上测量应为 2～4mm，如图 1-1-22 所示。如果发现自由行程不符合规范范围，可通过专用调节器（图 1-1-22 中的 1）进行调节。

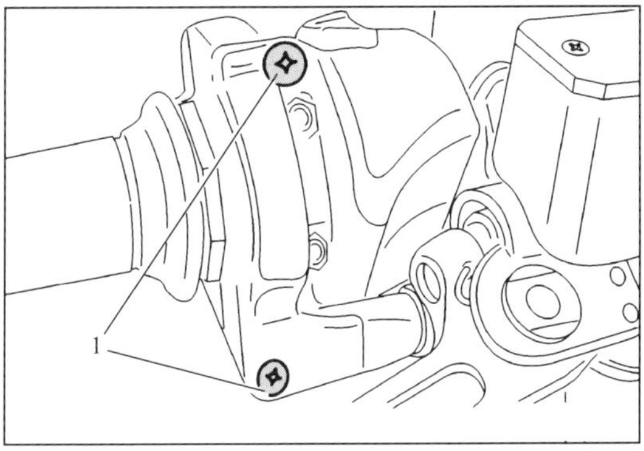

图 1-1-21　固定螺栓识别

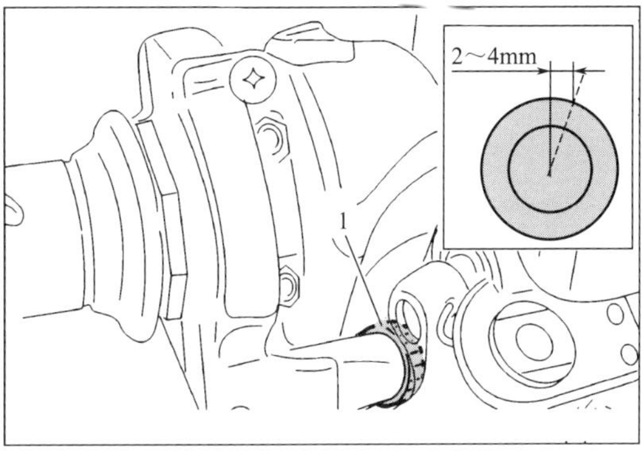

图 1-1-22　调节自由行程

7. 传动链张紧度检查（表 1-1-9）

表 1-1-9　传动链张紧度检查

步骤	操　　作
1	转动后轮，直至传动链绷紧
2	把摩托车用侧脚架支好，用手指在传动链的中部位置向下压，然后松开
3	按照图 1-1-23 所示，测量大铝叉与链条销中心之间的距离
4	规范值为 60～62mm

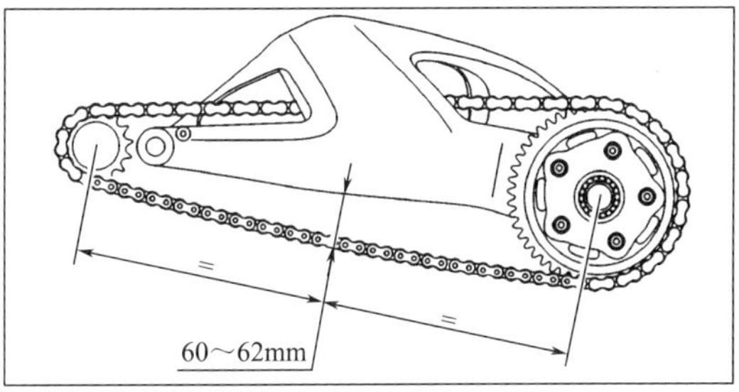

图 1-1-23　传动链张紧度检查

8. 传动链润滑

如果维护保养时发现传动链脏污，首先用溶剂将传动链清洗干净，然后用压缩空气或吸水材料将传动链吹干或吸干，最后用 Shell Advance Chain 或 Advance Teflon Chain 润滑剂对传动链进行润滑。

9. 火花塞型号

火花塞型号为 NGK DCPR8E。更换时要确保型号准确。

10. 轮胎压力规范

检查轮胎压力时，应确保轮胎处于冷胎时进行。前轮轮胎压力应为 2.25bar，后轮轮胎压力应为 2.5bar。如果要行驶在崎岖不平的路面，可将前轮轮胎压力在规范值的基础上再增加 0.2～0.3bar。

11. 轮胎花纹最小厚度规范

按照图 1-1-24 所示，在轮胎磨损最大

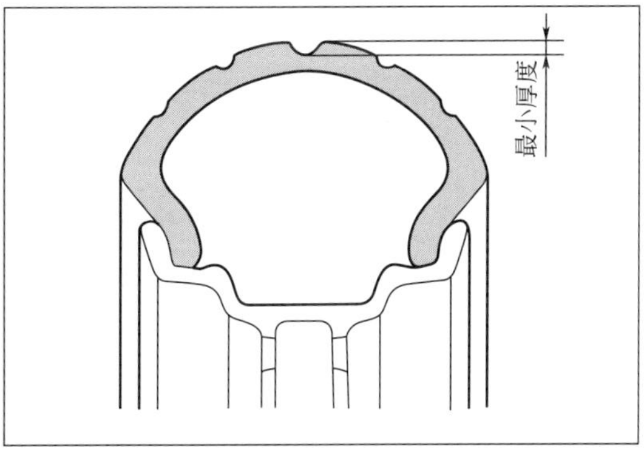

图 1-1-24　测量轮胎花纹最小厚度

的位置测量轮胎花纹最小厚度，不能低于 2mm。否则应更换新轮胎。

12. 轮胎规范

前轮为 120/70-ZR17 无内胎式轮胎；后轮为 185/55-ZR17 无内胎式轮胎。

13. 车灯规格

车灯规格参见表 1-1-10，更换灯泡时要仔细核对灯泡的数量和功率，以免发生错误。

表 1-1-10　车灯规格

车　灯	规　格
前照灯近光灯泡	H7(12V-55W)
前照灯远光灯泡	H1(12V-55W)
行车灯	LED 13.5V-3.2W/0.1W
转向灯	12V-10W 的灯泡
牌照灯	C5W(12V-5W)
尾灯和制动指示灯	LED

14. 熔丝说明

熔丝盒安装在摩托车右侧，熔丝功能说明及规格参见图 1-1-25。

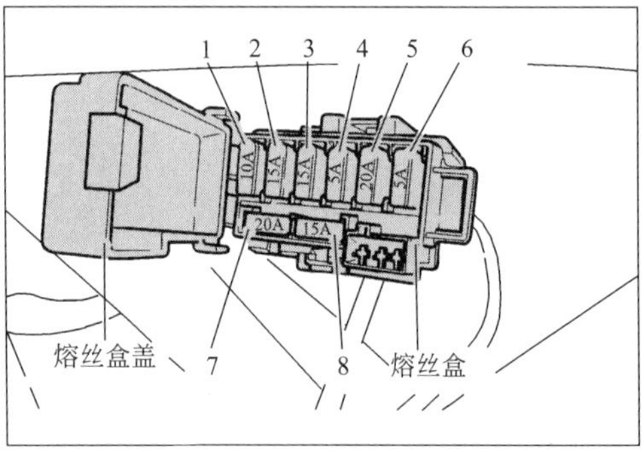

位置	使用部件	规格/A
1	Key-On	10
2	行车灯，远光灯/近光灯	15
3	前制动开关	15
4	仪表板	5
5	燃油喷射	20
6	发动机电控单元	5
7	预留	20
8	预留	15

图 1-1-25　熔丝说明

15. 大灯定向调节

在使用过程中发现摩托车大灯照射方向发生偏离时，按照图 1-1-26 所示，用螺丝刀转动图中所示的调节螺栓，将大灯的照射方向调节准确。

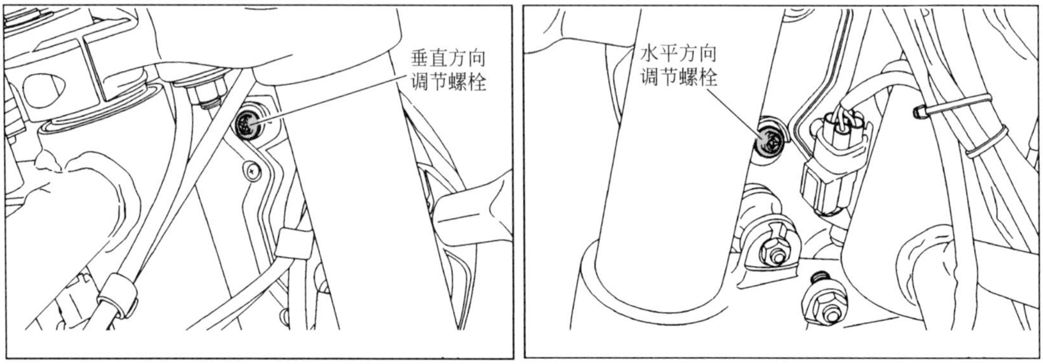

图 1-1-26　大灯照射方向调节螺栓

16. 车架识别编号位置

摩托车车架识别编号位置如图 1-1-27 所示，车主应准确记录该编号，订购配件时，必须准确告知配件商该编号，以免发生配件错购或错配。

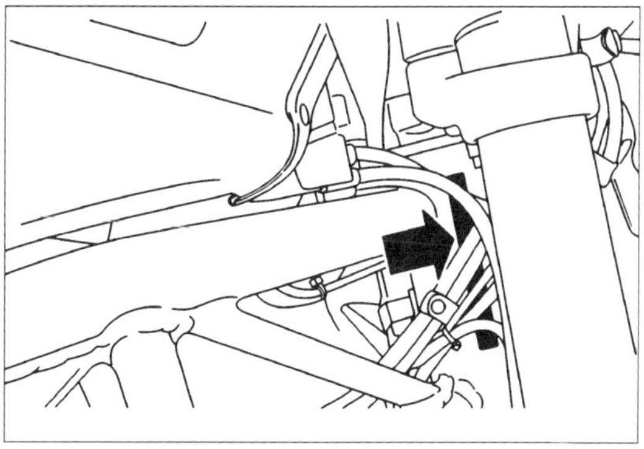

图 1-1-27　车架识别编号位置

17. 发动机识别编号位置

发动机识别编号位置如图 1-1-28 所示，也是订购配件时必须要准确提供的号码。

18. 查看仪表板故障诊断信息

摩托车左侧手把处有一个仪表板显示信息切换按键（图 1-1-29 中的 1），将按键向图中所示的位置 A 或位置 B 处推动，即可切换仪表板显示内容。查看仪表板故障诊断信息时，可将按键推动到位置 A，进入显示功能菜单选项，在菜单选项中选择 ERROR（故障）显示页面，可查看存储的故障信息。仪表板故障信息说明参见表 1-1-11。查看完毕后，可将设置在位置 A 处的按键按住 3s 以上，即可退出菜单。

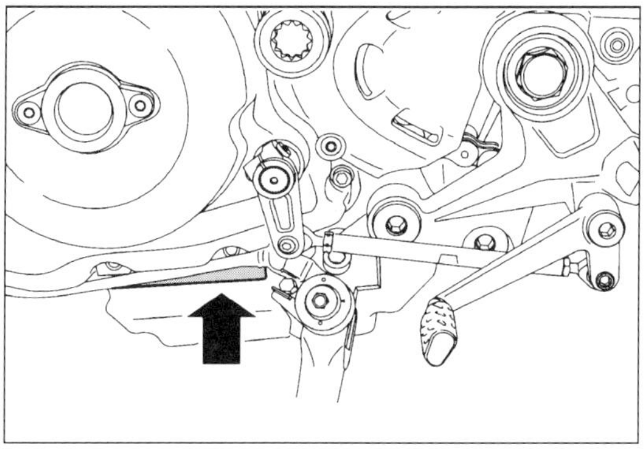

图 1-1-28　发动机识别编号位置

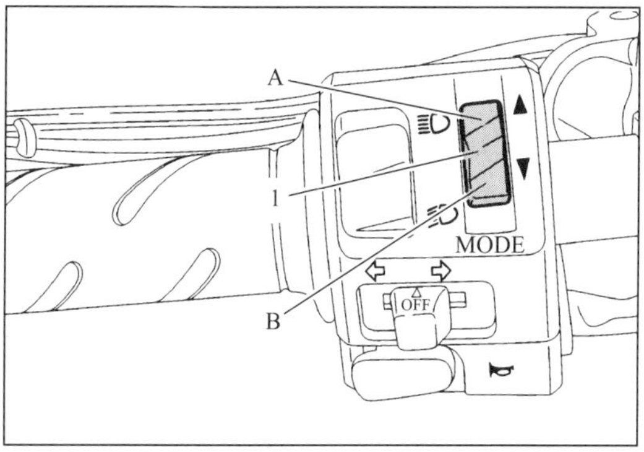

图 1-1-29　仪表板显示内容切换按键

表 1-1-11　仪表板故障信息说明

显示信息	含　　义
TPS	节气门位置传感器电路短路
PRESS	压力传感器电路短路
OIL	机油传感器电路短路
TAIR	空气温度传感器电路短路
BATT	蓄电池电压过低或过高
LAMB	氧传感器或氧传感器加热器故障
FUEL	燃油传感器电路短路
COIL	点火线圈电路短路
INJE	喷油器电路短路
START	起动机电路短路
RINJ	燃油喷射继电器故障
STEPP	步进电动机故障或步进电动机电路短路

续表

显示信息	含　　义
EXVL	起动机损坏/失灵
	位置传感器电路短路
ECU	发动机电控单元一般故障
PKUP	Pick-Up 传感器故障
SPEED	速度传感器故障
IMMO	防盗(没有检测到钥匙)
	防盗(天线未连接)
	防盗(钥匙未识别)
CAN	控制器区域网络总线故障
LIGHT	车灯继电器故障
ABS	防抱死制动系统故障

19. 操纵部件调节

（1）离合器控制杆与车把旋转手柄之间的距离调节　离合器控制杆（图 1-1-30 中的 1）上配有一个旋钮（图 1-1-30 中的 2），车主如果感觉操纵起来不顺手，可握住控制杆，转动调节旋钮。旋钮上有 4 个不同的调节位置，旋钮转至位置 1 时，控制杆与手柄之间的距离最远；转至位置 4 时，控制杆与手柄之间的距离最近。

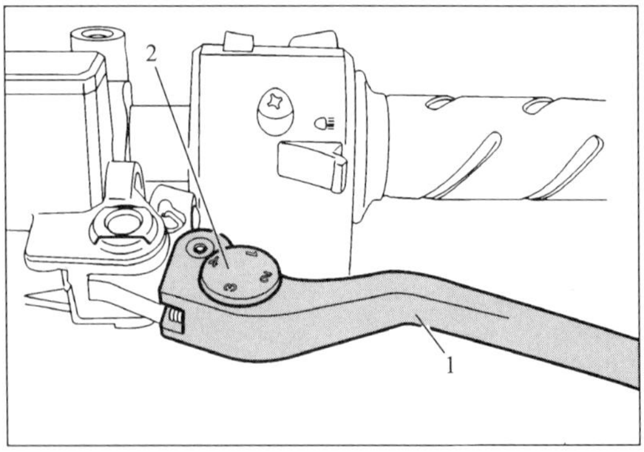

图 1-1-30　离合器控制杆与车把旋转手柄之间的距离调节

（2）前制动控制杆与车把手之间的距离调节　前制动控制杆（图 1-1-31 中的 1）上配有一个旋钮（图 1-1-31 中的 2），车主如果感觉操纵起来不顺手，可握住控制杆，转动调节旋钮。旋钮上有 4 个不同的调节位置，旋钮转至位置 1 时，控制杆与把手的距离最远；转至位置 4 时，控制杆与把手距离最近。

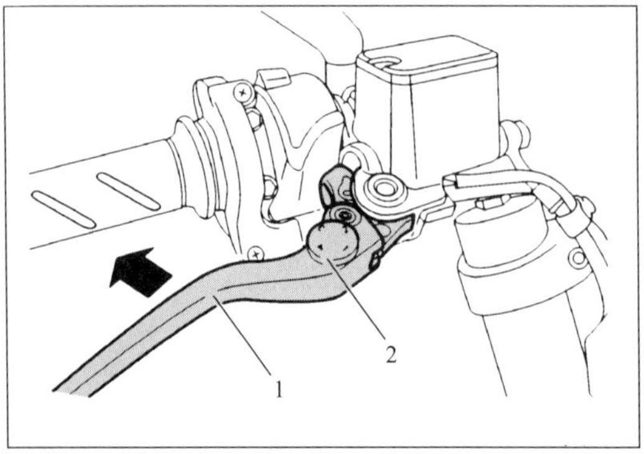

图 1-1-31　前制动控制杆与调节旋钮识别

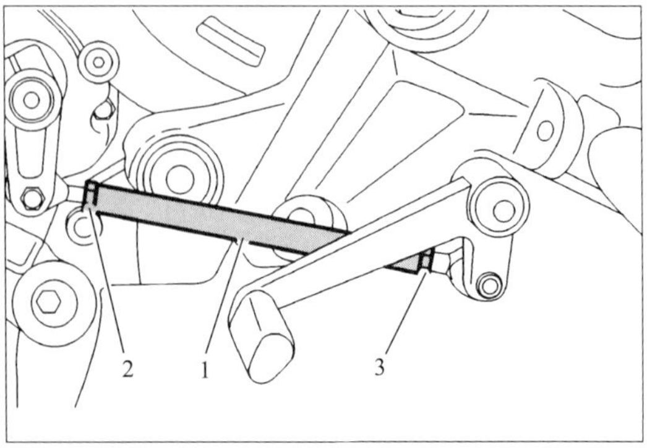

图 1-1-32　变速器踏板控制杆和固定螺母识别

（3）变速器踏板位置调节　为了使变速器踏板位置更适合车主，按照图 1-1-32 所示，首先固定住变速器踏板控制杆（图 1-1-32 中的 1），然后松开控制杆的 2 个防松螺母（图 1-1-32 中的 2 和 3），用一把开口扳手在六角部位转动控制杆，将变速器踏板位置调节到最合适的位置。调节完毕后，将 2 个防松螺母紧固好。

（4）后制动踏板位置调节 为了使后制动踏板位置更适合车主，按照图 1-1-33 所示，松开防松螺母（图 1-1-33 中的 1），然后转动后制动踏板行程调节螺栓（图 1-1-33 中的 2），踏板位置调节到最合适的位置后，将防松螺母重新拧紧。

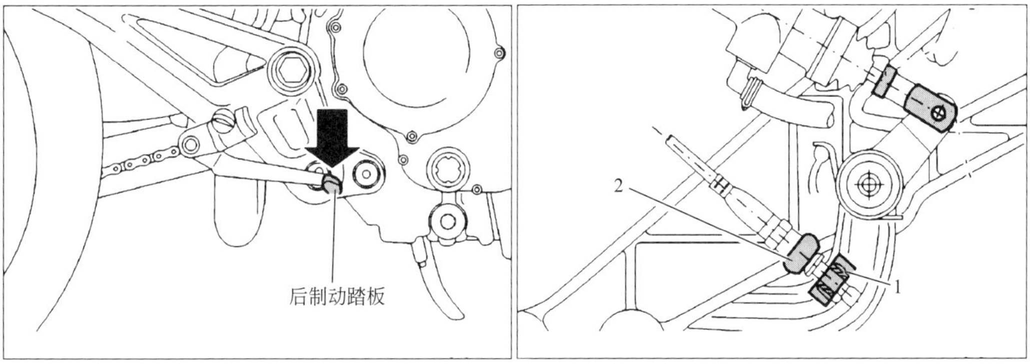

图 1-1-33 后制动踏板位置调节

第二节 DIAVEL（魔鬼）系列

2015 年款 DIAVEL（魔鬼）/DIAVEL CARBON（魔鬼 碳纤维版）维护保养如下。

1. 油品规格（表 1-2-1）

表 1-2-1 油品规格

部 件	规 格	用 量
发动机油底壳及机油滤清器	Shell Advance 4T UlTRA 发动机机油 黏度：SAE15W-50	4.0L
前、后制动器及离合器	Shell Advance Brake Dot 4 制动液	
前叉	Shell Advance Fork 7.5 或 Donax TA	左右叉杆均为 720mL
发动机冷却系统	ENI Agip Permanent Spezial 防冻液	2.5L

2. 发动机机油液面高度检查（表 1-2-2）

表 1-2-2 发动机机油液面高度检查

步骤	操 作
1	确保摩托车发动机处于冷机状态
2	将摩托车扶正，保持与地面垂直的状态
3	按照图 1-2-1 所示，通过离合器盖上的检视孔（图 1-1-14 中的 1）来查看发动机机油液面高度
4	发动机机油液面高度必须处于检视孔对应的 MAX（上限）和 MIN（下限）刻度之间（图 1-2-1 中箭头所示）
5	如果检查发现机油不足，应立即拆下机油加注盖（图 1-2-1 中的 2）加注 Shell Advance 4T Ultra 发动机机油

续表

步骤	操　　作
6	机油加注到规范刻度后，将机油加注盖重新装好

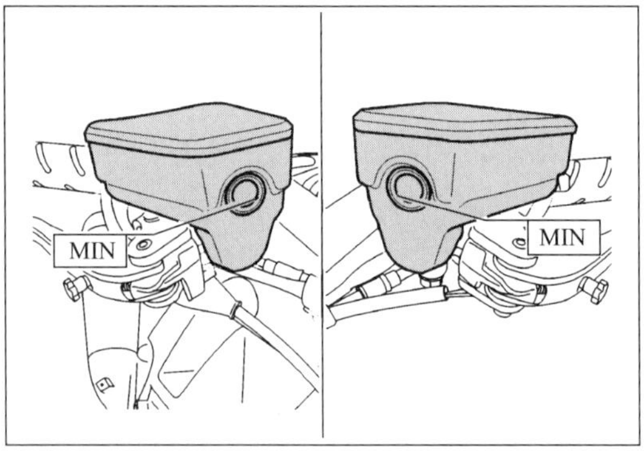

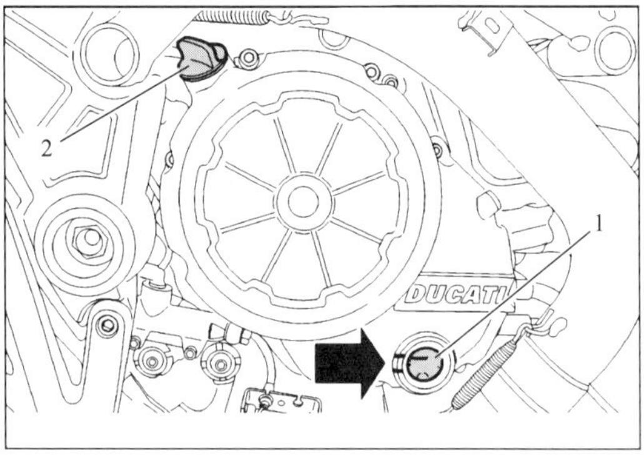

图 1-2-1　检查发动机机油液面高度

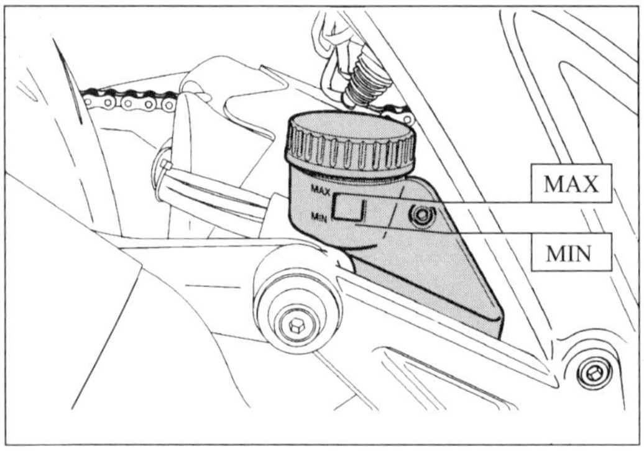

图 1-2-2　制动器和离合器液面高度标记识别

3. 制动器及离合器液面高度检查

按照图 1-2-2 所示的液面高度标记执行液面高度核查，液面不能低于 MIN 标记。

4. 制动衬块磨损检查

从制动卡钳之间的开口对制动衬块磨损进行检查，如图 1-2-3 所示，如果发现任一制动衬块上摩擦材料最小厚度只有 1mm 时，必须将 2 个制动衬块全部更换。

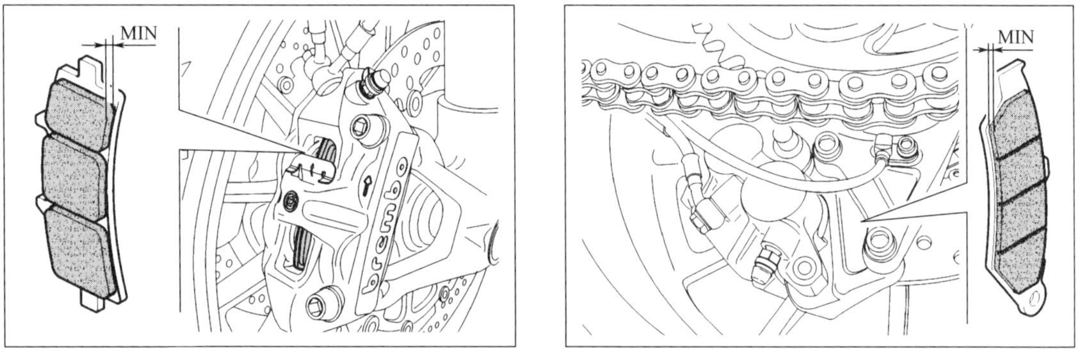

图 1-2-3　制动衬块磨损检查

5. 关节润滑

应定期检查节气门（加速油门）控制钢索外部的塑胶材料的状态，塑胶材料不能出现压痕和裂痕，应使用 Shell Advance Grease 或 Retinax LX2 润滑剂在钢索端部进行润滑。对于节气门钢索，按照图 1-2-4 所示，拧下壳体上的 2 个固定螺栓（图 1-2-4 中的 1），用润滑剂润滑钢索末端和滑轮（图 1-2-4 中的 2）。润滑完毕后，将螺栓安装好，紧固至 10N·m。

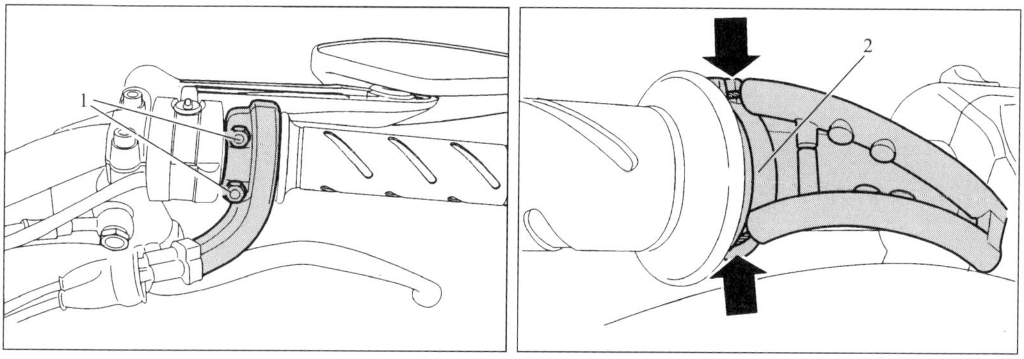

图 1-2-4　固定螺栓和滑轮识别

6. 节气门（加速油门）调节手柄间隙调节

节气门控制手柄在任意转向位置均必须保持自由行程（间隙），从手柄外周上测量应为 1.5～2.0mm，如图 1-2-5 所示。如果发现自由行程不符合规范范围，可通过摩托车右侧转向器上的专用调节器（图 1-2-5 中的 1 和 2）进行调节。调节器 1 可调节油门打开；调节器 2 可调节油门关闭；沿顺时针方向转动调节器可增加自由行程，沿逆时针方向转动调节器可减小自由行程。调节完毕后，将防松螺母（图 1-2-5 中的 3）紧固。

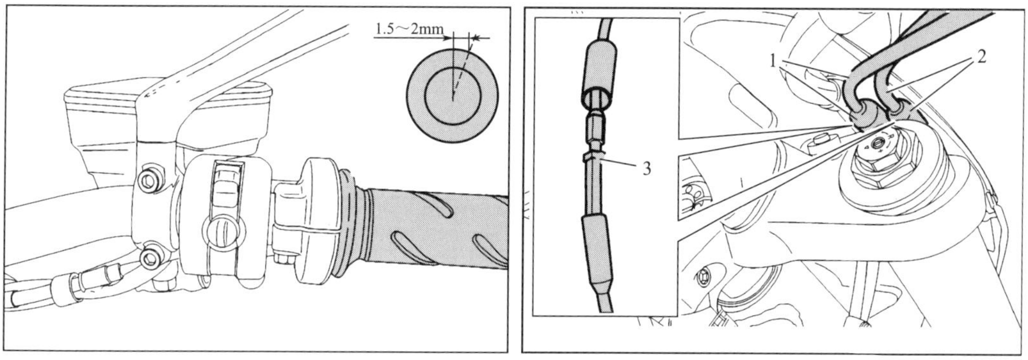

图 1-2-5　调节自由行程

7. 传动链张紧度检查（图 1-2-6）

转动后轮直到链条最紧处。

把摩托车靠在侧脚架上。将链条向下压直到测量点，然后松开。

测量“开口”上部截面与销子中心间的距离。该距离应为 9～11mm。

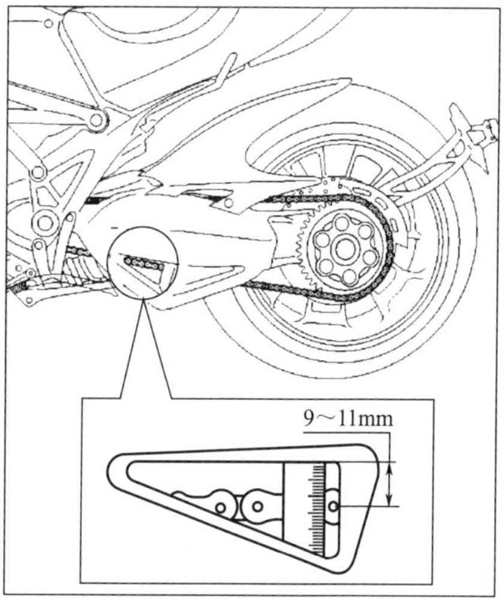

图 1-2-6　传动链张紧度检查

8. 传动链润滑

如果维护保养时发现传动链脏污，首先用溶剂将传动链清洗干净，然后用压缩空气或吸水材料将传动链吹干或吸干，最后用 Shell Advance Chain 或 Advance Teflon Chain 润滑剂对传动链进行润滑。

9. 火花塞型号

火花塞型号为 NGK MAR9A-J。更换时要确保型号准确。

10. 轮胎压力规范

检查轮胎压力时，应确保轮胎处于冷胎时进行。当摩托车单人驾驶时，前轮轮胎压力和后轮轮胎压力均应为 2.5bar。如果是双人乘坐（1 位驾驶员和 1 位乘客）或带有行李，则前轮轮胎压力应为 2.6bar，后轮轮胎压力应为 2.9bar。如果要行驶在崎岖不平的路面，可将前轮轮胎压力在规范值的基础上再增加 0.2～0.3bar。

11. 轮胎花纹最小厚度规范

按照图 1-1-20 所示，在轮胎磨损最大的位置测量轮胎花纹最小厚度，不能低于 2mm。否则应更换新轮胎。

12. 轮胎规范

前轮为 120/70-ZR17 无内胎式轮胎；后轮为 240/45-ZR17 无内胎式轮胎。

13. 车灯规格

车灯规格参见表 1-2-3，更换灯泡时要仔细核对灯泡的数量和功率，以免发生错误。

表 1-2-3　车灯规格

车　　灯	规　　格
前照灯近光灯泡	4 个 LED 灯泡(13.5V-24.3W)
前照灯远光灯泡	5 个 LED 灯泡(13.5V-18.9W)
位置灯	5 个 LED 灯泡(13.5V-6.2W)
前部转向指示灯	LED 灯泡(13.5V-1.7W)
牌照灯	LED 灯泡(13.5V-0.7W)
制动灯	LED 灯泡(13.5V-1.4W)
后部转向指示灯	LED 灯泡(13.5V-2.06W)

14. 熔丝说明

在摩托车鞍座下方的储物箱内，安装有熔丝盒，将鞍座拆下，打开护盖，即可找到熔丝。熔丝盒有 2 个，一个是左后侧熔丝盒（图 1-2-7 中的 A），一个是右后熔丝盒（图 1-2-8 中的 B），熔丝功能说明见图 1-2-7 和图 1-2-8。

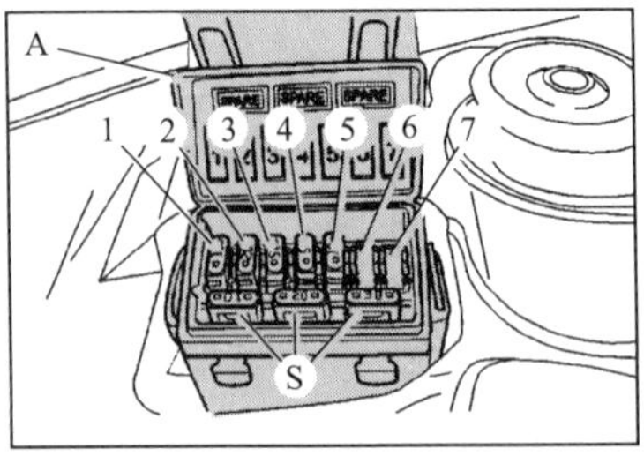

位置	使用部件	规格/A
1	节气门开启继电器(电子阀)	15
2	燃油喷射继电器	20
3	Key-Sense(钥匙-感应)	15
4	发动机电控单元	10
5	仪表盘	10
6	—	—
7	—	—

图 1-2-7　左后熔丝盒功能说明

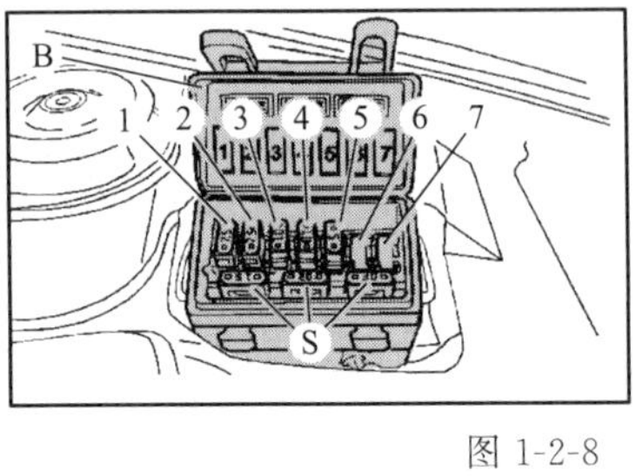

位置	使用部件	规格/A
1	诊断/充电	7.5
2	导航仪/报警	7.5
3	黑箱系统(BBS)	15
4	黑箱系统(BBS)钥匙	10
5	加热车握把	5
6	—	—
7	—	—

图 1-2-8　右后熔丝盒功能说明

15. 大灯定向调节

在使用过程中发现摩托车大灯照射方向发生偏离时，按照图 1-2-9 所示，用螺丝刀转动图中所示的调节螺栓，将大灯的照射方向调节准确。

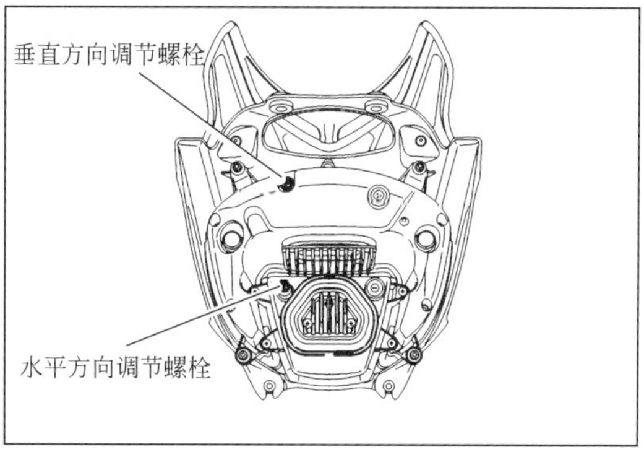

图 1-2-9　大灯照射方向调节螺栓

16. 车架识别编号位置

摩托车车架识别编号位置如图 1-2-10 所示，车主应准确记录该编号，订购配件时，必须准确告知配件商该编号，以免发生配件错购或错配。

17. 发动机识别编号位置

发动机识别编号位置如图 1-2-11 所示，也是订购配件时必须要准确提供的号码。

18. 查看仪表板故障诊断信息

故障显示图例见图 1-2-12。仪表板故障显示信息见表 1-2-4。

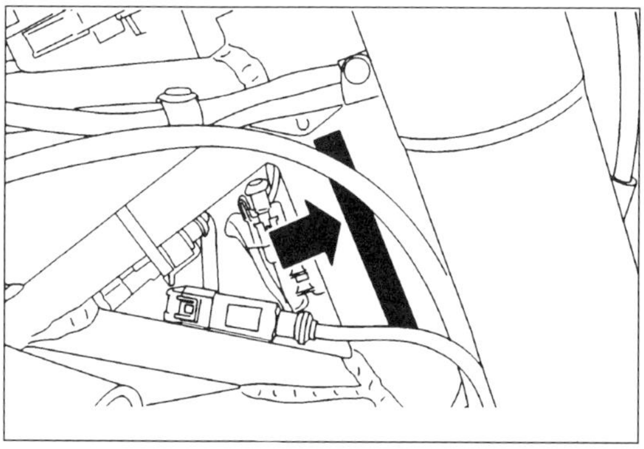

图 1-2-10　车架识别编号位置

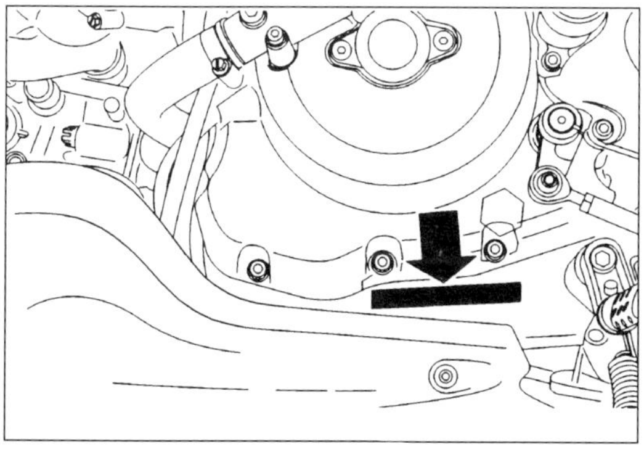

图 1-2-11　发动机识别编号位置

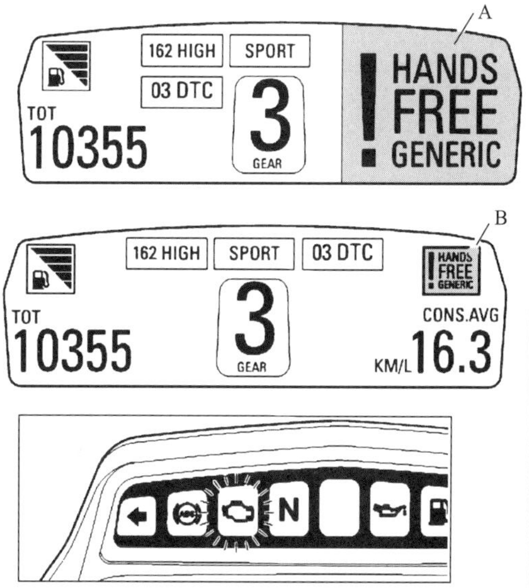

仪表盘的诊断：此功能可以显示车辆非正常运行。仪表盘实时激活车辆的故障(错误)。若开启时(检查终止后)，会显示一个或多个红色“错误”(仅当启用时)。“错误”激活时，指令(红色)会高亮显示10s(A)之后过渡到次级显示(B)。若有多个信号将会每隔3s“滚动”显示；若有一个或多个错误激活，车把上的“Diagnosi Motore/Veicolo-EOBD”(发动机/车辆诊断-EOBD)指示灯会发亮。

图 1-2-12　故障显示图例

表 1-2-4　仪表板故障显示信息

显示信息	含　义
BBS/DTC	黑箱系统/牵引力控制系统故障

续表

显示信息	含　　义
GEAR SENSO	挡位传感器故障
FUEL SENSOR	燃油油量传感器故障
SPEED SENSOR	速度传感器故障
UNKNOWN DEVICE	未知装置故障
SIDE STAND	摩托车侧脚架故障
DEVICE DSB SLAVE	车把上的仪表盘不工作
DEVICE DDA	杜卡迪数据分析故障
DEVICE DBS MASTER	油箱上的仪表盘不工作
FAN	风扇继电器故障
CAN LINE	控制器区域网络总线故障
BATTERY	蓄电池电压过高或过低
DEVICE ABS	ABS 电控单元故障
STOP LIGHT	制动灯故障
DEVICE ECU	发动机电控单元故障
ACCELER POSITION	油门位置错误
ETV	节气门电动机不工作或节气门电动机继电器故障
PRESSURE SENSOR	压力传感器故障
ENGINE TEMP	发动机温度传感器故障
T-AIR SENSOR	空气温度传感器故障
FUEL INJECT	燃油喷射故障
COIL	点火线圈故障
INJECTOR	喷油器故障
PICK UP	转速/相位传感器故障
LAMBDA	氧传感器故障
ECU GENERIC	发动机电控单元一般性故障
KEY	免手控系统通信故障
HANDS FREE GENERIC	免手控系统电控单元故障

图 1-2-13　主钥匙电量不足警示图标

19. 主钥匙电池更换

DIAVEL 摩托车配备的主钥匙（MASTER）内安装有一个锂电池，规格为 3V CR2032。经过长期使用，电池电量即将耗尽时，仪表板会出现电池电量不足的图标警示信息，如图 1-2-13 所示。车主看到这个警示图标后，按照图 1-2-14 所示，及时更换主钥匙内的电池，确保电量充足。

20. 操纵部件调节

（1）离合器控制杆与车把旋转手柄之间的距离调节

离合器控制杆（图 1-2-15 中的 1）上配有一个旋钮

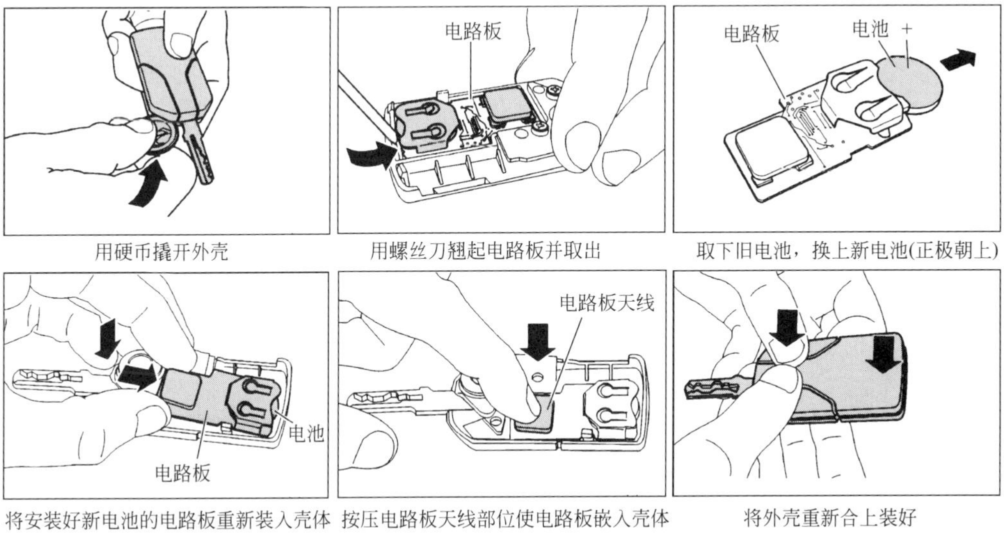

图 1-2-14　更换电池

(图 1-2-15 中的 2)，车主如果感觉操纵起来不顺手，可通过转动该旋钮将离合器控制杆与摩托车旋转手柄之间的距离调节到自己感觉最恰当的状态。沿顺时针方向转动旋钮，控制杆与手柄之间的距离会增大；沿逆时针方向转动旋钮，控制杆与手柄之间的距离会减小。

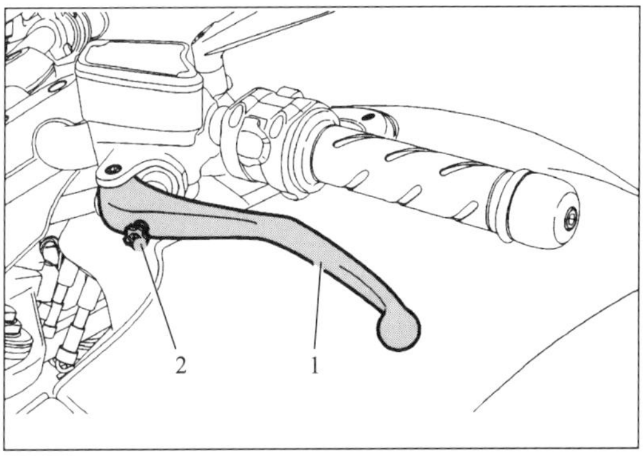

图 1-2-15　离合器控制杆与调节旋钮识别

（2）前制动控制杆与车把手之间的距离调节　前制动控制杆（图 1-2-16 中的 1）上配有一个旋钮（图 1-2-16 中的 2），车主如果感觉操纵起来不顺手，可通过转动该旋钮将前制动器控制杆与摩托车把手之间的距离调节到自己感觉最恰当的状态。沿顺时针方向转动旋钮，控制杆与把手之间的距离会增大；沿逆时针方向转动旋钮，控制杆与手柄之间的距离会减小。

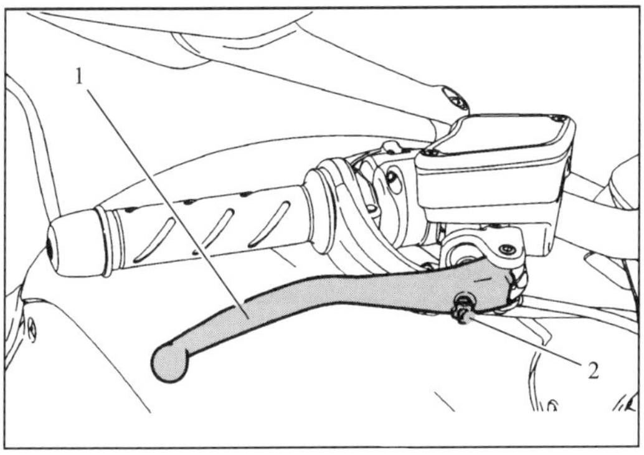

图 1-2-16　前制动控制杆与调节旋钮识别

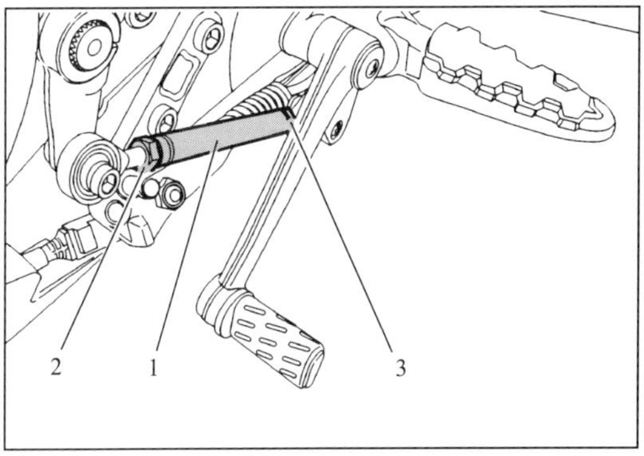

图 1-2-17　变速器踏板控制杆和固定螺母识别

（3）变速器踏板位置调节　为使变速器踏板位置更适合车主，按照图 1-2-17 所示，首

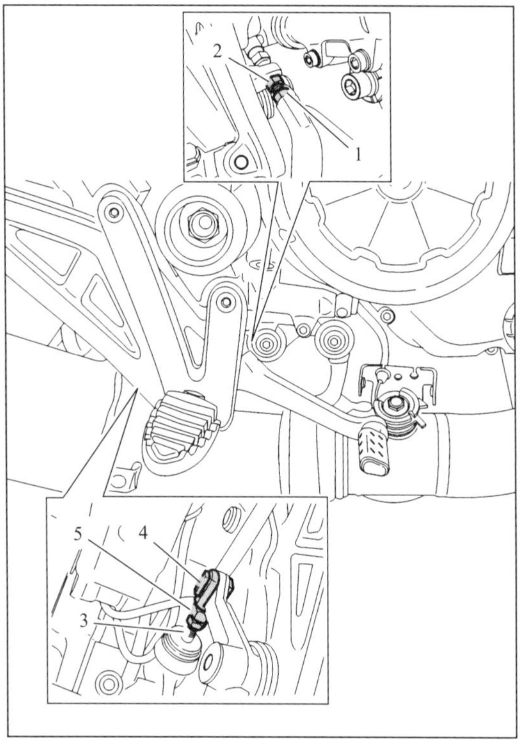

图 1-2-18　后制动踏板位置调节

先固定住变速器踏板控制杆（图 1-2-17 中的 1），然后松开控制杆的 2 个防松螺母（图 1-2-17 中的 2 和 3），用一把开口扳手在六角部位转动控制杆，将变速器踏板位置调节到最合适的位置。调节完毕后，将 2 个防松螺母紧固好。

（4）后制动踏板位置调节与踏板自由行程的调节　为使后制动踏板位置更适合车主，按照图 1-2-18 所示，松开防松螺母（图 1-2-18 中的 1），然后转动后制动踏板行程调节螺栓（图 1-2-18 中的 2），踏板位置调节到最合适的位置后，将防松螺母重新拧紧。检查后制动踏板自由行程：首先用手按压后制动踏板，查看后制动踏板在开始驱动后制动器前是否存在 3～6mm 的自由行程，如果自由行程不符合规范，则松开制动泵控制推杆上的防松螺母（图 1-2-18 中的 5），拧紧叉架（图 1-2-18 中的 4）上的推杆（图 1-2-18 中的 3）来增加自由行程或拧松推杆来减少自由行程，调节到规范范围后，将防松螺母（图 1-2-18 中的 5）紧固好。

第三节　HYPERMOTARD（骇客）系列

2014 年款 HYPERMOTARD（骇客）摩托车维护保养如下。

1. 油品规格（表 1-3-1）

表 1-3-1　油品规格

部　　件	规　　格	用　　量
发动机油底壳及机油滤清器	Shell Advance 4T Ultra 发动机机油 黏度：SAE15W-50	3.3L
前、后制动器及离合器	Shell Advance Brake Dot4 制动液	
电气触点保护	Shell Advance 触点清洁剂	
前叉	Shell Advance Fork 7.5 或 Donax TA	右侧叉杆：561mL 左侧叉杆：429mL
发动机冷却系统	ENI Agip Permanent Spezial 防冻液	2.3L

2. 发动机机油液面高度检查（表 1-3-2）

表 1-3-2　发动机机油液面高度检查操作步骤

步骤	操　　作
1	确保摩托车发动机处于冷机状态

续表

步骤	操　作
2	使摩托车处于与地面垂直的状态
3	按照图 1-3-1 所示，通过离合器盖上的检视孔（图 1-3-1 中的 1）来查看发动机机油液面高度
4	发动机机油液面高度必须处于检视孔对应的 MAX（上限）和 MIN（下限）刻度之间
5	如果检查发现机油不足，应加注 Shell Advance 4T Ultra 发动机机油
6	机油加注到规范刻度后，将机油加注盖重新装好

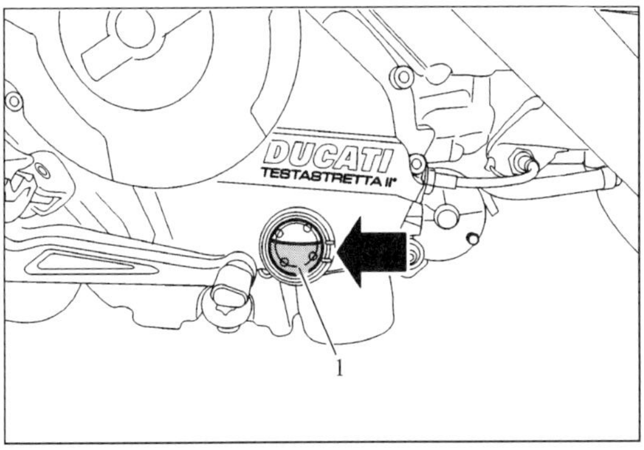

图 1-3-1　检查发动机机油液面高度

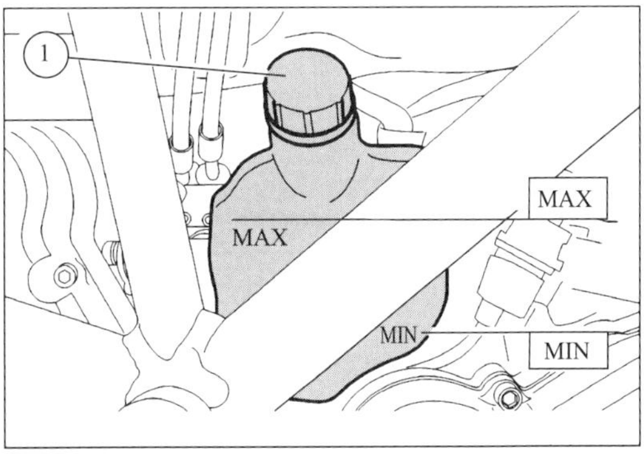

图 1-3-2　发动机冷却液加注盖及液面高度识别

3. 发动机冷却液液面检查（表 1-3-3）

表 1-3-3　发动机冷却液液面检查操作步骤

步骤	操　作
1	使发动机冷机
2	将车把向左侧转动，查看转向套管右侧冷却液膨胀罐中的冷却液液面高度
3	按照图 1-3-2 所示，液面高度应处于膨胀罐上的 MAX 和 MIN 标记之间
4	如果液面高度低于 MIN 标记，应拧下冷却液加注盖（图 1-3-2 中的 1），加注 ENI Agip Permanent Spezial 防冻液至 MAX 标记
5	将加注盖拧好

4. 制动器储液罐液面高度检查

按照图 1-3-3 所示的液面高度标记执行液面高度核查，液面不能低于 MIN 标记。

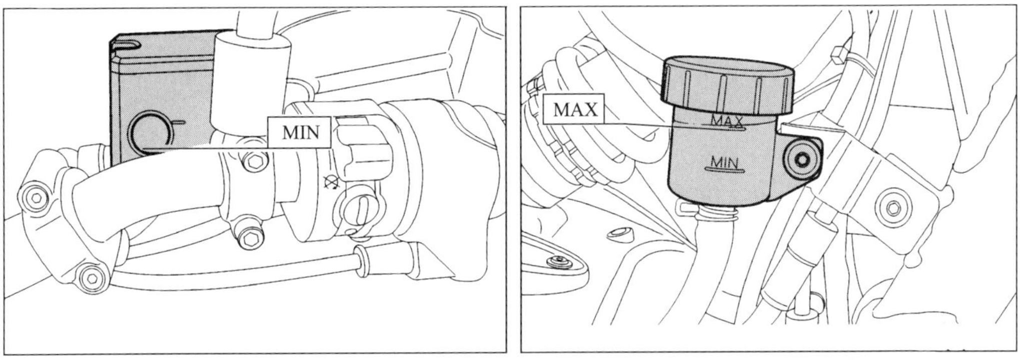

(a) 前制动器储液罐　　(b) 后制动器储液罐

图 1-3-3　制动器储液罐液面高度标记识别

5. 制动衬块磨损检查

从制动卡钳之间的开口对制动衬块磨损进行测量检查，如图 1-3-4 所示，如果发现任一制动衬块上摩擦材料最小厚度只有 1mm 时，必须将 2 个制动衬块全部更换。

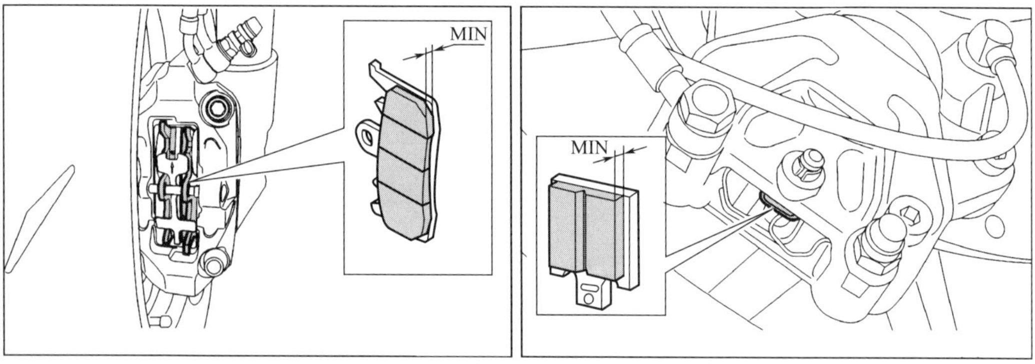

图 1-3-4　制动衬块磨损检查

6. 传动链张紧度检查（表 1-3-4）

表 1-3-4　传动链张紧度检查

步骤	操　　作
1	转动后轮，直至传动链绷紧
2	把摩托车用侧脚架支好，将传动链向下压，然后松开
3	按照图 1-3-5 所示，测量大铝叉与链条销中心之间的距离（图 1-3-5 中的 A）
4	确认距离应为 72～74mm

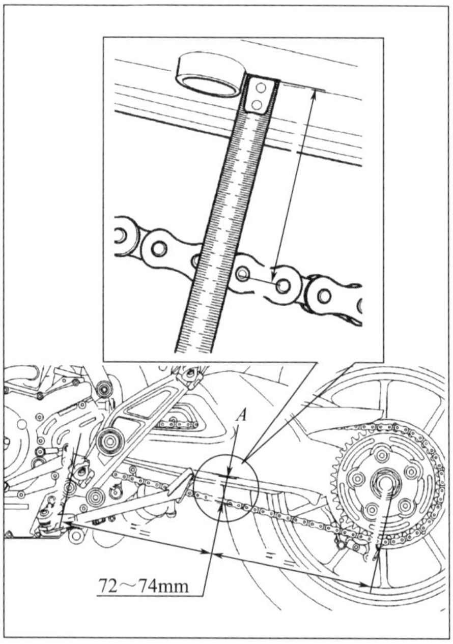

图 1-3-5　传动链张紧度检查

7. 传动链润滑

如果维护保养时发现传动链脏污，首先用溶剂将传动链清洗干净，然后用压缩空气或吸水材料将传动链吹干或吸干，最后用 Shell Advance Chain 或 Advance Teflon Chain 润滑剂对传动链进行润滑。

8. 火花塞型号

火花塞型号为 NGK MAR9A-J。更换时要确保型号准确。

9. 轮胎压力规范

检查轮胎压力时，应确保轮胎处于冷胎时进行。摩托车为单人驾驶时，前轮轮胎压力应为 2.3bar，后轮轮胎压力应为 2.5bar。摩托车为双人乘坐时（一名驾驶员和一位乘客），前轮轮胎压力应为 2.5bar，后轮轮胎压力应为 2.9bar。如果要行驶在崎岖不平的路面，可将前轮轮胎压力在规范值的基础上再增加 0.2～0.3bar。

10. 轮胎花纹最小厚度规范

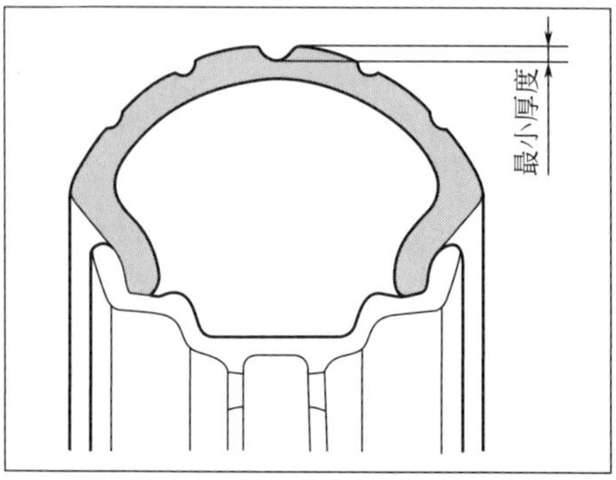

图 1-3-6　测量轮胎花纹最小厚度

按照图 1-3-6 所示，在轮胎磨损最大的位置测量轮胎花纹最小厚度，不能低于 2mm。否则应更换新轮胎。

11. 轮胎规范

前轮为 120/70-ZR17 无内胎式子午线轮胎；后轮为 180/55-ZR17 无内胎式子午线轮胎。

12. 车灯规格

车灯规格见表 1-3-5，更换灯泡时要仔细核对灯泡的数量和功率，以免发生错误。

表 1-3-5　车灯规格

车　　灯	规　　格
前照灯近光灯泡	H4 BV(12V-60/55W)
前照灯远光灯泡	H4 BV(12V-60/55W)
前转向灯	GE 2641A 12VRY10W
后转向灯	GE 2641A 12VRY10W
车牌照明灯	C5W(12-5W)灯泡
制动灯	6 个 13.5V-2.43W 的 LED 灯泡
驻车灯	6 个 13.5V-0.27W 的 LED 灯泡

13. 熔丝说明

（1）前熔丝盒内熔丝说明　位于摩托车车身左侧的前熔丝盒说明见图 1-3-7。

编号	使用部件	规格/A
1	车灯	10
2	仪表板	10
3	Key-1	15
4	Key-2	10
5	Key-7SM	15
6	燃油喷射	20

图 1-3-7　前熔丝盒内熔丝说明

（2）后熔丝盒内熔丝说明　位于摩托车座椅下方的后熔丝盒说明见图 1-3-8。

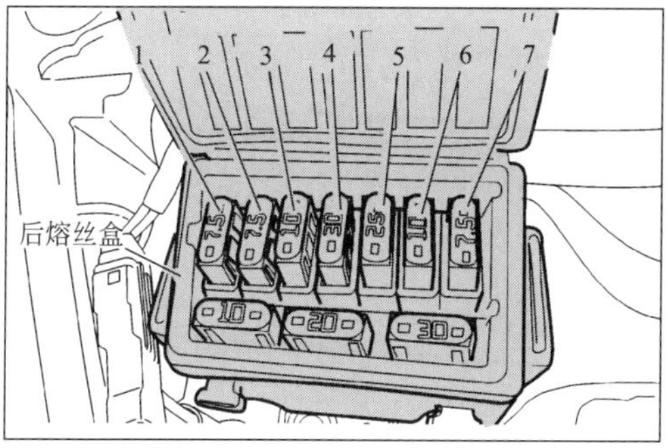

编号	使用部件	规格/A
1	钥匙-感应	7.5
2	诊断	7.5
3	黑箱系统(BBS)	10
4	ABS 1	30
5	ABS 2	25
6	告警	10
7	发动机电控单元	7.5

图 1-3-8　后熔丝盒内熔丝说明

14. 大灯定向调节

在使用过程中发现摩托车大灯照射方向发生偏离时，用螺丝刀转动图 1-3-9 中所示的调节螺栓，将大灯的照射方向调节准确。

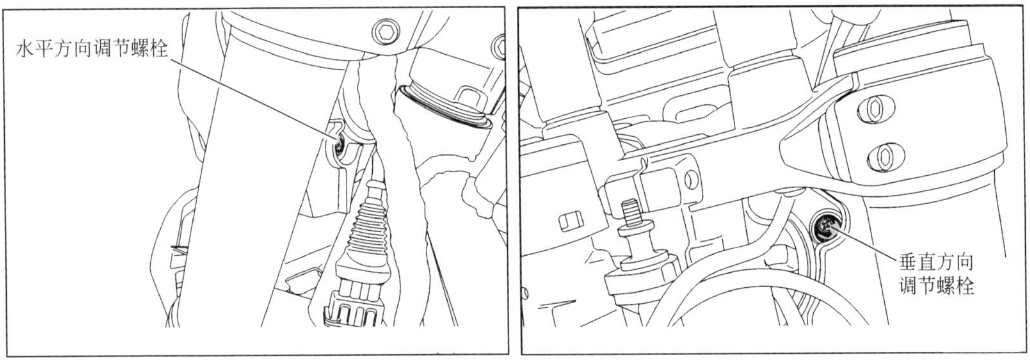

图 1-3-9　大灯照射方向调节螺栓

15. 车架识别编号位置

摩托车车架识别编号位置如图 1-3-10 所示，车主应准确记录该编号，订购配件时，必须准确告知配件商该编号，以免发生配件错购或错配。

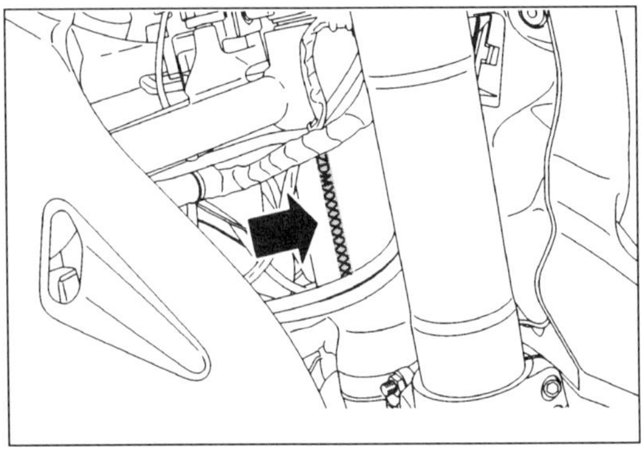

图 1-3-10　车架识别编号位置

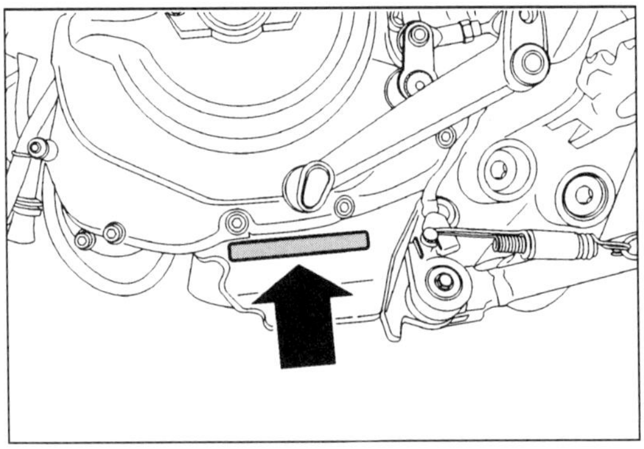

图 1-3-11　发动机识别编号位置

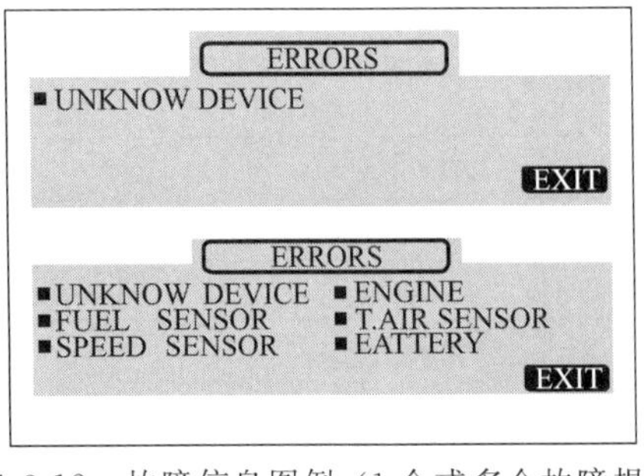

图 1-3-12　故障信息图例（1 个或多个故障提示）

16. 发动机识别编号位置

发动机识别编号位置如图 1-3-11 所示，也是订购配件时必须要准确提供的号码。

17. 仪表板故障信息显示说明

摩托车仪表板具有故障信息显示功能，如图 1-3-12 所示。当发生故障时，故障信息即可显示在仪表板的显示屏上，提示车主尽快与维修厂联系处理。

常见的故障信息说明见表 1-3-6。

表 1-3-6　常见的故障信息说明

显示信息	含　义
CAN LINE	CAN(控制器区域网络)总线故障
UNKNOWN DEVICE	电控单元未被系统识别

续表

显示信息	含　义
ABS	ABS(防抱死制动系统)电控单元不通信/运行不正常
BBS	BBS(黑箱系统)电控单元不通信/运行不正常
	BBS(黑箱系统)电控单元一般性故障
DASHBOARD	DSB(仪表板)电控单元不通信/运行不正常
IMMOBILIZER	没有检测到钥匙
	钥匙未被识别
	钥匙-天线(防盗器)运行不正常
ENGINE	ENGINE(发动机)电控单元不通信/运行不正常
	ENGINE(发动机)电控单元一般性故障
	节气门位置传感器故障
	节气门电动机/继电器故障
	压力传感器故障
	发动机冷却液温度传感器故障
	进气温度传感器故障
	燃油喷射继电器故障
	点火线圈故障
	喷油器故障
	发动机转速传感器故障
	氧传感器或氧传感器加热器故障
	摩托车启动继电器故障
FUEL SENSOR	燃油传感器故障
SPEED SENSOR	前轮/后轮轮速传感器故障
BATTERY	蓄电池电压过低或过高
STOP LIGHT	制动灯失灵
FAN	冷却风扇故障
SIDE STAND	摩托车侧脚架传感器故障
T-AIR	大气温度传感器故障
H. GRIPS	一个或两个加热式车把故障

18. 操纵部件调节

（1）离合器控制自由行程调节　离合器控制杆上配有一个自由行程旋钮（图 1-3-13），离合器控制自由行程的规范范围（图 1-3-13 中的 *A*）为 3～4mm。如果核查时发现不符合规范，应转动旋钮将自由行程调节到规范范围内。

（2）前制动控制杆与车把手之间的距离调节　前制动控制杆（图 1-3-14 中的 1）上配有一个旋钮（图 1-3-14 中的 2），车主如果感觉操纵起来不顺手，可握住控制杆，转动调节旋钮。旋钮上有 4 个不同的调节位置，旋钮转至位置 1 时，控制杆与把手的距离最远；转至位置 4 时，控制杆与把手距离最近。

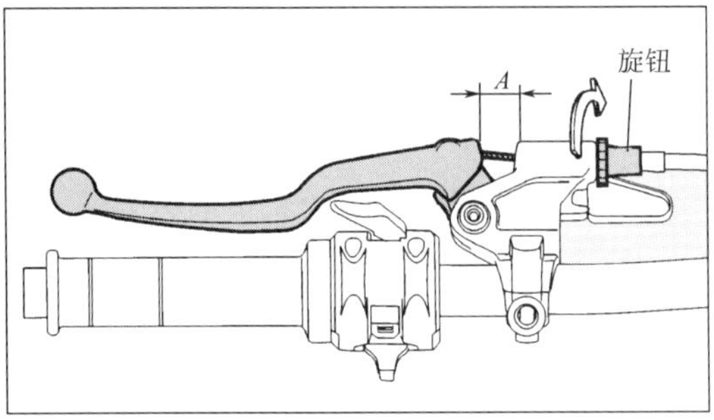

图 1-3-13　离合器控制自由行程调节

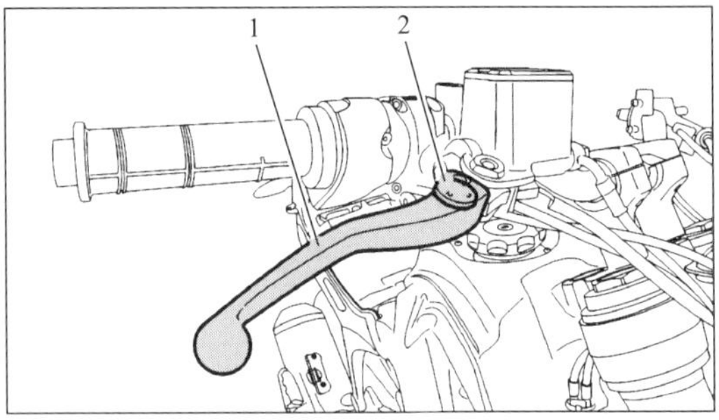

图 1-3-14　前制动控制杆与调节旋钮识别

（3）变速器踏板位置调节（图 1-3-15）

（4）后制动踏板位置调节　为使后制动踏板位置更适合车主，按照图 1-3-16 所示，松开防松螺母（图 1-3-16 中的 1），然后转动后制动踏板行程调节螺栓（图 1-3-16 中的 2），踏板位置调节到最合适的位置后，将防松螺母（图 1-3-16 中的 1）重新拧紧。检查后制动踏板自由行程：首先用手按压后制动踏板，查看后制动踏板在开始驱动后制动器前是否存在 1.5～2.0mm 的自由行程，如果自由行程不符合规范，则松开制动泵控制推杆上的防松螺母（图 1-3-16 中的 5），拧紧叉架（图 1-3-16 中的 4）上的推杆（图 1-3-16 中的 3）来增加自由行程或拧松小杆来减少自由行程，调节到规范范围后，将防松螺母（图 1-3-16 中的 5）紧固好。

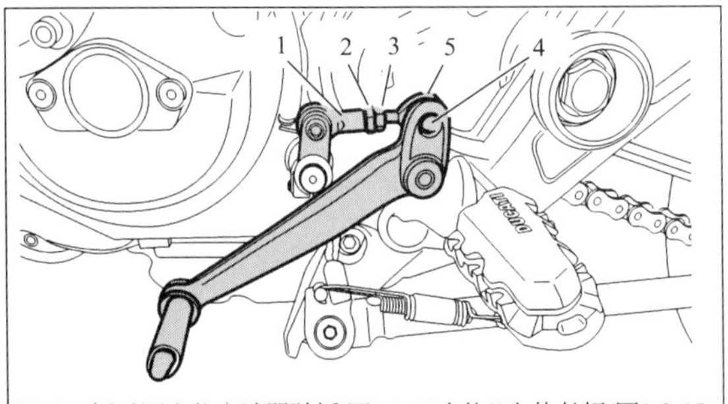

用开口扳手固定住变速器踏板(图1-3-15中的2)上的长杆(图1-3-15中的1)的球形端。
松开防松螺母(图1-3-15中的3)。
转动螺钉(图1-3-15中的4)，使长杆完全从变速杆上脱离。
转动长杆(图1-3-15中的5)，直到变速踏板达到合适的位置。
拧紧螺钉(图1-3-15中的4)，将变速杆固定到长杆(图1-3-15中的5)上，拧紧防松螺母(图1-3-15中的3)，

图 1-3-15　变速器踏板位置调节

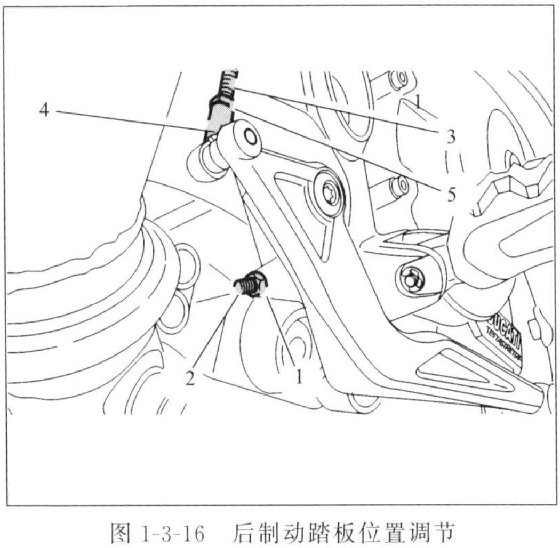

图 1-3-16　后制动踏板位置调节

第四节　HYPERSTRARD（骇道）系列

2015 年款 HYPERSTRARD（骇道）摩托车维护保养如下。

1. 油品规格（表 1-4-1）

表 1-4-1　油品规格

部　　件	规　　格	用　　量
发动机油底壳及机油滤清器	Shell Advance 4T Ultra 发动机机油 黏度：SAE15W-50	3.3L

续表

部件	规格	用量
前、后制动器及离合器	Shell Advance Brake Dot4 制动液	
电气触点保护	Shell Advance 触点清洁剂	
前叉	Shell Advance Fork 7.5 或 Donax TA	标准座版车型 右侧叉杆：553mL 左侧叉杆：429mL 低座版车型 右侧叉杆：524mL 左侧叉杆：366mL
发动机冷却系统	ENI Agip Permanent Spezial 防冻液	2.3L

2. 发动机机油液面高度检查（表 1-4-2）

表 1-4-2 发动机机油液面高度检查操作步骤

步骤	操作
1	确保摩托车发动机处于冷机状态
2	使摩托车处于与地面垂直的状态
3	按照图 1-4-1 所示，通过离合器盖上的检视孔（图 1-4-1 中的 1）来查看发动机机油液面高度
4	发动机机油液面高度必须处于检视孔对应的 MAX（上限）和 MIN（下限）刻度之间
5	如果检查发现机油不足，应加注 Shell Advance 4T Ultra 发动机机油
6	机油加注到规范刻度后，将机油加注盖重新装好

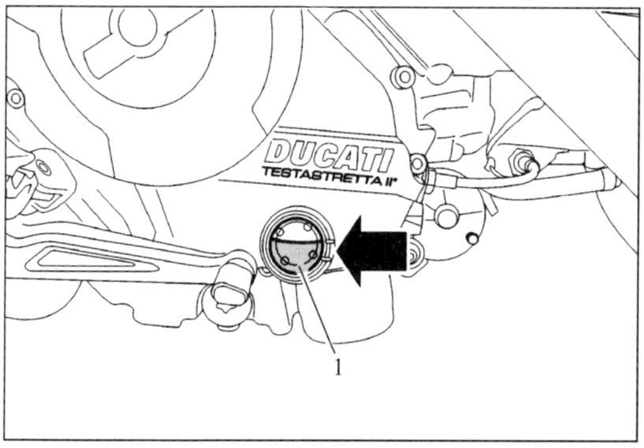

图 1-4-1 检查发动机机油液面高度

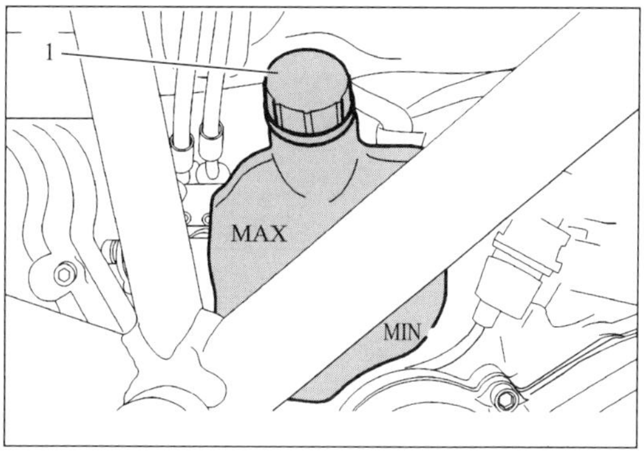

图 1-4-2 发动机冷却液加注盖及液面高度识别

3. 发动机冷却液液面检查（表 1-4-3）

表 1-4-3 发动机冷却液液面检查

步骤	操作
1	使发动机冷机
2	将车把向左侧转动，查看转向套管右侧冷却液膨胀罐中的冷却液液面高度
3	按照图 1-4-2 所示，液面高度应处于膨胀罐上的 MAX 和 MIN 标记之间
4	如果液面高度低于 MIN 标记，应拧下冷却液加注盖（图 1-4-2 中的 1），加注 ENI Agip Permanent Spezial 防冻液至 MAX 标记
5	将加注盖拧好

4. 制动器储液罐液面高度检查

按照图 1-4-3 所示的液面高度标记执行液面高度核查，液面不能低于 MIN 标记。

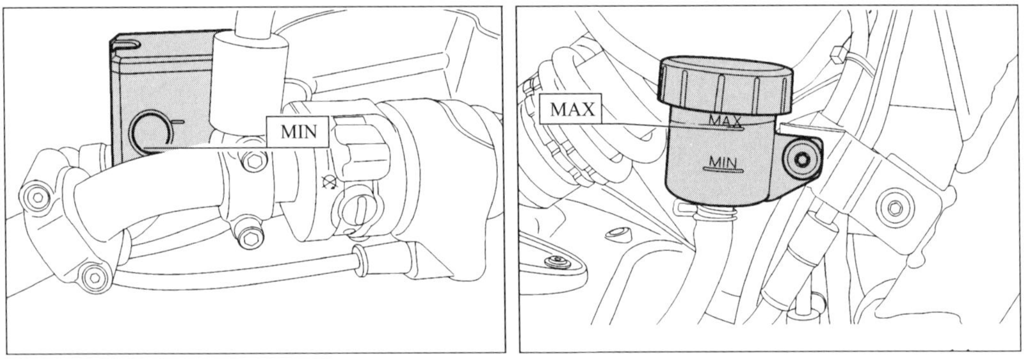

前制动器储液罐　　后制动器储液罐

图 1-4-3　制动器储液罐液面高度标记识别

5. 制动衬块磨损检查

从制动卡钳之间的开口对制动衬块磨损进行测量检查，如图 1-4-4 所示，如果发现任一制动衬块上摩擦材料最小厚度只有 1mm 时，必须将 2 个制动衬块全部更换。

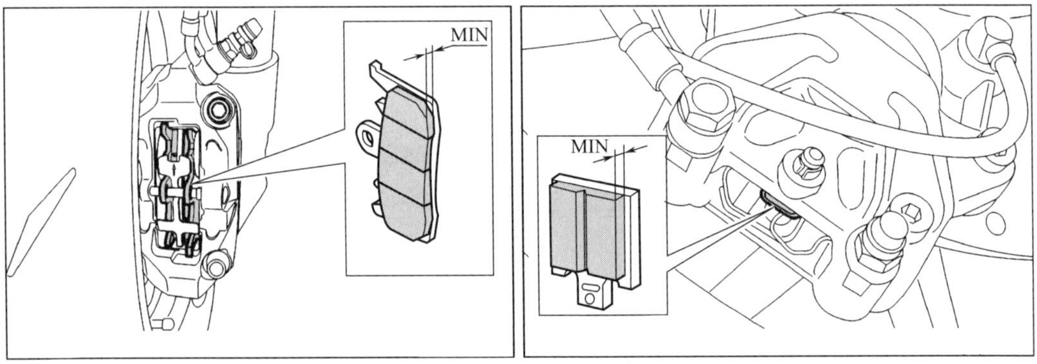

图 1-4-4　制动衬块磨损检查

6. 传动链张紧度检查（表 1-4-4）

表 1-4-4　传动链张紧度检查操作步骤

步骤	操　　作
1	转动后轮，直至传动链绷紧
2	把摩托车用侧脚架支好，用手指将传动链中心点向下压，然后松开
3	按照图 1-4-5 所示，测量大铝叉与链条销中心之间的距离（图 1-4-5 中的 A）
4	标准座版车型应为 59～61mm；低座版车型应为 57～59mm

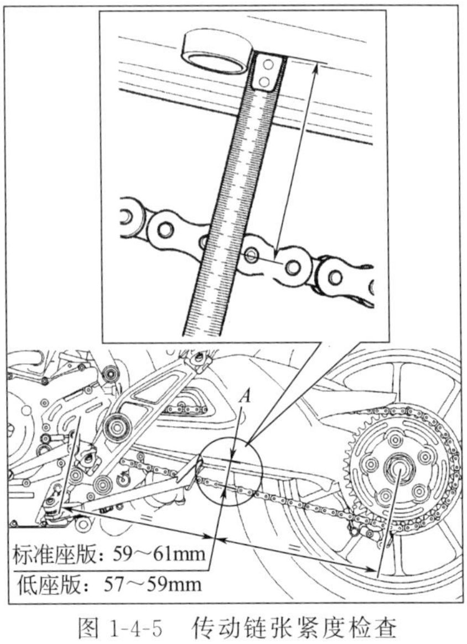

图 1-4-5　传动链张紧度检查

7. 传动链润滑

如果维护保养时发现传动链脏污，首先用溶剂将传动链清洗干净，然后用压缩空气或吸水材料将传动链吹干或吸干，最后用 Shell Advance Chain 或 Advance Teflon Chain 润滑剂对传动链进行润滑。

8. 火花塞型号

火花塞型号为 NGK MAR9A-J。更换时要确保型号准确。

9. 轮胎压力规范

检查轮胎压力时，应确保轮胎处于冷胎时进行。摩托车为单人驾驶时，前轮轮胎压力应为 2.3bar，后轮轮胎压力应为 2.5bar。摩托车为双人乘坐时（一名驾驶员和一位乘客），前轮轮胎压力应为 2.5bar，后轮轮胎压力应为 2.9bar。如果要行驶在崎岖不平的路面，可将前轮轮胎压力在规范值的基础上再增加 0.2～0.3bar。

10. 轮胎花纹最小厚度规范

按照图 1-4-6 所示，在轮胎磨损最大的位置测量轮胎花纹最小厚度，不能低于 2mm。否则应更换新轮胎。

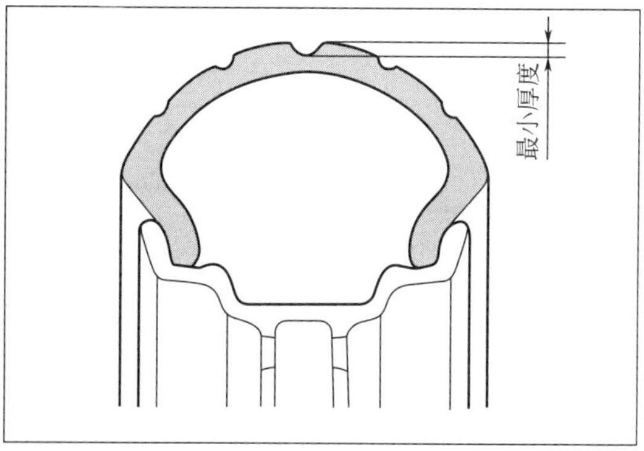

图 1-4-6 测量轮胎花纹最小厚度

11. 轮胎规范

前轮为 120/70-ZR17 无内胎式子午线轮胎；后轮为 180/55-ZR17 无内胎式子午线轮胎。

12. 车灯规格

车灯规格见表 1-4-5，更换灯泡时要仔细核对灯泡的数量和功率，以免发生错误。

表 1-4-5 车灯规格

车灯	规格
前照灯近光灯泡	H4 BV(12V-60/55W)
前照灯远光灯泡	H4 BV(12V-60/55W)
前转向灯	GE 2641A 12VRY10W
后转向灯	GE 2641A 12VRY10W
车牌照明灯	C5W(12-5W)灯泡
制动灯	6 个 13.5V-2.43W 的 LED 灯泡
驻车灯	6 个 13.5V-0.27W 的 LED 灯泡

13. 熔丝说明

（1）前熔丝盒内熔丝说明　前熔丝盒位于摩托车车身左侧，拆下车身左侧整流罩即可找到。熔丝盒内熔丝说明见图 1-4-7。

（2）后熔丝盒内熔丝说明　位于摩托车座椅下方的后熔丝盒说明见图 1-4-8。

（3）主熔丝检查　主熔丝安装在后熔丝盒旁边，位于电磁起动机上，如图 1-4-9 所示。主熔丝规格为 30A，拔起熔丝盒盖即可找到。

14. 大灯定向调节

在使用过程中发现摩托车大灯照射方向发生偏离时，用螺丝刀转动图 1-4-10 中所示的调节螺栓，将大灯的照射方向调节准确。

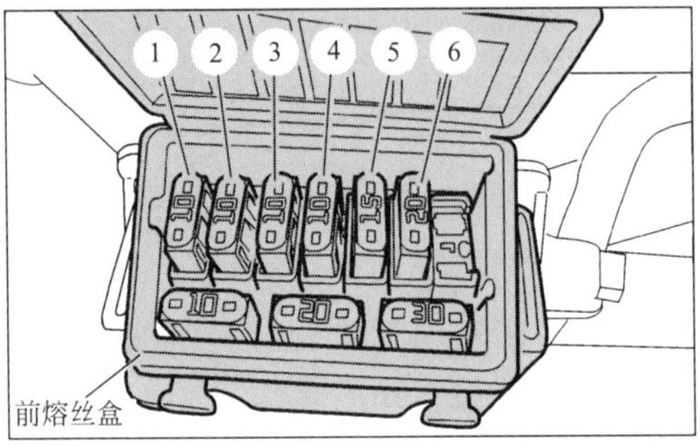

编号	使用部件	规格/A
1	车灯	10
2	仪表板	10
3	Key-1	15
4	Key-2	10
5	Key-7SM	15
6	燃油喷射	20

图 1-4-7　前熔丝盒内熔丝说明

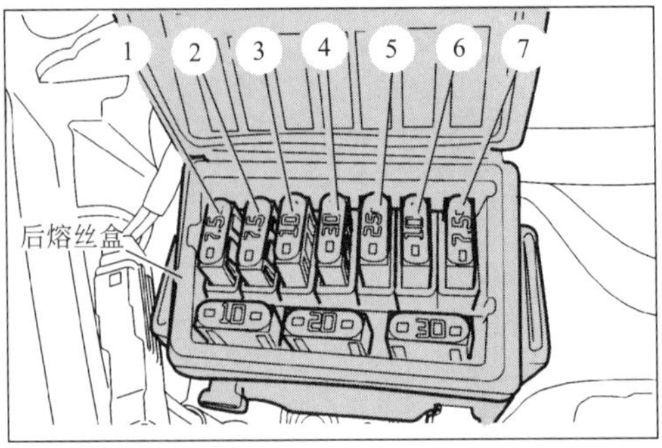

编号	使用部件	规格/A
1	钥匙-感应	7.5
2	诊断	7.5
3	黑箱系统(BBS)	10
4	ABS 1	30
5	ABS 2	25
6	告警	10
7	发动机电控单元	7.5

图 1-4-8　后熔丝盒内熔丝说明

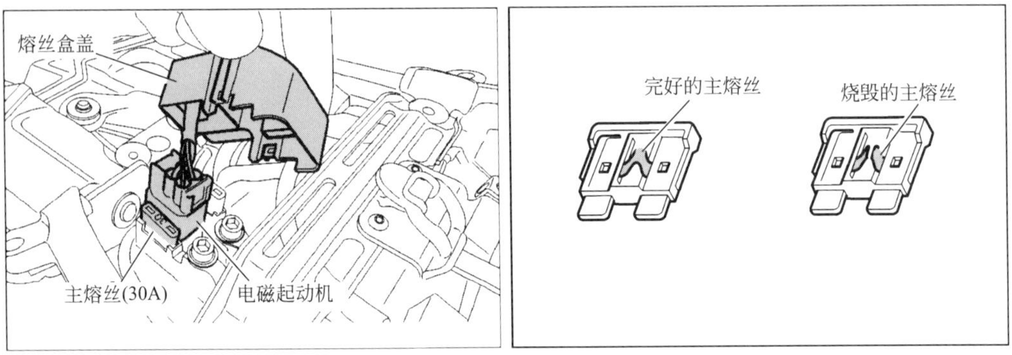

图 1-4-9　检查主熔丝

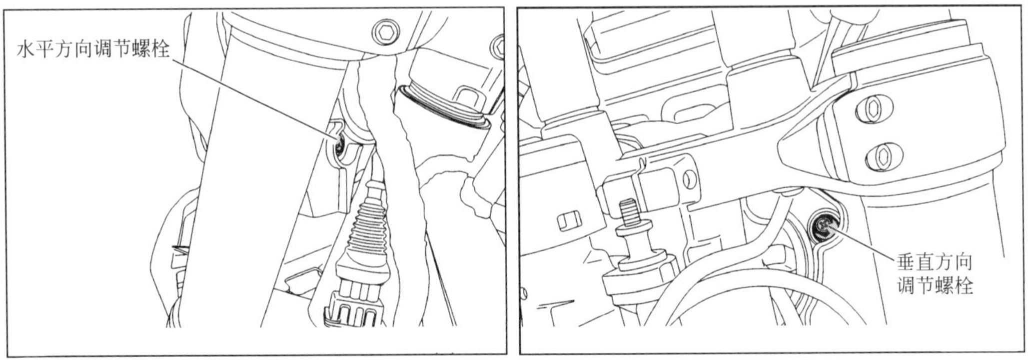

图 1-4-10　大灯照射方向调节螺栓

15. 车架识别编号位置

摩托车车架识别编号位置如图 1-4-11 所示，车主应准确记录该编号，订购配件时，必须准确告知配件商该编号，以免发生配件错购或错配。

16. 发动机识别编号位置

发动机识别编号的位置如图 1-4-12 所示，也是订购配件时必须要准确提供的号码。

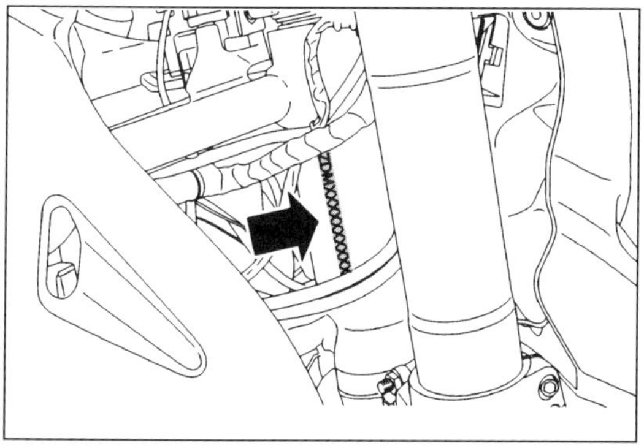

图 1-4-11　车架识别编号位置

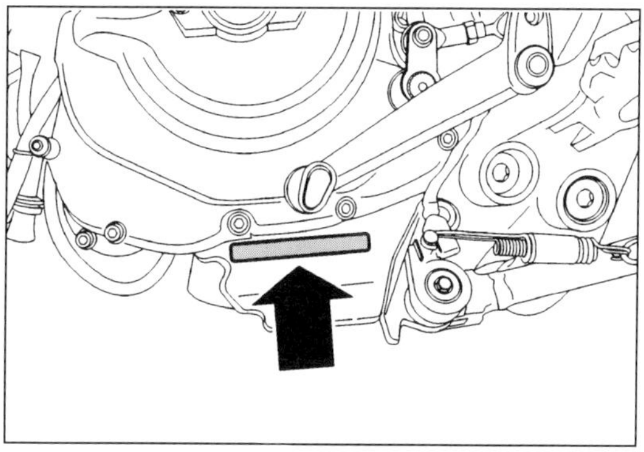

图 1-4-12　发动机识别编号位置

17. 仪表板故障信息显示说明

摩托车仪表板具有故障信息显示功能，如图 1-4-13 所示。当发生故障时，故障指示灯点亮，仪表板显示屏也会消失 ERRORS（故障）提示字符，车主可通过操作仪表板显示屏的菜单显示，切换到 ERRORS 显示功能（图 1-4-14），将故障内容显示出来并尽快与维修厂联系处理。

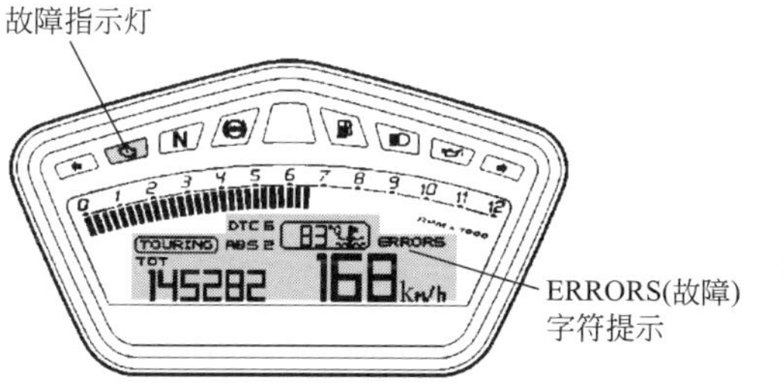

图 1-4-13　故障指示灯及 ERRORS（故障）字符提示识别

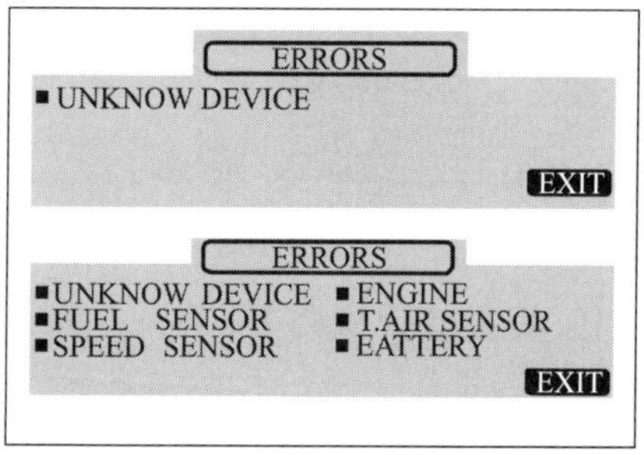

图 1-4-14　故障信息图例（1 个或多个故障提示）

常见的故障信息说明见表 1-4-6。

表 1-4-6　常见的故障信息说明

显示信息	含　义
CAN LINE	CAN(控制器区域网络)总线故障
UNKNOWN DEVICE	电控单元未被系统识别
ABS	ABS(防抱死制动系统)电控单元不通信/运行不正常
BBS	BBS(黑箱系统)电控单元不通信/运行不正常
	BBS(黑箱系统)电控单元一般性故障
DSB	DSB(仪表板)电控单元不通信/运行不正常

续表

显示信息	含　义
IMMOBILIZER	钥匙未被识别
	钥匙-天线(防盗器)运行不正常
	没有感应到钥匙
ENGINE	ENGINE(发动机)电控单元不通信/运行不正常
	节气门位置传感器故障
	节气门电动机/继电器故障
	压力传感器故障
	发动机冷却液温度传感器故障
	进气温度传感器故障
	燃油喷射继电器故障
	点火线圈故障
	喷油器故障
	发动机转速传感器故障
	氧传感器或氧传感器加热器故障
	摩托车启动继电器故障
FUEL SENSOR	燃油传感器故障
SPEED SENSOR	前轮/后轮轮速传感器故障
BATTERY	蓄电池电压过低或过高
STOP LIGHT	制动灯失灵
FAN	电子冷却风扇故障
SIDE STAND	摩托车侧脚架传感器故障
T-AIR	大气温度传感器故障
H. GRIPS	一个或两个加热式车把故障

18. 操纵部件调节

(1) 离合器控制自由行程调节　离合器控制杆上配有一个自由行程旋钮（图 1-4-15），离合器控制自由行程的规范范围为 3～4mm。如果核查时发现不符合规范，应转动旋钮将自由行程调节到规范范围内。

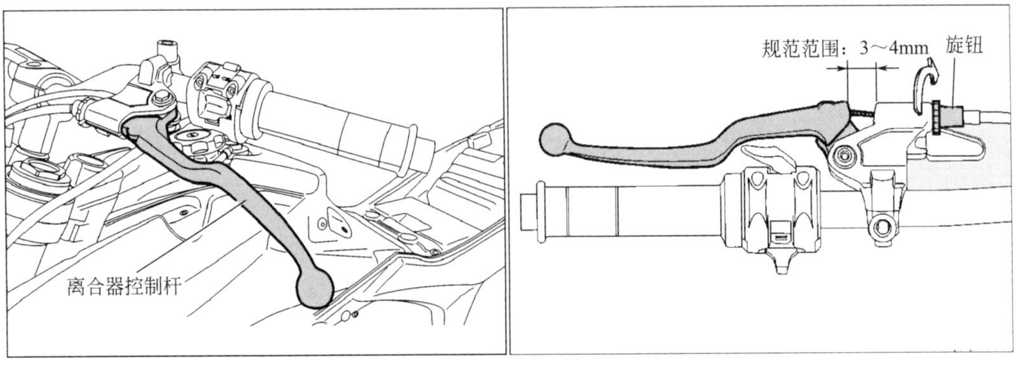

图 1-4-15　离合器控制自由行程调节

（2）前制动控制杆与车把手之间的距离调节　前制动控制杆（图 1-4-16 中的 1）上配有一个旋钮（图 1-4-16 中的 2），车主如果感觉操纵起来不顺手，可握住控制杆，转动调节旋钮。旋钮上有 4 个不同的调节位置，旋钮转至位置 1 时，控制杆与把手的距离最远；转至位置 4 时，控制杆与把手距离最近。

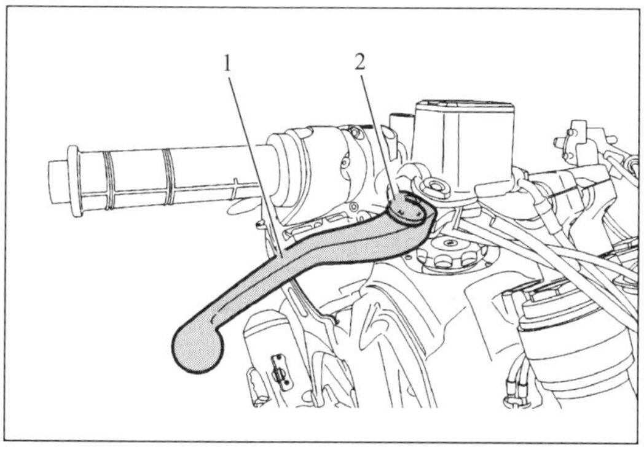

图 1-4-16　前制动控制杆与调节旋钮识别

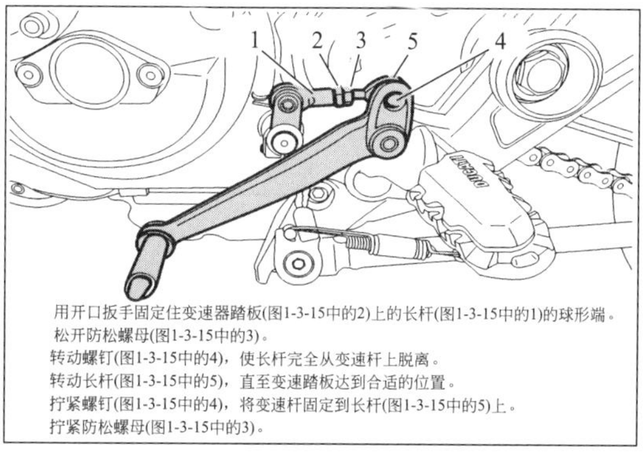

图 1-4-17　变速器踏板位置调节

（3）变速器踏板位置调节（图 1-4-17）

（4）后制动踏板位置调节　为使后制动踏板位置更适合车主，按照图 1-4-18 所示，松开防松螺母（图 1-4-18 中的 1），然后转动后制动踏板行程调节螺栓（图 1-4-16 中的 2），踏板调节到最合适的位置后，将防松螺母（图 1-4-18 中的 1）重新拧紧。检查后制动踏板自由行程：首先用手按压后制动踏板，查看后制动踏板在开始驱动后制动器前是否存在 1.5～2.0mm 的自由行程，如果自由行程不符合规范，则松开制动泵控制推杆上的防松螺母（图 1-4-18 中的 5），拧紧叉架（图 1-4-18 中的 4）上的推杆（图 1-4-18 中的 3）来增加自由行程或拧松推杆来减少自由行程，调节到规范范围后，将防松螺母（图 1-4-18 中的 5）紧固好。

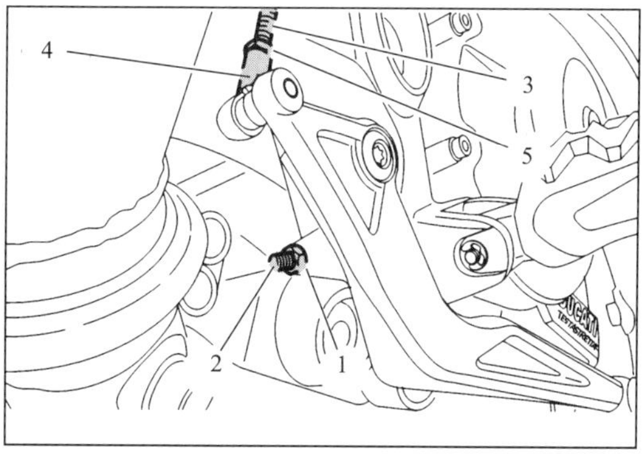

图 1-4-18　后制动踏板位置调节

第五节　MULTISTRADA（揽途）系列

2015 年款 MULTISTRADA（揽途）1200 摩托车维护保养如下。

1. 油品规格（表 1-5-1）

表 1-5-1　油品规格

部　　件	规　　格	用　　量
发动机油底壳及机油滤清器	Shell Advance 4T Ultra 发动机机油 黏度：SAE15W-50 或 SAE15W-60	4.1L
前、后制动器及离合器	Shell Advance Brake Dot4 制动液	

续表

部　件	规　格	用　量
前叉	Shell Advance Fork 7.5 或 Donax TA	左侧叉杆:556mL 右侧叉杆:556mL
发动机冷却系统	ENI Agip Permanent Spezial 防冻液	2.5L

2. 发动机机油液面高度检查（表 1-5-2）

表 1-5-2　发动机机油液面高度检查

步骤	操　作
1	确保摩托车发动机处于冷机状态
2	使摩托车处于与地面垂直的状态
3	按照图 1-5-1 所示，通过离合器盖上的检视孔(图 1-5-1 中的 1)来查看发动机机油液面高度
4	发动机机油液面高度必须处于检视孔对应的 MAX(上限)和 MIN(下限)刻度之间
5	如果检查发现机油不足，应立即拆下机油加注盖(图 1-5-1 中的 2)加注 Shell Advance 4T Ultra 发动机机油
6	机油加注到规范刻度后，将机油加注盖重新装好

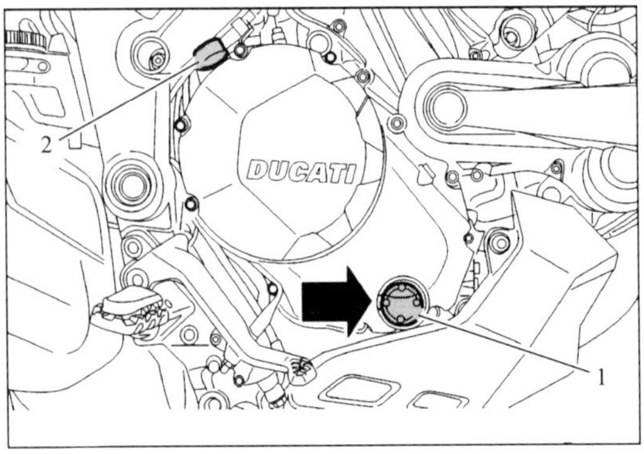

图 1-5-1　检查发动机机油液面高度

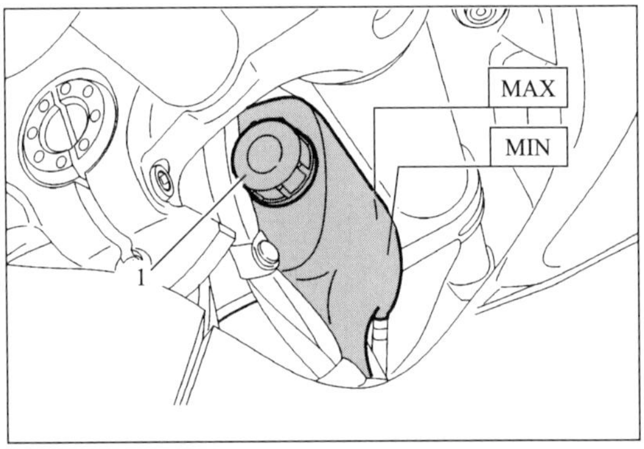

图 1-5-2　发动机冷却液加注盖及液面高度识别

3. 发动机冷却液液面检查（表 1-5-3）

表 1-5-3　发动机冷却液液面检查

步骤	操　作
1	使发动机冷机
2	将车把向左侧转动，查看转向套管右侧冷却液膨胀罐中的冷却液液面高度
3	按照图 1-5-2 所示，液面高度应处于膨胀罐上的 MAX 和 MIN 标记之间
4	如果液面高度低于 MIN 标记，应拧下冷却液加注盖(图 1-5-2 中的 1)，加注 ENI Agip Permanent Spezial 防冻液至 MAX 标记
5	将加注盖拧好

4. 制动器及离合器液面高度检查

按照图 1-5-3 所示的液面高度标记执行液面高度核查，液面不能低于 MIN 标记。

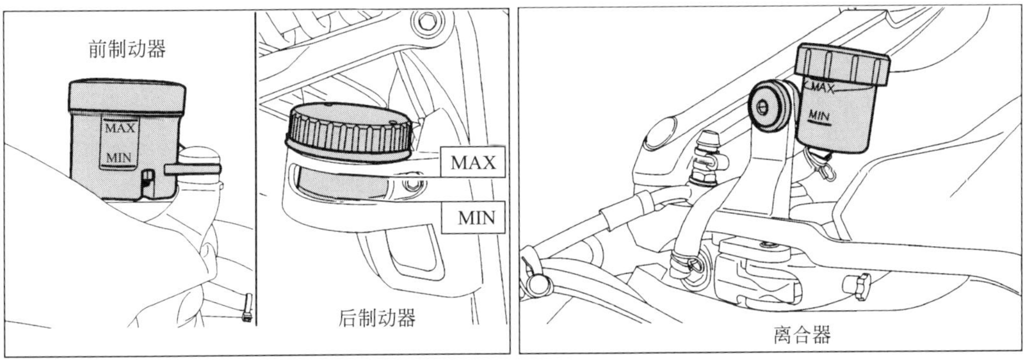

图 1-5-3 制动器和离合器液面高度标记识别

5. 制动衬块磨损检查

从制动卡钳之间的开口对制动衬块磨损进行检查，如图 1-5-4 所示，如果发现任一制动衬块上摩擦材料最小厚度只有 1mm 时，必须将 2 个制动衬块全部更换。

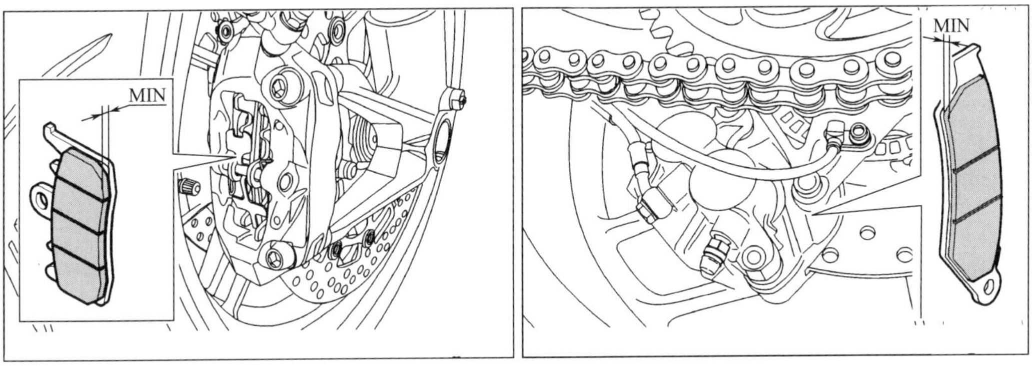

图 1-5-4 制动衬块磨损检查

6. 传动链张紧度检查（表 1-5-4）

表 1-5-4 传动链张紧度检查

步骤	操作
1	转动后轮，直至传动链完全绷紧
2	把摩托车用侧脚架支好，将传动链向下压，然后松开
3	按照图 1-5-5 所示，测量大铝叉与链条销中心之间的距离（图 1-5-5 中的 *A*）
4	确认距离应为 38～40mm

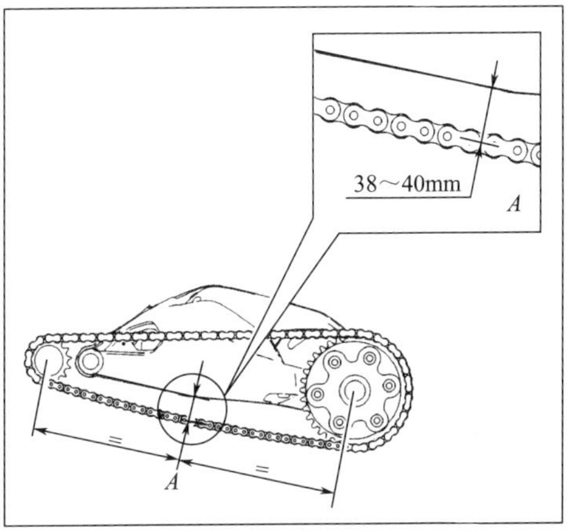

图 1-5-5 传动链张紧度检查

7. 传动链润滑

如果维护保养时发现传动链脏污，首先用溶剂将传动链清洗干净，然后用压缩空气或吸水材料将传动链吹干或吸干，最后用 Shell Advance Chain 或 Advance Teflon Chain 润滑剂对传动链所有链节进行润滑。

8. 火花塞型号

火花塞型号为 NGK MAR10A-J。更换时要确保型号准确。

9. 轮胎压力规范

检查轮胎压力时，应确保轮胎处于冷胎时进行。摩托车为单人驾驶时，前轮轮胎压力应为 2.3bar，后轮轮胎压力应为 2.5bar。摩托车为双人乘坐时（一名驾驶员和一位乘客），前轮轮胎压力应为 2.5bar，后轮轮胎压力应为 2.9bar。如果要行驶在崎岖不平的路面，可将前轮轮胎压力在规范值的基础上再增加 0.2～0.3bar。

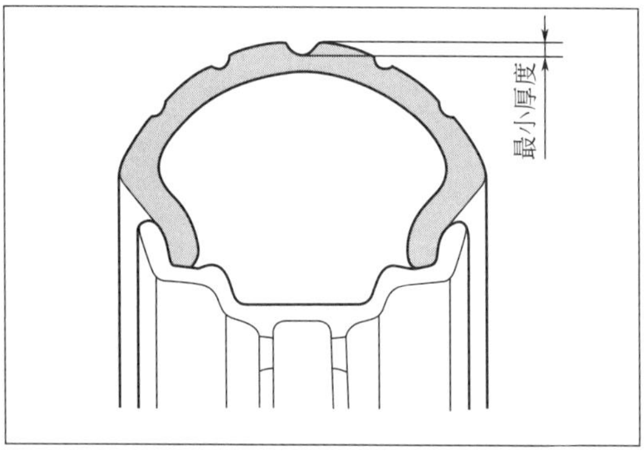

图 1-5-6　测量轮胎花纹最小厚度

10. 轮胎花纹最小厚度规范

按照图 1-5-6 所示，在轮胎磨损最大的位置测量轮胎花纹最小厚度，不能低于 2mm。否则应更换新轮胎。

11. 轮胎规范

前轮为 120/70-ZR17 无内胎式轮胎；后轮为 190/55-ZR17 无内胎式轮胎。轮胎为 Pirelli（倍耐力）公司生产的 Pirelli Scorpion Trail Ⅱ摩托车轮胎。

12. 车灯规格

车灯规格见表 1-5-5，更换灯泡时要仔细核对灯泡的数量和功率，以免发生错误。

表 1-5-5　车灯规格

车　　灯	规　　格
前照灯近光灯泡	2 个 H11(12V-55W)
前照灯远光灯泡	2 个 H11(12V-55W)
前驻车灯	2 个 SEOUL STW9Q14C LED 灯泡
前转向灯	11 个 Dominant Primax150 NAZY-BHG-MN3-1 的 LED 灯泡
后转向灯	PY102 12V-10W 琥珀色灯泡
车牌照明灯	3 个 CREE CLA1A-WKW-CXAYB453LED 灯泡
后制动灯	10 个 Osram LA-E6SF-BBCB-24-1 LED 灯泡
后驻车灯	4 个 Osram LA-W5SM-JYKY-24-1 LED 灯泡

13. 熔丝说明

（1）前熔丝盒内保险丝说明（图 1-5-7）　前熔丝盒位于摩托车左侧防护板内，拆下检修

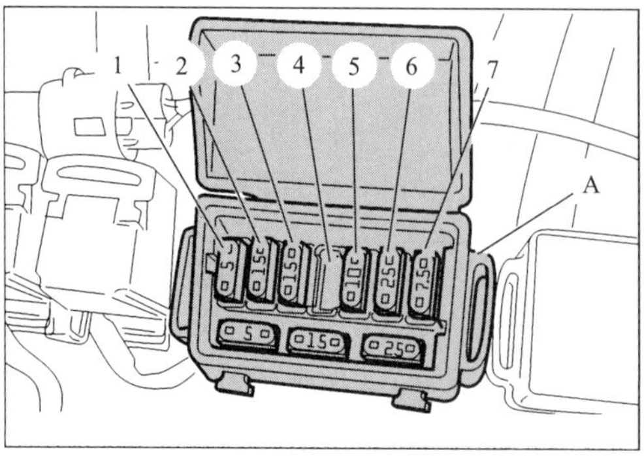

位置	使用部件	规格/A
1	EMS(发动机管理系统) ABS(防抱死制动系统) IMU(惯性测量单元)	5
2	仪表板/黑箱系统	15
3	车灯	5
4	—	—
5	附件	10
6	免手控	25
7	诊断/充电	7.5

图 1-5-7　前熔丝盒内熔丝说明

盖即可找到。

（2）后熔丝盒内熔丝说明（图 1-5-8）　后熔丝盒安装在摩托车右侧的后车架上，紧挨着 ABS（防抱死制动系统）电控单元，拆下驾驶员座椅即可找到。

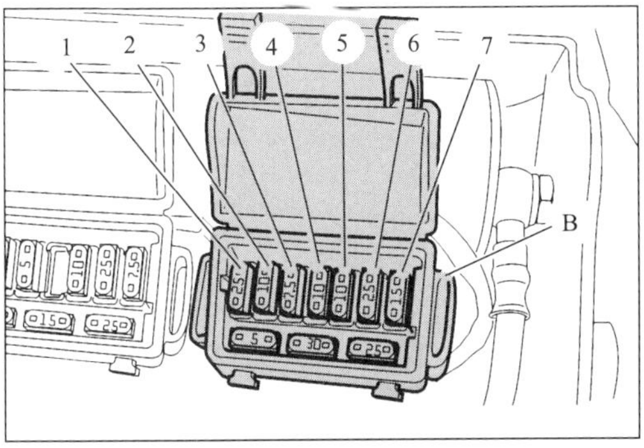

位置	使用部件	规格/A
1	发动机管理系统负荷继电器	25
2	燃油泵继电器	10
3	起动机继电器	7.5
4	仪表板	20
5	黑箱系统	10
6	ABS(防抱死制动系统)	25
7	ABS(防抱死制动系统)	15

图 1-5-8　后熔丝盒内熔丝说明

（3）主熔丝　主熔丝安装在摩托车的电磁起动机上，抬起熔丝盖即可找到，如图 1-5-9 所示，主熔丝规格为 30A。可通过目视观察检查熔丝是否烧毁，需要更换。

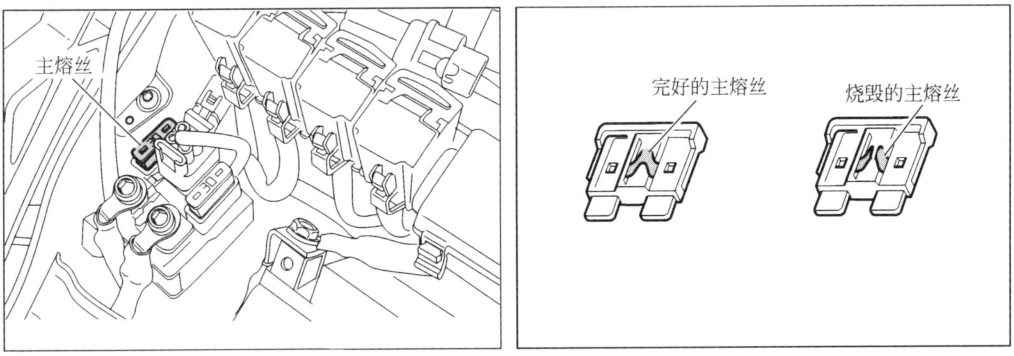

图 1-5-9　检查主熔丝

14. 大灯定向调节

在使用过程中发现摩托车大灯照射方向发生偏离时，用螺丝刀转动图 1-5-10 中所示的调节螺栓，将大灯的照射方向调节准确（表 1-5-6）。

表 1-5-6　大灯调节

步骤	操　　作
1	开启近光灯
2	完全盖住两个近光灯其中之一(右或左)
3	转动位于同侧的相应调节螺栓(图 1-5-10 中的 2),进行调节未遮盖光束的垂直定向。顺时针转动螺栓(图 1-5-10 中的 2)光束会向下移动;逆时针转动螺栓,光束会向上移动
4	遮盖住刚经过调节的光束,对另外一个近光灯按照步骤 3 的操作进行调节
5	打开远光灯光束,并通过调节螺钉(图 1-5-10 中的 1)进行调整。顺时针转动车灯的螺栓,光束会向下移动;逆时针转动螺栓,光束会向上移动

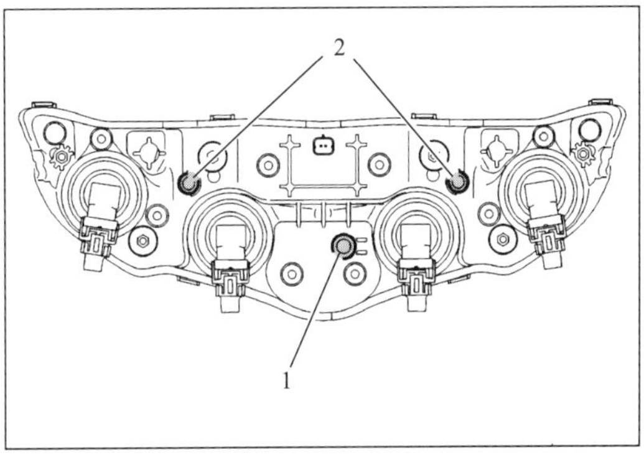

图 1-5-10　大灯照射方向调节螺栓

15. 车架识别编号位置

摩托车车架识别编号位置如图 1-5-11 所示，车主应准确记录该编号，订购配件时，必须准确告知配件商该编号，以免发生配件错购或错配。

16. 发动机识别编号位置

发动机识别编号位置如图 1-5-12 所示，也是订购配件时必须要准确提供的号码。

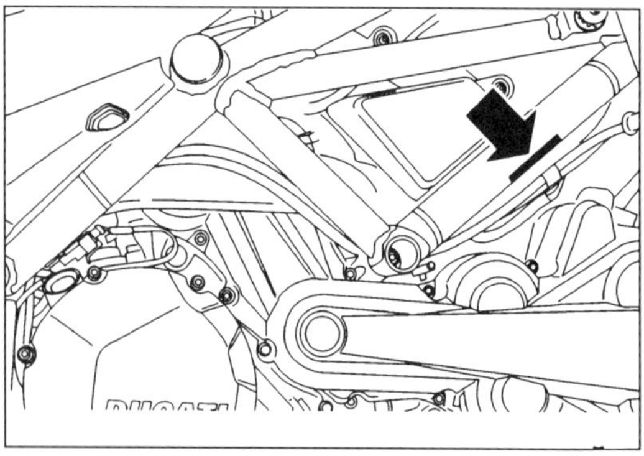

图 1-5-11　车架识别编号位置

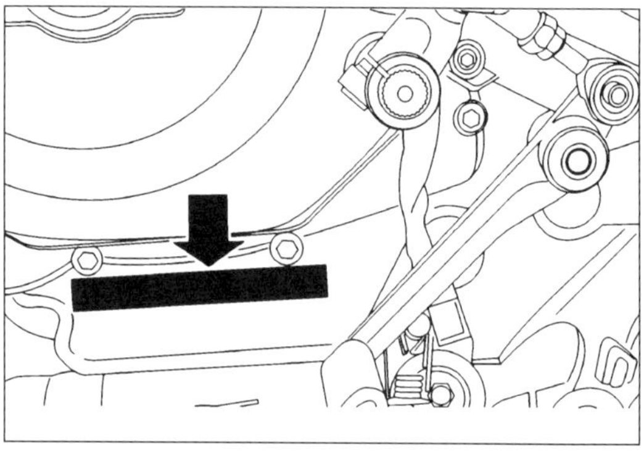

图 1-5-12　发动机识别编号位置

17. 仪表板故障信息显示说明

摩托车仪表板具有故障信息显示功能，如图 1-5-13 所示。当发生故障时，仪表板上的故障指示灯(图 1-5-13 中的 A 或 B)点亮，提示车主尽快与维修厂联系处理。

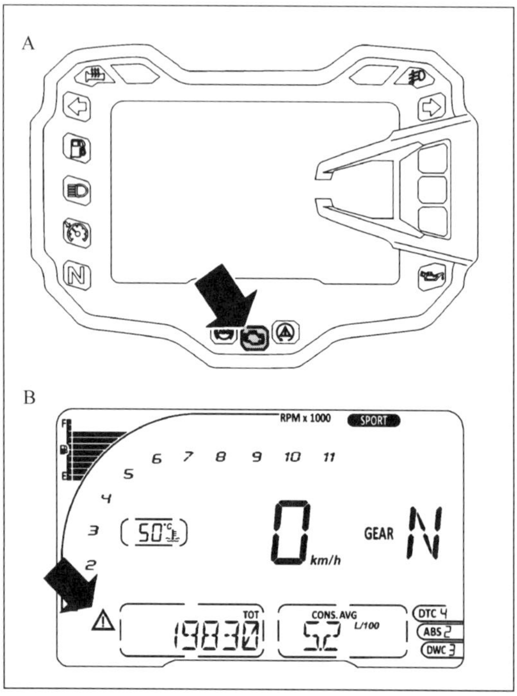

图 1-5-13　故障指示灯识别

18. 主钥匙电池更换

当主钥匙内的电池电量即将耗尽时，摩托车仪表板上会出现电量不足的图标提示，如图 1-5-14 所示。车主看到该提示图标后，按照图 1-5-15 所示的操作步骤更换主钥匙内的电池。

图 1-5-14　主钥匙电池电量不足提示图标识别

19. 操纵部件调节

(1) 离合器控制杆与车把旋转手柄之间的距离调节　离合器控制杆（图 1-5-16 中的 1）上配有一个旋钮（图 1-5-16 中的 2），车主如果感觉操纵起来不顺手，可通过转动该旋钮将

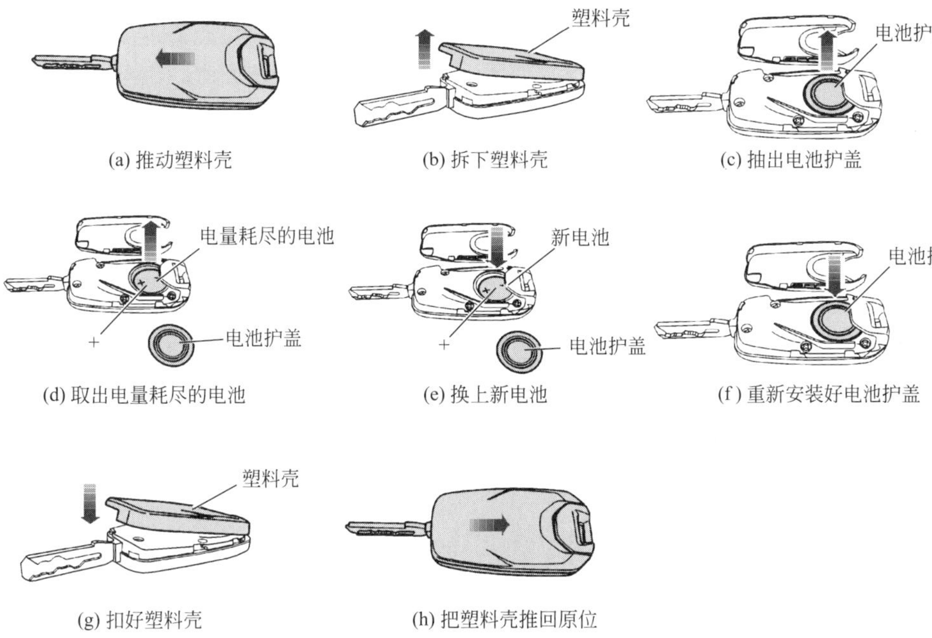

(a) 推动塑料壳　(b) 拆下塑料壳　(c) 抽出电池护盖

(d) 取出电量耗尽的电池　(e) 换上新电池　(f) 重新安装好电池护盖

(g) 扣好塑料壳　(h) 把塑料壳推回原位

图 1-5-15　更换主钥匙电池

离合器控制杆与摩托车车把旋转手柄之间的距离调节到自己感觉最恰当的状态。沿顺时针方向转动旋钮，控制杆与手柄之间的距离会增大；沿逆时针方向转动旋钮，控制杆与手柄之间的距离会减小。

（2）前制动控制杆与车把手柄之间的距离调节　前制动控制杆（图 1-5-17 中的 1）上配有一个旋钮（图 1-5-17 中的 2），车主如果感觉操纵起来不顺手，可通过转动该旋钮将前制动器控制杆与摩托车把手柄之间的距离调节到自己感觉最恰当的状态。沿顺时针方向转动旋钮，控制杆与手柄之间的距离会增大；沿逆时针方向转动旋钮，控制杆与手柄之间的距离会减小。

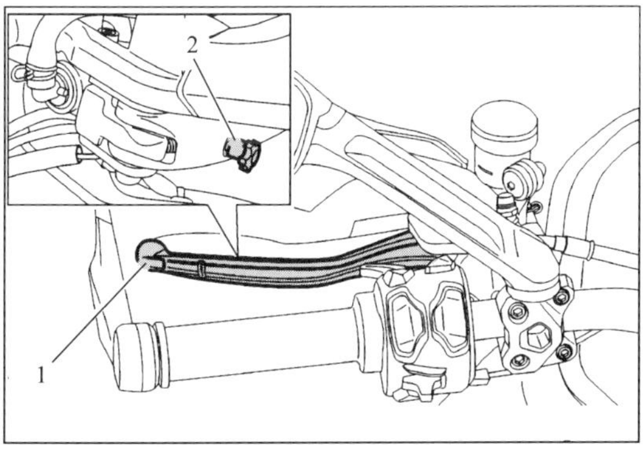

图 1-5-16　离合器控制杆与调节旋钮识别

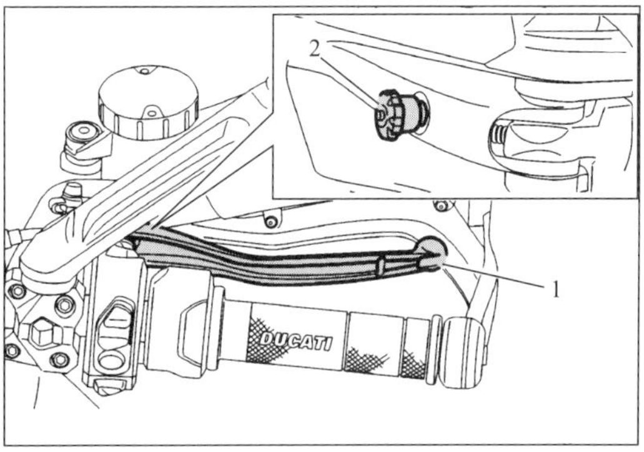

图 1-5-17　前制动控制杆与调节旋钮识别

（3）变速器踏板位置调节　为使变速器踏板位置更适合车主，按照图 1-5-18 所示，首先用开口扳手卡住六角头部位（图 1-5-18 中的 2），使球形端（图 1-5-18 中的 1）固定住，然后松开固定螺母（图 1-5-18 中的 3），松开螺栓（图 1-5-18 中的 4），使控制杆脱离变速杆，转动控制杆（图 1-5-18 中的 5），将变速踏板调节到合适的位置，拧紧螺栓（图 1-5-18 中的 4），使控制杆与变速杆固定到一起，最后拧紧固定螺母（图 1-5-18 中的 3）。

（4）后制动踏板位置调节与踏板自由行程调节　为使后制动踏板位置更适合车主，按照

图 1-5-19 所示，松开防松螺母（图 1-5-19 中的 1），然后转动后制动踏板行程调节螺栓（图 1-5-19 中的 2），踏板位置调节到最合适的位置后，将防松螺母重新拧紧。检查后制动踏板自由行程：首先用手按压后制动踏板，查看后制动踏板在开始驱动后制动器前是否存在 2～5mm 的自由行程，如果自由行程不符合规范，则松开制动泵控制推杆上的防松螺母（图 1-5-19 中的 5），拧紧叉架（图 1-5-19 中的 3）上的推杆（图 1-5-19 中的 4）来增加自由行程或拧松推杆来减少自由行程，调节到规范范围后，将防松螺母（图 1-5-19 中的 5）紧固好。

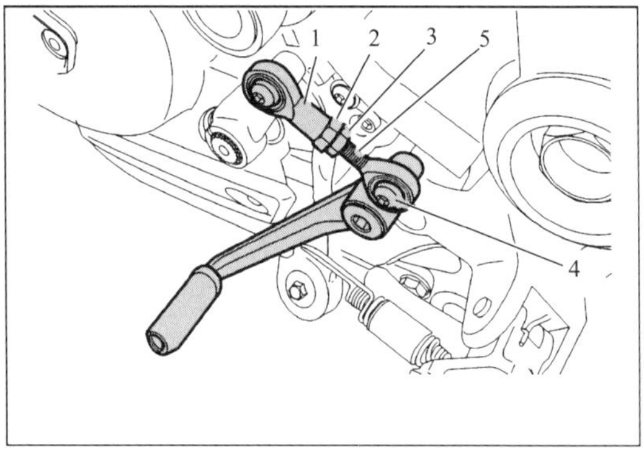

图 1-5-18　变速器踏板控制杆和固定螺母识别

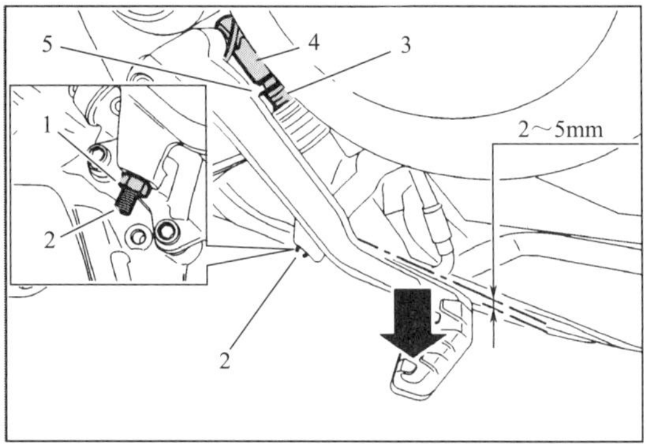

图 1-5-19　后制动踏板位置调节

第六节　SUPERBIKE（超跑）系列

2015 年款 SUPERBIKE（超跑）899 PANIGALE 摩托车维护保养如下。

1. 油品规格（表 1-6-1）

表 1-6-1　油品规格

部　件	规　格	用　量
发动机油底壳及机油滤清器	Shell Advance 4T Ultra 发动机机油 黏度：SAE15W-50	3.9L
前、后制动器及离合器	Shell Advance Brake Dot4 制动液	
前叉	Shell Advance Fork 7.5 或 Donax TA	左侧叉杆：561～565mL 右侧叉杆：561～565mL
发动机冷却系统	ENI Agip Permanent Spezial 防冻液	2.3L
电气触点保护	Shell Advance Contact Cleaner（触点清洁剂）	

2. 发动机机油液面高度检查（表 1-6-2）

表 1-6-2　发动机机油液面高度检查

步骤	操　作
1	确保摩托车发动机处于冷机状态
2	使摩托车处于与地面垂直的状态
3	按照图 1-6-1 所示，通过离合器盖上的检视孔（图 1-6-1 中的 1）来查看发动机机油液面高度

续表

步骤	操　　作
4	发动机机油液面高度必须处于检视孔对应的 MAX(上限)和 MIN(下限)刻度之间
5	如果检查发现机油不足,应立即拆下机油加注盖(图 1-6-1 中的 2),加注 Shell Advance 4T Ultra 发动机机油
6	机油加注到规范刻度后,将机油加注盖重新装好

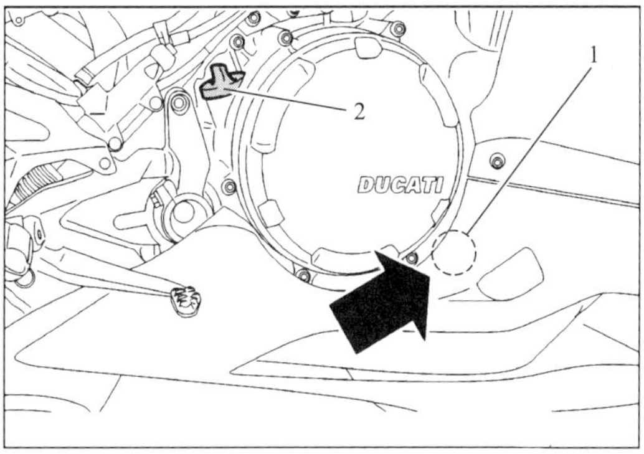

图 1-6-1　检查发动机机油液面高度

3. 发动机冷却液液面检查（表 1-6-3）

表 1-6-3　发动机冷却液液面检查

步骤	操　　作
1	使发动机冷机
2	将车把向左侧转动,查看转向套管右侧冷却液膨胀罐中的冷却液液面高度
3	按照图 1-6-2 所示,液面高度应处于膨胀罐上的 MAX 和 MIN 标记之间(图 1-6-2 中的 1 和 2)
4	如果液面高度低于 MIN 标记,应拧下冷却液加注盖(图 1-6-2 中的 3),加注 ENI Agip Permanent Spezial 防冻液至 MAX 标记
5	将加注盖拧好

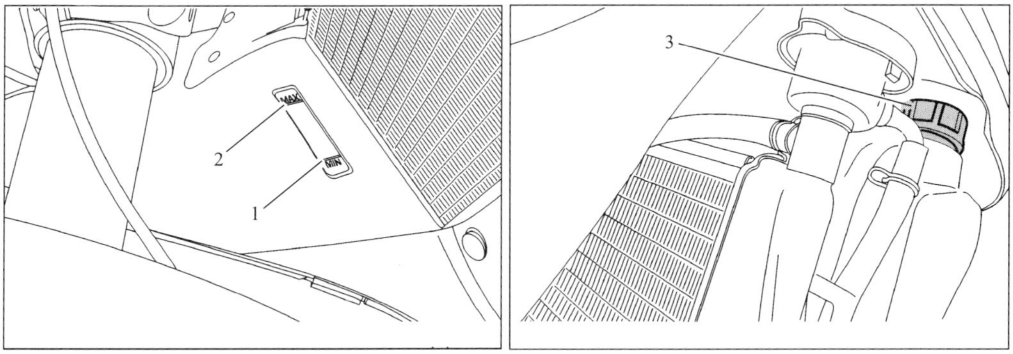

图 1-6-2　发动机冷却液加注盖及液面高度识别

4. 制动器及离合器液面高度检查

按照图 1-6-3 所示的液面高度标记执行液面高度核查，液面不能低于 MIN 标记。

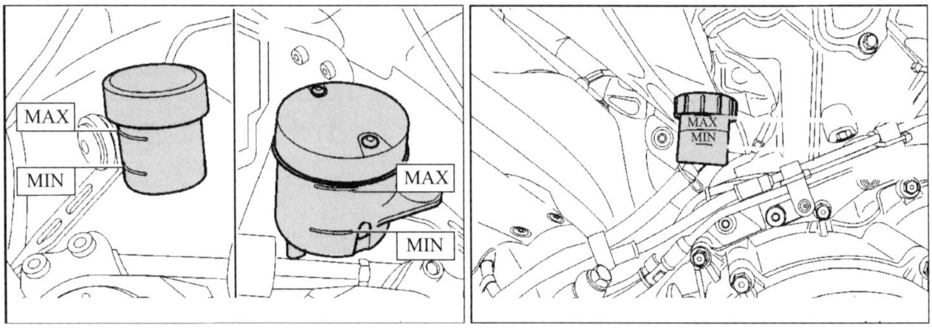

图 1-6-3　制动器和离合器液面高度标记识别

5. 制动衬块磨损检查

从制动卡钳之间的开口对制动衬块磨损进行检查，如图 1-6-4 所示，如果发现任一制动衬块上摩擦材料最小厚度只有 1mm 时，必须将 2 个制动衬块全部更换。

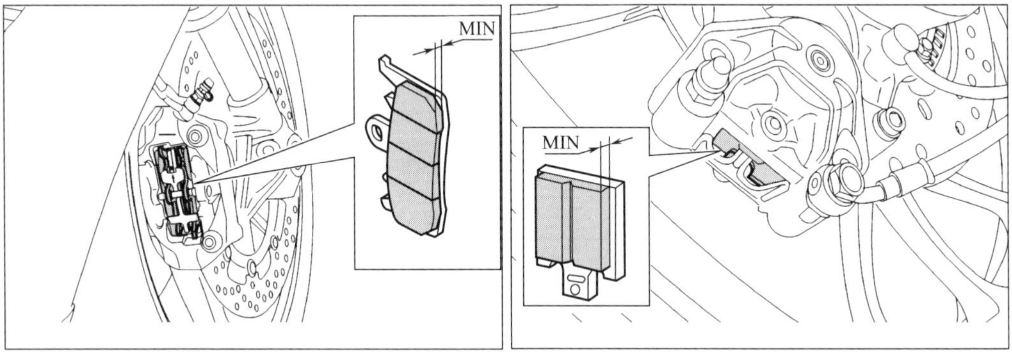

图 1-6-4　制动衬块磨损检查

6. 传动链张紧度检查（表 1-6-4）

表 1-6-4　传动链张紧度检查

步骤	操　作
1	转动后轮，直至传动链完全绷紧
2	把摩托车用侧脚架支好，将传动链向下压，然后松开
3	按照图 1-6-5 所示，测量大铝叉与链条销中心之间的距离（图 1-6-5 中的 A）
4	确认距离应为 49～51mm

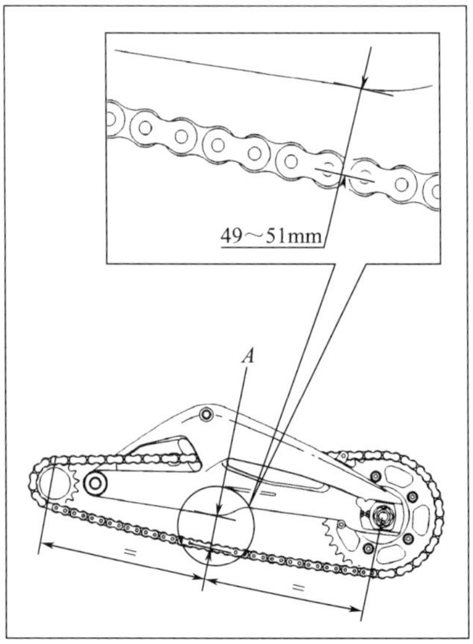

图 1-6-5　传动链张紧度检查

7. 传动链润滑

如果维护保养时发现传动链脏污，首先用溶剂将传动链清洗干净，然后用压缩空气或吸水材料将传动链吹干或吸干，最后用 Shell Advance Chain 或 Advance Teflon Chain 润滑剂对传动链所有链节进行润滑。

8. 火花塞型号

火花塞型号为 NGK MAR9A-J。更换时要确保型号准确。

9. 轮胎压力规范

检查轮胎压力时，应确保轮胎处于冷胎时进行。前轮轮胎压力应为 2.5bar，后轮轮胎压力应为 2.5bar。如果要行驶在崎岖不平的路面，可将前轮轮胎压力在规范值的基础上再增加 0.2～0.3bar。

10. 轮胎花纹最小厚度规范

按照图 1-6-6 所示，在轮胎磨损最大的位置测量轮胎花纹最小厚度，不能低于 2mm。否则应更换新轮胎。

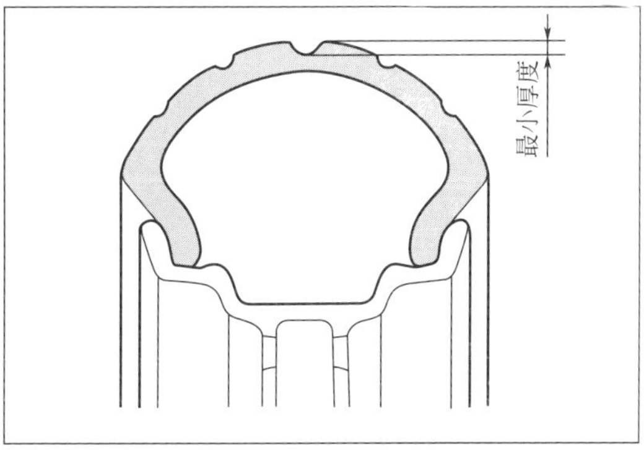

图 1-6-6 测量轮胎花纹最小厚度

11. 轮胎规范

前轮为 120/70 无内胎式轮胎；后轮为 180/60 无内胎式轮胎。

12. 车灯

（1）车灯规格 车灯规格见表 1-6-5，更换灯泡时要仔细核对灯泡的数量和功率，以免发生错误。

表 1-6-5 车灯规格

车灯	规格
前照灯近光灯泡	2 个 H11(12V-55W)
前照灯远光灯泡	2 个 H11(12V-55W)
前驻车灯	2 个 SEOUL STW8Q14B LED 灯泡
尾灯	2 个 REBEL LXM2-PH0A-0060 LED 灯泡
前转向灯	15 个 LED 灯泡
后转向灯	4 个 OSRAN LEY65F LED 灯泡
车牌照明灯	3 个 CREE CLA1A-WKW-CXAYB453 LED 灯泡
后制动灯	8 个 LA G6SP-CBEA-24-1 LED 灯泡

（2）远光灯和近光灯灯泡更换 近光灯、远光灯与行车灯的识别如图 1-6-7 所示，如果发现灯泡烧毁，可沿逆时针方向转动灯泡支架上的环形螺母，将烧毁的灯泡取出，换上新灯泡，然后沿顺时针方向转动环形螺母将新灯泡固定好。

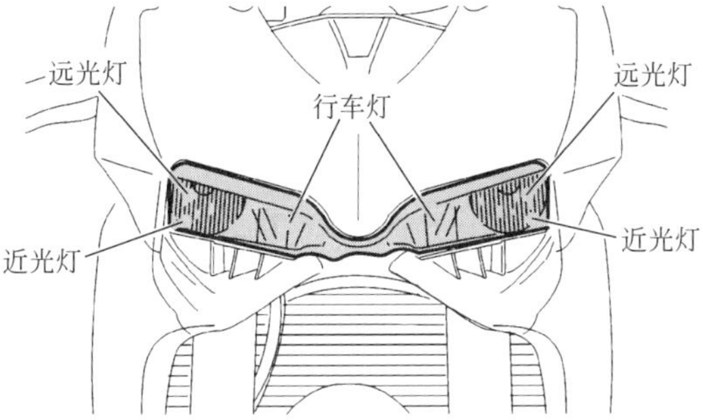

图 1-6-7 近光灯、远光灯与行车灯的识别

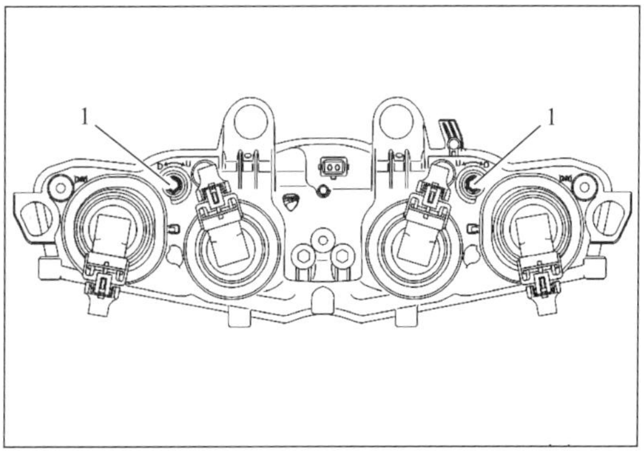

图 1-6-8 大灯照射方向调节螺栓

13. 大灯定向调节

在使用过程中发现摩托车大灯照射方向发生偏离时，按照图 1-6-8 所示，用螺丝刀转动图中所示的调节螺栓 1，将大灯的垂直照射方向调节准确。

14. 熔丝说明

摩托车配备 2 个熔丝盒，分别是左前熔丝盒（图 1-6-9 中的 A）和右前熔丝盒（图 1-6-10 中的 B），熔丝盒位于蓄电池上方。

（1）左前保险丝盒内熔丝说明（图 1-6-9）

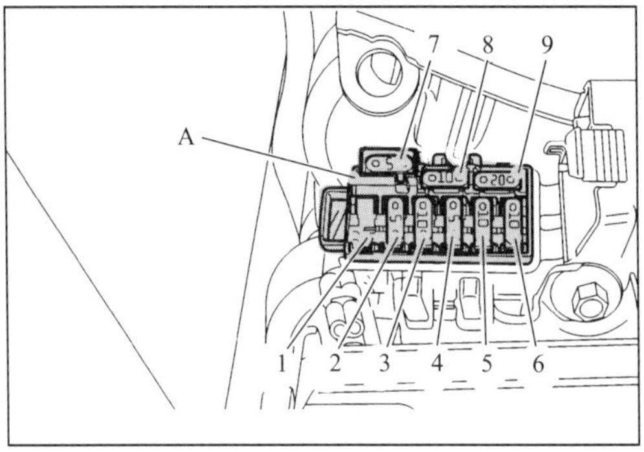

位置	使用部件	规格/A
1	—	—
2	GPS(全球卫星定位)导航	5
3	钥匙-感应	10
4	诊断	5
5	节气门开启继电器	10
6	仪表盘	10
7	预留	5
8	预留	10
9	预留	20

图 1-6-9　左前熔丝盒内熔丝说明

（2）右前熔丝盒内熔丝说明（图 1-6-10）

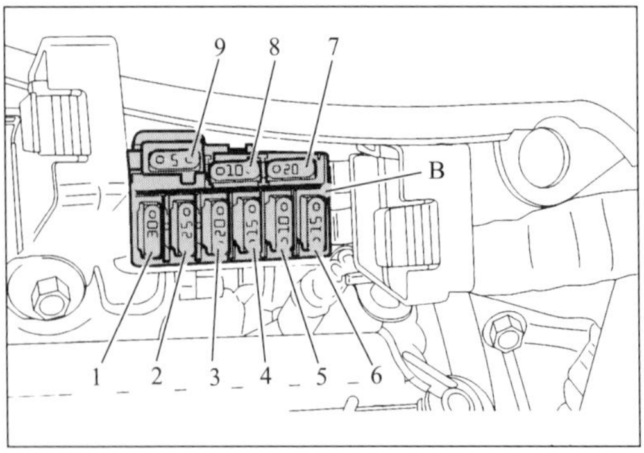

位置	使用部件	规格/A
1	ABS 1	30
2	ABS 2	25
3	燃油喷射继电器	20
4	灯光	15
5	发动机电控单元	10
6	黑箱系统(BBS)	15
7	预留	20
8	预留	10
9	预留	5

图 1-6-10　右前熔丝盒内熔丝说明

（3）主熔丝　主熔丝（图 1-6-11 中的 C）安装在摩托车的电磁起动机（图 1-6-11 中的

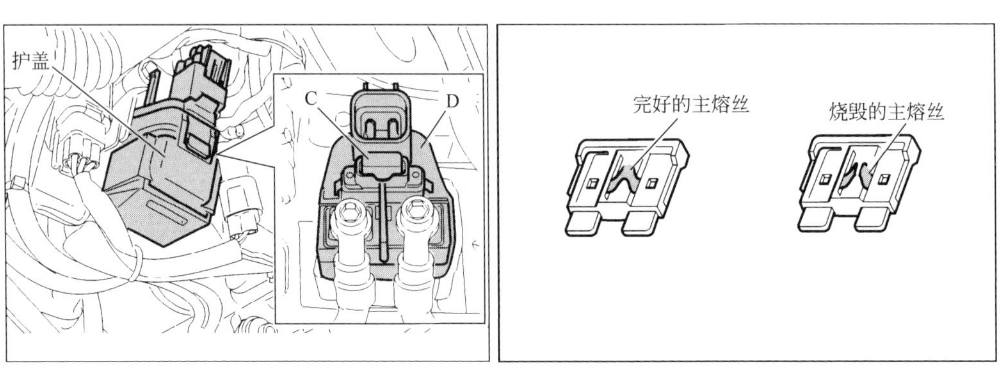

图 1-6-11　检查主熔丝

D）上，抬起熔丝护盖即可找到，主熔丝规格为 30A。可通过目视观察检查熔丝是否烧毁，需要更换。

15. 车架识别编号位置

摩托车车架识别编号位置如图 1-6-12 所示，车主应准确记录该编号，订购配件时，必须准确告知配件商该编号，以免发生配件错购或错配。

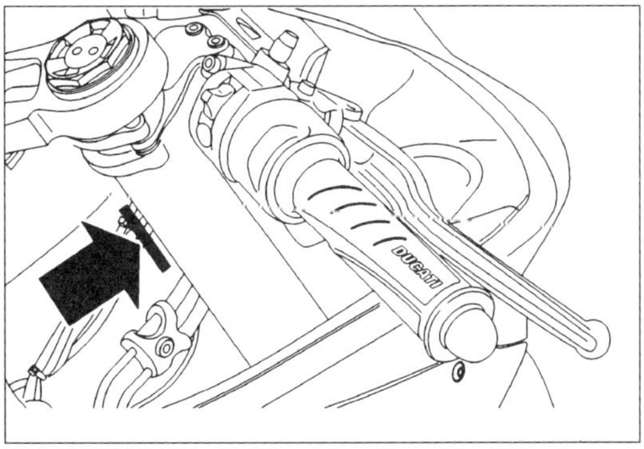

图 1-6-12　车架识别编号位置

16. 发动机识别编号位置

发动机识别编号位置如图 1-6-13 所示，也是订购配件时必须要准确提供的号码。

17. 仪表板故障信息显示说明

摩托车仪表板具有故障信息显示功能，如图 1-6-14 所示。当发生故障时，仪表板上的故障指示灯点亮，仪表板显示屏显示 ERR 字符，车主可进入仪表板设置菜单，使用按钮 1 或 2 选定 ERR 显示功能，然后按下按钮 3，即可在仪表板显示屏上显示出故障内容。故障内容见表 1-6-6。

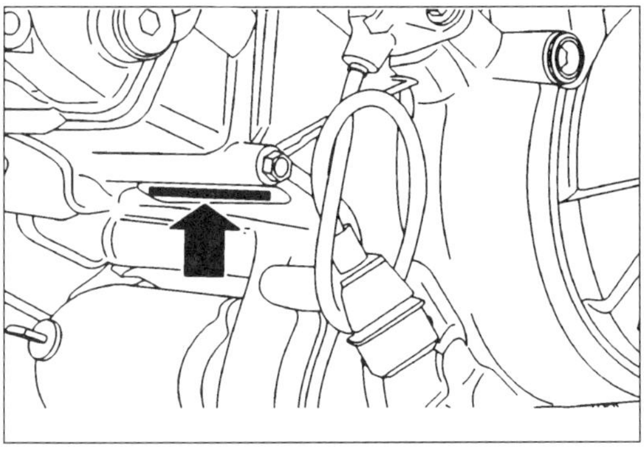

图 1-6-13　发动机识别编号位置

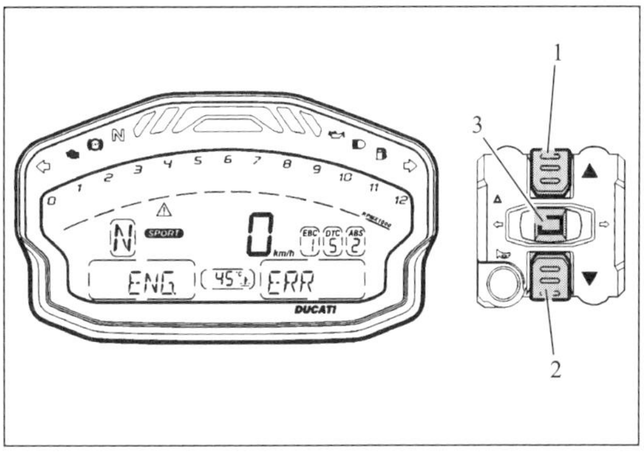

图 1-6-14　故障指示

表 1-6-6　故障内容显示含义说明

显示信息	含　　义
CAN LINE	CAN(控制器区域网络)总线故障
UNK-D	电控单元未被系统识别
ABS	ABS(防抱死制动系统)电控单元不通信/运行不正常
BBS	BBS(黑箱系统)电控单元不通信/运行不正常
	BBS(黑箱系统)电控单元一般性故障
DSB	DSB(仪表板)电控单元不通信/运行不正常
ELOCK	E-Lock 电控单元一般性故障
	钥匙-天线(防盗器)运行不正常
	E-Lock 电控单元不通信/运行不正常

续表

显示信息	含　义
ENGINE	ENGINE(发动机)电控单元不通信/运行不正常
	ENGINE(发动机)电控单元一般性故障
	节气门位置传感器故障
	节气门电动机/继电器故障
	压力传感器故障
	发动机冷却液温度传感器故障
	进气温度传感器故障
	燃油喷射继电器故障
	点火线圈故障
	喷油器故障
	发动机转速传感器故障
	氧传感器或氧传感器加热器故障
	摩托车启动继电器故障
	快速换挡装置故障
GEAR	挡位传感器故障
FUEL	燃油传感器故障
SPEED	前轮/后轮轮速传感器故障
BATTERY	蓄电池电压过低或过高
STOP	制动灯失灵
FAN	冷却风扇故障
STAND	摩托车侧脚架传感器故障

18. 操纵部件调节

（1）离合器控制杆与车把旋转手柄之间的距离调节　离合器控制杆（图 1-6-15 中的 1）上配有一个旋钮（图 1-6-15 中的 2），车主如果感觉操纵起来不顺手，可通过转动该旋钮将离合器控制杆与摩托车车把旋转手柄之间的距离调节到自己感觉最恰当的状态。沿顺时针方向转动旋钮，控制杆与手柄之间的距离会增大；沿逆时针方向转动旋钮，控制杆与手柄之间的距离会减小。

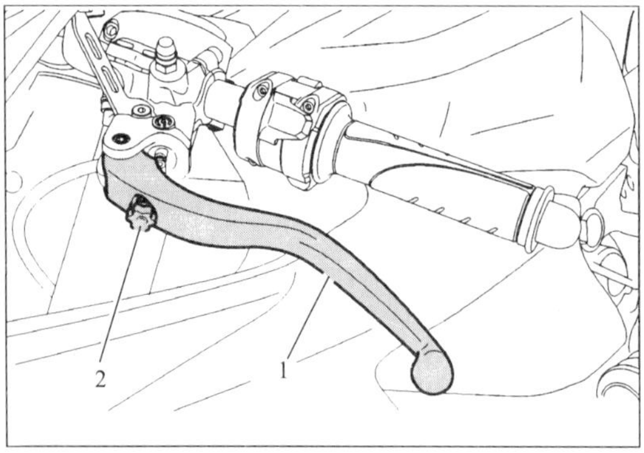

图 1-6-15　离合器控制杆与调节旋钮识别

（2）前制动控制杆与车把手柄之间的距离调节　前制动控制杆（图 1-6-16 中的 1）上配有一个旋钮（图 1-6-16 中的 2），车主如果感觉操纵起来不顺手，可通过转动该旋钮将前制动器控制杆与摩托车把手柄之间的距离调节到自己感觉最恰当的状态。沿顺时针方向转动旋钮，控制杆与手柄之间的距离会增大；沿逆时针方向转动旋钮，控制杆与手柄之间的距离会减小。

（3）变速器踏板位置调节　为使变速器踏板位置更适合车主，按照图 1-6-17 所示，借助专用开口（图 1-6-17 中的 A）固定住连杆（图 1-6-17 中的 1），松开螺母（图 1-6-17 中的 2）；用开口扳手固定住连杆（图 1-6-17 中的 A）的六角头部位并转动，直至踏板达到合适位置；将螺母（图 1-6-17 中的 2）紧固到连杆上。

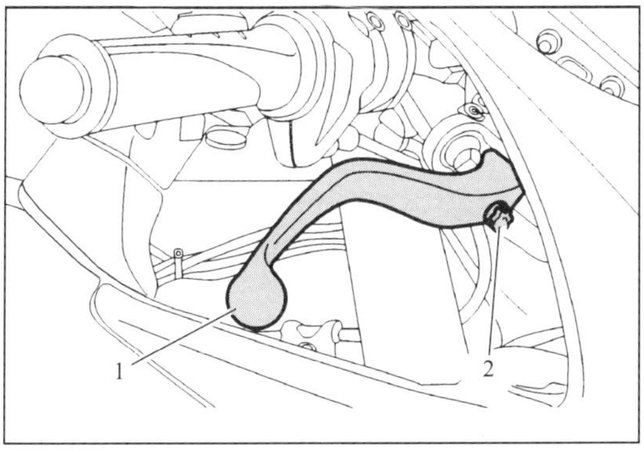

图 1-6-16　前制动控制杆与调节旋钮识别

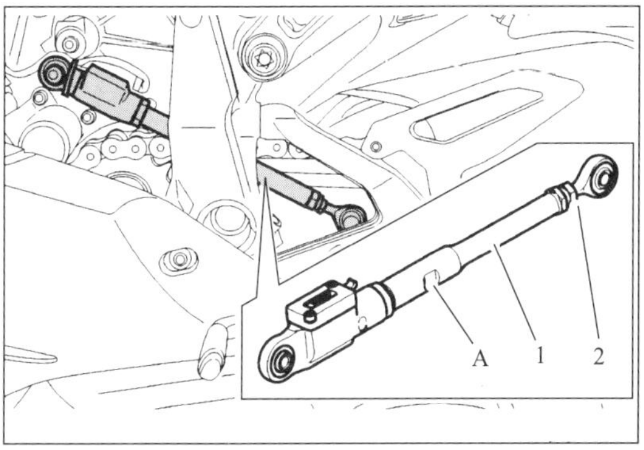

图 1-6-17　变速器踏板位置调节

（4）后制动踏板位置调节与踏板自由行程调节　为使后制动踏板位置更适合车主，按照图 1-6-18 所示，松开防松螺母（图 1-6-18 中的 1），然后转动后制动踏板行程调节螺栓（图 1-6-18 中的 2），踏板位置调节到最合适的位置后，将防松螺母重新拧紧。用手按压后制动踏板（图 1-6-18 中的 3），确认后制动踏板在开始驱动后制动器前是否存在 1.5～2mm 的自由行程。

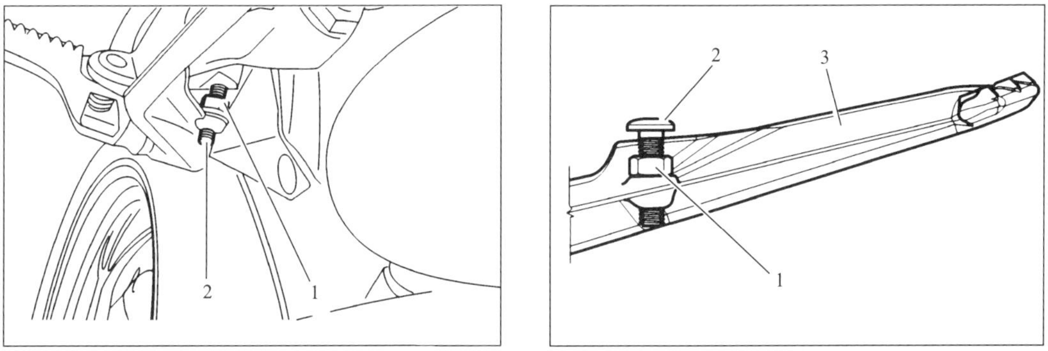

图 1-6-18　后制动踏板位置调节

第二章

APRILIA（阿普利亚）摩托车

第一节　APRILIA RS 系列

2012 年款 APRILIA RS4 125 摩托车维护保养如下。

1. 油品规格（表 2-1-1）

表 2-1-1　油品规格

油　品	规　格	用　量
发动机机油	ENI I-ride PG 发动机机油 黏度：SAE 5W-40	1.2L
发动机冷却液	Spezial ENI Antifreeze	0.78L 冷却液储液罐：0.23L
制动液	Agip Brake 4 制动液	
传动链润滑剂	Agip Chain Grease Spray 链条润滑剂	
前叉油液	Agip Fork 7.5W 油液	
后悬架摆臂和转向轴承润滑油	Agip Grease 30 润滑油	

2. 发动机机油液面高度检查（表 2-1-2）

表 2-1-2　发动机机油液面高度检查操作步骤

步骤	操　作
1	关闭发动机并等待 5min 以上
2	使摩托车处于与地面垂直的状态
3	把发动机左侧的机油油尺（图 2-1-1 中的 1）拧松后抽出
4	将油尺擦拭干净，重新插入油尺孔中并拧紧
5	再次拧松油尺并抽出，检查机油油位，应位于图中所示的 MAX 和 MIN 标记之间
6	如果油位过低，应通过油尺孔加注发动机机油

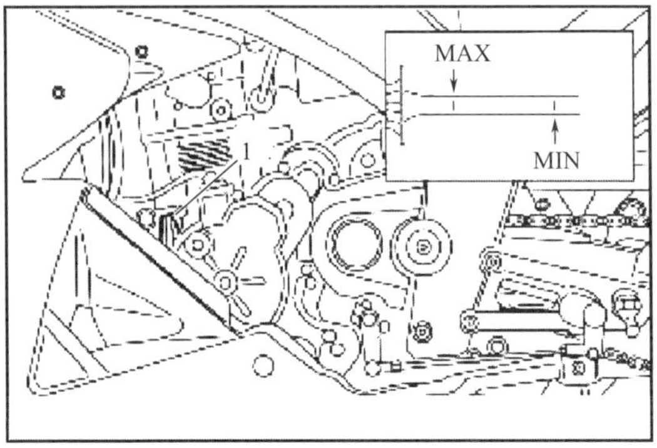

图 2-1-1　检查发动机机油液面高度

3. 发动机冷却液液面检查（图 2-1-2）

按照图 2-1-2 所示，从摩托车前方以略低于左侧整流罩的高度目视检查发动机冷却液储液罐液面高度，规范的液面高度应处于上限和下限刻度之间的位置。如果发现液位过低，应拔下冷却液加注盖，添加冷却液，直至液位达到规范范围。

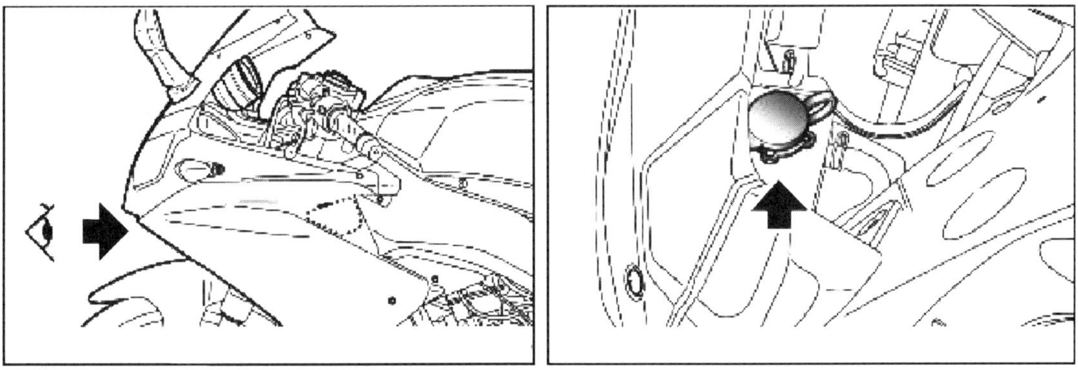

图 2-1-2 发动机冷却液加注盖及液面高度识别

4. 制动器液面高度检查

（1）前制动器储液罐液面高度检查 将摩托车用脚架支好，向左侧转动摩托车车把，使前制动器储液罐中的制动液与储液罐边缘（图 2-1-3 中的 1）平行；透过储液罐上的观察窗（图 2-1-3 中的 2）查看液面高度，制动液应充满整个观察窗，如果发现液面高度不符合规范，应及时添加制动液。

（2）后制动器储液罐液面高度检查 使摩托车车身与地面处于垂直状态，使后制动器储液罐（图 2-1-4 中的 1）中的制动液液面与储液罐盖（图 2-1-4 中的 2）平行；透过储液罐上的观察窗（图 2-1-4 中的 3）查看液面高度，制动液应充满整个观察窗，如果液面高度过低，应及时加注。

图 2-1-3 检查前制动器储液罐液面高度

图 2-1-4 检查后制动器储液罐液面高度

5. 制动衬块磨损检查

从制动卡钳之间的开口对制动衬块磨损进行检查，如图 2-1-5 所示，如果发现任一制动衬块上摩擦材料最小厚度只有 1mm 时，必须将 2 个制动衬块全部更换。

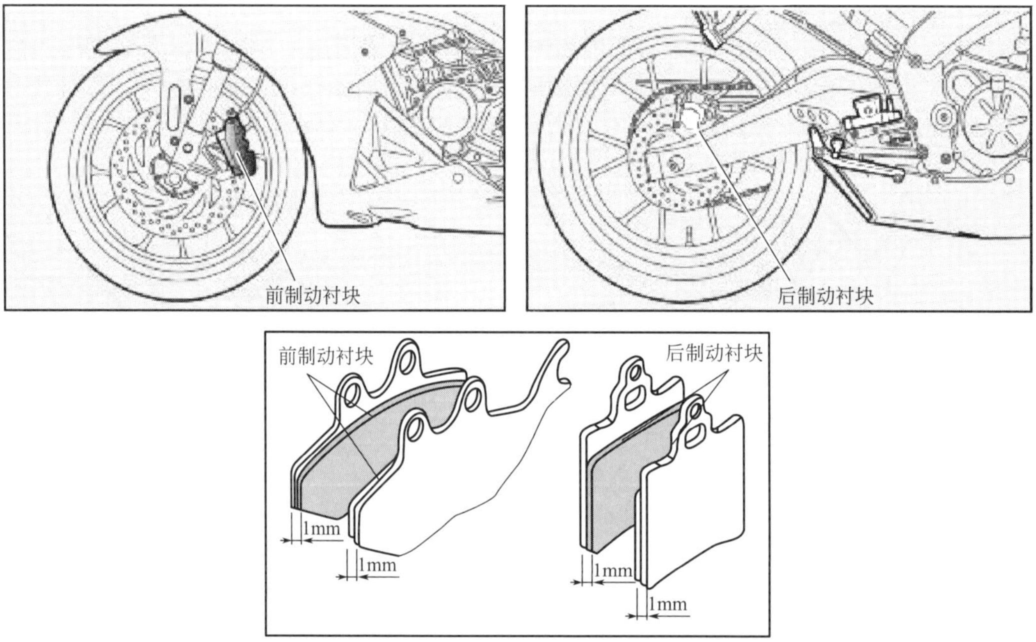

图 2-1-5　制动衬块磨损检查

6. 传动链张紧度检查（表 2-1-3）

表 2-1-3　传动链张紧度检查

步骤	操　　作
1	关闭摩托车发动机
2	把摩托车变速器设置到 N 挡挡位
3	按照图 2-1-6 所示位置检查传动链垂直振幅
4	应在 25～30mm 的规范范围内

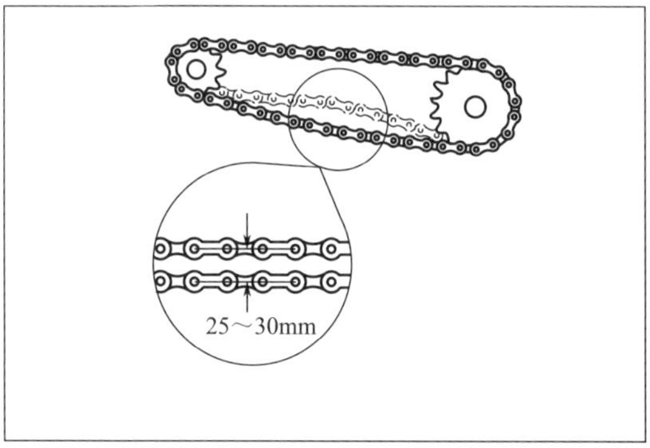

图 2-1-6　传动链张紧度检查

7. 传动链润滑

如果维护保养时发现传动链脏污，首先将传动链清洗干净，然后用吸水材料将传动链吸干，一般为每行驶 500km 就要对传动链执行 1 次润滑；如果清洗车辆或驾驶摩托车在下雨天行驶，则不论是否达到 500km 的行驶里程，均要使用 Agip Grease Spray 润滑剂对传动链所有链节进行润滑。

8. 火花塞型号与电极间隙检查

火花塞型号为 NGK CR9EB。更换时要确保型号准确。按照表 2-1-4 的步骤进行电极间隙检查。

表 2-1-4　火花塞电极间隙检查

步骤	操　　作
1	提起摩托车油箱
2	按照图 2-1-7 所示，拆下火花塞护套

续表

步骤	操　作
3	用扳手拧下火花塞
4	按照图 2-1-8 所示，检查火花塞电极间隙，规范值应为 0.5mm；如果发现火花塞有积炭，应用金属刷将积炭清理干净
5	将清理干净、电极间隙符合规范的火花塞重新装好

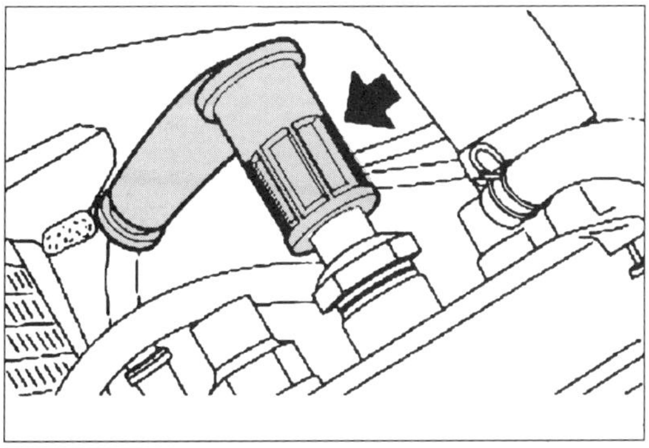
图 2-1-7　火花塞护套

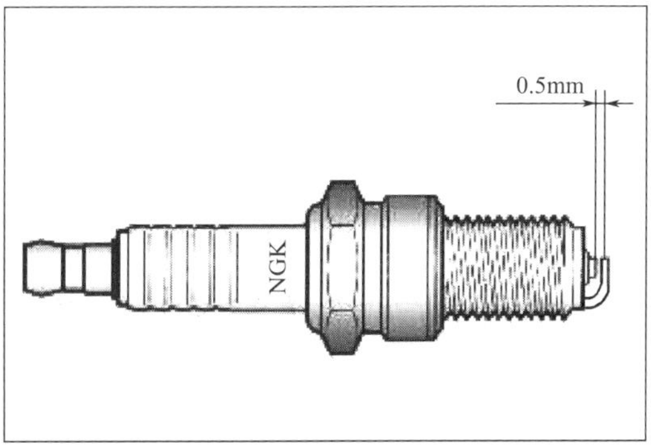

图 2-1-8　测量火花塞电极间隙

9. 轮胎规格与轮胎压力

该摩托车前轮轮胎规格为 100/80 17in（1in＝2.54cm，下同）轮胎；后轮为 130/70 17in 轮胎。

检查轮胎压力时，应确保轮胎处于冷胎时进行。前轮轮胎压力在单人驾驶时应为 1.7bar，两人乘坐时应为 1.8bar；后轮轮胎压力在单人驾驶时应为 1.8bar，两人乘坐时应为 1.9bar。

10. 轮胎花纹最小厚度

在轮胎磨损最大的位置测量轮胎花纹最小厚度，不能小于 2mm。否则应更换新轮胎。

11. 车灯

（1）车灯规格（表 2-1-5）　车灯规格见表 2-1-5，更换灯泡时要仔细核对灯泡的数量和功率，以免发生错误。

表 2-1-5　车灯规格

车　灯	规　格
前照灯近光灯泡	H4(12V-35W)
前照灯远光灯泡	H11(12V-55W)
白昼行驶灯	2 个 12V-5W 灯泡
转速表照明灯	12V-LED 灯泡
尾部白昼行驶灯/制动灯	LED 灯泡
牌照灯	12V-5W 灯泡
转向灯	Micro bulb(微型灯泡)

（2）大灯照射方向调节　在使用过程中发现摩托车大灯垂直照射方向发生偏离时，用十字扳手沿顺时针方向转动图 2-1-9 中所示的调节螺钉，可将大灯照射方向调低；沿逆时针方

向转动螺钉，可将大灯照射方向调高。

当发现大灯水平照射方向发生偏离，按照图 2-1-10 所示，用 2 把十字螺丝刀同时调节左侧和右侧调节螺钉。如果想要将大灯照射方向向左侧调整，可拧紧右侧螺钉，同时拧松左侧螺钉；如果想要将大灯照射方向向右侧调整，可拧紧左侧螺钉，同时拧松右侧螺钉。

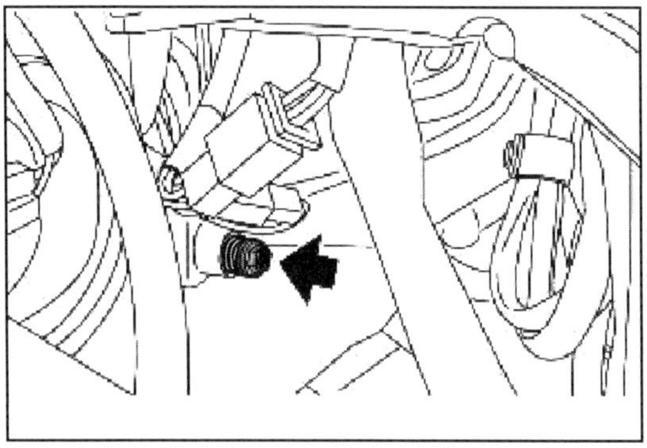

图 2-1-9　大灯垂直照射方向调节螺钉

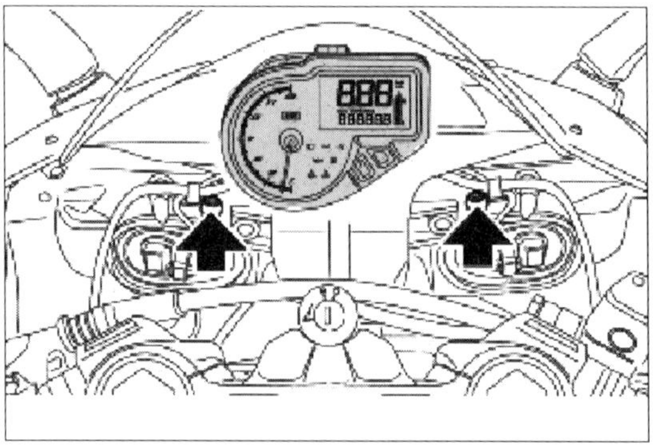

图 2-1-10　大灯水平照射方向调节螺钉

（3）前转向灯灯泡更换（表 2-1-6）

表 2-1-6　前转向灯灯泡更换

步骤	操　　作
1	把摩托车脚架打开，将摩托车支好
2	按照图 2-1-11 所示，拧松并拆下前转向灯灯罩玻璃的固定螺栓（图 2-1-11 中的 1）
3	按照图 2-1-11 所示，拆下前转向灯灯罩玻璃（图 2-1-11 中的 2）
4	轻轻按压灯泡，然后沿逆时针方向转动灯泡（图 2-1-11 中的 3），即可将灯泡从灯座中拔出
5	安装新灯泡，确保灯泡后面的抛物线反射片（图 2-1-11 中的 4）不要偏离安装位置

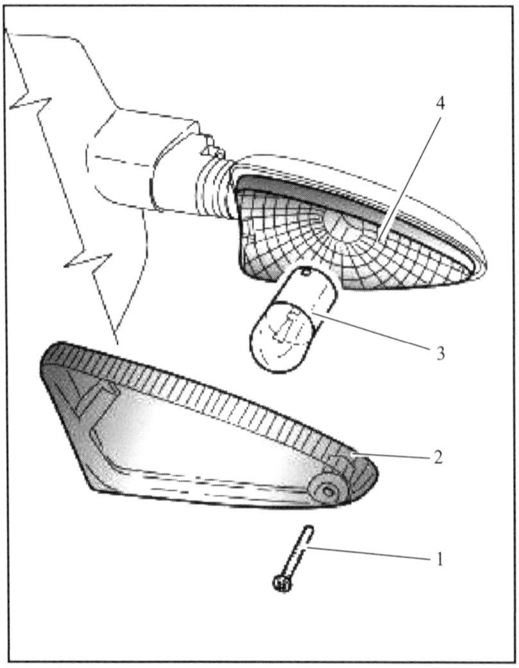

图 2-1-11　更换前转向灯灯泡

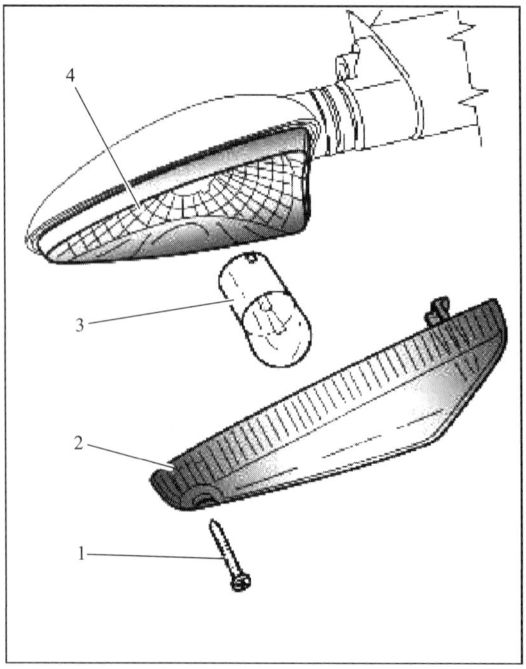

图 2-1-12　后转向灯灯泡更换

（4）后转向灯灯泡更换（表 2-1-7）

表 2-1-7　后转向灯灯泡更换

步骤	操　作
1	把摩托车脚架打开，将摩托车支好
2	按照图 2-1-12 所示，拧松并拆下后转向灯灯罩玻璃的固定螺栓（图 2-1-12 中的 1）
3	按照图 2-1-12 所示，拆下后转向灯灯罩玻璃（图 2-1-12 中的 2）
4	轻轻按压灯泡，然后沿逆时针方向转动灯泡（图 2-1-12 中的 3），即可将灯泡从灯座中拔出
5	安装新灯泡，确保灯泡后面的抛物线反射片（图 2-1-12 中的 4）不要偏离安装位置

12. 车架识别编号位置

摩托车车架识别编号位置如图 2-1-13 所示，车主应准确记录该编号，订购配件时，必须准确告知配件商该编号，以免发生配件错购或错配。

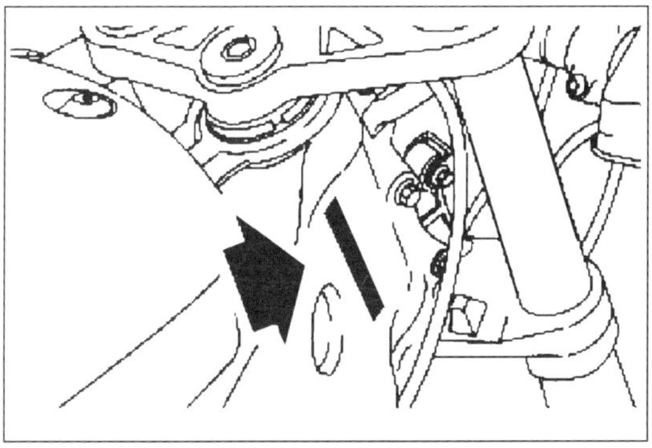

图 2-1-13　车架识别编号位置

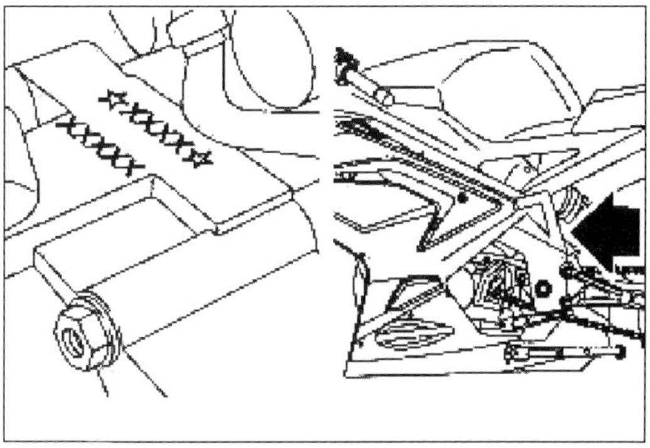

图 2-1-14　发动机识别编号位置

13. 发动机识别编号位置

发动机识别编号的位置在发动机曲轴箱左侧，如图 2-1-14 所示，也是订购配件时必须要准确提供的号码。

14. 离合器杆自由行程（间隙）调节

离合器控制杆上配有一个自由行程调节螺钉（图 2-1-15 中的 1），车主如果感觉操纵起来不顺手，可挪开调节螺钉的保护套（图 2-1-15 中的 2），转动调节螺钉，将离合器杆自由行程调节到 10～15mm，然后将保护套恢复原位。

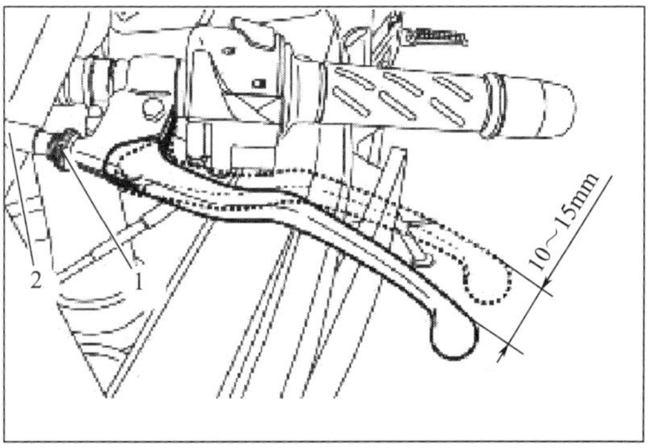

图 2-1-15　离合器控制杆自由行程调节螺钉与护套识别

15. 空气滤清器滤芯维护（表 2-1-8）

表 2-1-8　空气滤清器滤芯维护

步骤	操　作
1	抬起燃油油箱
2	按照图 2-1-16 所示，拆下图中所示的 2 个螺钉

续表

步骤	操　　作
3	按照图 2-1-17 所示，拆下空气滤清器护罩螺钉
4	按照图 2-1-18 所示，抬起护罩，取出滤芯
5	用压缩空气吹除滤芯内的灰尘和脏污；如果滤芯过于脏污，应更换新的空气滤清器滤芯

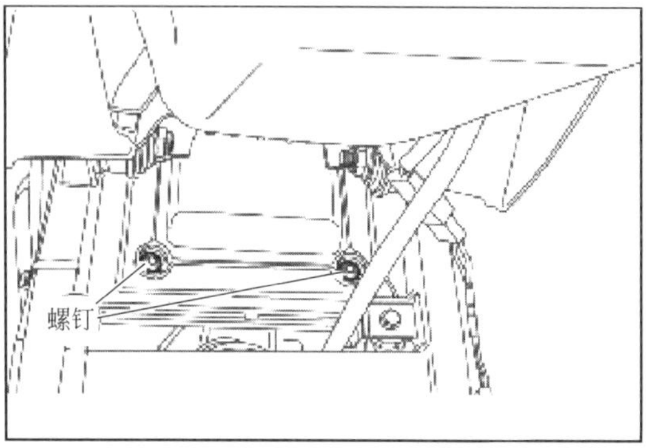

图 2-1-16　拆下螺钉

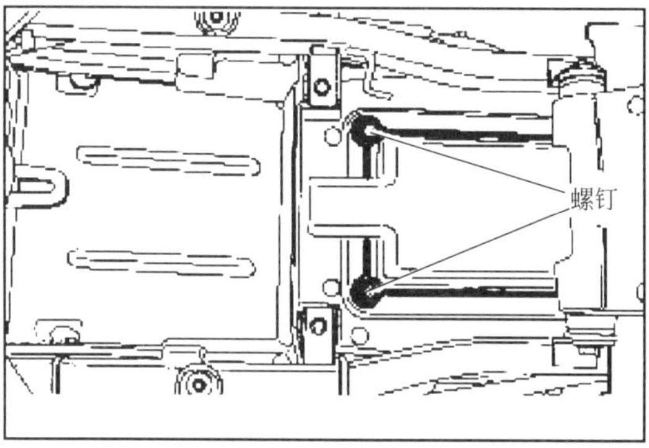

图 2-1-17　拆下空气滤清器护罩螺钉

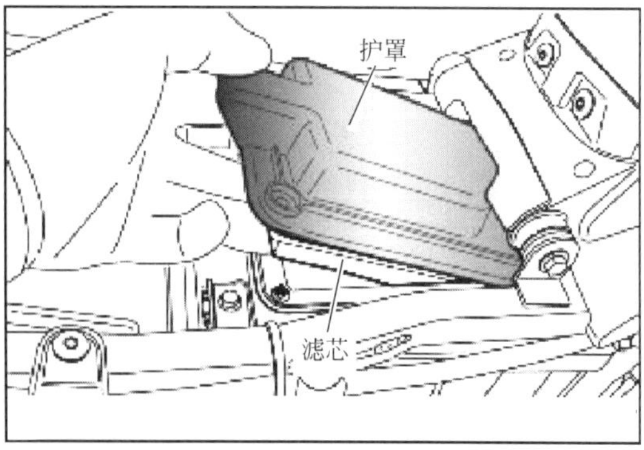

图 2-1-18　取出滤芯

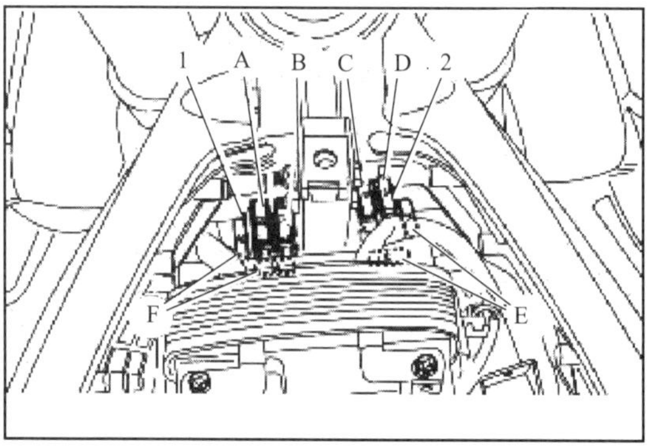

图 2-1-19　熔丝识别

16. 熔丝说明

摩托车配备 2 个熔丝盒，分别是左前熔丝盒（图 2-1-19 中的 1）和右前熔丝盒（图 2-1-19 中的 2），熔丝说明见表 2-1-9。

表 2-1-9　熔丝说明

左前熔丝盒内的熔丝		
位置	规格/A	说　　明
A	20	尾灯，降挡，车灯继电器，大灯
B	15	启动继电器，燃油喷射继电器，仪表板，冷却风扇继电器，电控单元
F	20 和 15	F 位置的 2 个熔丝均为预留备用熔丝
右前熔丝盒内的熔丝		
位置	规格/A	说　　明
C	30	蓄电池充电，电控单元

续表

右前熔丝盒内的熔丝		
位置	规格/A	说　明
D	7.5	冷却风扇
E	7.5 和 30	E 位置的 2 个熔丝均为预留备用熔丝

第二节　APRILIA MANA 系列

2012 年款 APRILIA MANA GT ABS 摩托车维护保养如下。

1. 油品规格（表 2-2-1）

表 2-2-1　油品规格

油　品	规　格	用　量
发动机机油	ENI I-rideaprilia Racing 发动机机油 黏度：SAE 5W-40	2.5L（不包括发动机机油滤清器） 2.6L（包括发动机机油滤清器）
发动机冷却液	Spezial ENI Antifreeze	2.5L
制动液	Agip Brake 4 制动液	
传动链润滑剂	Agip Chain Grease Spray 链条润滑剂	
前叉油液	Agip Fork 5W 油液	

2. 发动机机油液面高度检查（表 2-2-2）

表 2-2-2　发动机机油液面高度检查操作步骤

步骤	操　作
1	关闭发动机并等待 5min 以上
2	使摩托车处于与地面垂直的状态
3	拧开图 2-2-1 所示的发动机机油加注盖，将机油尺拧松后抽出
4	使用机油油尺检查机油液面高度，应高于油尺上的 MIN 标记
5	如果油位过低，应加注发动机机油

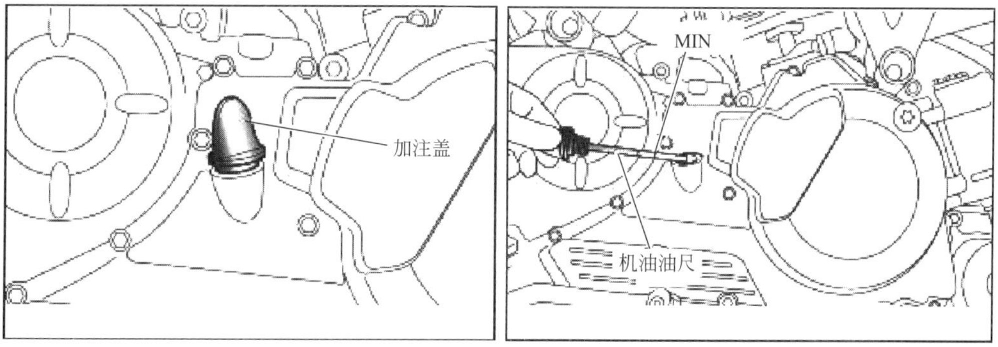

图 2-2-1　检查发动机机油液面高度

3. 发动机机油添加（表 2-2-3）

表 2-2-3　发动机机油添加

步骤	操　作
1	关闭发动机，按照图 2-2-2 所示，拧下发动机机油加注盖
2	逐步、少量地加注机油，每加注一点儿就等待一会儿，使机油在发动机中流到各个需要润滑的部件
3	启动发动机运行数分钟
4	再次关闭发动机
5	按照图 2-2-2 所示，通过发动机曲轴箱右侧的观察窗观察机油液面高度
6	液面高度应达到观察窗上的 MAX 标记

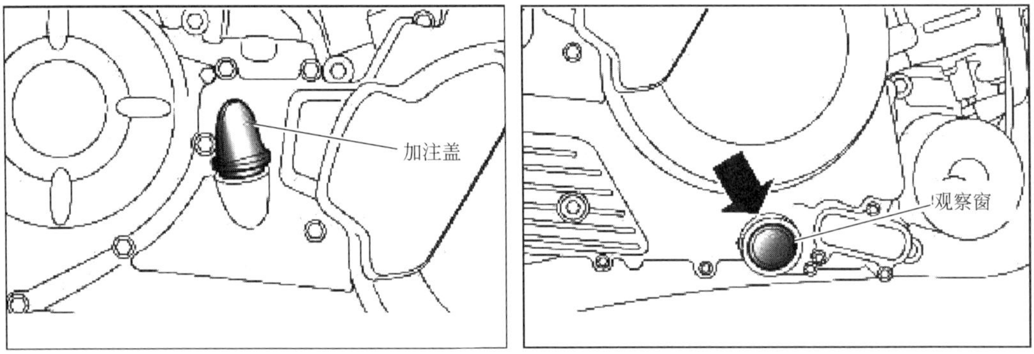

图 2-2-2　发动机机油添加

4. 发动机机油更换（表 2-2-4）

表 2-2-4　发动机机油更换

步骤	操　作
1	用干净的布把发动机机油加注塞附近的区域擦拭干净
2	在发动机机油排放塞下方放置一个容量为 4L 的废油收集容器
3	按照图 2-2-3 所示，拧下机油排放塞
4	拧下机油加注塞
5	将发动机机油彻底排放到废油收集容器中
6	把发动机机油排放塞上的密封垫圈和密封环更换成新的
7	将发动机机油排放塞重新拧好，紧固力矩为 21～29N·m
8	将适量的发动机机油通过加注口加注到发动机中，拧好加注塞

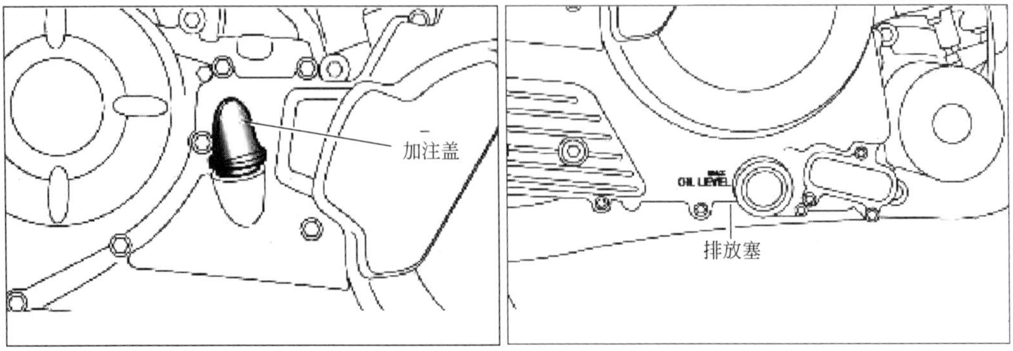

图 2-2-3　更换发动机机油

5. 更换发动机机油滤清器

按照图 2-2-4 所示，拆下发动机机油滤清器，将新的滤清器安装好，并紧固至 16N·m。

6. 发动机冷却液液面检查与添加

关闭摩托车的发动机，使发动机冷却。使摩托车车身与地面垂直，将车把向左转，按照图 2-2-5 所示，检查发动机冷却液储液罐液面高度，规范的液面高度应处于表示上限（MAX）和下限（MIN）刻度之间的位置。

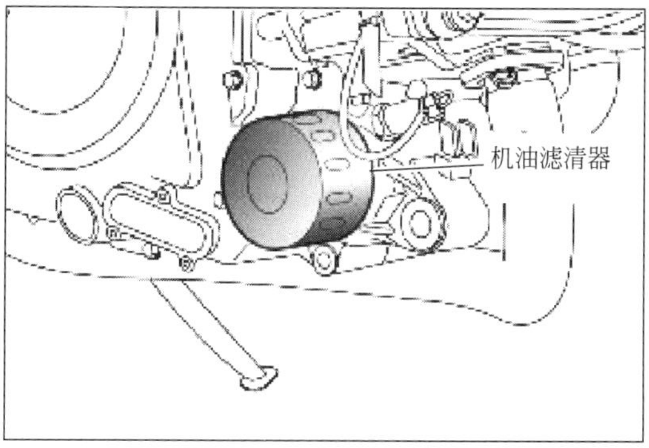

图 2-2-4　发动机机油滤清器识别

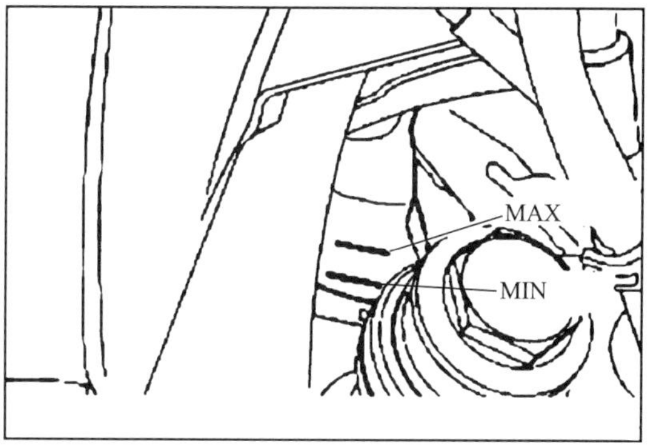

图 2-2-5　发动机冷却液储液罐液面高度标记识别

如果发现液位过低，应拆下发动机右侧整流罩，拧下冷却液储液罐加注塞（图 2-2-6），添加冷却液，直至液位达到储液罐的 MAX 标记处。添加完毕后，将冷却液加注塞重新拧紧。

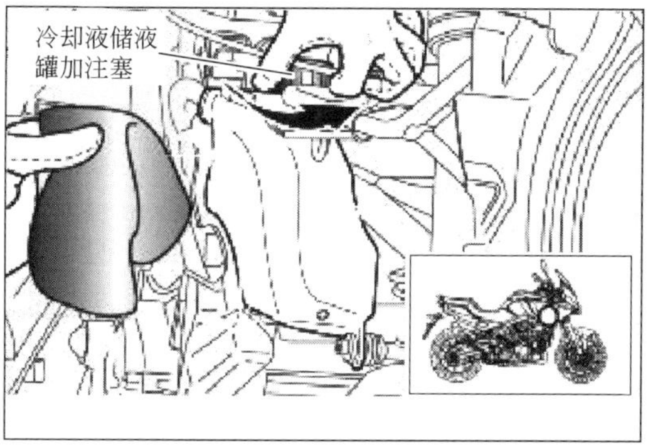

图 2-2-6　加注冷却液

7. 制动器液面高度检查

（1）前制动器储液罐液面高度检查（图 2-2-7）　将摩托车用支架支好，转动摩托车车把，使前制动器储液罐中的制动液与储液罐边缘平行；透过储液罐上的观察窗查看液面高度，制动液应高于观察窗上的 MIN 标记，如果发现液面高度不符合规范，应及时添加制动液。

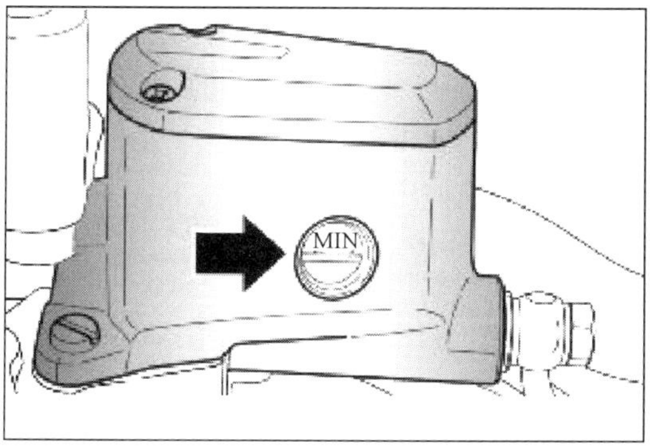

图 2-2-7　检查前制动器储液罐液面高度

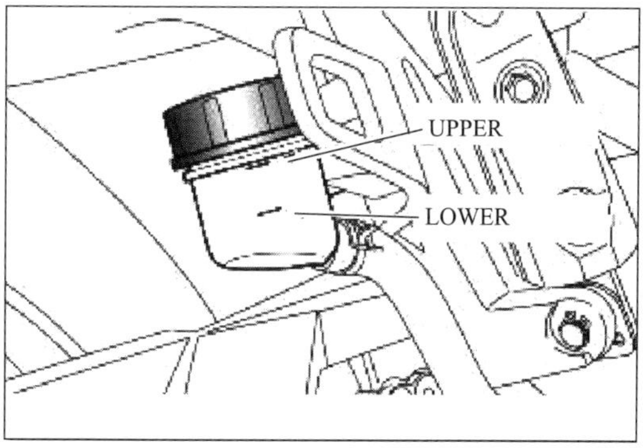

图 2-2-8　检查后制动器储液罐液面高度

（2）后制动器储液罐液面高度检查　使摩托车车身与地面处于垂直状态，后制动器储液罐中的制动液液面与储液罐盖平行；按照图 2-2-8 所示，检查制动液液面高度，应位于储液罐上的 UPPER（上限）和 LOWER（下限）刻度之间，如果液面高度过低，应及时加注。

8. 制动衬块磨损检查

从制动卡钳之间的开口对制动衬块磨损进行检查，如图 2-2-9 所示，如果发现任一制动衬块上摩擦材料最小厚度只有 1.5mm 时，必须将 2 个制动衬块全部更换。

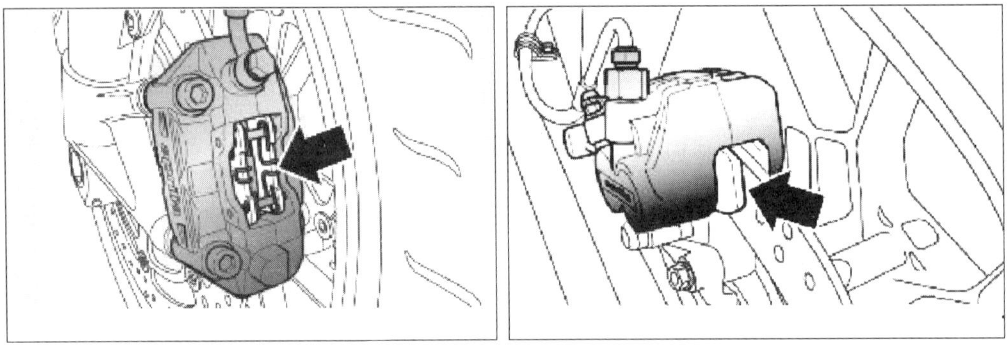

前轮制动衬块　　后轮制动衬块

图 2-2-9　制动衬块磨损检查

9. 传动链张紧度检查（表 2-2-5）

表 2-2-5　传动链张紧度检查

步骤	操　作
1	关闭摩托车发动机
2	打开摩托车脚架，把摩托车支好
3	按照图 2-2-10 所示位置检查传动链垂直振幅
4	应在 28～30mm 的规范范围内

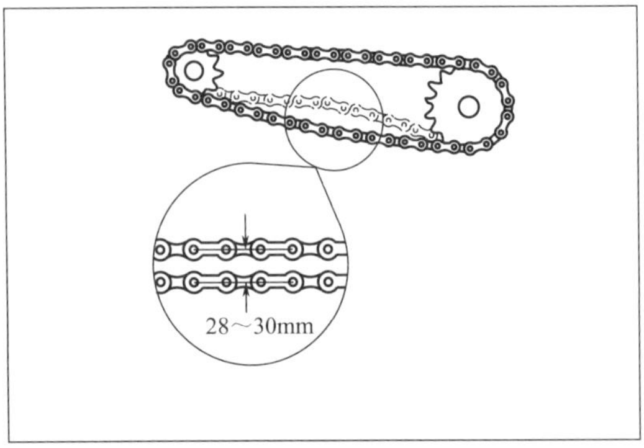

图 2-2-10　传动链张紧度检查

10. 传动链润滑

如果维护保养时发现传动链脏污，首先将传动链清洗干净，然后用吸水材料将传动链吸干，一般为每行驶 1000km 就要对传动链执行 1 次润滑，使用 Agip Grease Spray 润滑剂对传动链所有链节进行润滑。

11. 火花塞型号与电极间隙检查

火花塞型号为 NGK CR7EKB。更换时要确保型号准确。火花塞电极间隙为 0.6～0.7mm。

12. 轮胎规格与轮胎压力

该摩托车前轮轮胎规格为 120/80 ZR17 轮胎；后轮为 180/55 ZR17 轮胎。轮胎品牌为 Dunlop Sportmax Qualifier-Pirelli Scorpion Sync 轮胎。

检查轮胎压力时，应确保轮胎处于冷胎时进行。前轮轮胎压力在单人驾驶时应为 2.3bar，两人乘坐时应为 2.5bar；后轮轮胎压力在单人驾驶时应为 2.5bar，两人乘坐时应为 2.8bar。

13. 车灯

（1）车灯规格　车灯规格见表 2-2-6，更换灯泡时要仔细核对灯泡的数量和功率，以免发生错误。

表 2-2-6　车灯规格

车　　灯	规　　格
前照灯近光灯泡	H11(12V-55W)
前照灯远光灯泡	H11(12V-55W)
白昼行驶灯	12V-5W 灯泡
转速表照明灯	LED 灯泡
尾部白昼行驶灯/制动灯	LED 灯泡
牌照灯	12V-5W 灯泡
转向灯	12V-10W 灯泡

（2）大灯照射方向调节　在使用过程中发现摩托车大灯垂直照射方向发生偏离时，应把摩托车用支架支好；然后用十字扳手沿顺时针方向转动图 2-2-11 中所示的调节螺钉，可将大灯照射方向调低；沿逆时针方向转动调节螺钉，可将大灯照射方向调高。

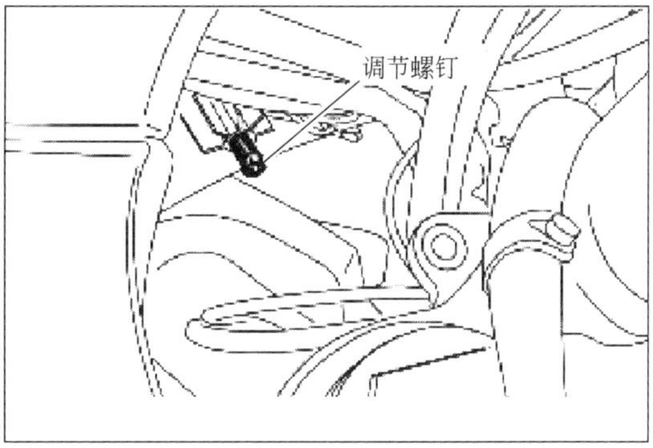

图 2-2-11　大灯垂直照射方向调节螺钉

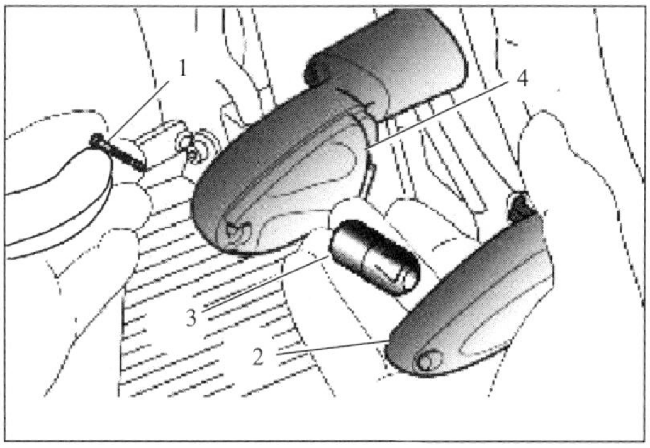

图 2-2-12　更换前转向灯灯泡

（3）前转向灯灯泡更换（表 2-2-7）

表 2-2-7　前转向灯灯泡更换

步骤	操　　作
1	把摩托车脚架打开，将摩托车支好
2	按照图 2-2-12 所示，拧松并拆下前转向灯灯罩玻璃的固定螺栓(图 2-2-12 中的 1)
3	按照图 2-2-11 所示，拆下前转向灯灯罩玻璃(图 2-2-12 中的 2)
4	轻轻按压灯泡，然后沿逆时针方向转动灯泡(图 2-2-12 中的 3)，即可将灯泡从灯座中拔出
5	安装新灯泡，确保灯泡后面的抛物线反射片(图 2-2-12 中的 4)不要偏离安装位置

（4）后转向灯灯泡更换（表 2-2-8）

表 2-2-8　后转向灯灯泡更换

步骤	操　　作
1	把摩托车脚架打开，将摩托车支好

续表

步骤	操　作
2	按照图 2-2-13 所示，拧松并拆下后转向灯灯罩玻璃的固定螺栓(图 2-2-13 中的 1)
3	按照图 2-2-13 所示，拆下后转向灯灯罩玻璃(图 2-2-13 中的 2)
4	轻轻按压灯泡，然后沿逆时针方向转动灯泡(图 2-2-13 中的 3)，即可将灯泡从灯座中拔出
5	安装新灯泡，确保灯泡后面的抛物线反射片(图 2-2-13 中的 4)不要偏离安装位置

14. 车架识别编号和发动机编号位置

车架识别编号和发动机编号位置如图 2-2-14 所示，车主应准确记录这些编号，订购配件时，必须准确告知配件商该编号，以免发生配件错购或错配。

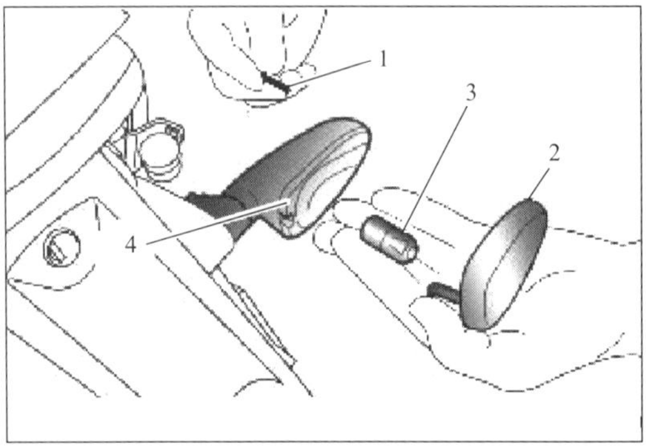

图 2-2-13　后转向灯灯泡更换

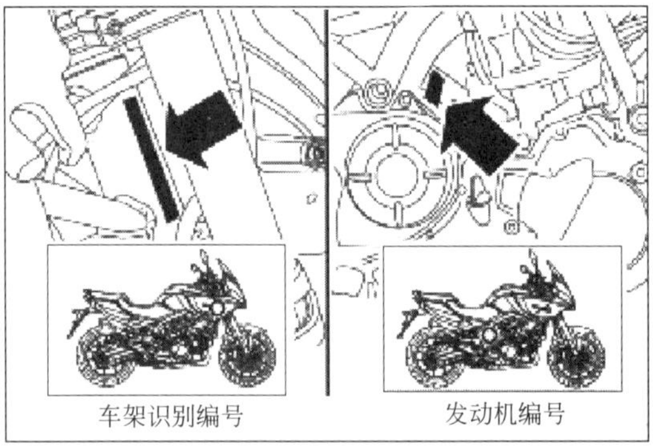

图 2-2-14　车架识别编号和发动机编号位置

15. 空气滤清器更换（表 2-2-9）

表 2-2-9　空气滤清器更换

步骤	操　作
1	按照图 2-2-15 所示，拆卸空气滤清器护盖上的 6 个螺钉，然后拆下护盖
2	按照图 2-2-16 所示，拆卸空气滤清器上的 3 个固定螺钉
3	取出旧的空气滤清器并换上新的空气滤清器

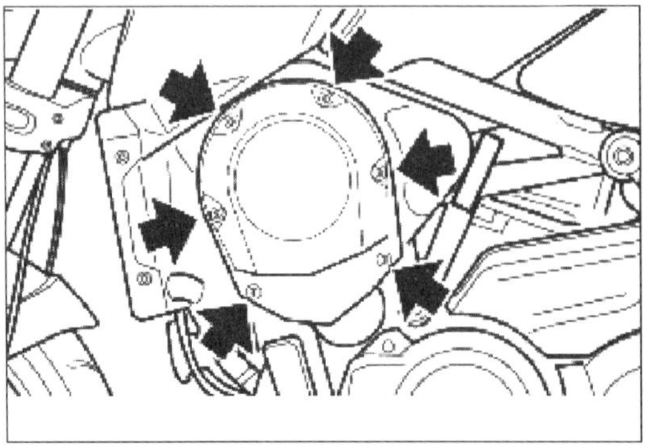

图 2-2-15　拆下护盖上的 6 个螺钉

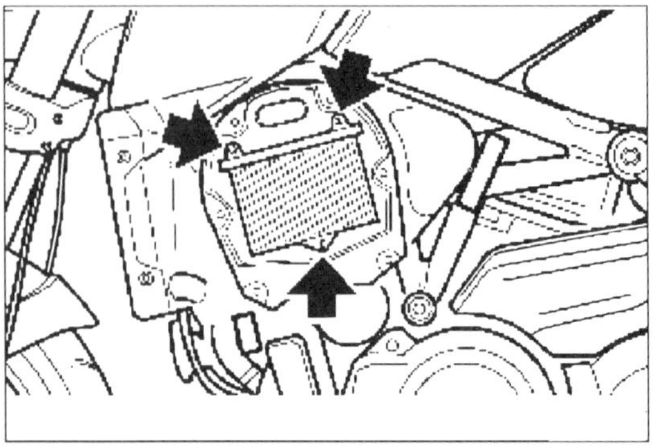

图 2-2-16　拆下空气滤清器的 3 个固定螺钉

16. 熔丝说明

摩托车的熔丝盒在头盔箱内，首先打开头盔箱，然后按照图 2-2-17 所示，拆下头盔箱内的蓄电池护罩固定螺钉，拆卸蓄电池护罩后，即可找到护罩下面的熔丝盒。熔丝编号见图 2-2-18；熔丝说明见表 2-2-10。

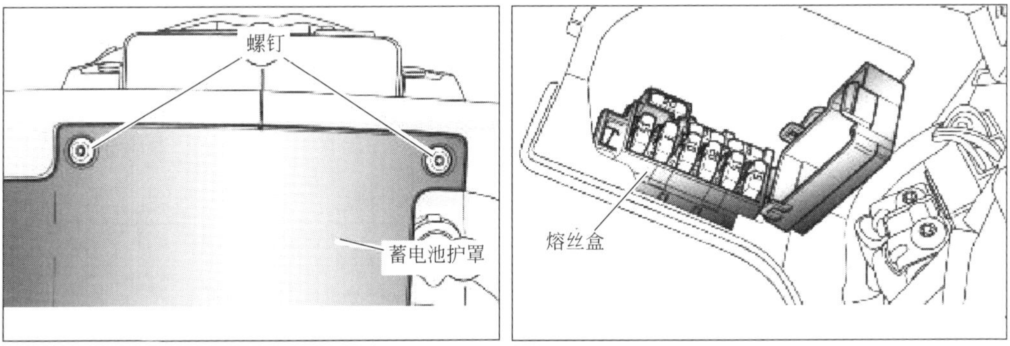

图 2-2-17 熔丝盒位置识别

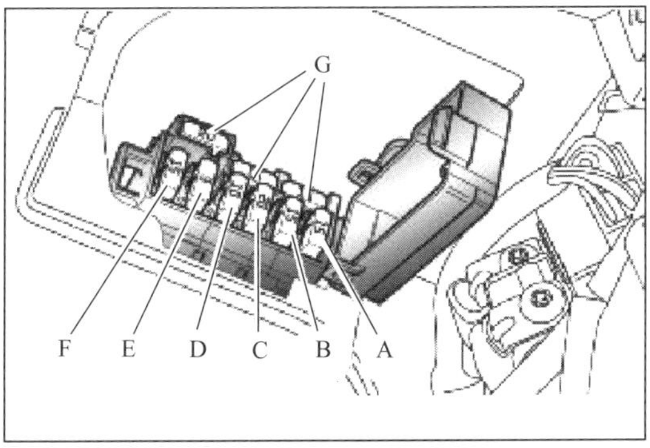

图 2-2-18 熔丝识别

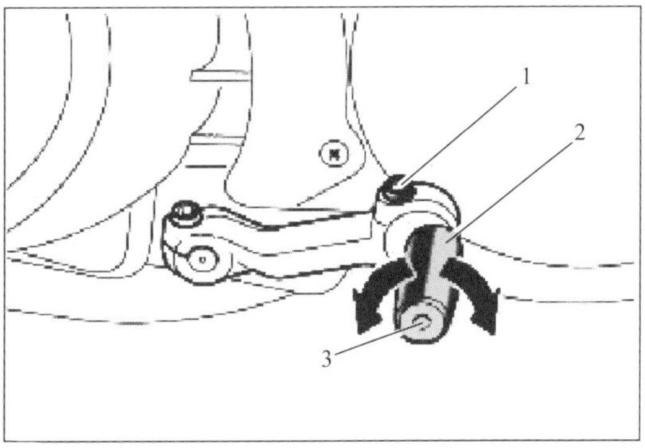

图 2-2-19 调节换挡踏板位置

表 2-2-10 熔丝功能说明

熔丝编号	功能说明	规格/A
A	尾灯，制动灯，牌照灯，喇叭，仪表板供电，变速器电控单元供电	15
B	大灯（远光/近光）；车把加热	15
C	燃油泵，喷油器，电子风扇，氧传感器，启动控制继电器	20
D	燃油喷射继电器，电子风扇继电器，燃油喷射电控单元供电，发动机停机	10
E	燃油喷射电控单元供电（常电）	3
F	插座	15
G	3 个备用熔丝	10、15 和 20

17. 操纵部件调节

（1）换挡踏板位置调节　如果车主觉得换挡踏板位置不适合，可按照表 2-2-11 的操作步骤将换挡踏板位置调节到合适位置。

表 2-2-11 换挡踏板位置调节

步骤	操　　作
1	把摩托车用脚架支撑好
2	按照图 2-2-19 所示，拧松螺钉（图 2-2-19 中的 1）

续表

步骤	操　　作
3	按照图 2-2-19 所示，转动凸轮（图 2-2-19 中的 2），直至制动器踏板（图 2-2-19 中的 3）达到合适的位置
4	将螺钉（图 2-2-19 中的 1）拧紧

（2）前制动器控制杆与油门旋转把手之间的距离调节　车主在驾车中如果觉得前制动器控制杆与油门旋转手柄之间的距离过大或过小，可以按照表 2-2-12 的操作步骤进行调节。

表 2-2-12　前制动器控制杆与油门旋转手柄之间距离调节

步骤	操　　作
1	按照图 2-2-20 所示，向前推制动控制杆（图 2-2-20 中的 1）
2	转动距离调节旋钮（图 2-2-20 中的 3），将控制杆与油门旋转手柄（图 2-2-20 中的 2）之间的距离调节到合适的状态

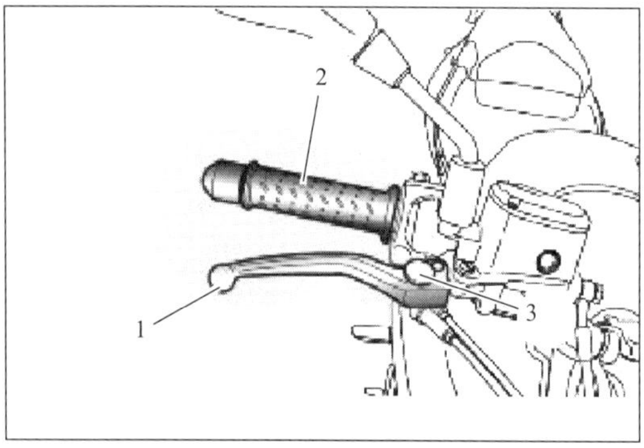

图 2-2-20　调节前制动器控制杆与油门旋转手柄之间的距离

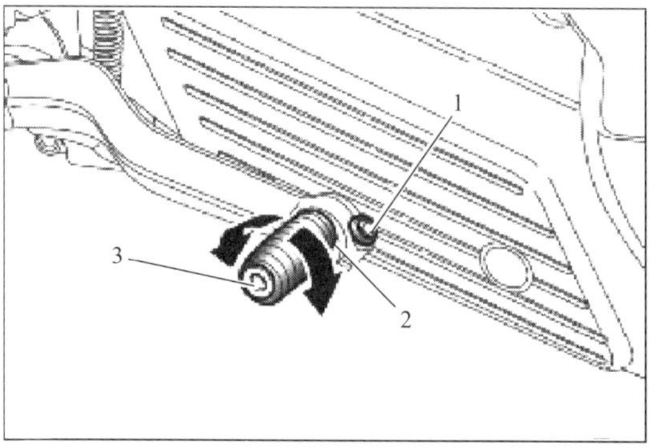

图 2-2-21　后制动器踏板距离调节

（3）后制动器踏板距离调节　如果车主觉得后制动器踏板位置不适合，可按照表 2-2-13 的操作步骤将后制动器踏板位置调节到合适位置。

表 2-2-13　后制动器踏板位置调节

步骤	操　　作
1	把摩托车用脚架支撑好
2	按照图 2-2-21 所示，拧松螺钉（图 2-2-21 中的 1）
3	按照图 2-2-21 所示，转动凸轮（图 2-2-21 中的 2），直至后制动器踏板（图 2-2-21 中的 3）达到合适的位置
4	将螺钉（图 2-2-21 中的 1）拧紧

第三章

BMW（宝马）摩托车

第一节　BMW R1200 RT 摩托车(2014 年款)

一、油品

1. 油品规格（表 3-1-1）

表 3-1-1　油品规格

油　　品	规　　格	用　　量
发动机机油	Castrol Power 1 Racing 4T 发动机机油 黏度：SAE 5W-40/API SL/JASO MA2	更换发动机机油(包含机油滤清器)：4L 添加发动机机油(从 MIN 液位添加到 MAX 液位)：0.95L
制动液	DOT4 制动液	
镀铬部件养护剂	不含酸性物质的凡士林	

2. 检查发动机机油油位（表 3-1-2）

表 3-1-2　检查发动机机油油位

步骤	操　　作
1	启动发动机进行暖机
2	暖机完成后，将发动机关闭
3	把摩托车支在主支架上，确认地面平整坚实
4	等待 5min，使发动机机油回流到油底壳中
5	按照图 3-1-1 所示，从发动机机油油位观察窗(图 3-1-1 中的 1)查看发动机机油油位，规范的油位应位于 MAX 和 MIN 标记之间
6	如果油位过低，应添加发动机机油

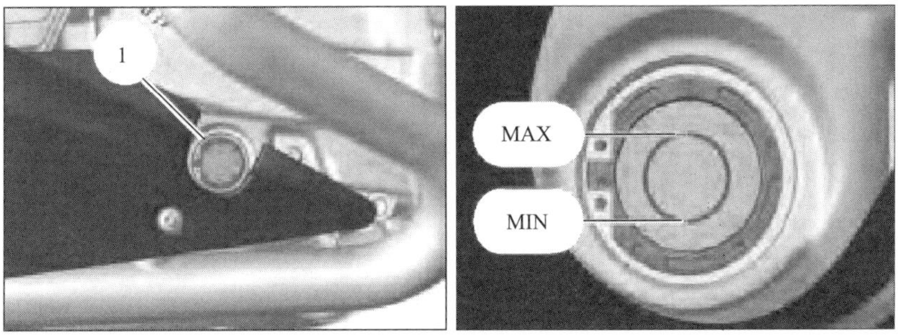

图 3-1-1　检查发动机机油油位

3. 添加发动机机油（表 3-1-3）

表 3-1-3　添加发动机机油

步骤	操　　作
1	把摩托车支在主支架上，确认地面平整坚实
2	用布把发动机机油加注口附近的区域擦拭干净
3	从摩托车随车工具中取出机油盖扳手（图 3-1-2 中的 1），放置到发动机机油加注口盖（图 3-1-2 中的 2）上
4	沿逆时针方向转动机油盖扳手，即可拆下机油加注口盖
5	添加发动机机油到合适的油位高度
6	把发动机机油加注口盖重新安装好

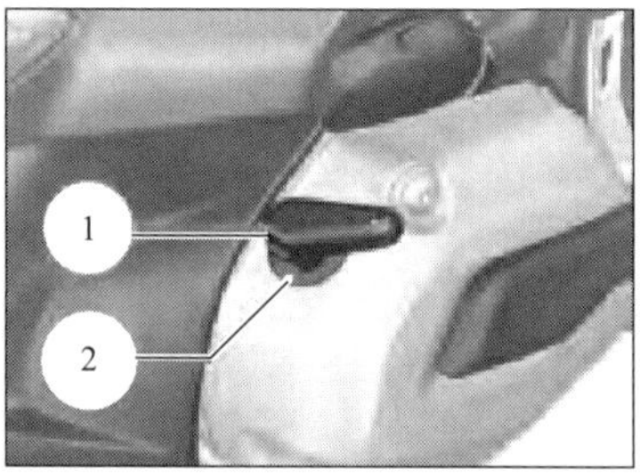

图 3-1-2　用机油盖扳手拆卸机油加注口盖

4. 前制动器制动液液位检查（表 3-1-4）

表 3-1-4　前制动器制动液液位检查

步骤	操　　作
1	把摩托车支在主支架上，确认地面平整坚实
2	把摩托车车把保持正直朝前
3	按照图 3-1-3 所示，查看前制动器储液罐中的制动液液位高度
4	液位高度应高于储液罐上的 MIN 刻度

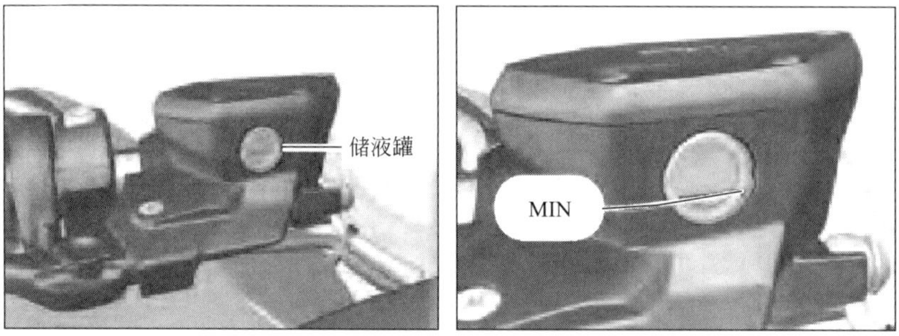

图 3-1-3　检查前制动器储液罐液位

5. 后制动器制动液液位检查（表 3-1-5）

表 3-1-5　后制动器制动液液位检查

步骤	操　　作
1	把摩托车支在主支架上，确认地面平整坚实
2	把摩托车车把保持正直朝前
3	按照图 3-1-4 所示，查看后制动器储液罐中的制动液液位高度
4	液位高度应高于储液罐上的 MIN 刻度

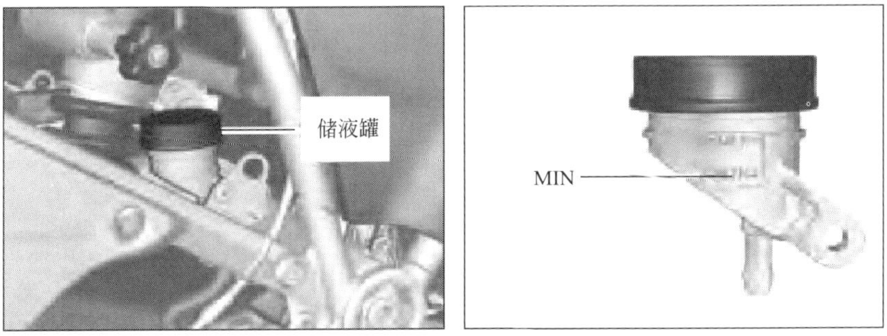

图 3-1-4　检查后制动器储液罐液位

6. 冷却液液位检查（表 3-1-6）

表 3-1-6　冷却液液位检查

步骤	操　作
1	把摩托车在平整坚实的地面上停放好
2	使发动机冷却
3	按照图 3-1-5 所示，查看冷却液膨胀罐的液位
4	液位应位于膨胀罐 MAX 和 MIN 标记之间

图 3-1-5　检查冷却液液位

7. 添加冷却液（表 3-1-7）

表 3-1-7　添加冷却液

步骤	操　作
1	按照图 3-1-6 所示，拆下螺栓
2	按照图 3-1-7 所示，把侧饰板（图 3-1-7 中的 3）向外拉，即可从套管中拉出凸耳（图 3-1-7 中的 4）
3	按照图 3-1-7 所示，把侧饰板（图 3-1-7 中的 1）向上从侧面部件（图 3-1-7 中的 2）中拉出并取下，同时注意凸耳（图 3-1-7 中箭头）
4	按照图 3-1-8 所示，拆下冷却液膨胀罐的罐盖，添加冷却液至规范液位
5	拧好膨胀罐盖子
6	按照图 3-1-7 所示，把侧饰板（图 3-1-7 中的 1）通过凸耳安装到侧面部件（图 3-1-7 中的 2）上
7	按照图 3-1-7 所示，把侧饰板（图 3-1-7 中的 3）向内翻转，将凸耳（图 3-1-7 中的 4）压入套管中
8	按照图 3-1-6 所示，安装好螺栓

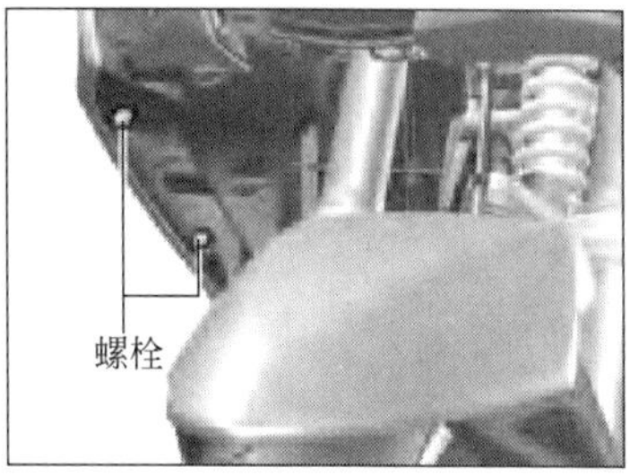

图 3-1-6　螺栓

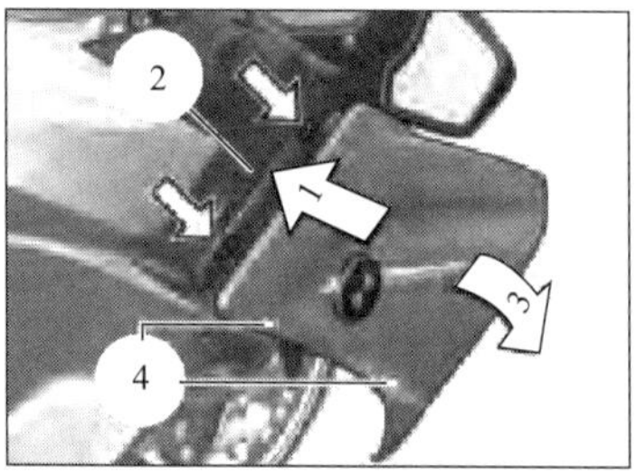

图 3-1-7　拆卸其他部件

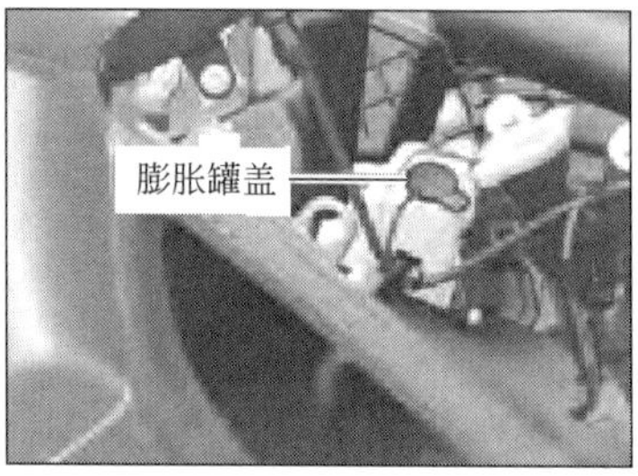

图 3-1-8　膨胀罐盖

二、制动衬块厚度检查

前制动器制动衬块检查见表 3-1-8；后制动器制动衬块检查见表 3-1-9。

表 3-1-8　前制动器制动衬块厚度检查

步骤	操　作
1	把摩托车停放到平整坚实的地面上
2	按照图 3-1-9 所示，从车轮和前轮导向件之间查看前制动器制动衬块
3	前制动器制动衬块最小厚度不能低于 1mm，如果衬片已经到了磨损极限，应能看到磨损标记（图 3-1-9 中箭头所示的凹槽）
4	如果制动衬块已到磨损极限，应及时更换

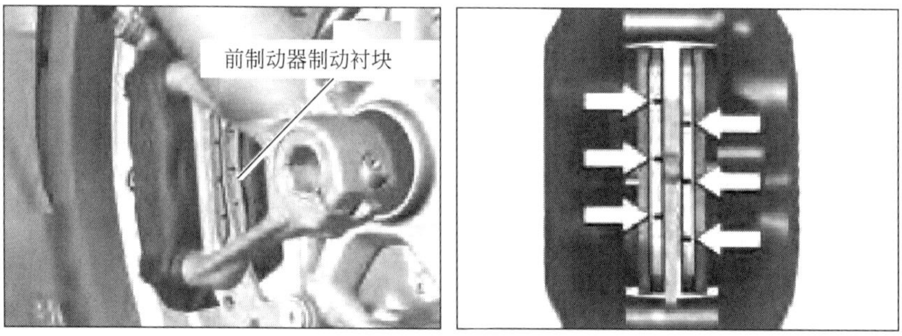

图 3-1-9　检查前制动器制动衬块

表 3-1-9　后制动器制动衬块厚度检查

步骤	操　作
1	把摩托车停放到平整坚实的地面上
2	按照图 3-1-10 所示，查看后制动器制动衬块
3	后制动器制动衬块最小厚度不能低于 1mm
4	如果制动衬块已到磨损极限，应及时更换

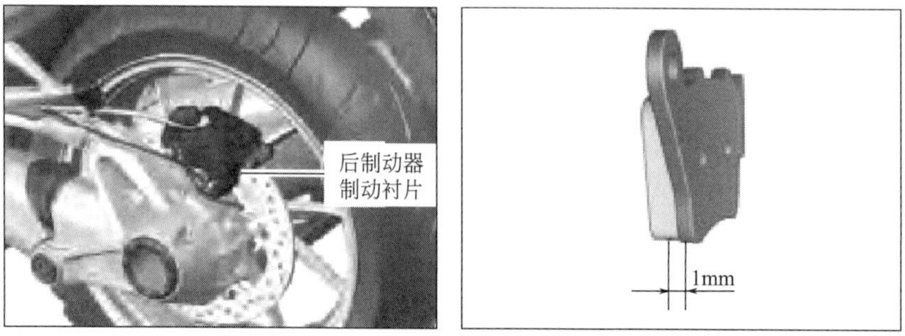

图 3-1-10　检查后制动器制动衬块

三、车灯

1. 灯泡规格（表 3-1-10）

表 3-1-10　灯泡规格

车　　灯	规　　格
远光灯灯泡	H1(12V-55W)
近光灯灯泡	H7(12V-55W)
驻车灯灯泡	W5W(12V-5W)
尾灯/制动灯灯泡	LED
前转向灯灯泡	LED
后转向灯灯泡	LED

2. 更换近光灯灯泡（图 3-1-11）

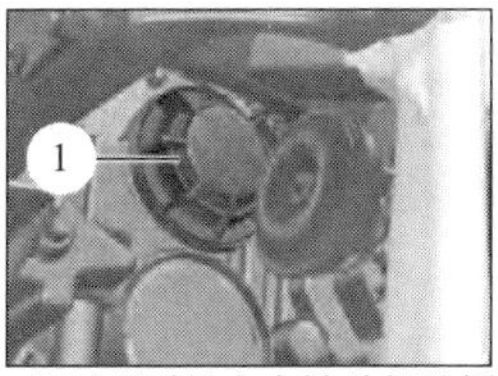

• 通过逆时针方向转动将盖板1拆下，以便更换近光灯

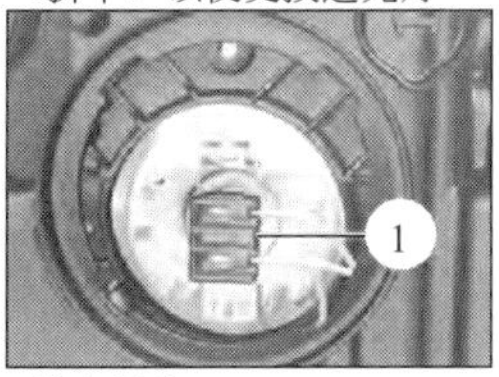

• 拔出插头1

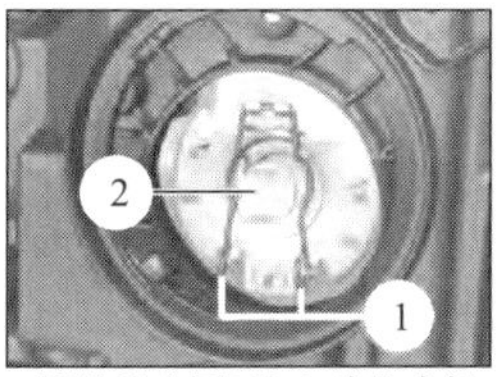

• 将弹簧夹圈1从止动件中松开并翻转到一边
• 拆下灯泡2
• 更新损坏的灯泡

近光灯灯泡
H7/12V/55W

• 为了防止玻璃受到污染，只可握住灯泡的底座

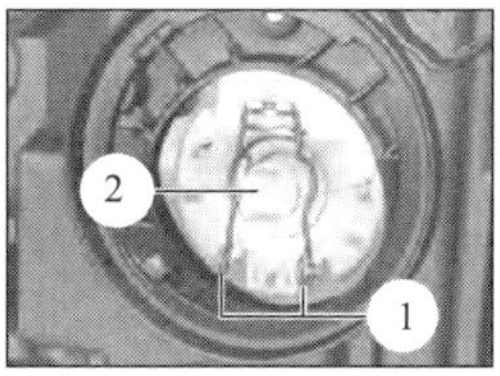

• 装入灯泡2，同时注意凸耳的正确位置
• 将弹簧夹圈1装入止动件中

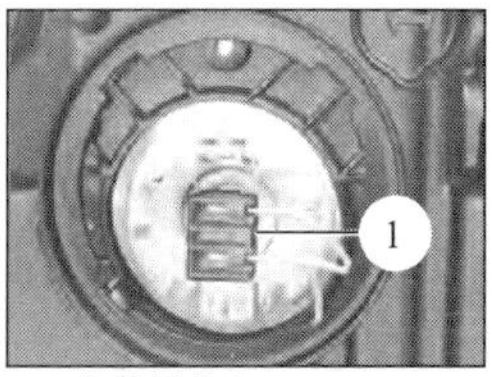

• 安装插头1

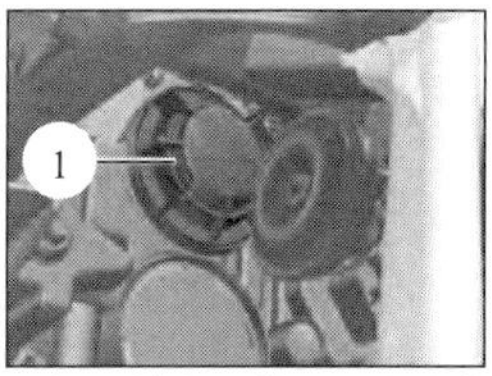

• 安放盖板1，然后通过顺时针转动进行安装

图 3-1-11　更换近光灯灯泡

3. 更换远光灯灯泡（图 3-1-12 和图 3-1-13）

下列工作步骤描述左侧灯泡的更换，右侧的更换与此类似。

• 停放好摩托车，同时注意地面是否平整坚实
• 关闭点火开关

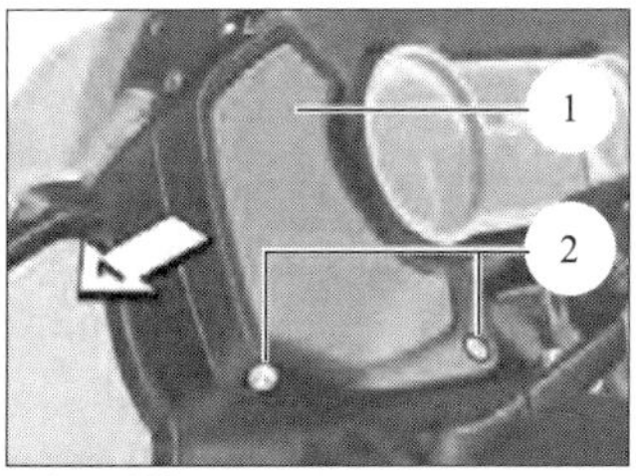

• 拆下螺栓2
• 将扬声器盖板1朝左侧取下

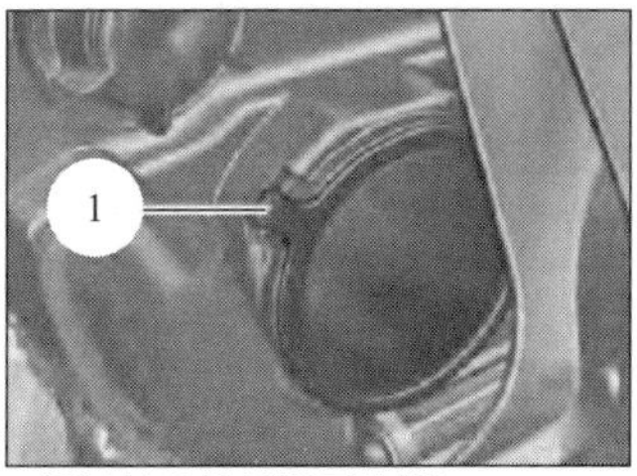

• 通过拉动拨杆取下盖板1

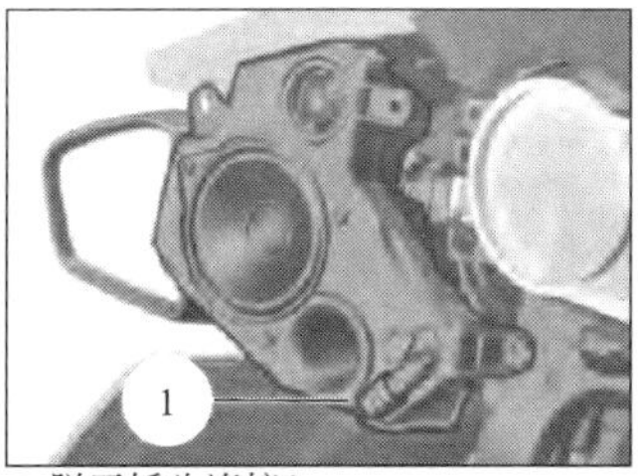

• 脱开插头连接1

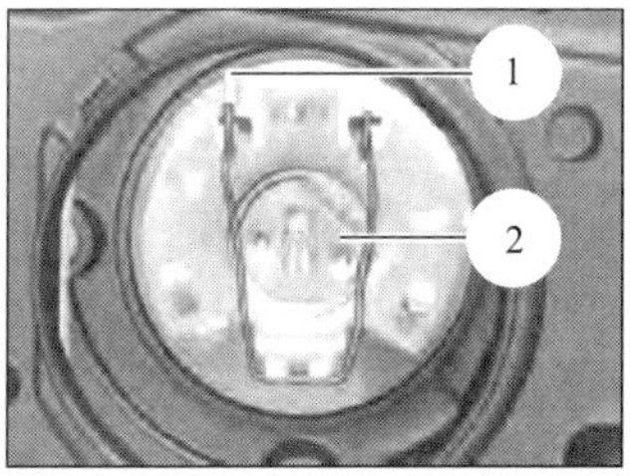

• 将弹簧夹圈1左侧和右侧从止动件中松开，然后翻起
• 拆下灯泡2
• 更新损坏的灯泡

远光灯灯泡
H1/12V/55W

• 为了防止玻璃受到污染，只可握住灯泡的底座

图 3-1-12

- 拆下螺栓1
- 将扬声器单元2小心地取出，同时注意插头连接

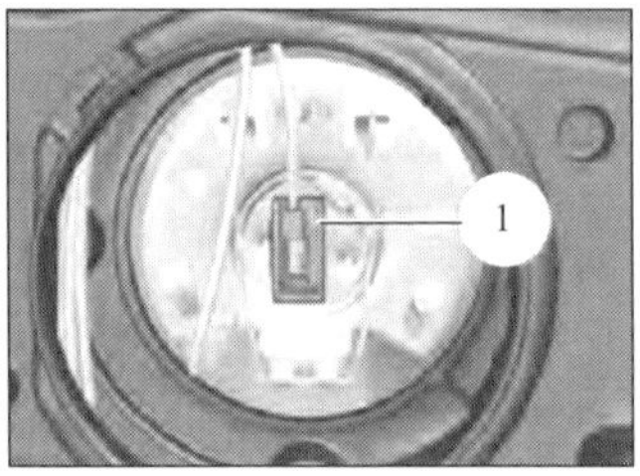

- 拔出插头1

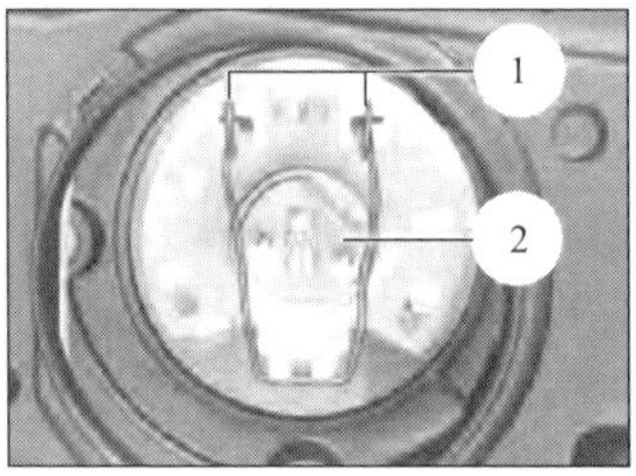

- 安装灯泡2，同时注意凸耳的正确位置
- 装入弹簧夹圈1

图 3-1-12　更换远光灯灯泡（一）

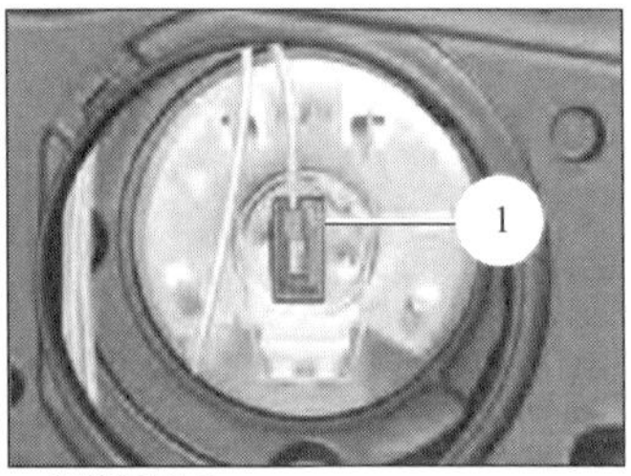

- 安装插头1

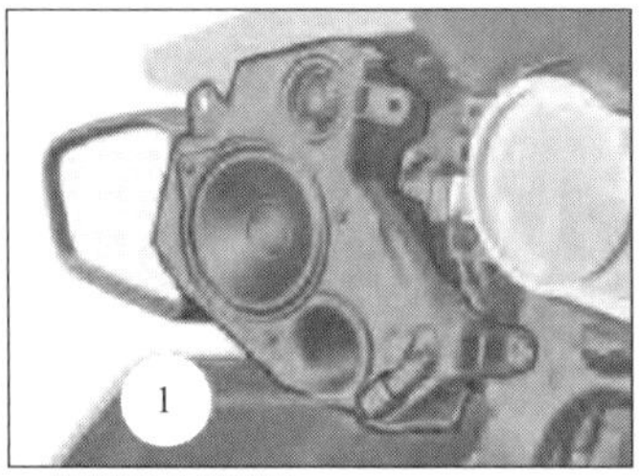

- 连接插头连接1

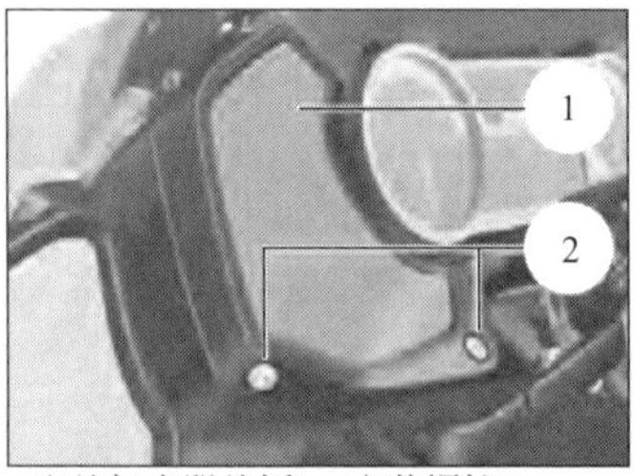

- 安放扬声器盖板1，安装螺栓2

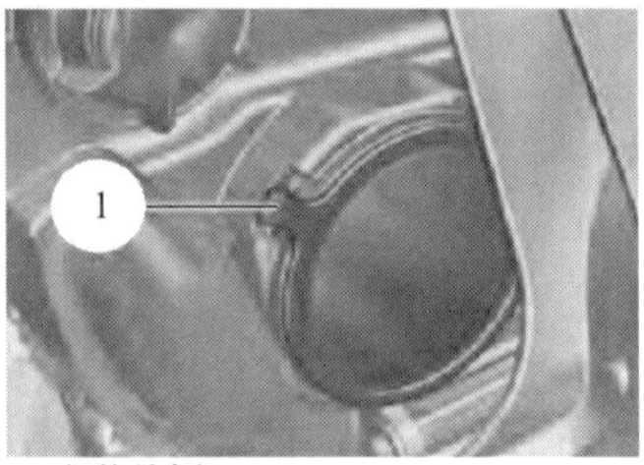

- 安装盖板1

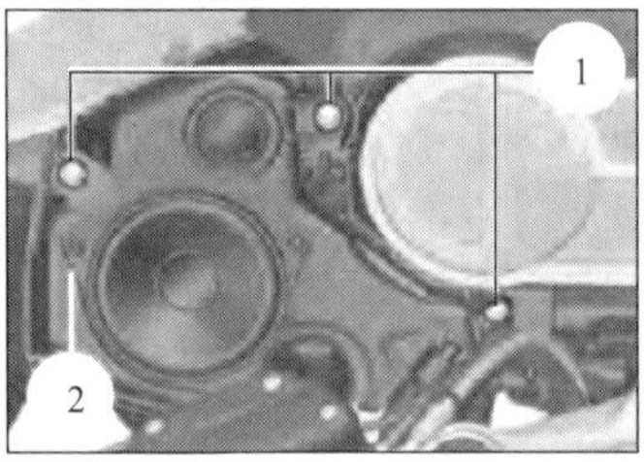

- 将扬声器单元2装入定位件内
- 安装螺栓1

图 3-1-13　更换远光灯灯泡（二）

4. 驻车灯灯泡更换（图 3-1-14 和 3-1-15）

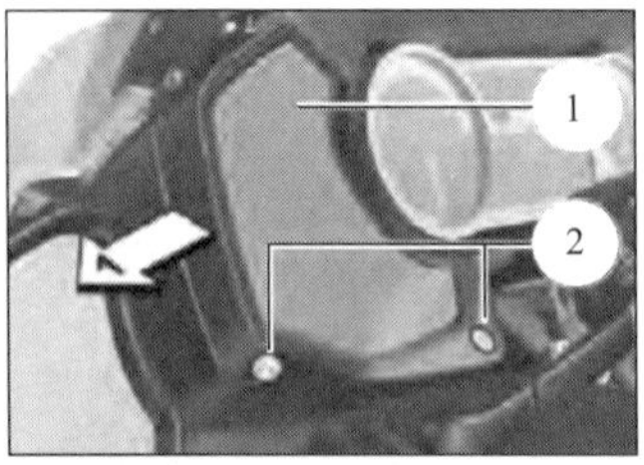

- 拆下螺栓2
- 将扬声器盖板1朝左侧取下

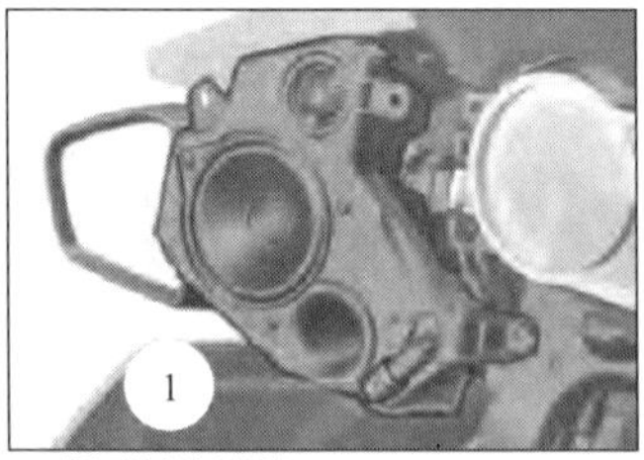

- 脱开插头连接1

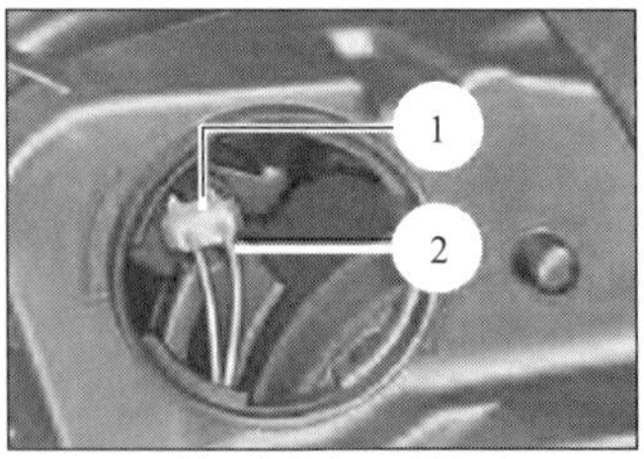

- 小心地拉动电缆2，将灯座1从灯罩中取出

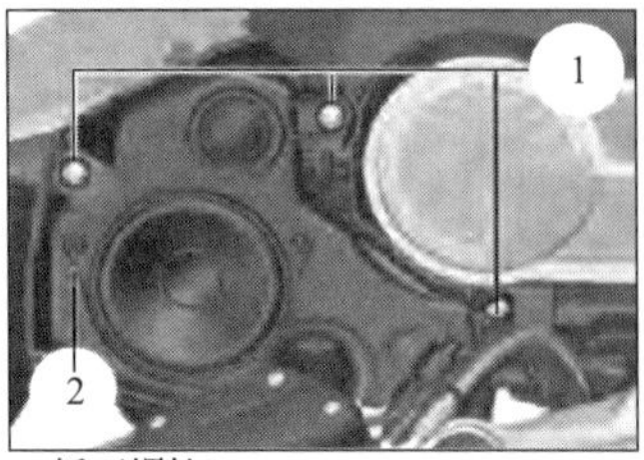

- 拆下螺栓1
- 将扬声器单元2小心地取出，同时注意插头连接

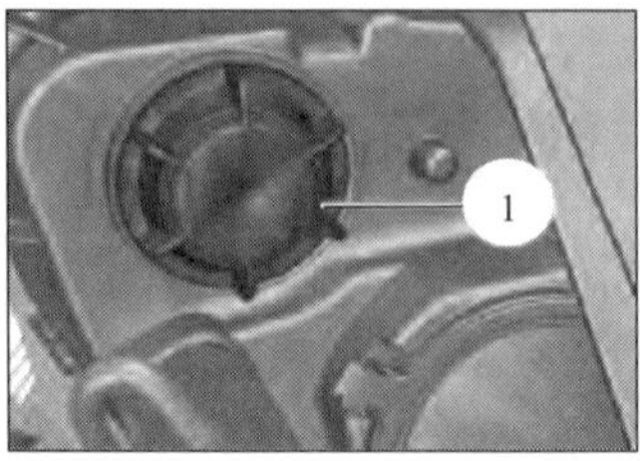

- 逆时针转动将盖板1拆下

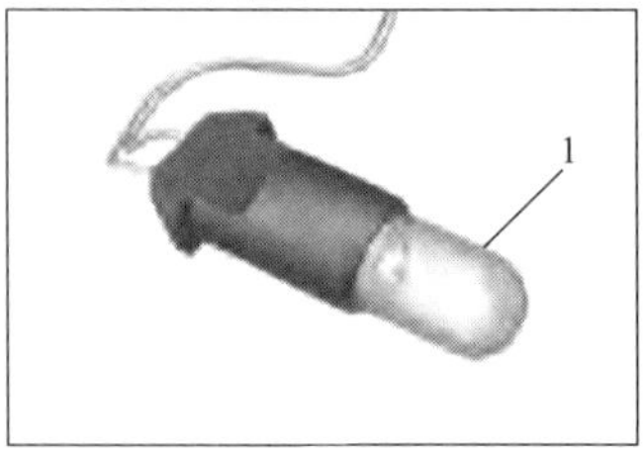

- 将灯炮1从灯座中拉出
- 更新损坏的灯泡

图 3-1-14　驻车灯灯泡更换（一）

停车灯灯泡
W5W/12V/5W

• 为了防止玻璃受到污染，要用洁净且干燥的软布握住灯泡

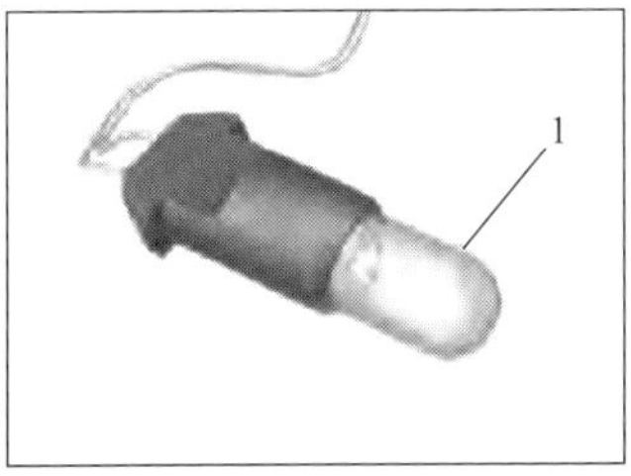

• 将灯泡1装入灯座

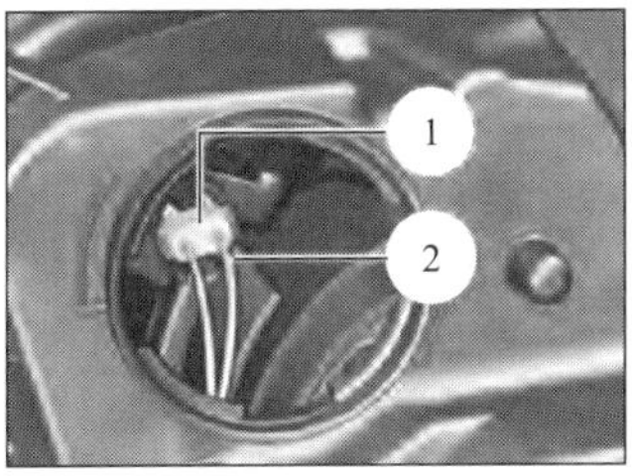

• 将灯座1装入灯罩内，同时将电缆2用作支承件

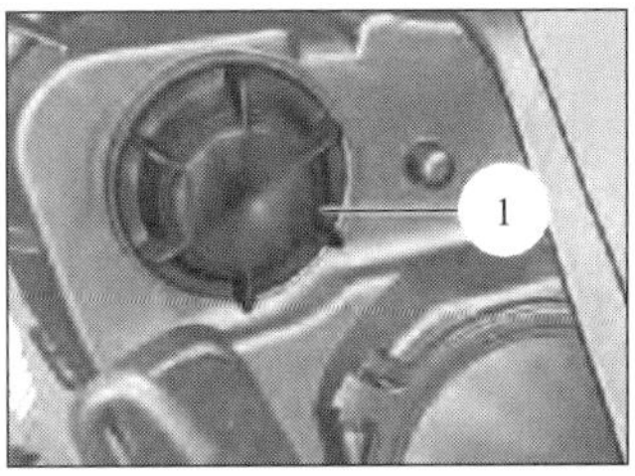

• 通过顺时针转动，安装盖板1

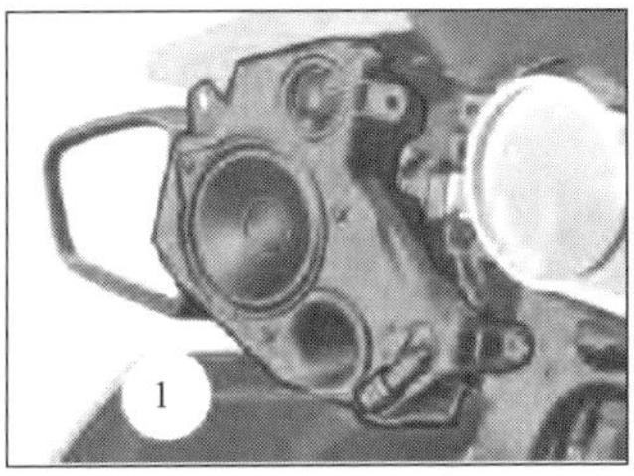

• 连接插头连接1

• 将扬声器单元2装入定位件内
• 安装螺栓1

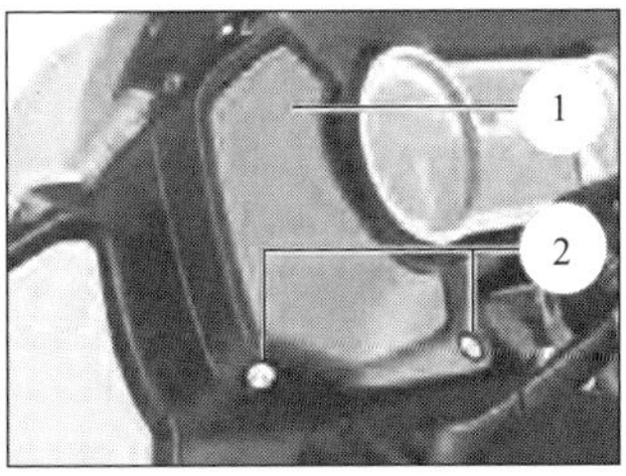

• 安放扬声器盖板1，安装螺栓2

图 3-1-15　驻车灯灯泡更换（二）

5. 前照灯照明距离调节

摩托车可根据负载的轻重（单人、单人和行李、双人）来调节前照灯的照明距离，调节方法如图 3-1-16 所示。

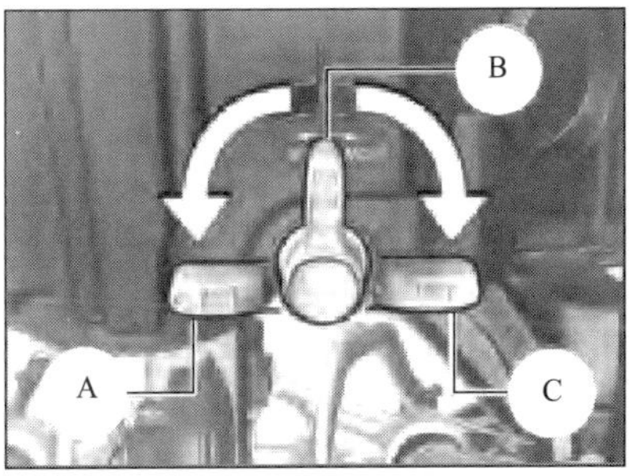

• 照明距离调节通过一根摇杆实现
– A位置适合较小载荷(仅骑手)
– B位置适合骑手及载荷
– C位置适合较高载荷(带摩托车后座乘员)

图 3-1-16　前照灯照明距离调节

四、检查摩托车轮胎压力

把摩托车停放到平整坚实的地面上，在轮胎处于冷胎时用胎压表测量前轮和后轮的轮胎压力。前轮轮胎压力应为 2.5bar，后轮轮胎压力应为 2.9bar。如果发现压力不足，应及时对轮胎进行充气，使压力符合规范值。

五、遥控器

1. 摩托车遥控器电池更换

如果按压遥控器上的按键时发现遥控器上的 LED 灯不亮，则应及时更换遥控器电池，见表 3-1-11。

表 3-1-11　遥控器电池更换

步骤	操　　作
1	按照图 3-1-17 所示，撬开遥控器外壳

续表

步骤	操　　作
2	取出电量耗尽的电池
3	把新电池(型号为 CR 123A)正极朝上放入遥控器中装好
4	扣好遥控器外壳
5	按压图 3-1-18 中所示按键 2 次
6	遥控器上的 LED 灯会闪烁几秒钟,表示遥控器可以正常使用

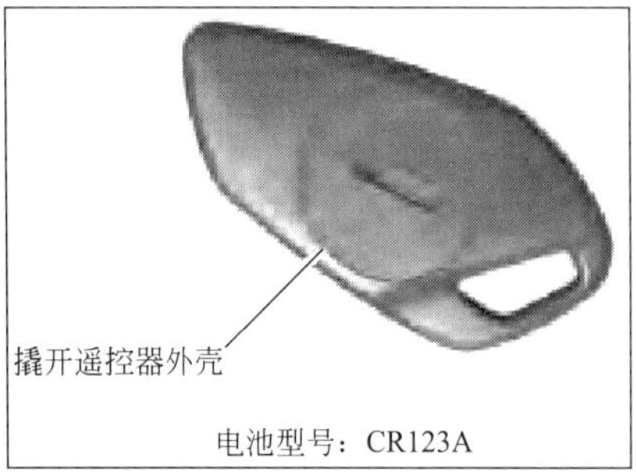

图 3-1-17　更换遥控器电池

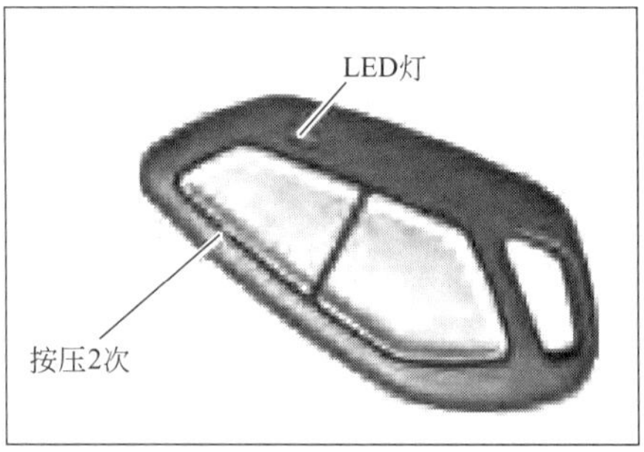

图 3-1-18　按压按键

2. 遥控器同步化设定

如果经常在遥控器作用距离以外操作遥控器按键，则会导致遥控器操作失灵，出现这种情况后，可按照表 3-1-12 的操作步骤执行同步化设定功能后才能正常使用。

表 3-1-12　遥控器同步化设定

步骤	操　　作
1	打开摩托车的点火开关
2	按照图 3-1-19 所示,同时按住遥控器上的按键 1 和按键 2,LED 灯会闪烁 10s 左右,然后停止闪烁
3	LED 灯停止闪烁后,松开按键 1 和按键 2,LED 灯会点亮
4	按下按键 1 或按键 2,LED 灯熄灭

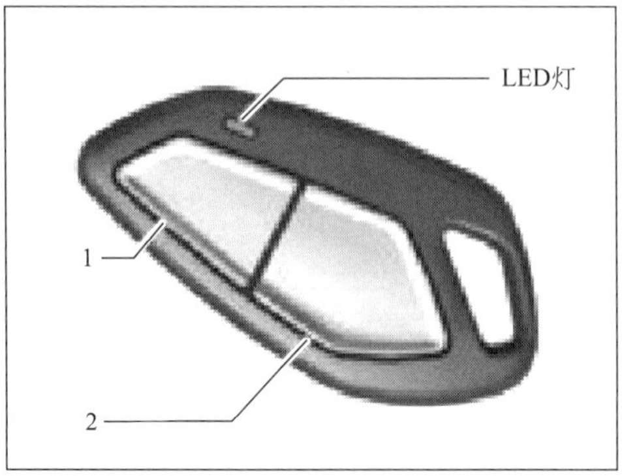

图 3-1-19　按键和 LED 灯识别

3. 遥控器注册（图 3-1-20）

如果要更换丢失的遥控器或使用附加的遥控器，则必须始终注册所有遥控器。
按以下方式开通遥控器的注册。
•打开点火开关

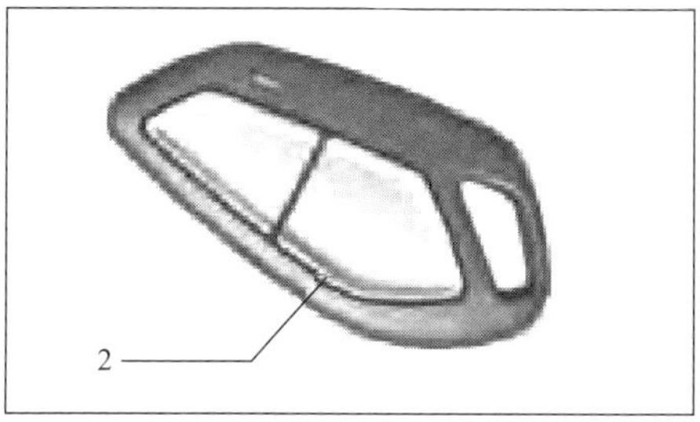

• 操作遥控器的按键2三次
>>发出一个声音信号
• 在10s内关闭点火开关

现在可以注册遥控器，针对每个遥控器执行以下步骤。

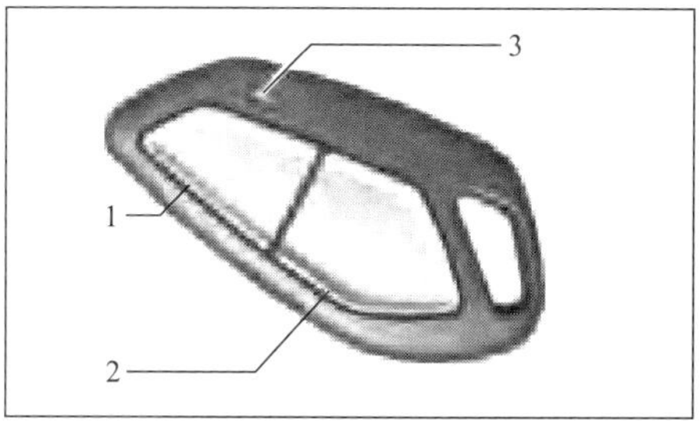

• 按住按键1和按键2，直至LED3不再闪烁
>>LED3闪烁约10s
• 松开按键1和按键2
>>LED3亮起
• 操作按键1或按键2
>>发出一个声音信号，LED3熄灭
结束注册的操作步骤如下。
• 关闭点火开关
>>发出三个声音信号
在以下情况下同样会结束注册：
• 已注册了4个遥控器。
• 注册第一个遥控器后约30s未操作按钮

图 3-1-20　遥控器注册操作

六、火花塞型号与电极间隙

R 1200 RT 摩托车使用的是 NGK LMAR8D-J 型火花塞；火花塞电极间隙为 0.7～0.9mm。

七、熔丝说明（图 3-1-21）

更换熔丝

• 关闭点火开关
• 拆卸骑手鞍座
• 拔出插头1

用新熔丝更换损坏的熔丝

• 按照布置图更换损坏的熔丝

熔丝布置

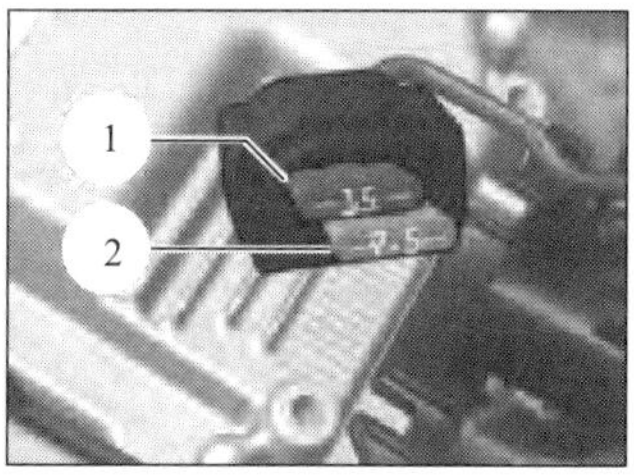

熔丝盒
15A[插接位置1：组合仪表、防盗报警系统(DWA)、点火开关、诊断插座、后置物箱照明]
7.5A[插接位置2：左侧组合开关、轮胎压力监控系统(RDC)、音频系统]

熔丝支架
50A(熔丝1：发电机调节器)

图 3-1-21　熔丝说明

八、摩托车风挡高度调节（图 3-1-22）

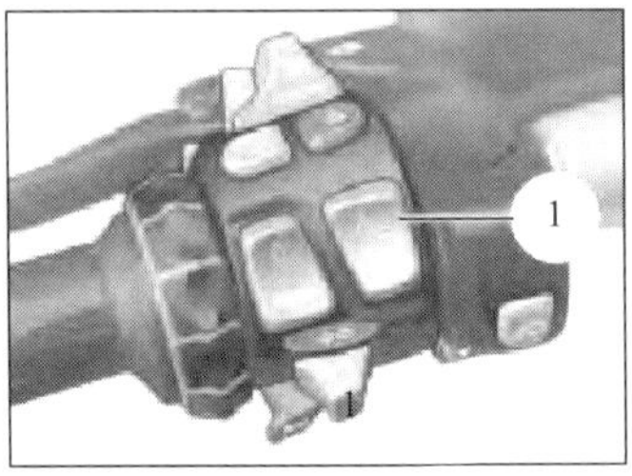

- 打开点火开关

>>在启动时，风挡自动移动到其在点火开关关闭前的最后位置

- 操作按键1上部，即可抬高风挡
- 操作按键1下部，即可降低风挡
- 关闭点火开关

>>风挡自动移动到下部终端位置

>>如果风挡在达到终端位置前碰到某个阻力，则防夹功能激活，风挡被停住并略微向上移动。在数秒钟后，风挡重新尝试移动到下部终端位置

图 3-1-22　风挡高度调节方法

九、摩托车驾驶员鞍座高度调节

首先按照图 3-1-23 所示，拆下鞍座，然后按照图 3-1-24 所示，调节鞍座高度。

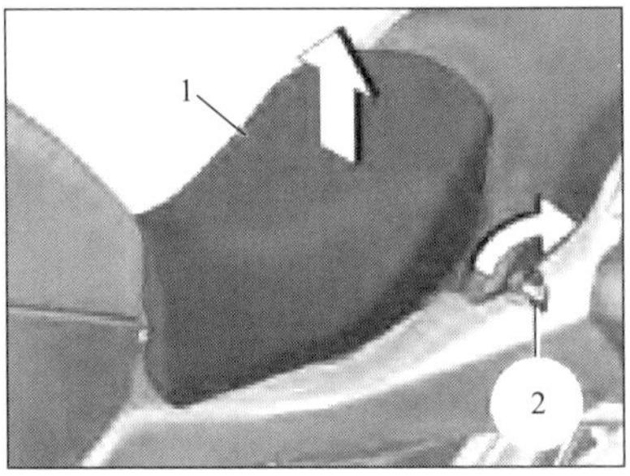

- 顺时针方向旋转车钥匙2
- 将鞍座1后部抬起

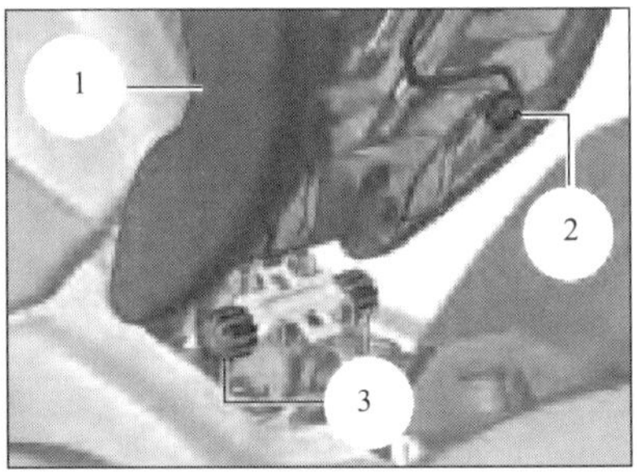

- 将鞍座1从鞍座支架3中向后取下

\- 如果车辆配备鞍座加热装置

- 脱开鞍座加热装置的插头连接2
- 取下鞍座，将座套侧朝下放在一个干净且干燥的平面上

图 3-1-23　拆下驾驶员（骑手）鞍座

- 拆卸鞍座

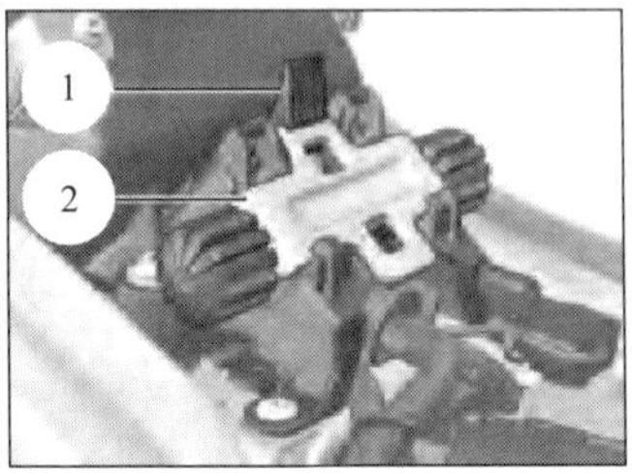

- 将锁止件1向前按，然后取出调节板2

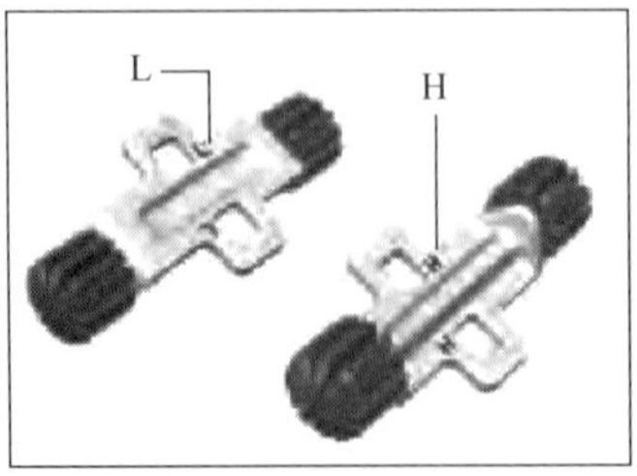

- 将调节板转到位置L，以降低鞍座高度
- 将调节板转到位置H，以提高鞍座高度

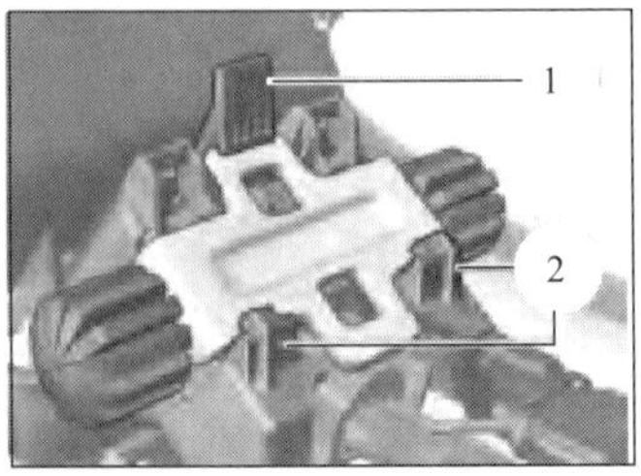

- 在所需位置处将调节板装入定位件2内，随后按压到锁止件1内
- 安装鞍座

图 3-1-24　摩托车驾驶员鞍座高度调节

十、后轮减振器减振调节（图 3-1-25）

- 停放好摩托车，同时注意地面是否平整坚实
- 从车辆左侧进行减振调整

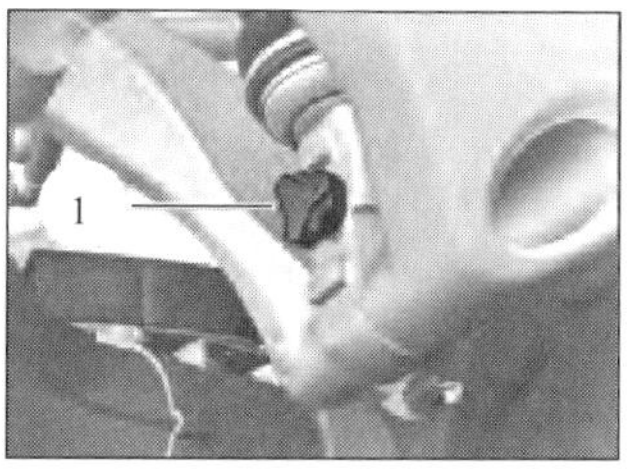

- 顺时针方向旋转调整螺栓1，提高减振效果
- 逆时针方向旋转调整螺栓1，将低减振效果

后轮减振器基本设定
将调节轮顺时针方向旋转到极限位置，然后逆时针方向转动共6响咔嚓声（无载物的单人驾乘模式）
将调节轮顺时针方向旋转到极限位置，然后逆时针方向转动共4响咔嚓声（有载物的单人驾乘模式）
将调节轮顺时针方向旋转到极限位置，然后逆时针方向转动共2响咔嚓声（有载物的带摩托车后座乘员驾乘模式）

图 3-1-25　后轮减振器减振调节

十一、离合器手柄与摩托车方向把握柄之间的距离调节

按照图 3-1-26 所示，转动离合器手柄上的调节旋钮即可将离合器手柄与摩托车把手之间的距离调节到合适的位置。

十二、前制动器杆与摩托车方向把握柄之间的距离调节

按照图 3-1-27 所示，转动调节旋钮，即可调节前制动器杆与摩托车方向把握柄之间的距离。

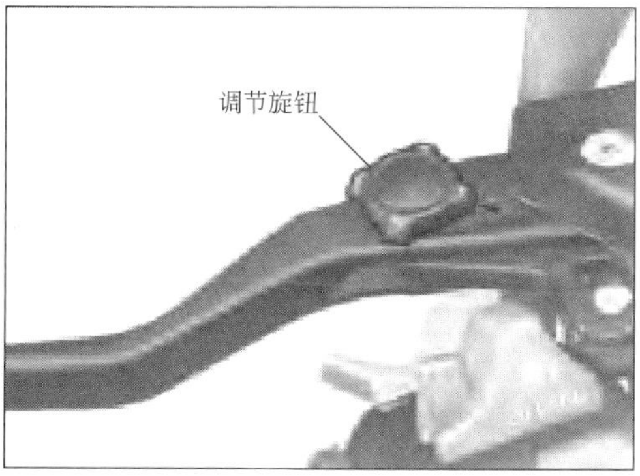

>> 有四个设置可用
- 位置1：方向把握柄和离合器操纵手柄之间的距离最小
- 位置4：方向把握柄和离合器操纵手柄之间的距离最大

图 3-1-26　离合器手柄与摩托车方向把握柄之间的距离调节

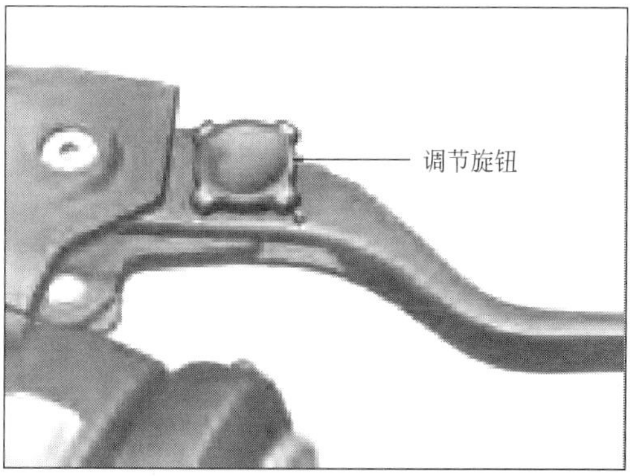

>> 有四个设置可用
- 位置1：方向把握柄和制动杆之间的距离最小
- 位置4：方向把握柄和制动杆之间的距离最大

图 3-1-27　调节旋钮识别

十三、后轮弹簧预紧力调节

后轮弹簧预紧力要与摩托车载荷（单人驾驶或双人骑乘）相匹配。载荷重时，应调高后轮弹簧预紧力；载荷轻时，应调低后轮弹簧预紧力。调节时可将摩托车停放到平整坚实的地

面上，然后按照图 3-1-28 所示进行调节。

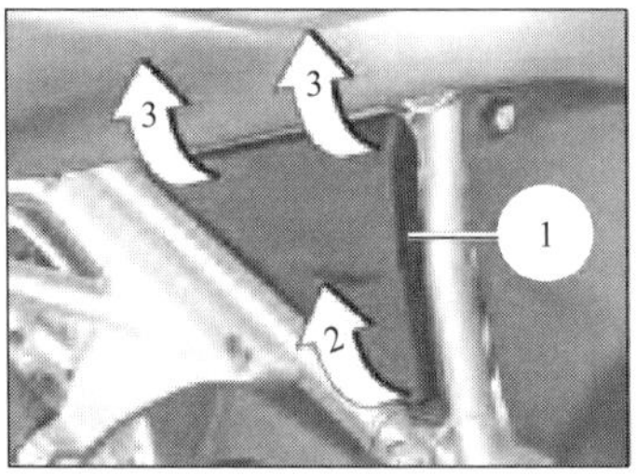

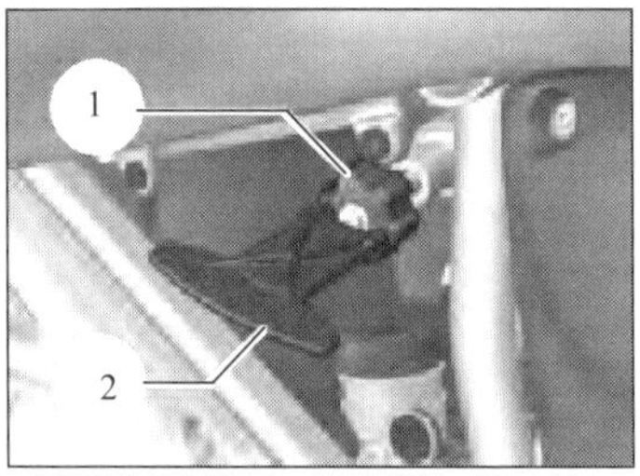

- 将盖板1下部在位置2处略微抬起
- 为了避免损坏盖板和定位件，将盖板在位置3处取下

- 降低弹簧预紧力：将调节轮1用工具2逆时针方向旋转
- 提高弹簧预紧力：将调节轮1用工具2顺时针方向旋转

图 3-1-28　后轮弹簧预紧力调节

第二节　BMW R1200 GS ADVENTURE 摩托车（2014 年款）

一、油品

1. 油品规格（表 3-2-1）

表 3-2-1　油品规格

油　　品	规　　格	用　　量
发动机机油	Castrol Power 1 Racing 4T 发动机机油 黏度：SAE 5W-40/API SL/JASO MA2	更换发动机机油（包含机油滤清器）：4L 添加发动机机油（从 MIN 液位添加到 MAX 液位）：0.95L
制动液	DOT4 制动液	
镀铬部件养护剂	不含酸性物质的凡士林	

2. 检查发动机机油油位（表 3-2-2）

表 3-2-2　检查发动机机油油位

步骤	操　　作
1	启动发动机进行暖机
2	暖机完成后，将发动机关闭
3	把摩托车支在主支架上，确认地面平整坚实
4	等待 5min，使发动机机油回流到油底壳中
5	按照图 3-2-1 所示，从发动机机油油位观察窗（图 3-2-1 中的 1）查看发动机机油油位，规范的机油油位应位于 MAX 和 MIN 标记之间
6	如果油位过低，应添加发动机机油

3. 发动机机油添加（表 3-2-3）

表 3-2-3　发动机机油添加

步骤	操　　作
1	把摩托车支在主支架上，确认地面平整坚实

续表

步骤	操 作
2	用布把发动机机油加注口附近的区域擦拭干净
3	把可更换式的螺丝刀头(图 3-2-2 中的 1)的星形侧朝前插入螺丝刀柄(图 3-2-2 中的 2)中，然后将工具安装到发动机机油加注口盖(图 3-2-2 中的 3)上
4	沿逆时针方向转动工具，即可拆下机油加注口盖
5	添加发动机机油到合适的油位高度
6	把发动机机油加注口盖重新安装好

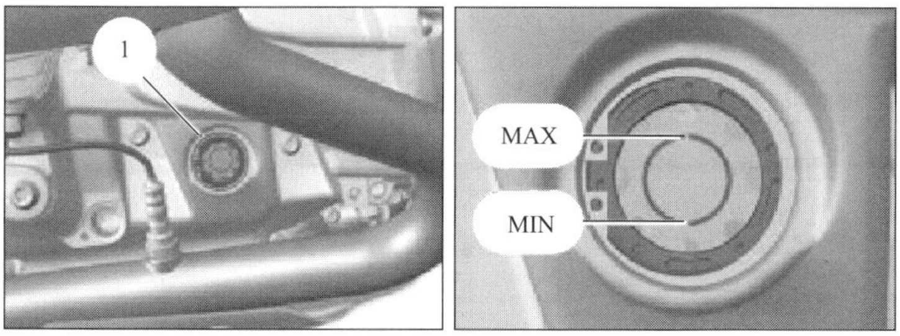

图 3-2-1 检查发动机机油油位

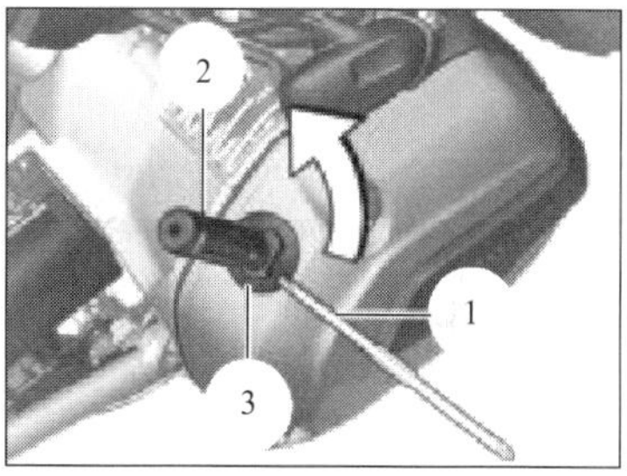

图 3-2-2 用工具拆卸机油加注口盖

4. 前制动器制动液液位检查（表 3-2-4）

表 3-2-4 前制动器制动液液位检查

步骤	操 作
1	把摩托车支在主支架上，确认地面平整坚实
2	把摩托车车把保持正直朝前
3	按照图 3-2-3 所示，查看前制动器储液罐中的制动液液位高度
4	液位高度应高于储液罐上的 MIN 刻度

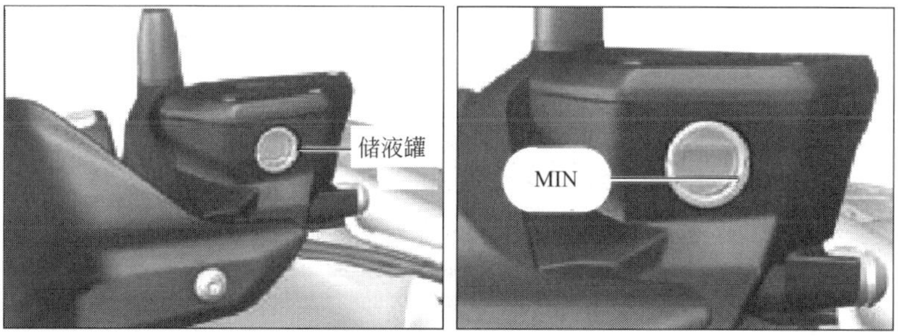

图 3-2-3 检查前制动器储液罐液位

5. 后制动器制动液液位检查（表 3-2-5）

表 3-2-5 后制动器制动液液位检查

步骤	操 作
1	把摩托车支在主支架上，确认地面平整坚实

续表

步骤	操　　作
2	把摩托车车把保持正直朝前
3	按照图 3-2-4 所示，查看后制动器储液罐中的制动液液位高度
4	液位高度应高于储液罐上的 MIN 刻度

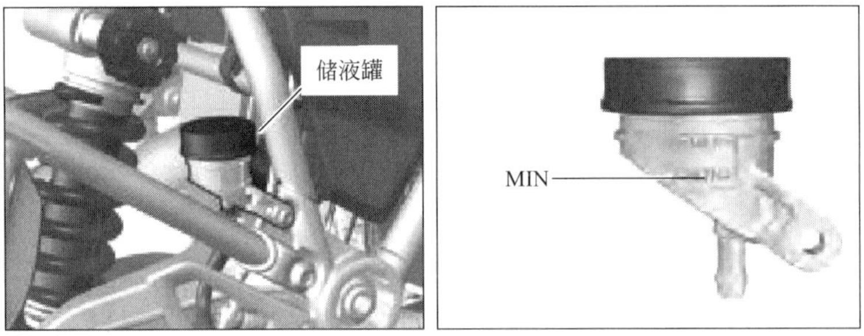

图 3-2-4　检查后制动器储液罐液位

6. 冷却液液位检查（表 3-2-6）

表 3-2-6　冷却液液位检查

步骤	操　　作
1	把摩托车在平整坚实的地面上停放好
2	使发动机冷却
3	按照图 3-2-5 所示，查看冷却液膨胀罐的液位
4	液位应位于膨胀罐 MAX 和 MIN 标记之间

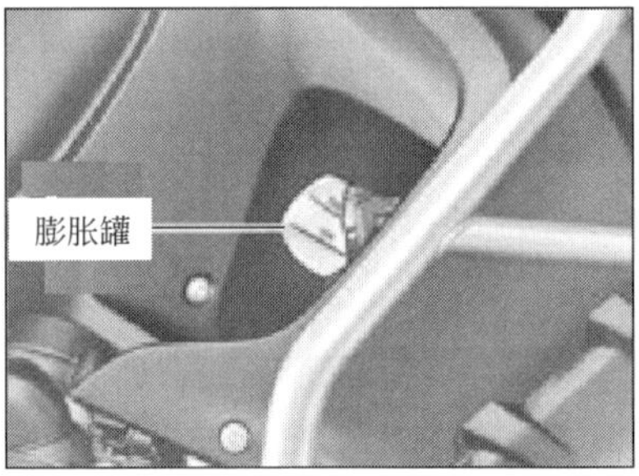

图 3-2-5　检查冷却液液位

7. 添加冷却液（图 3-2-6）

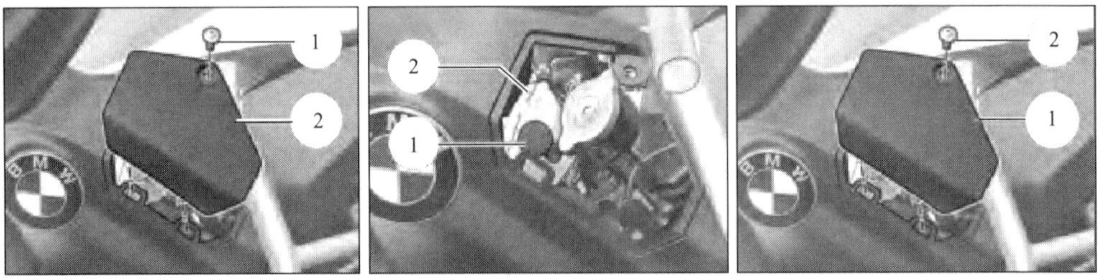

- 拆下螺栓1并取下盖板2

- 打开冷却液热膨胀平衡罐2的端盖1，然后添加冷却液至标准液位
- 关闭冷却液热膨胀平衡罐的端盖

- 装上盖板1
- 安装螺栓2

图 3-2-6　添加冷却液

二、制动衬块厚度检查

前制动器制动衬块厚度检查见表 3-2-7；后制动器制动衬块厚度检查见表 3-2-8。

表 3-2-7　前制动器制动衬块厚度检查

步骤	操　　作
1	把摩托车停放到平整坚实的地面上

续表

步骤	操　作
2	按照图 3-2-7 所示，从车轮和前轮导向件之间查看前制动器制动衬块
3	前制动器制动衬块最小厚度不能低于 1mm，如果衬片已经到了磨损极限，应能看到磨损标记（图 3-2-7 中的箭头所示的凹槽）
4	如果制动衬块已到磨损极限，应及时更换

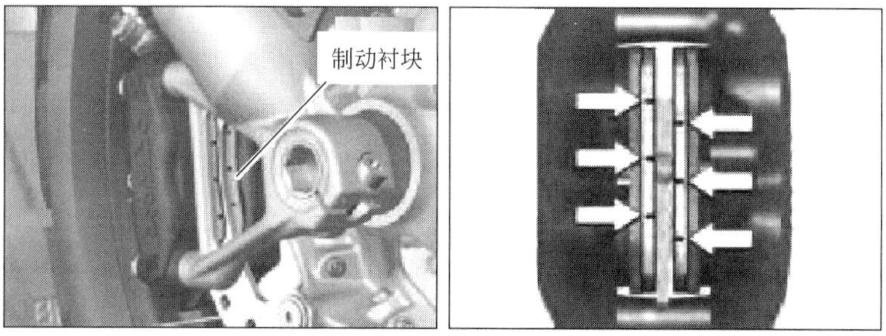

图 3-2-7　检查前制动器制动衬块

表 3-2-8　后制动器制动衬块厚度检查

步骤	操　作
1	把摩托车停放到平整坚实的地面上
2	按照图 3-2-8 所示，查看后制动器制动衬块
3	后制动器制动衬块最小厚度不能低于 1mm
4	如果制动衬块已到磨损极限，应及时更换

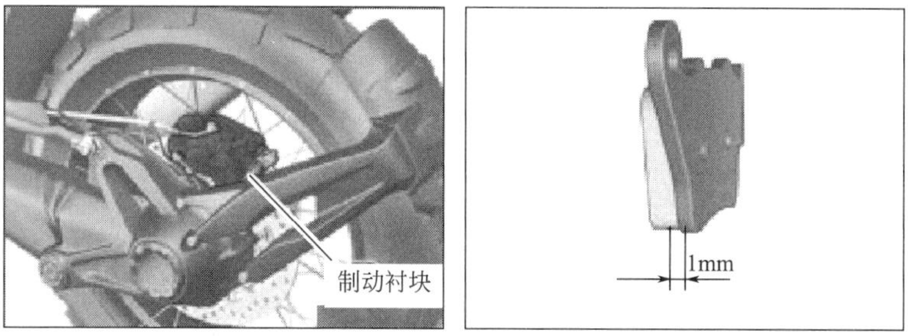

图 3-2-8　检查后制动器制动衬块

三、车灯

1. 灯泡规格（表 3-2-9）

表 3-2-9　灯泡规格

车　灯	规　格
远光灯灯泡	H7（12V-55W）
近光灯灯泡	H7（12V-55W）
驻车灯灯泡	W5W（12V-5W）
尾灯/制动灯灯泡	LED
前转向灯灯泡	RY10W（12V-10W）
后转向灯灯泡	RY10W（12V-10W）

2. 更换近光灯灯泡和远光灯灯泡

把摩托车停放到平整坚实的地面上，关闭点火开关，按照图 3-2-9 所示更换近光灯和远光灯灯泡。

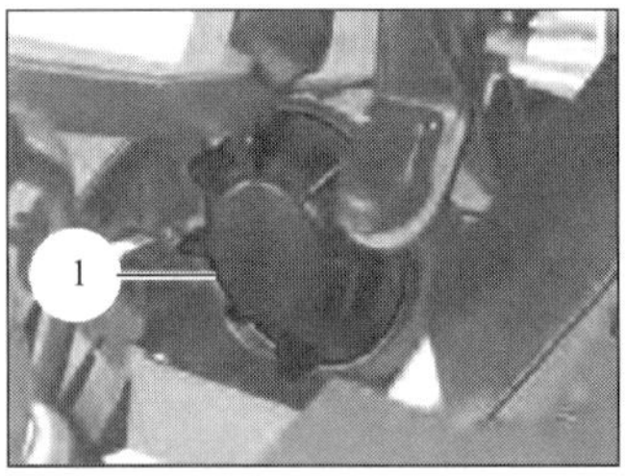

- 通过逆时针方向转动将盖板1拆下，以便更换近光灯灯泡

- 通过逆时针方向转动将盖板1拆下，以便更换远光灯灯泡

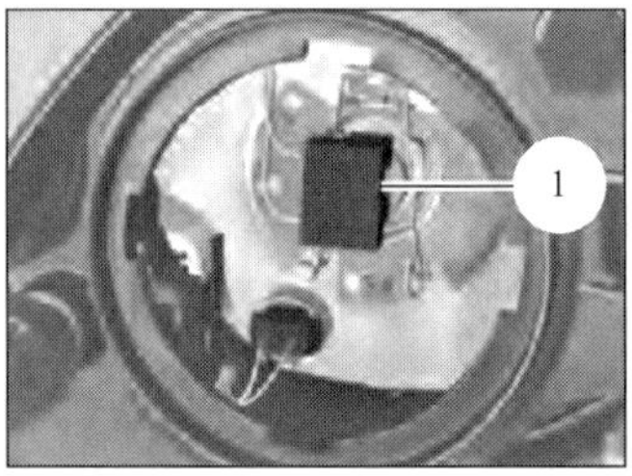

- 拔出插头1

- 将弹簧夹1从止动件中松开并翻转到一边
- 拆下灯泡2

- 更换损坏的灯泡
- 为了防止新灯泡的玻璃受到污染，只可握住灯泡的底座

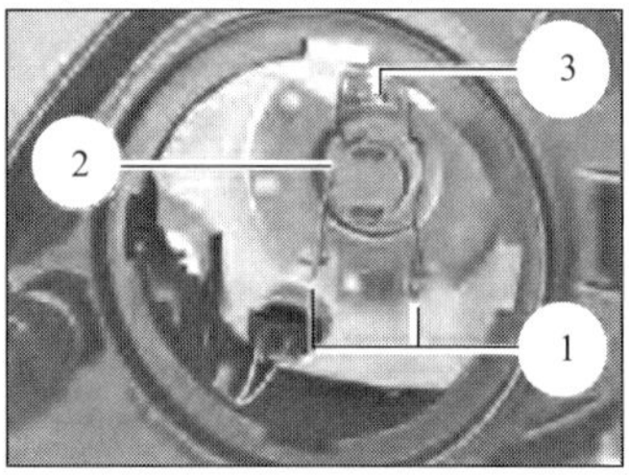

- 装入灯泡2，同时注意凸耳3的正确位置
- 将弹簧夹1装入止动件中

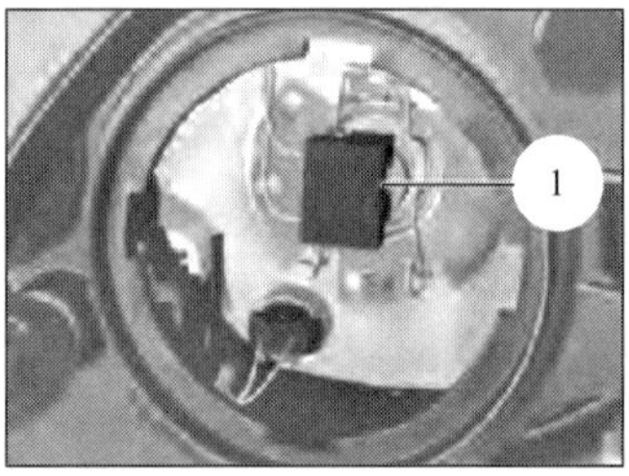

- 安装插头1
- 安放盖板，然后通过顺时针转动进行安装

图 3-2-9　更换近光灯和远光灯灯泡

3. 驻车灯灯泡更换

把摩托车停放到平整坚实的地面上，关闭点火开关，按照图 3-2-10 所示更换驻车灯灯泡。

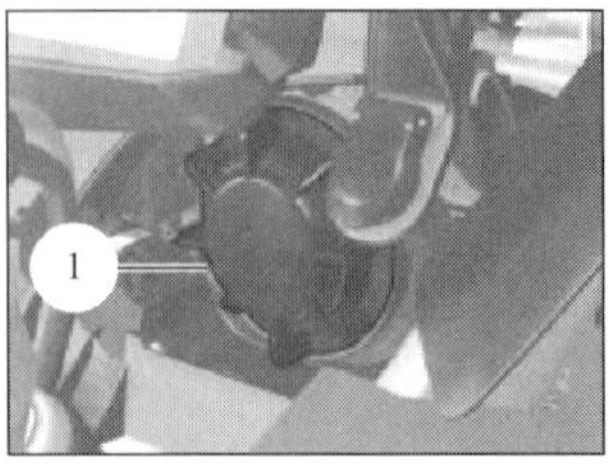

- 逆时针转动将盖板1拆下

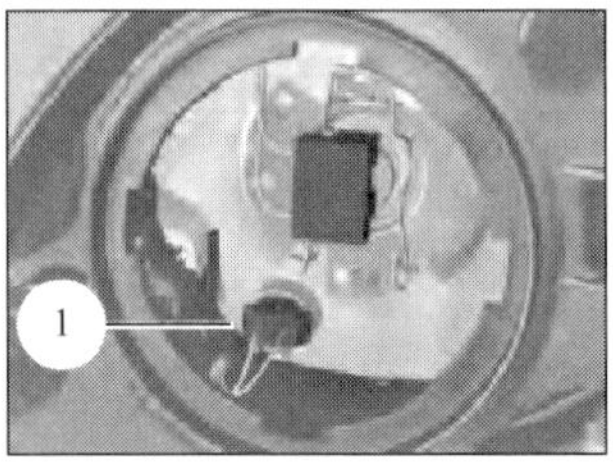

- 将灯座1从前照灯护罩中拉出

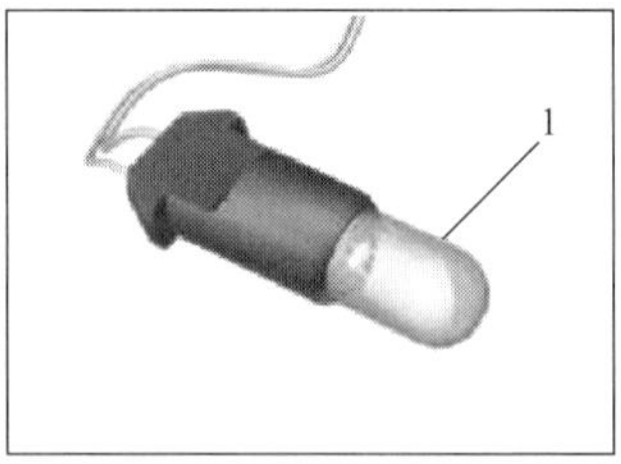

- 将灯泡1从灯座中拉出
- 更换损坏的灯泡
- 为了防止新灯泡的玻璃受到污染，要用洁净且干燥的软布握住

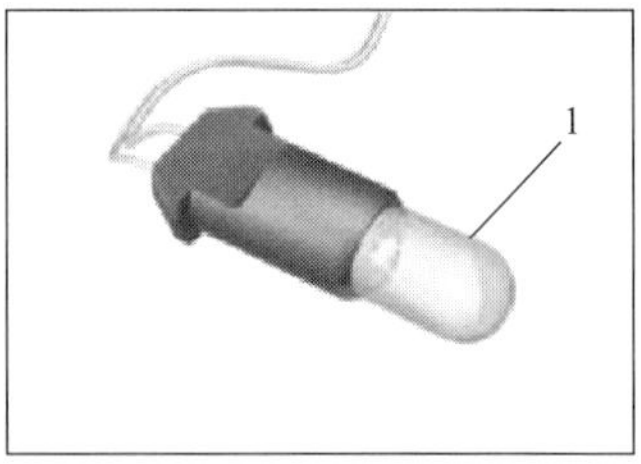

- 将灯泡1装入灯座

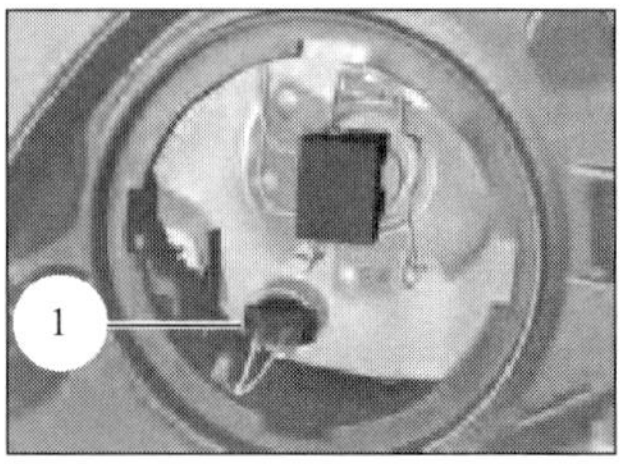

- 将灯座1装入前照灯护罩中
- 安放盖板，然后通过顺时针转动进行安装

图 3-2-10　更换驻车灯灯泡

4. 转向灯灯泡更换

把摩托车停放到平整坚实的地面上，关闭点火开关，按照图 3-2-11 所示更换灯灯泡。

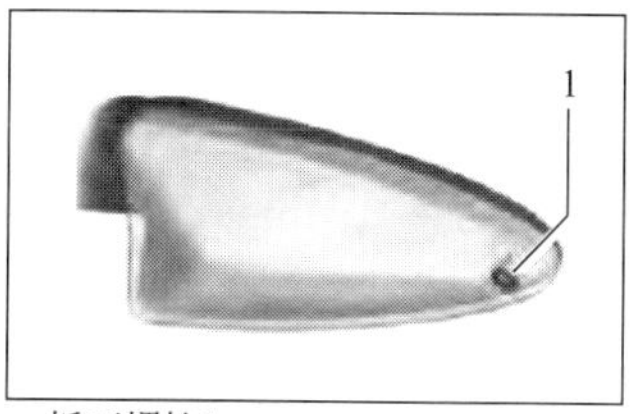

• 拆下螺栓1

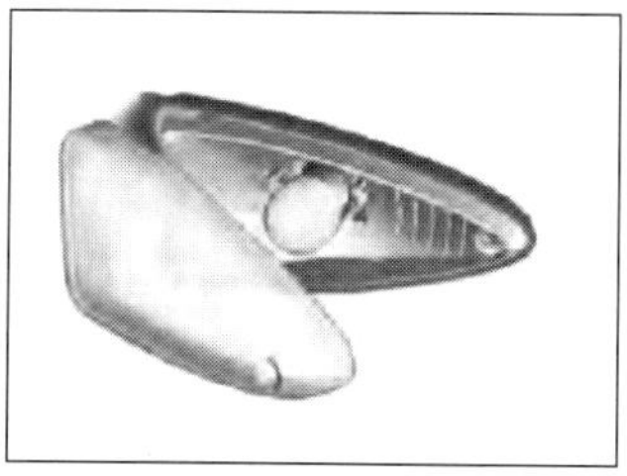

• 将螺栓连接侧的配光镜从后视镜壳中拉出

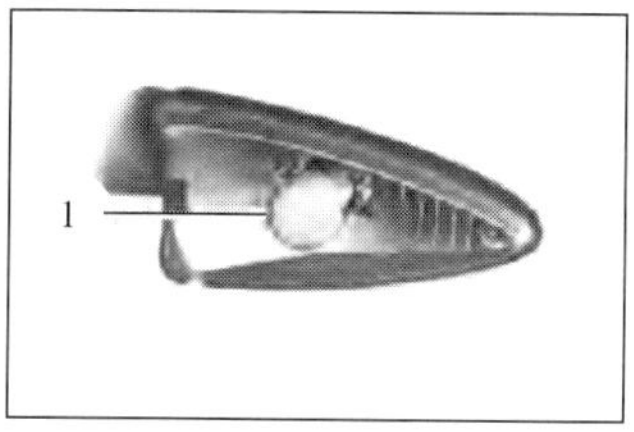

• 通过逆时针方向旋转将灯泡1从后视镜壳中拆下

• 更换损坏的灯泡
• 为了防止新灯泡的玻璃受到污染，要用洁净且干燥的软布握住

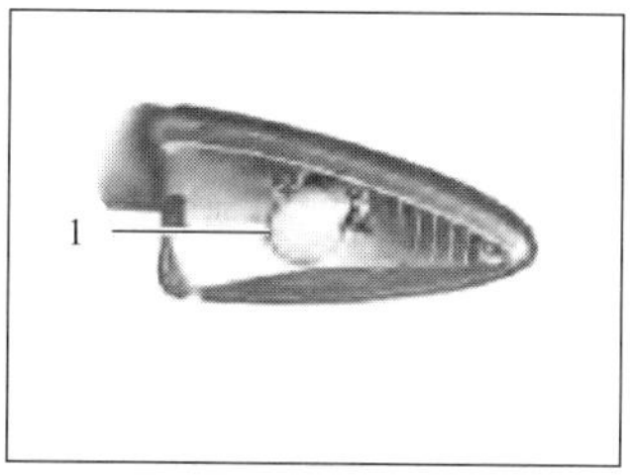

• 通过顺时针方向转动将灯泡1装入后视镜壳中

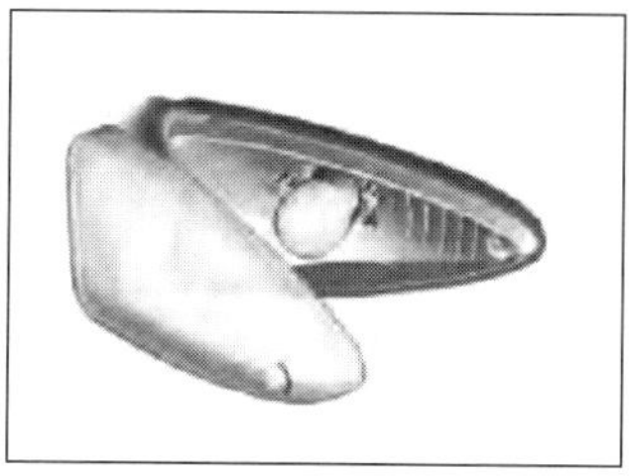

• 将配光镜从车的侧面装入后视镜壳中并锁紧

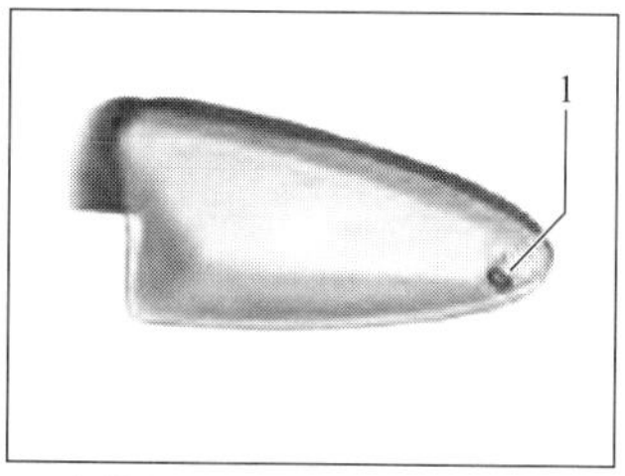

• 安装螺栓1

图 3-2-11　转向灯灯泡更换

5. 前照灯照明距离调节

摩托车如果负载较高（骑手和乘客），可按照图 3-2-12 所示调节前照灯的照明方向。

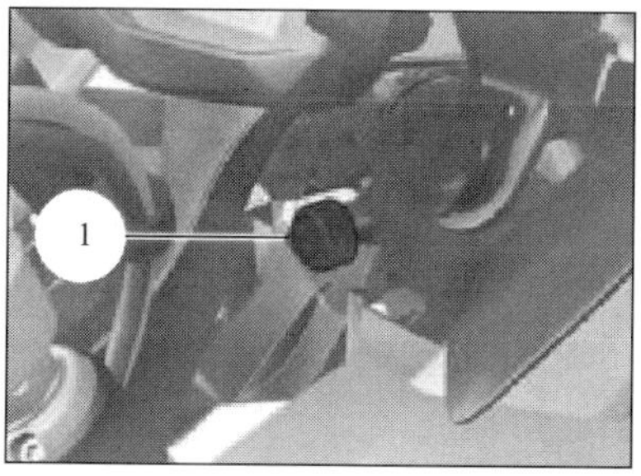

(a) 普通型前照灯
沿逆时针方向转动旋钮1，即可降低前照灯光束

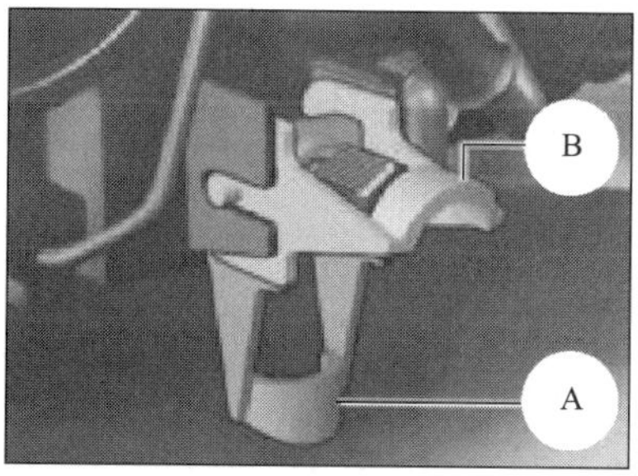

(b) 配备LED的前照灯
摩托车负载轻时，摇杆设置到A；
摩托车负载重时，摇杆设置到B

图 3-2-12　前照灯照明方向调节

四、检查摩托车轮胎压力

把车停放到平整坚实的地面上，在轮胎处于冷胎时用胎压表测量前轮和后轮的轮胎压

力。前轮轮胎压力应为 2.5bar，后轮轮胎压力应为 2.9bar。如果发现压力不足，应及时对轮胎进行充气，使压力符合规范值。

五、火花塞型号与电极间隙

R 1200GS ADVENTURE 摩托车的火花塞型号为 NGK LMAR8D-J；火花塞电极间隙为 0.7～0.9mm。

六、熔丝说明

熔丝盒安装在鞍座下面，拆下鞍座后即可找到，熔丝说明见图 3-2-13。

更换熔丝

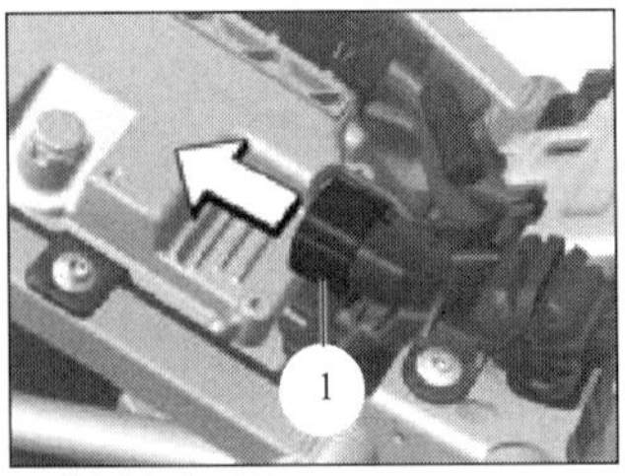

- 关闭点火开关
- 拆卸鞍座
- 拔出插头1
- 根据熔丝布置更换损坏的熔丝

熔丝布置

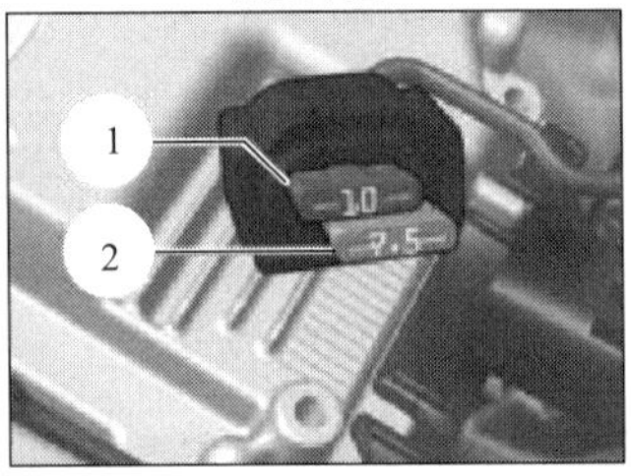

1　10A
组合仪表
防盗报警系统(DWA)
点火开关
诊断插座
2　7.5A
左侧组合开关
轮胎压力监控系统(RDC)

熔丝支架

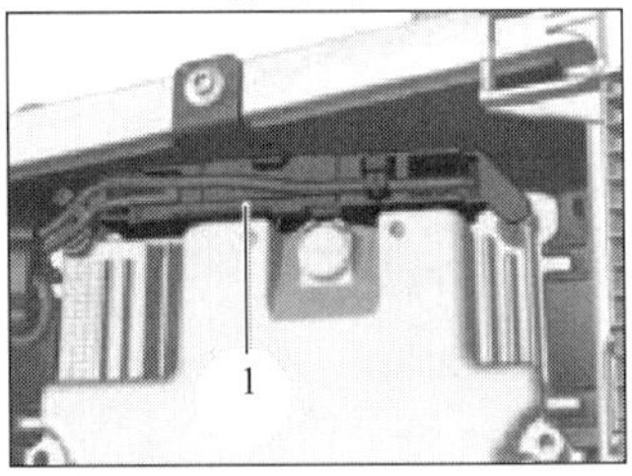

1　50A
发电机调节器

图 3-2-13　熔丝说明

七、更换空气滤清器（图 3-2-14）

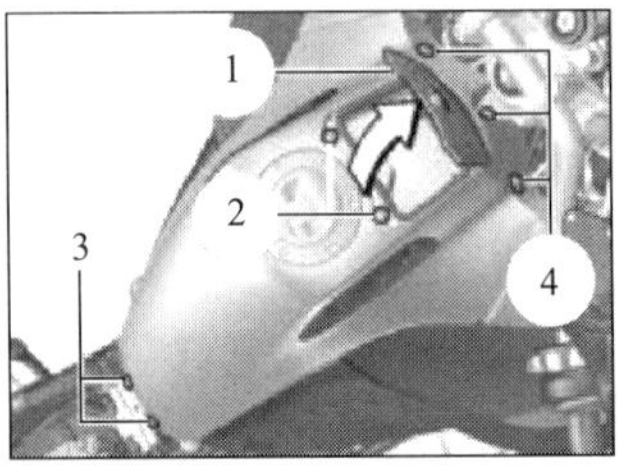

- 拆卸鞍座
- 打开杂物箱盖板1
- 拆下螺栓2～4
- 取下油箱盖板

- 取出框架1和空气滤清器滤芯2
- 装入新的空气滤清器滤芯2和框架1

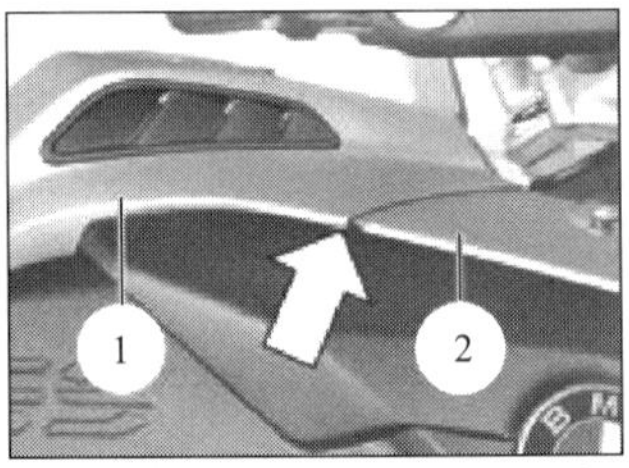

- 装上油箱盖板1，安装时注意导向件箭头位于上部前轮盖板2的下方

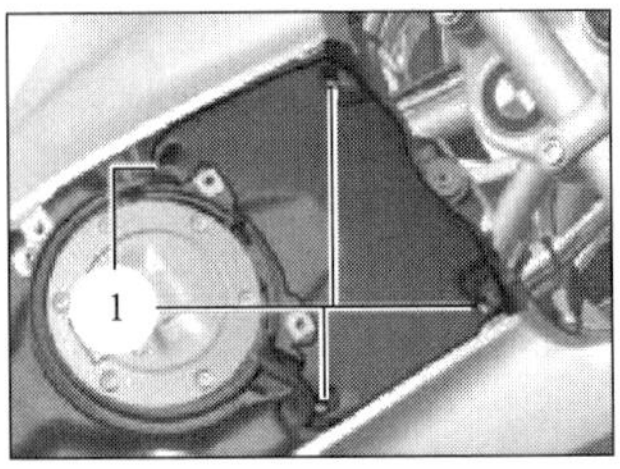

- 拆下螺栓1
- 拆下空气滤清器壳盖罩

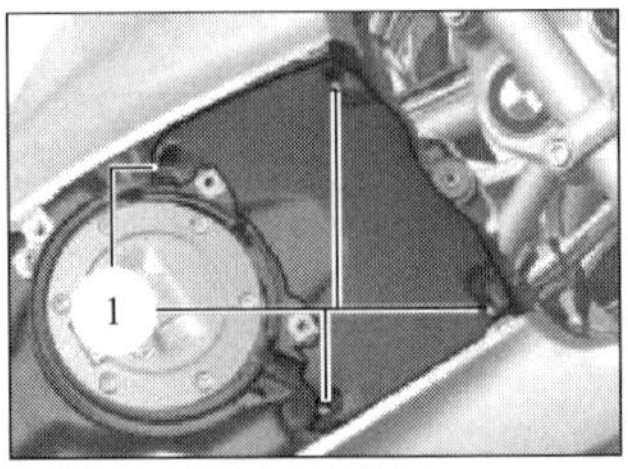

- 安放空气滤清器壳盖罩
- 安装螺栓1

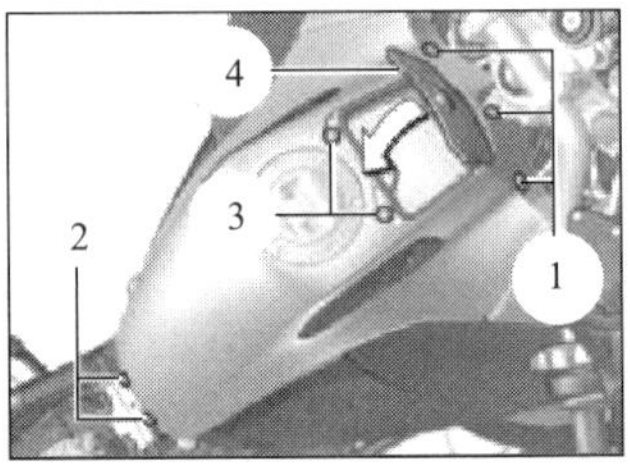

- 安装螺栓1～3
- 关闭杂物箱盖板4
- 安装鞍座

图 3-2-14　更换空气滤清器

八、摩托车风挡高度调节（图 3-2-15）

- 顺时针转动调节轮，可降低风挡
- 逆时针转动调节轮，可升高风挡

图 3-2-15　风挡高度调节方法

九、后轮减震器减振调节（图 3-2-16）

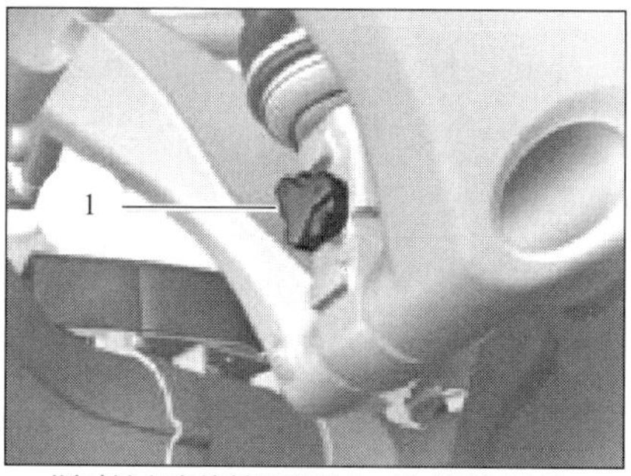

- 顺时针方向旋转调节轮1，提高减振效果
- 逆时针方向旋转调节轮1，降低减振效果

后轮减振器的基本设置
将调节轮顺时针方向旋转到极限位置，然后逆时针方向转动共8响咔嚓声(无载物的单人驾乘模式)
将调节轮顺时针方向旋转到极限位置，然后逆时针方向转动共4响咔嚓声(有载物的单人驾乘模式)
将调节轮顺时针方向旋转到极限位置，然后逆时针方向转动共4响咔嚓声(有载物的带后鞍座乘员驾乘模式)

图 3-2-16　后轮减震器减振调节

十、后轮弹簧预紧力调节

后轮弹簧预紧力要与摩托车载荷（单人驾驶或双人骑乘）相匹配。载荷重时，应调高后轮弹簧预紧力；载荷轻时，应调低后轮弹簧预紧力。调节时可将摩托车停放到平整坚实的地面上，然后按照图 3-2-17 所示进行调节。

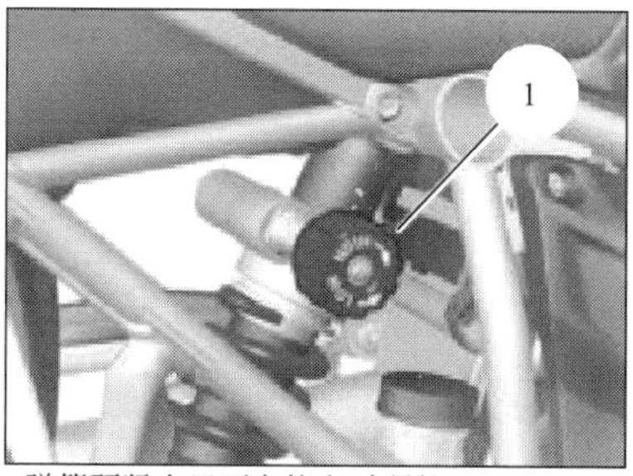

弹簧预紧力只可在停车时调整

- 沿箭头LOW方向旋转调节轮1，减小弹簧预紧力
- 沿箭头HIGH方向旋转调节轮1，提高弹簧预紧力

后部弹簧预紧力的基本设置
将调节轮沿LOW方向转动至极限位置(无载物的单人骑行模式)
将调节轮沿LOW方向转动至极限位置，然后沿HIGH方向转动15圈(有载物的单人骑行模式)
将调节轮沿LOW方向转动至极限位置，然后沿HIGH方向转动30圈(带摩托车后座乘员骑行模式和载物)

图 3-2-17　后轮弹簧预紧力调节

十一、离合器手柄与摩托车方向把握柄之间的距离调节

与第一节 R1200 RT 摩托车调节方法相同。

十二、前制动器杆与摩托车方向把握柄之间的距离调节

与第一节 R1200 RT 摩托车调节方法相同。

第三节 BMW K1600 GT 摩托车（2014 年款）

一、油品

1. 油品规格（表 3-3-1）

表 3-3-1 油品规格

油品	规格	用量
发动机机油	Castrol Power 1 Racing 4T 发动机机油 黏度：SAE 5W-40/API SL/JASO MA2	更换发动机机油（包含机油滤清器）：4.5L 添加发动机机油（从 MIN 液位添加到 MAX 液位）：0.95L
制动液	DOT4 制动液	
镀铬部件养护剂	不含酸性物质的凡士林	
车漆防护剂	BMW 摩托车专用车蜡或含有巴西棕榈油或人造蜡的防护剂	

2. 检查发动机机油油位（表 3-3-2）

表 3-3-2 检查发动机机油油位

步骤	操作
1	启动发动机进行暖机
2	暖机完成后，将发动机关闭
3	把摩托车支在主支架上，确认地面平整坚实
4	等待 1min，使发动机机油回流到油底壳中
5	按照图 3-3-1 所示，抽出机油尺（图 3-3-1 中的 1），用干布擦拭干净后重新插入机油加注口中，但不要拧入机油尺
6	再次抽出机油尺，查看机油油位，应处于机油尺 MAX 和 MIN 标记之间

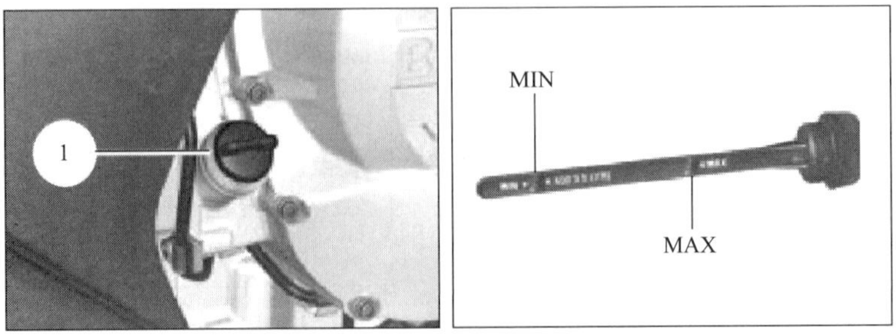

图 3-3-1 查看发动机机油油位

3. 发动机机油添加（表 3-3-3）

表 3-3-3　发动机机油添加

步骤	操　　作
1	把摩托车支在主支架上，确认地面平整坚实
2	用布把机油加注口附近的区域擦拭干净
3	按照图 3-3-1 所示，从机油加注口中抽出机油尺（图 3-3-1 中的 1）
4	添加发动机机油到合适的油位高度
5	把发动机机油尺重新安装好

4. 前制动器制动液液位检查（表 3-3-4）

表 3-3-4　前制动器制动液液位检查

步骤	操　　作
1	把摩托车支在主支架上，确认地面平整坚实
2	把摩托车车把保持正直朝前
3	按照图 3-3-2 所示，查看前制动器储液罐中的制动液液位高度
4	液位高度应高于储液罐上的 MIN 刻度

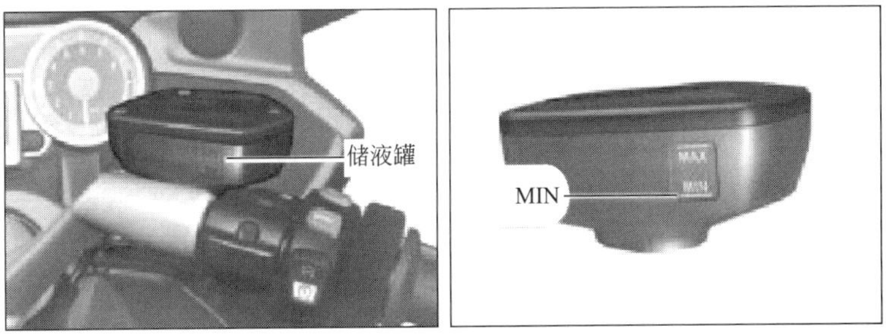

图 3-3-2　检查前制动器储液罐液位

5. 后制动器制动液液位检查（表 3-3-5）

表 3-3-5　后制动器制动液液位检查

步骤	操　　作
1	把摩托车支在主支架上，确认地面平整坚实
2	把摩托车车把保持正直朝前
3	按照图 3-3-3 所示，查看后制动器储液罐中的制动液液位高度
4	液位高度应高于储液罐上的 MIN 刻度

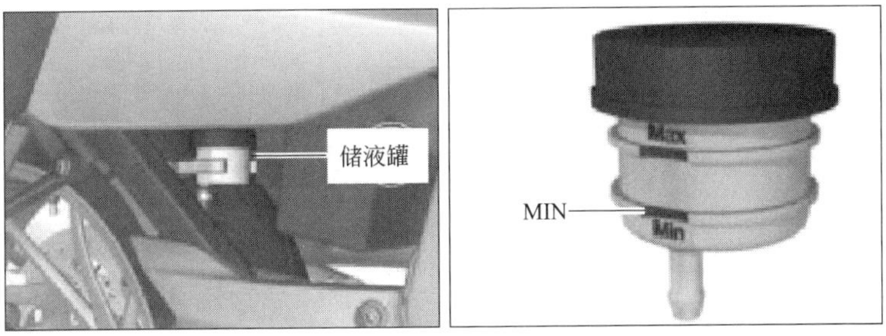

图 3-3-3　检查后制动器储液罐液位

6. 冷却液液位检查（表 3-3-6）

表 3-3-6　冷却液液位检查

步骤	操　　作
1	把摩托车在平整坚实的地面上停放好
2	使发动机冷却
3	按照图 3-3-4 所示，查看冷却液膨胀罐的液位
4	液位应位于膨胀罐 MAX 和 MIN 标记之间

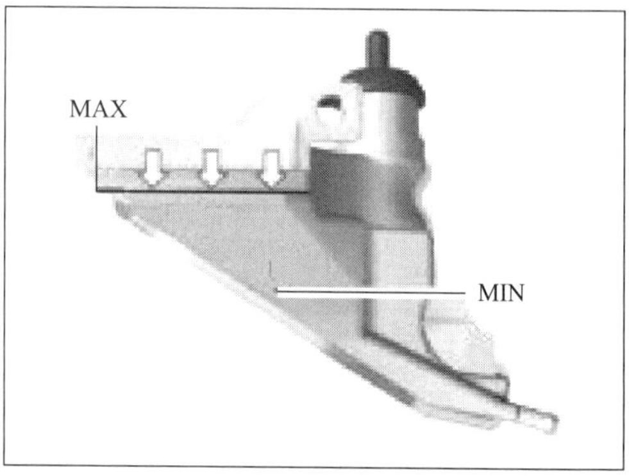

图 3-3-4　检查冷却液液位

二、制动衬块厚度检查

前制动器制动衬块厚度检查见表 3-3-7，后制动器制动衬块厚度检查见表 3-3-8。

表 3-3-7　前制动器制动衬块厚度检查

步骤	操　　作
1	把摩托车停放到平整坚实的地面上
2	按照图 3-3-5 所示，从车轮和前轮导向件之间查看前制动器制动衬块
3	前制动器制动衬块最小厚度不能低于 1mm，如果衬片已经到了磨损极限，应能看到磨损标记（图 3-3-5 中的箭头所示的凹槽）
4	如果制动衬块已到磨损极限，应及时更换

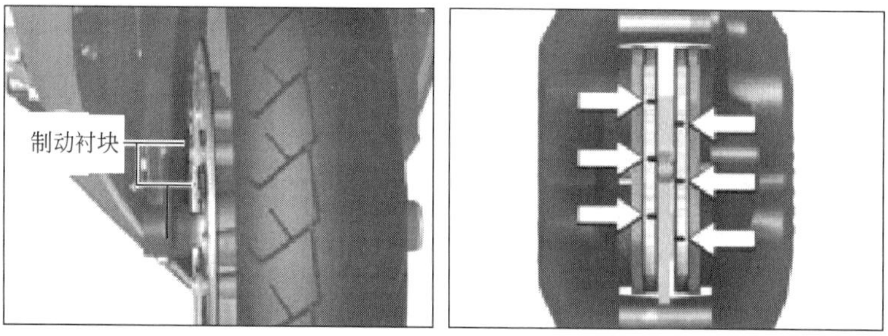

图 3-3-5　检查前制动器制动衬块

表 3-3-8　后制动器制动衬块厚度检查

步骤	操　　作
1	把摩托车停放到平整坚实的地面上
2	按照图 3-3-6 所示，查看后制动器制动衬块
3	后制动器制动衬块最小厚度不能低于 1mm（如果看到图中箭头所示的凹槽，即说明制动衬块已经低于最小厚度）
4	如果制动衬块已到磨损极限，应及时更换

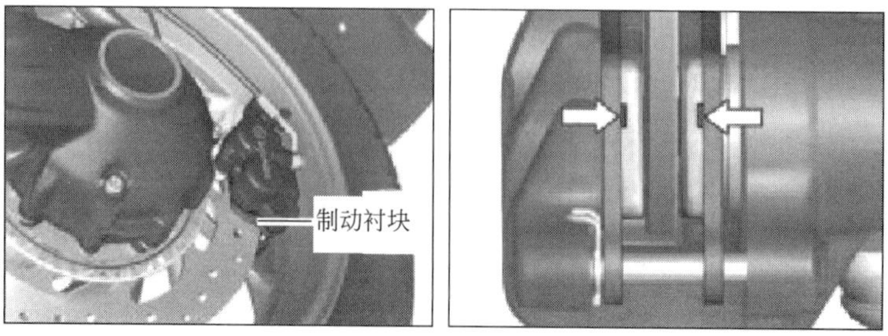

图 3-3-6　检查后制动器制动衬块

三、灯泡规格（表 3-3-9）

表 3-3-9　灯泡规格

车　　灯	规　　格
远光灯灯泡	H1(12V-55W)
近光灯灯泡	D1S/35W
驻车灯灯泡	环形光带，集成在前照灯内
尾灯/制动灯灯泡	LED
前转向灯灯泡	LED
后转向灯灯泡	LED

四、检查摩托车轮胎压力

把车停放到平整坚实的地面上，在轮胎处于冷胎时用胎压表测量前轮和后轮的轮胎压力。前轮轮胎压力和后轮轮胎压力均应为 2.9bar。如果发现压力不足，应及时对轮胎进行充气，使压力符合规范值。

五、遥控器

1. 摩托车遥控器电池更换

遥控器电池为 CR 1632 型锂电池，更换方法与第一节 R1200 RT 摩托车相同。

2. 遥控器同步化设定

与第一节 R1200 RT 摩托车相同。

3. 遥控器注册

与第一节 R1200 RT 摩托车相同。

六、火花塞型号与电极间隙

火花塞型号为 NGK LMAR8AI-8；新火花塞电极间隙为 0.8mm，磨损极限为 1.0mm。

七、熔丝说明

摩托车熔丝安装在骑手鞍座下方，关闭点火开关，拆卸骑手鞍座即可找到。熔丝布置见图 3-3-7，熔丝功能说明见表 3-3-10。

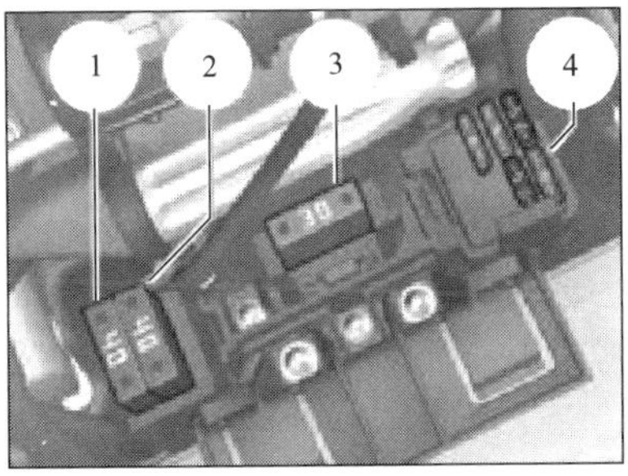

图 3-3-7　熔丝布置

表 3-3-10　熔丝功能说明

位置	功　　能	规格/A
1	车辆电子装置	40
2	车辆电子装置(配备电子悬架调节 ESA)	40
3	发动机电控部件	30
位置 4 处共布置了 8 个熔丝，说明如下		
1	未用	

续表

位置	功　　能	规格/A
2	未用	
3	未用	
4	左车把控制元件，轮胎压力监控系统，行李箱照明	4
5	未用（配备音频和导航系统的车型）	
	音频系统（不配备导航系统的车型）	7.5
6	前照灯随动照明距离调节	4
7	主继电器、组合仪表、点火开关	4
8	未用（配备防盗报警 DWA 系统的车型）	
	中控锁（不配备防盗报警 DWA 系统的车型）	7.5

八、摩托车风挡高度调节

与第一节 R1200 RT 摩托车相同。

九、摩托车驾驶员鞍座高度调节

与第一节 R1200 RT 摩托车相同。

十、后轮减振器减振调节（图 3-3-8）

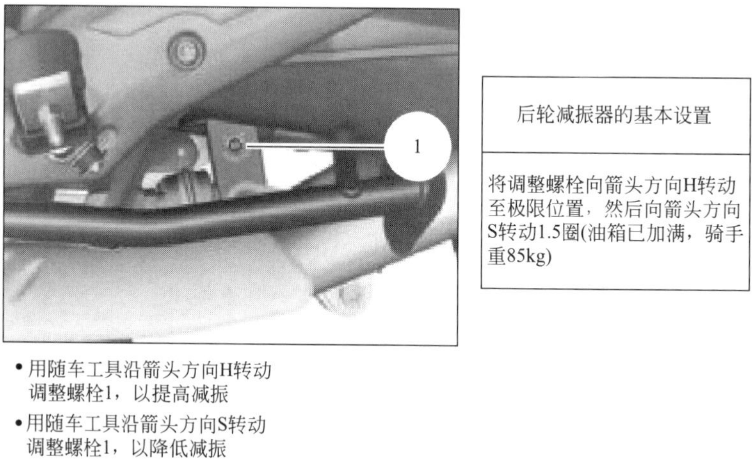

图 3-3-8　后轮减振器减振调节

十一、离合器手柄与摩托车方向把握柄之间的距离调节

按照图 3-3-9 所示，转动离合器手柄上的调节旋钮即可将离合器手柄与摩托车把手之间的距离调节到合适的位置。

十二、前制动器杆与摩托车方向把握柄之间的距离调节

按照图 3-3-10 所示，转动调节旋钮即可调节前制动器杆与摩托车方向把握柄之间的距离。

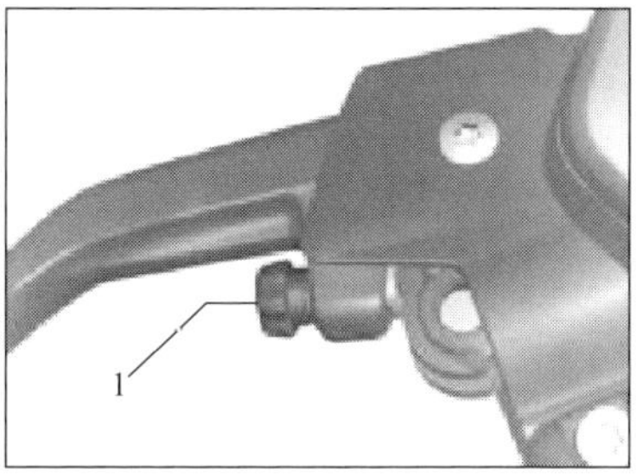

- 顺时针转动调整螺钉1，即可增大离合器操纵手柄和方向把握柄之间的距离
- 逆时针转动调整螺钉1，即可减小离合器操纵手柄和方向把握柄之间的距离

图 3-3-9 离合器手柄与摩托车方向把握柄之间的距离调节

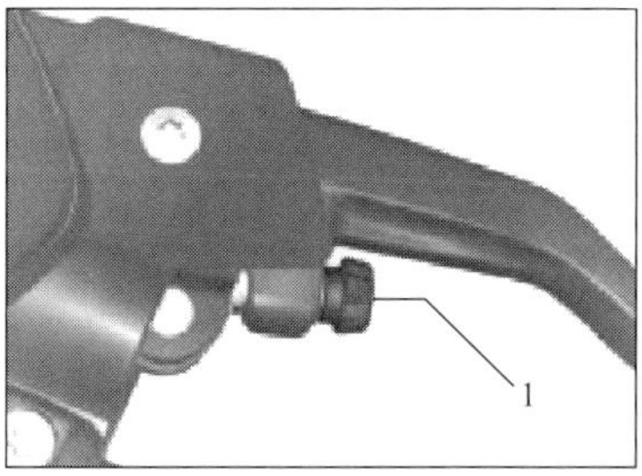

- 顺时针转动调整螺钉1，即可增大手制动杆和方向把握柄之间的距离
- 逆时针转动调整螺钉1，即可减小手制动杆和方向把握柄之间的距离

图 3-3-10 调节旋钮识别

十三、后轮弹簧预紧力调节

后轮弹簧预紧力要与摩托车载荷（单人驾驶或双人骑乘）相匹配。载荷重时，应调高后轮弹簧预紧力；载荷轻时，应调低后轮弹簧预紧力。调节时可将摩托车停放到平整坚实的地面上，然后按照图 3-3-11 所示进行调节。

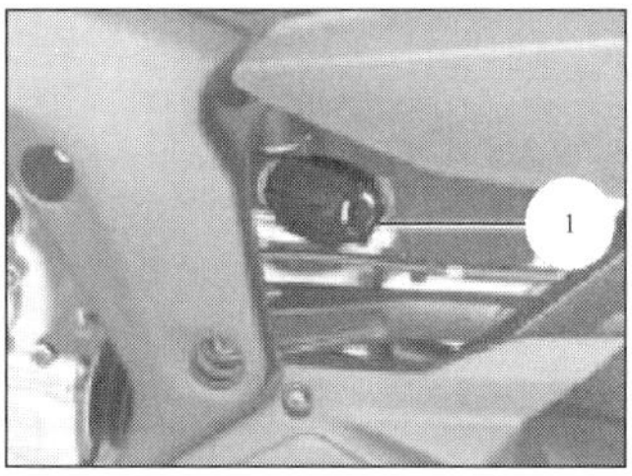

后部弹簧预紧力的基本设置
将调节轮向箭头方向LOW转动至极限位置(油箱已加满，骑手重85kg)

- 沿箭头方向HIGH旋转调节轮，提高弹簧预紧力
- 沿箭头方向LOW旋转调节轮，减小弹簧预紧力

图 3-3-11 后轮弹簧预紧力调节

第四节 BMW F800 R 摩托车（2014 年款）

一、油品

1. 油品规格（表 3-4-1）

表 3-4-1 油品规格

油品	规格	用量
发动机机油	BMW Motorrad High Performance 发动机机油 黏度：SAE 15W-50/API SL/JASO MA2	更换发动机机油(包含机油滤清器)：3L

续表

油品	规格	用量
制动液	DOT4 制动液	
镀铬部件养护剂	不含酸性物质的凡士林	

2. 检查发动机机油油位（表 3-4-2）

表 3-4-2 检查发动机机油油位

步骤	操作
1	启动发动机并怠速运行，直至冷却风扇启动
2	使发动机继续怠速运行 1min
3	关闭发动机
4	让另外一位维修技师配合，把摩托车扶正，如果摩托车配备主支架，也可把摩托车支在主支架上，确认地面平整坚实
5	按照图 3-4-1 所示，抽出机油尺（图 3-4-1 中的 1），用干布擦拭干净后重新插入机油加注口中，但不要拧入机油尺
6	再次抽出机油尺，查看机油油位，应处于机油尺 MAX 和 MIN 标记之间

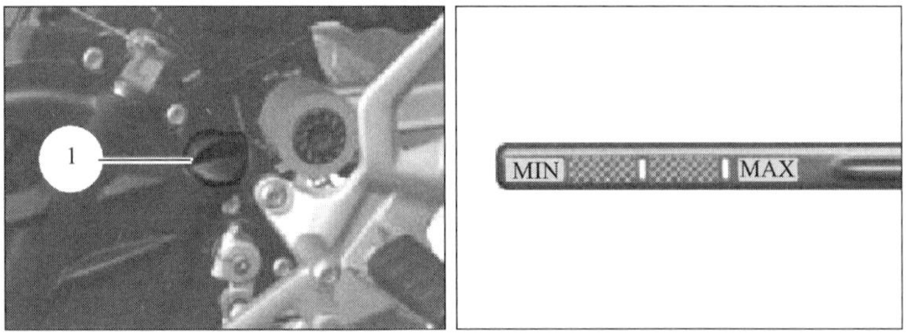

图 3-4-1 检查发动机机油油位

3. 发动机机油添加（表 3-4-3）

表 3-4-3 发动机机油添加

步骤	操作
1	把摩托车支在主支架上，确认地面平整坚实
2	用布把机油加注口附近的区域擦拭干净
3	按照图 3-4-1 所示，抽出发动机机油尺
4	添加发动机机油到合适的油位高度
5	将油尺重新装好

4. 前制动器制动液液位检查（表 3-4-4）

表 3-4-4 前制动器制动液液位检查

步骤	操作
1	在平坦坚实的地面上把摩托车支在主支架上（如果摩托车没有配备主支架，则将摩托车扶正）
2	把摩托车车把保持正直朝前
3	按照图 3-4-2 所示，查看前制动器储液罐（图 3-4-2 中的 1）中的制动液液位高度
4	液位高度应高于储液罐上的 MIN 刻度

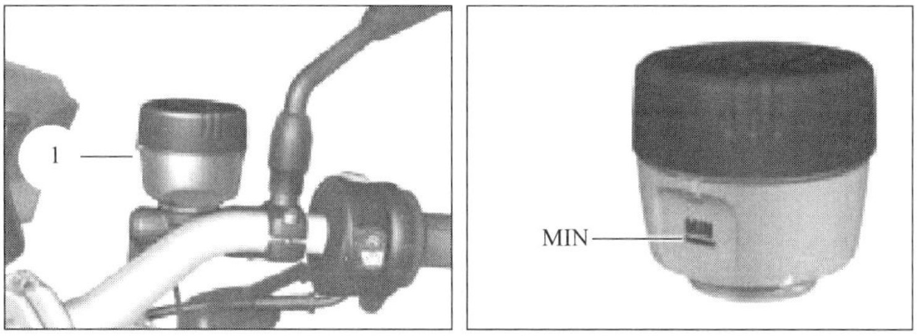

图 3-4-2　检查前制动器储液罐液位

5. 后制动器制动液液位检查（表 3-4-5）

表 3-4-5　后制动器制动液液位检查

步骤	操　　作
1	把摩托车支在主支架上，确认地面平整坚实
2	把摩托车车把保持正直朝前
3	按照图 3-4-3 所示，查看后制动器储液罐（图 3-4-3 中的 1）中的制动液液位高度
4	液位高度应高于储液罐上的 MIN 刻度

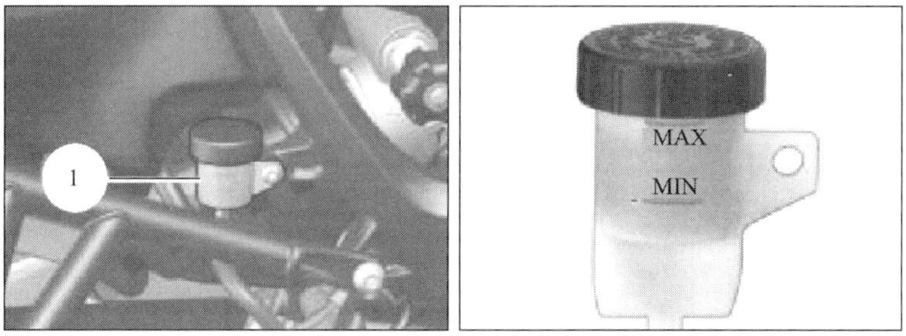

图 3-4-3　检查后制动器储液罐液位

6. 冷却液液位检查（表 3-4-6）

表 3-4-6　冷却液液位检查

步骤	操　　作
1	把摩托车在平整坚实的地面上停放好
2	使发动机冷却
3	按照图 3-4-4 所示，查看冷却液膨胀罐（图 3-4-4 中的 1）的液位
4	液位应位于膨胀罐 MAX 和 MIN 标记之间

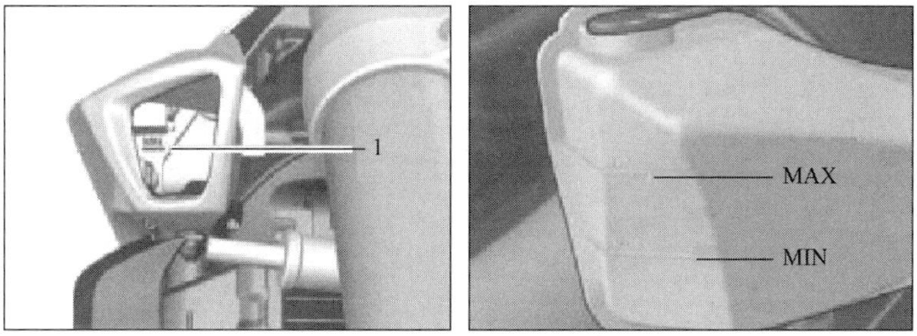

图 3-4-4　检查冷却液液位

7. 添加冷却液（图 3-4-5）

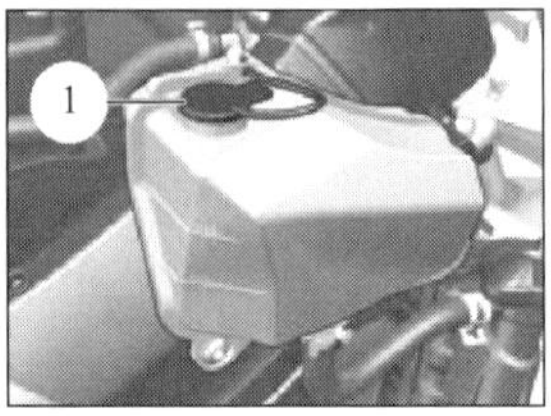

- 拆卸右侧侧面饰板
- 打开热膨胀平衡罐的端盖1
- 添加冷却液到标准液位
- 关闭热膨胀平衡罐的端盖
- 安装右侧侧饰板

图 3-4-5　冷却液添加操作方法

二、制动衬块厚度检查

前制动器制动衬块厚度检查见表 3-4-7，后制动器制动衬块厚度检查见表 3-4-8。

表 3-4-7　前制动器制动衬块厚度检查

步骤	操　　作
1	把摩托车停放到平整坚实的地面上
2	按照图 3-4-6 所示，从车轮和前轮导向件之间查看前制动器制动衬块（图 3-4-6 中的 1）
3	前制动器制动衬块最小厚度不能低于 1mm，如果衬片已经到了磨损极限，应能看到磨损标记（图 3-4-6 中箭头所示的凹槽）
4	如果制动衬块已到磨损极限，应及时更换

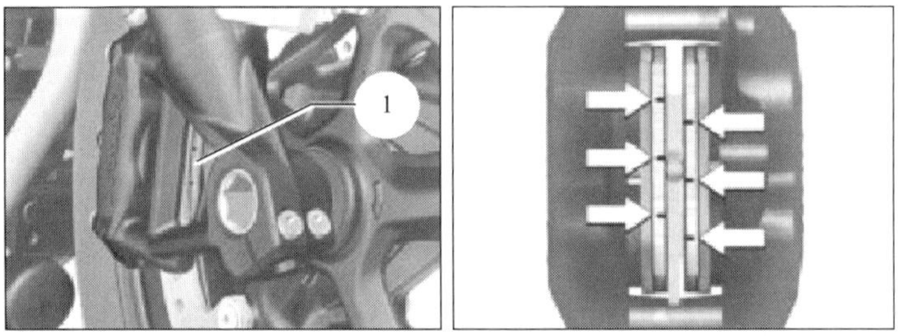

图 3-4-6　检查前制动器制动衬块

表 3-4-8　后制动器制动衬块厚度检查

步骤	操　　作
1	把摩托车停放到平整坚实的地面上
2	按照图 3-4-7 所示，查看后制动器制动衬块
3	后制动器制动衬块最小厚度（图中箭头所示）不能低于 1mm
4	如果制动衬块已到磨损极限，应及时更换

图 3-4-7　检查后制动器制动衬块

三、车灯

1. 灯泡规格（表 3-4-9）

表 3-4-9　灯泡规格

车　　灯	规　　格
远光灯灯泡	H7(12V-55W)
近光灯灯泡	H7(12V-55W)
驻车灯灯泡	W5W(12V-5W)
前转向灯灯泡	RY10W(12V-10W)
后转向灯灯泡	RY10W(12V-10W)

2. 更换近光灯灯泡和远光灯灯泡

把摩托车停放到平整坚实的地面上，关闭点火开关，按照图 3-4-8 所示更换近光灯灯泡和远光灯灯泡。

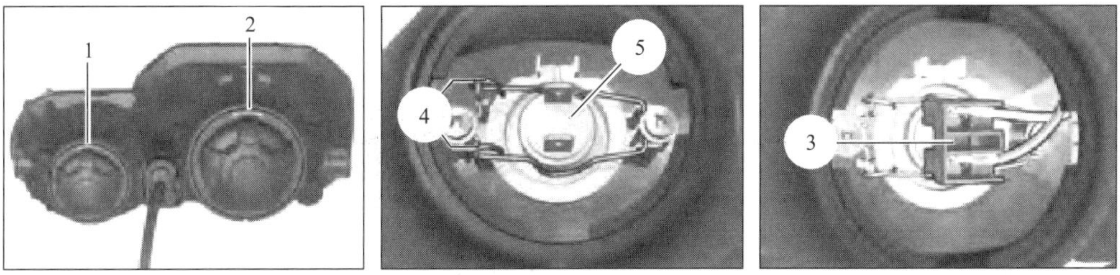

• 拆下远光灯盖板1或近光灯盖板2

• 将弹簧夹4从锁定接口中松开并翻转到一边
• 取出灯泡5

• 连接插头连接3

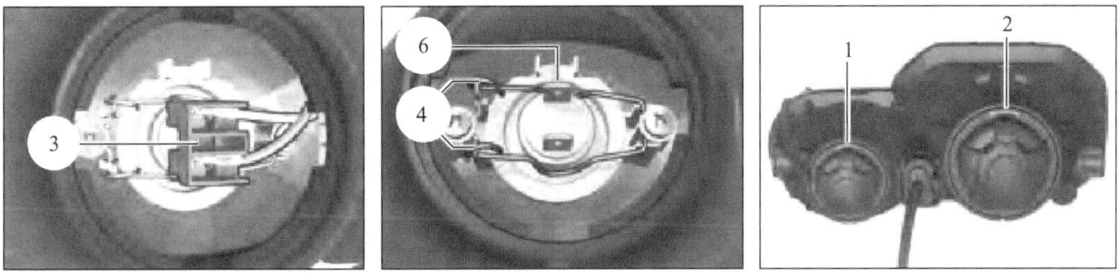

• 打开插头连接3

• 装入灯泡，同时注意在位置6处正确对准
• 闭合弹簧夹4并锁紧

• 安装盖板1或盖板2

图 3-4-8　更换近光灯和远光灯灯泡

3. 驻车灯灯泡更换

把摩托车停放到平整坚实的地面上，关闭点火开关，按照图 3-4-9 所示更换驻车灯灯泡。

4. 转向灯灯泡更换

把摩托车停放到平整坚实的地面上，关闭点火开关，按照图 3-4-10 所示更换灯灯泡。

•拆下盖板1

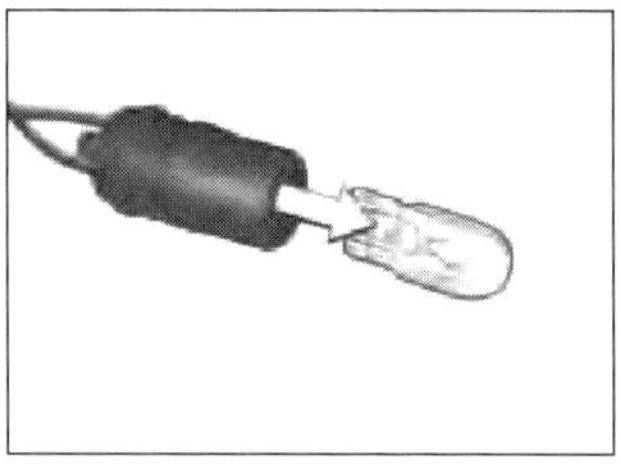

•将灯泡从灯座中拉出
•更换损坏的灯泡

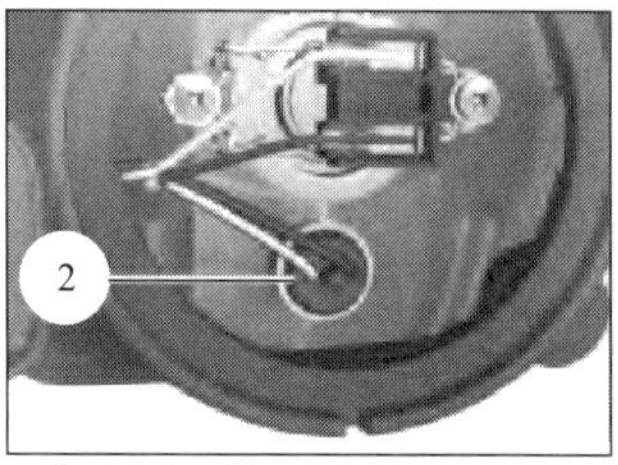

•将驻车灯2装入灯罩中

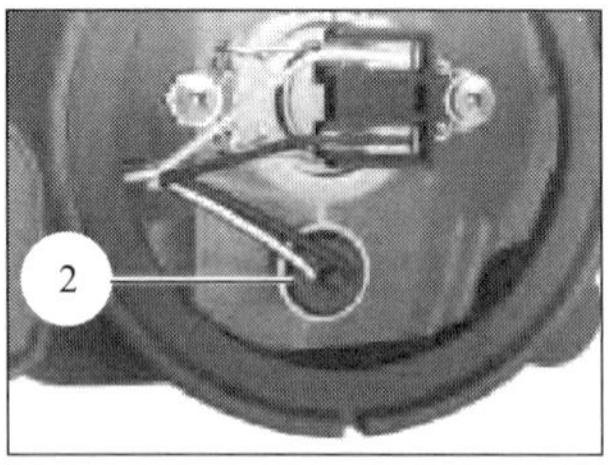

•将驻车灯灯泡2从灯罩中拉出

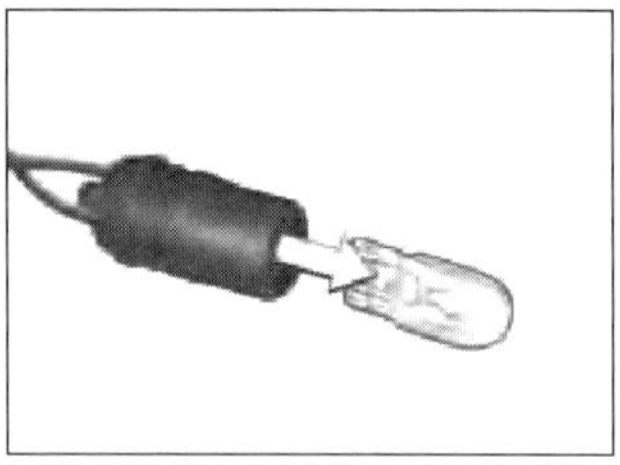

•将灯泡压入灯座中

•安装盖板1

图 3-4-9　更换驻车灯灯泡

•拆下螺栓1

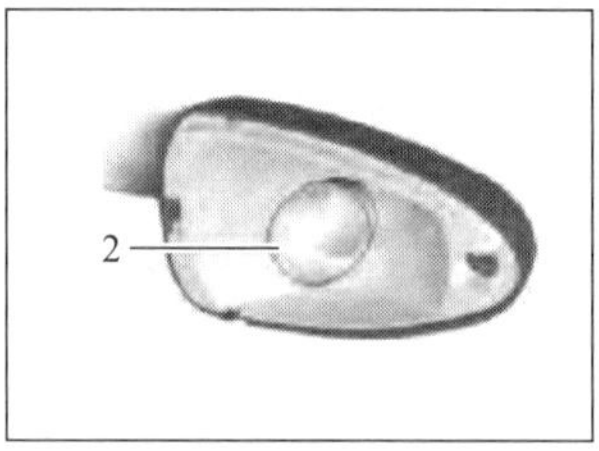

•将灯泡2通过逆时针转动从灯罩中拆下
•更换损坏的灯泡

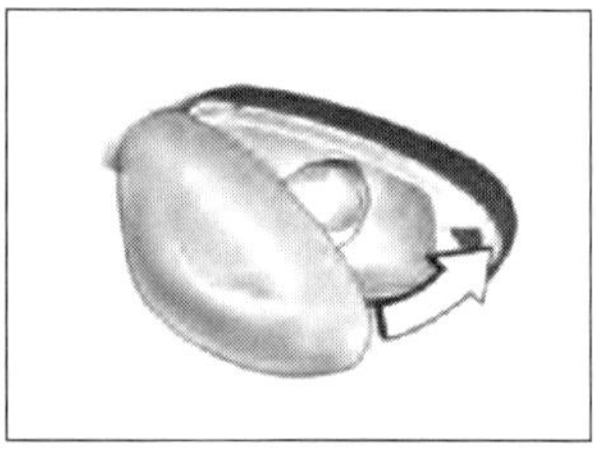

•将配光镜从车的侧面装入灯罩中并锁紧

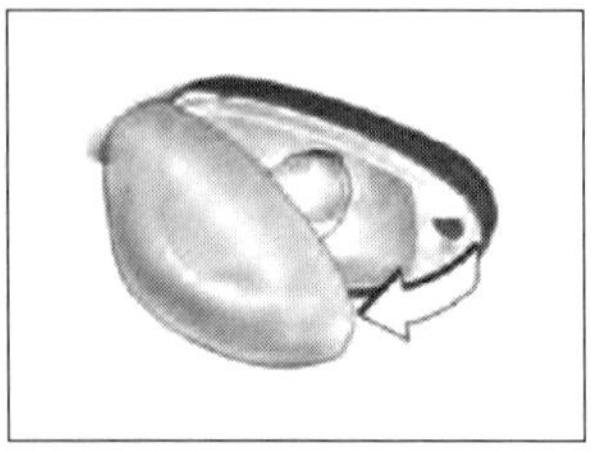

•将配光镜在螺栓连接侧从灯罩中拉出

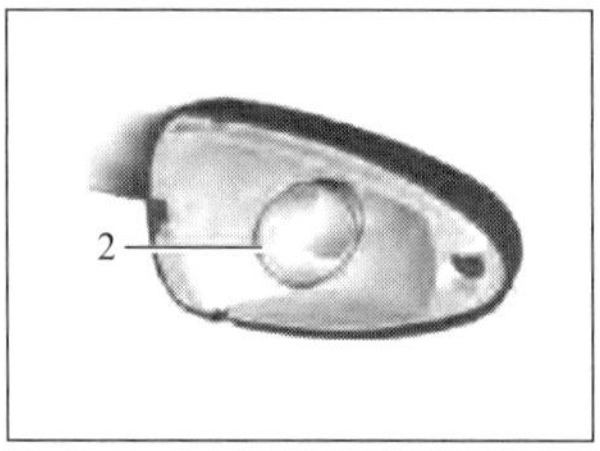

•将转向信号灯灯泡2通过顺时针转动装入灯罩中

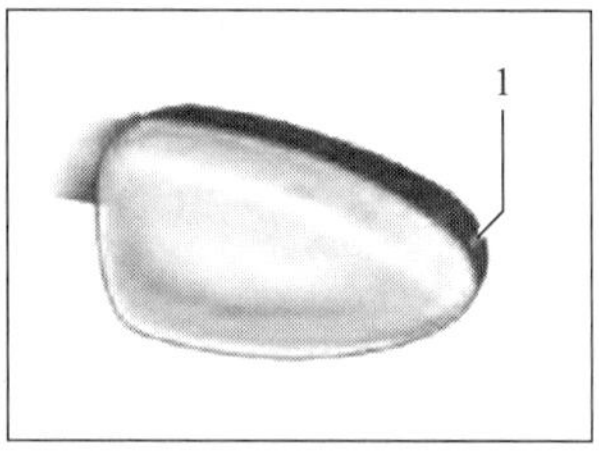

•安装螺栓1

图 3-4-10　转向灯灯泡更换

四、检查摩托车轮胎压力

把车停放到平整坚实的地面上，在轮胎处于冷胎时用胎压表测量前轮和后轮的轮胎压力。前轮轮胎压力应为 2.5bar，后轮轮胎压力应为 2.9bar。如果发现压力不足，应及时对轮胎进行充气，使压力符合规范值。

五、火花塞型号与电极间隙

F800 R 摩托车的火花塞型号为 NGK DCPR8E；火花塞电极间隙为 0.8～0.9mm。

六、传动链检查

1. 传动链润滑

摩托车每行驶 1000km 要用宝马摩托车专用链条润滑剂润滑传动链。进行润滑时要关闭点火开关，摩托车变速器挡位设置到 N 挡，先把传动链上的脏污清理干净，然后涂覆润滑剂。涂覆完毕后，将链条上多余的润滑剂擦拭干净。

2. 检查传动链下垂幅度（图 3-4-11）

- 停放好摩托车，同时注意地面是否平整坚实
- 旋转后轮，直至达到链下垂最小的位置

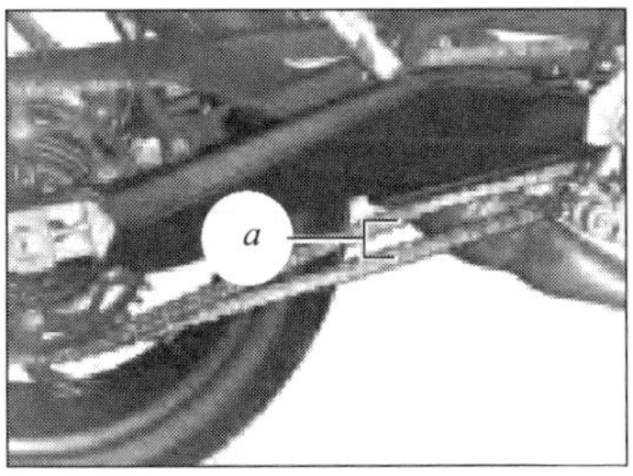

- 利用一把螺丝刀向上和向下按压链条，并测量偏差*a*

链条下垂规范值
30～40mm(车辆未加载支在侧面支架上)

图 3-4-11　检查传动链下垂幅度

3. 链条下垂幅度调节

如果测量时发现传动链链条下垂幅度不符合规范，应将摩托车停放到平整坚实的地面上，按照图 3-4-12 所示执行调节，使其符合规范。

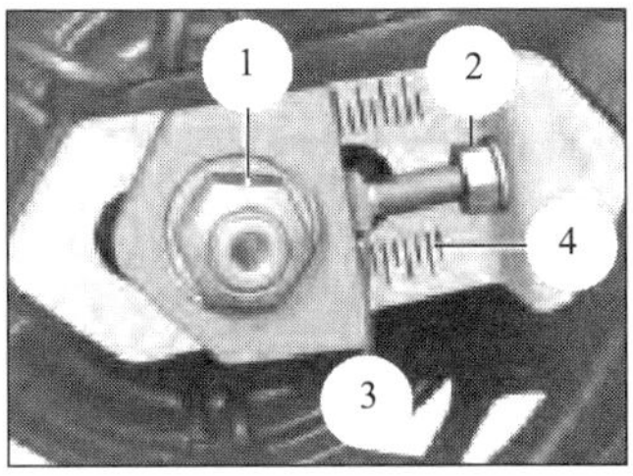

- 松开半轴螺母1
- 松开左侧和右侧防松螺母2
- 通过左侧和右侧调整螺钉3调整链下垂
- 检查链下垂
- 注意，在左侧和右侧要调整相同的刻度值4
- 将左侧和右侧防松螺母2紧固至19N·m
- 将半轴螺母1紧固至100N·m

图 3-4-12　调节链条下垂幅度

4. 测量传动链链条磨损

按照图 3-4-13 所示，测量链条磨损；如果链条最大允许长度超过规范，应及时更换链条。

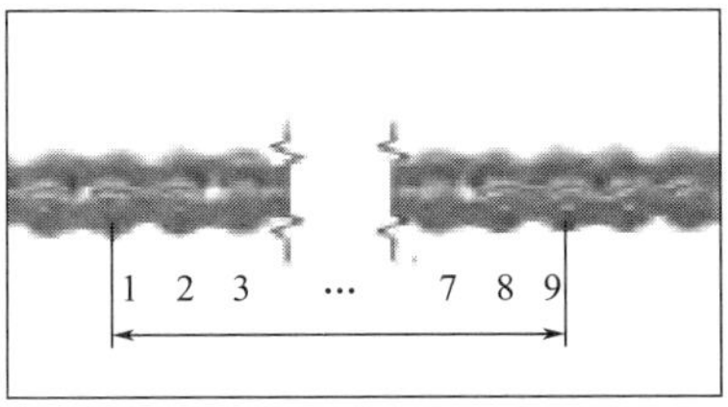

- 停放好摩托车，同时注意地面是否平整坚实
- 挂入第1挡
- 按行驶方向旋转后轮，直到链条张紧为止
- 测量后轮平衡杆下方9个铆钉上的链条长度

允许的链条长度
最大144.30mm(在9个铆钉上测得，链条拉紧)

图 3-4-13　测量传动链链条磨损

七、部件调节

1. 离合器手柄与摩托车方向把握柄之间的距离调节（图 3-4-14）

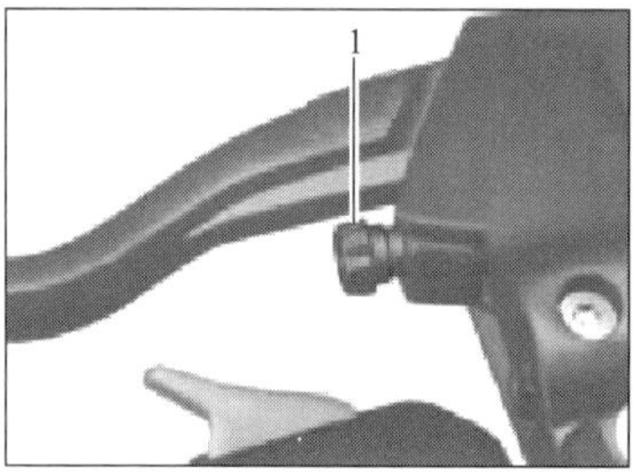

- 顺时针转动调整螺钉1，即可增大离合器操纵手柄和方向把握柄之间的距离
- 逆时针转动调整螺钉1，即可减小离合器操纵手柄和方向把握柄之间的距离

图 3-4-14 调节离合器手柄与摩托车方向把握柄之间的距离

2. 前制动器杆与摩托车方向把握柄之间的距离调节（图 3-4-15）

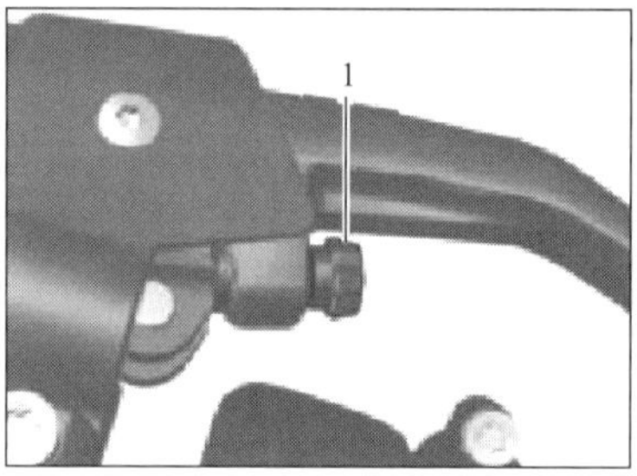

- 顺时针转动调整螺钉1，即可增大手制动杆和方向把握柄之间的距离
- 逆时针转动调整螺钉1，即可减小手制动杆和方向把握柄之间的距离

图 3-4-15 调节前制动器杆与摩托车方向把握柄之间的距离

3. 后轮弹簧预紧力调节（图 3-4-16）

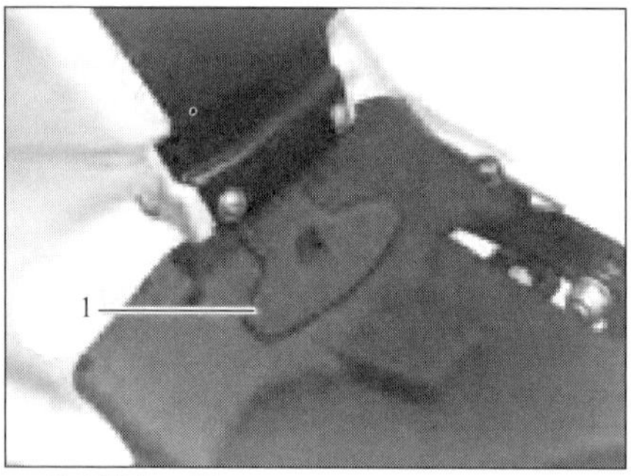

- 取出随车工具1

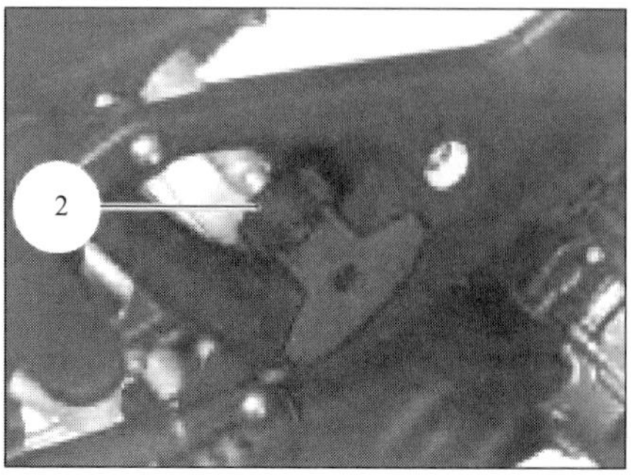

- 如果提高弹簧预紧力，则利用随车工具顺时针转动旋轮2
- 如果降低弹簧预紧力，则利用随车工具逆时针转动旋轮2

后部弹簧预紧力的基本设置
将调整螺钉逆时针转至极限位置，然后反向转动共12响咔嚓声(油箱已加满，骑手重85kg)

- 重新装入随车工具
- 安装鞍座

图 3-4-16 后轮弹簧预紧力调节

4. 调节后轮减振器（图 3-4-17）

后轮减振器的基本设置
将调整螺钉顺时针转至极限位置，然后反向转动3/4圈(油箱已加满，骑手重85kg)

- 如果提高减振，则顺时针转动调整螺钉1
- 如果降低减振，则逆时针转动调整螺钉1

图 3-4-17　调节后轮减振器

八、显示屏警示符号含义（图 3-4-18）

警告灯和指示灯	显示屏上的警告符号	含义
呈黄色亮起	+“EWS”显示	EWS电子禁启动防盗装置进入工作状态
亮起		燃油油量不足
呈红色亮起	闪烁	冷却液温度过高
呈黄色亮起	显示	发动机处于紧急运行模式
闪烁		发动机机油压力不足
呈黄色亮起	+“LAMP”显示	灯泡损坏
	“×.×℃”闪烁	结冰警告
呈黄色亮起	+“DWA”显示	DWA防盗报警装置的蓄电池电量耗尽
闪烁		ABS自诊断尚未结束
亮起		ABS防抱死系统故障
呈黄色亮起	+“×.×”闪烁	轮胎充气压力在允许公差的极限区域内
呈红色闪烁	+“×.×”闪烁	轮胎充气压力在允许公差范围外
	+“--”或“-- --”显示	传输故障
呈黄色亮起	+“--”或“-- --”显示	传感器损坏或系统故障
呈黄色亮起	+“RdC”显示	轮胎充气压力传感器的蓄电池电量低

图 3-4-18　警示符号含义

第五节 BMW C650 GT 摩托车(2014 年款)

一、油品

1. 油品规格(表 3-5-1)

表 3-5-1 油品规格

油品	规格	用量
发动机机油	BMW Motorrad High Performance 发动机机油 黏度:SAE 15W-50/API SL/JASO MA2	更换发动机机油(包含机油滤清器):3.1L
制动液	DOT4 制动液	
镀铬部件养护剂	不含酸性物质的凡士林	

2. 检查发动机机油油位(表 3-5-2)

表 3-5-2 检查发动机机油油位

步骤	操作
1	长途行车后检查机油油位
2	将已暖机的摩托车用主支架支好,使发动机怠速运行 1min
3	关闭点火开关
4	按照图 3-5-1 所示,拆下踏板支撑件和盖板
5	把机油加注口盖的区域擦拭干净
6	按照图 3-5-2 所示,抽出机油尺,用干布擦拭干净后重新插入机油加注口中,但不要拧入机油尺
7	再次抽出机油尺,查看机油油位,应处于机油尺 MAX 和 MIN 标记之间
8	把机油尺重新装好,将踏板支撑件和盖板安装好

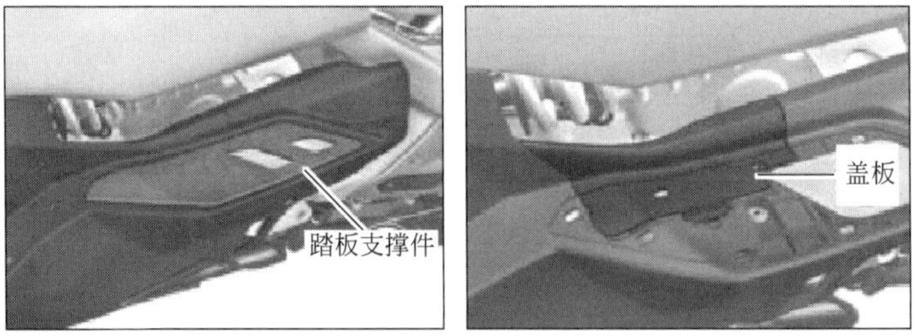

图 3-5-1 踏板支撑件和盖板识别

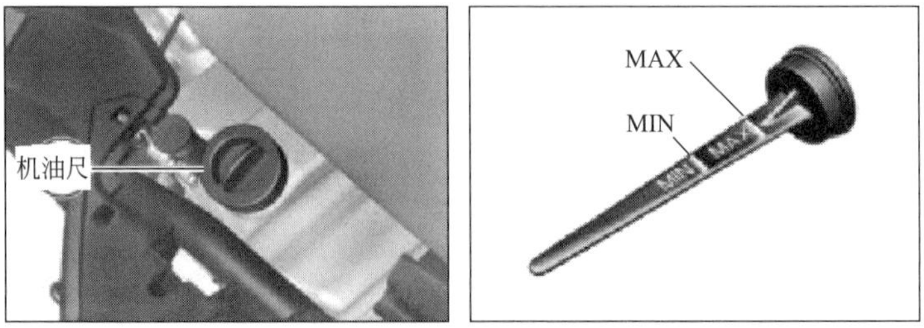

图 3-5-2 检查发动机机油油位

3. 发动机机油添加（表 3-5-3）

表 3-5-3　发动机机油添加

步骤	操　　作
1	把摩托车支在主支架上，确认地面平整坚实
2	按照图 3-5-1 所示，拆下踏板支撑件和盖板
3	把机油加注口盖的区域擦拭干净
4	按照图 3-5-2 所示，抽出机油油尺，添加发动机机油至合适的液位
5	把机油尺重新装好，将踏板支撑件和盖板安装好

4. 前制动器制动液液位检查（表 3-5-4）

表 3-5-4　前制动器制动液液位检查

步骤	操　　作
1	在平坦坚实的地面上把摩托车支在主支架上
2	把摩托车车把保持正直朝前
3	按照图 3-5-3 所示，查看前制动器储液罐(摩托车车身右侧)中的制动液液位高度
4	液位高度应高于储液罐上的 MIN 刻度

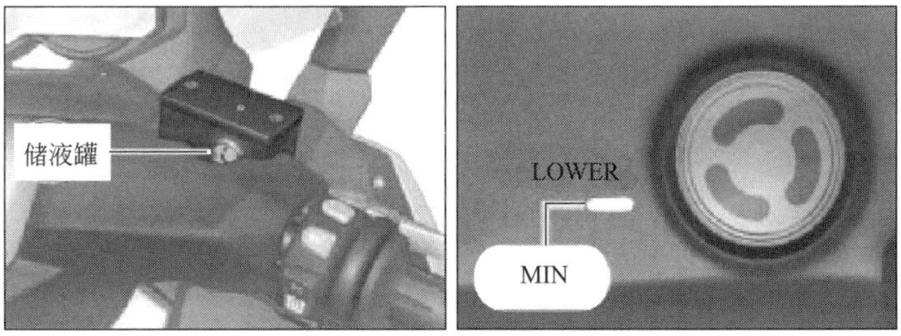

图 3-5-3　检查前制动器储液罐液位

5. 后制动器制动液液位检查（表 3-5-5）

表 3-5-5　后制动器制动液液位检查

步骤	操　　作
1	把摩托车支在主支架上，确认地面平整坚实
2	把摩托车车把保持正直朝前
3	按照图 3-5-4 所示，查看后制动器储液罐(摩托车车身左侧)中的制动液液位高度
4	液位高度应高于储液罐上的 MIN 刻度

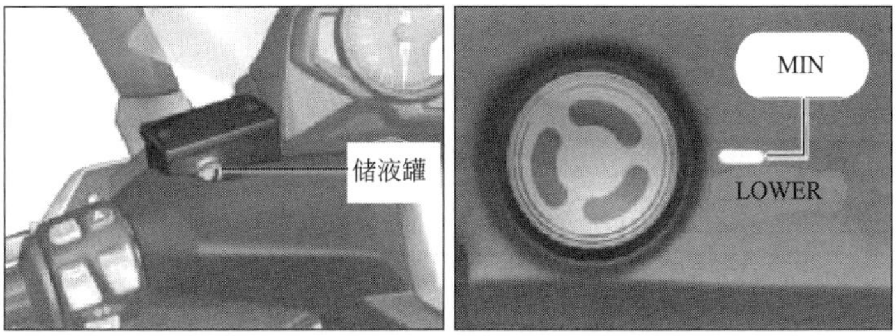

图 3-5-4　检查后制动器储液罐液位

6. 冷却液液位检查（表 3-5-6）

表 3-5-6　冷却液液位检查

步骤	操　作
1	把摩托车在平整坚实的地面上停放好
2	使发动机冷却
3	按照图 3-5-5 所示，通过位于右侧踏板下方的开口(图 3-5-5 中的 1)的液位来查看冷却液膨胀罐液位
4	液位应位于膨胀罐 MAX 和 MIN 标记之间

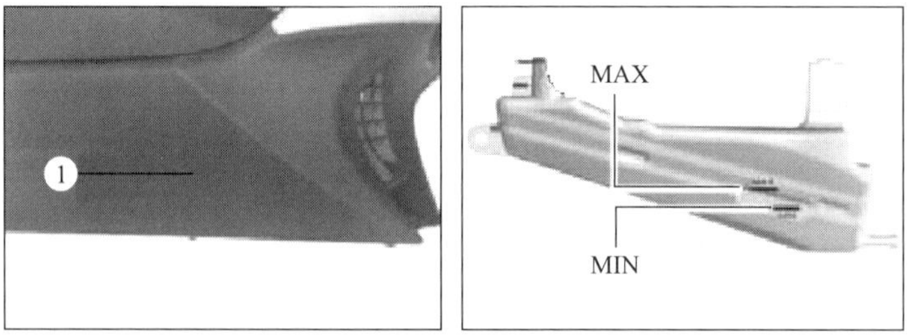

图 3-5-5　检查冷却液液位

7. 添加冷却液（图 3-5-6）

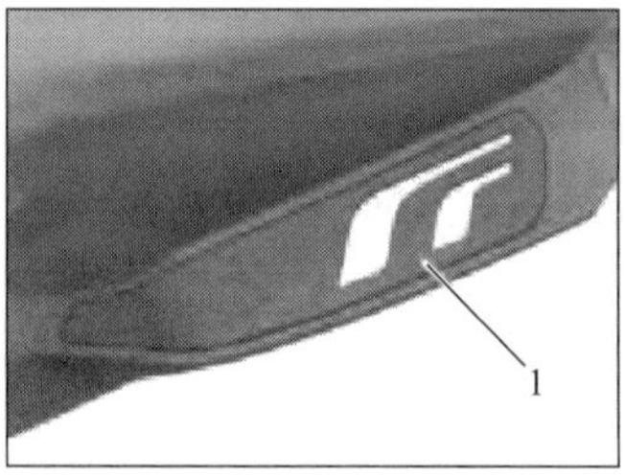

• 取下踏板支撑件1

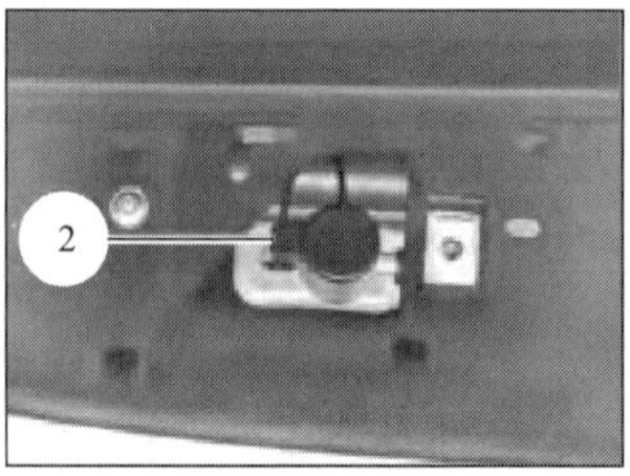

• 打开冷却液热膨胀平衡罐的端盖2，然后添加冷却液至标准液位
• 检查冷却液液位
• 关闭冷却液热膨胀平衡罐的端盖

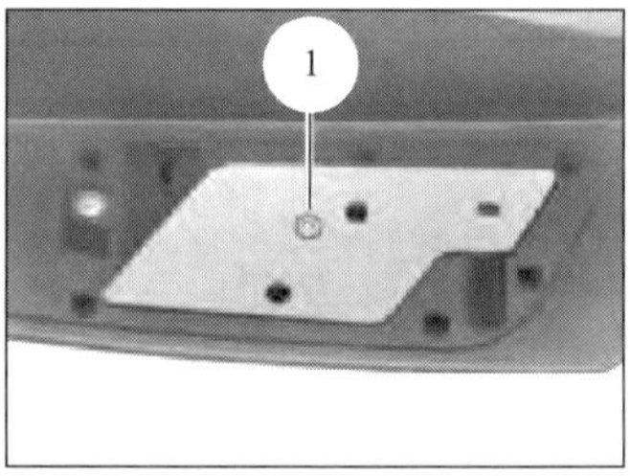

• 安放盖板，然后安装螺栓1

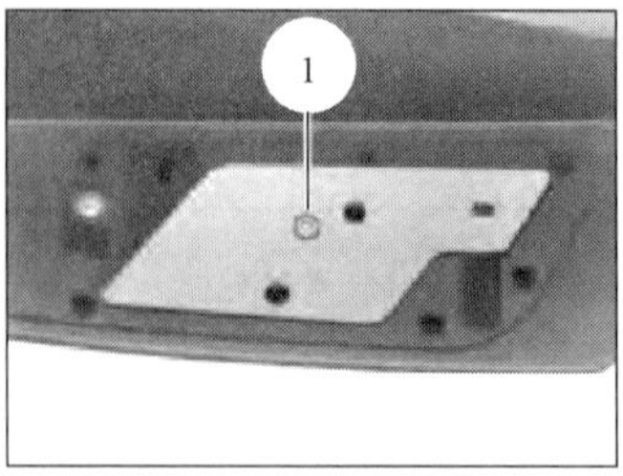

• 拆下螺栓1，然后取下盖板

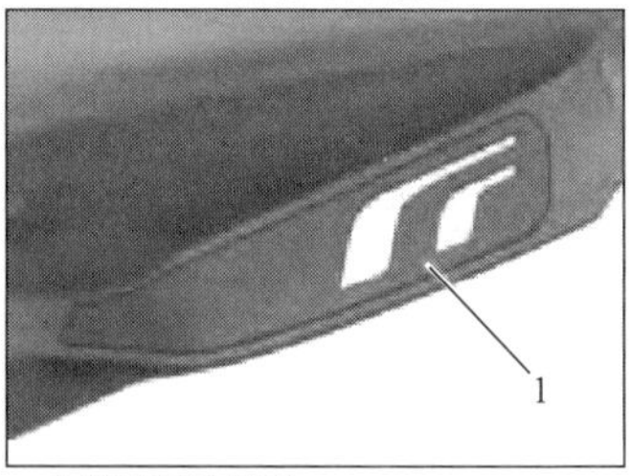

• 安装踏板支撑件1

图 3-5-6　冷却液添加操作方法

二、制动衬块厚度检查

前制动器制动衬块厚度检查见表 3-5-7，后制动器制动衬块厚度检查见表 3-5-8；驻车制动器制动衬块厚度检查见表 3-5-9。

表 3-5-7　前制动器制动衬块厚度检查

步骤	操　作
1	把摩托车停放到平整坚实的地面上

续表

步骤	操　　作
2	按照图 3-5-6 所示，从车轮和前轮导向件之间查看前制动器（图 3-5-7 中的 1）制动衬块
3	前制动器制动衬块最小厚度不能低于 1mm，如果衬片已经到了磨损极限，应能看到磨损标记（图 3-5-7 中箭头所示的凹槽）
4	如果制动衬块已到磨损极限，应及时更换

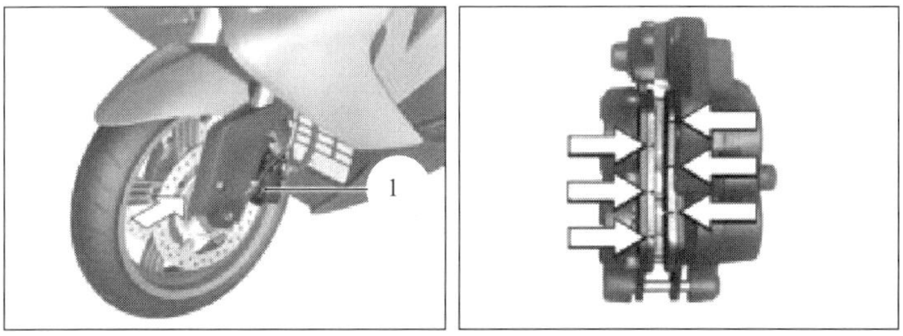

图 3-5-7　检查前制动器制动衬块

表 3-5-8　后制动器制动衬块厚度检查

步骤	操　　作
1	把摩托车停放到平整坚实的地面上
2	按照图 3-5-8 所示，查看后制动器（图 3-5-8 中的 1）制动衬块
3	后制动器制动衬块最小厚度（图中箭头所示）不能低于 1mm
4	如果制动衬块已到磨损极限，应及时更换

图 3-5-8　检查后制动器制动衬块

表 3-5-9　驻车制动器制动衬块厚度检查

步骤	操　　作
1	把摩托车停放到平整坚实的地面上
2	按照图 3-5-9 所示，查看驻车制动器（图 3-5-9 中的 1）制动衬块
3	驻车制动器制动衬块最小厚度（图中箭头所示）不能低于 1mm
4	如果制动衬块已到磨损极限，应及时更换

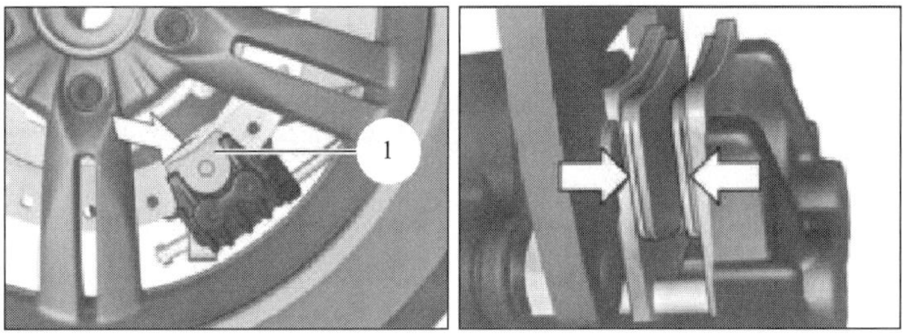

图 3-5-9　检查驻车制动器制动衬块厚度

三、车灯

1. 灯泡规格（表 3-5-10）

表 3-5-10　灯泡规格

车　　灯	规　　格
远光灯灯泡	H7(12V-55W)
近光灯灯泡	H7(12V-55W)
驻车灯灯泡	LED
前转向灯灯泡	LED
后转向灯灯泡	LED
牌照灯灯泡	W5W(12V-5W)
尾灯/制动灯灯泡	LED/PR(12V-21W)

2. 更换近光灯灯泡和远光灯灯泡

把摩托车停放到平整坚实的地面上，关闭点火开关，按照图 3-5-10 所示更换近光灯和远光灯灯泡。

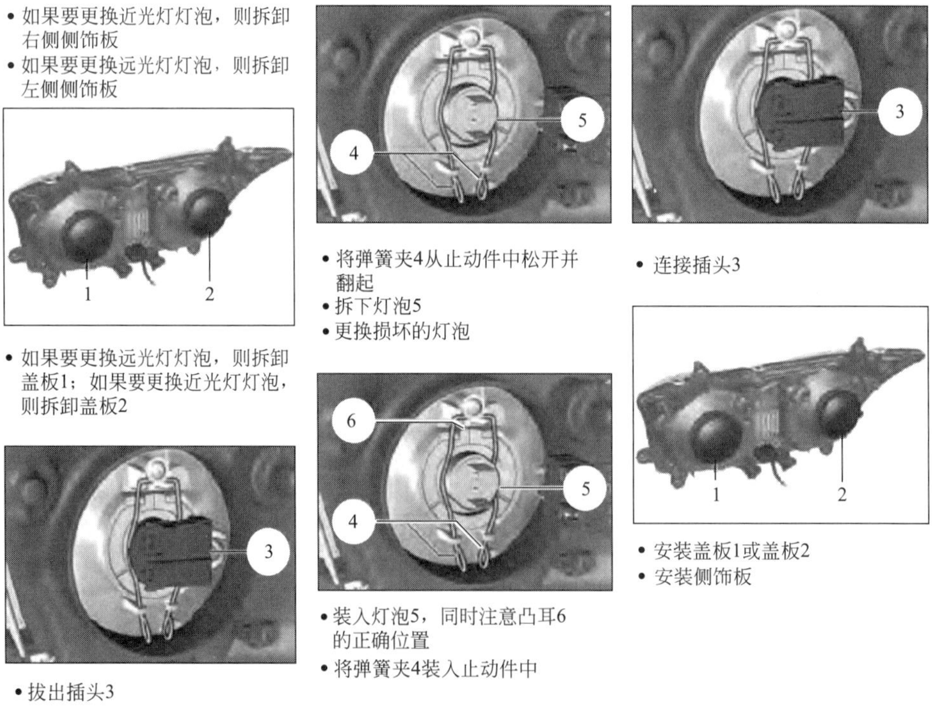

图 3-5-10　更换近光灯和远光灯灯泡

3. 牌照灯灯泡更换

在平整坚实的地面上把摩托车用主支架支好；关闭点火开关，按照图 3-5-11 所示，更换牌照灯灯泡。

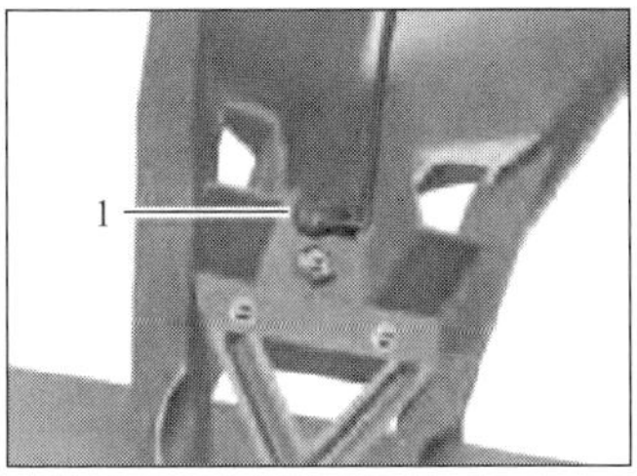

• 将灯座1从灯罩中拉出

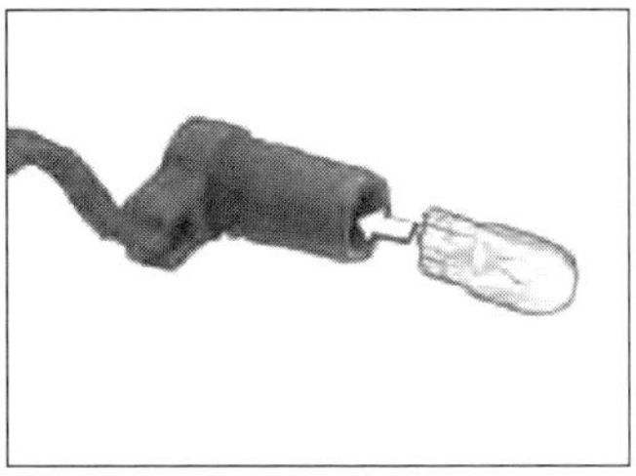

• 将灯泡装入灯座

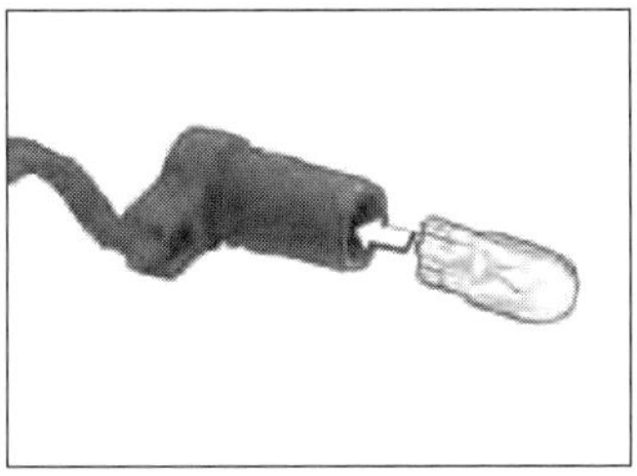

• 将灯泡从灯座中拉出
• 更换损坏的灯泡

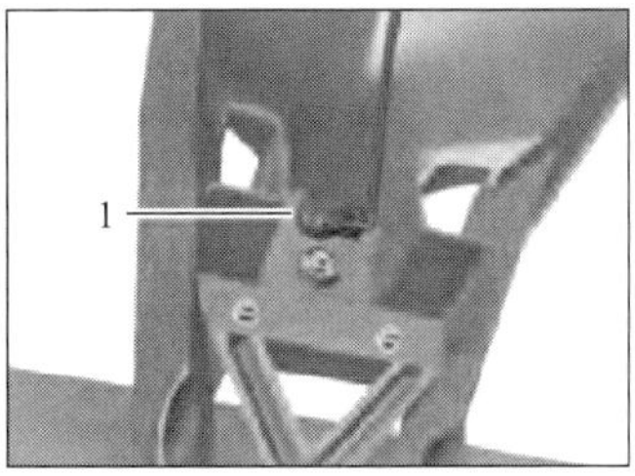

• 将灯泡1装入灯罩中

图 3-5-11　更换牌照灯灯泡

4. 更换制动灯灯泡（图 3-5-12）

• 打开鞍座

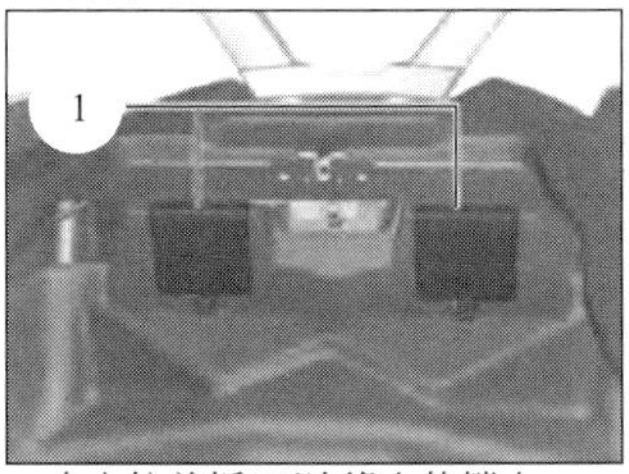

• 向上拉盖板1下边缘上的锁止件，取下盖板

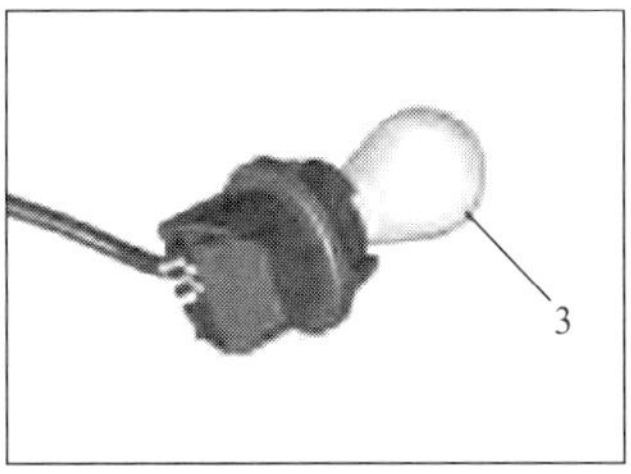

• 通过逆时针旋转将制动信号灯灯泡3从灯座中拆下
• 更换损坏的灯泡
• 通过顺时针旋转将灯泡3装入灯座中

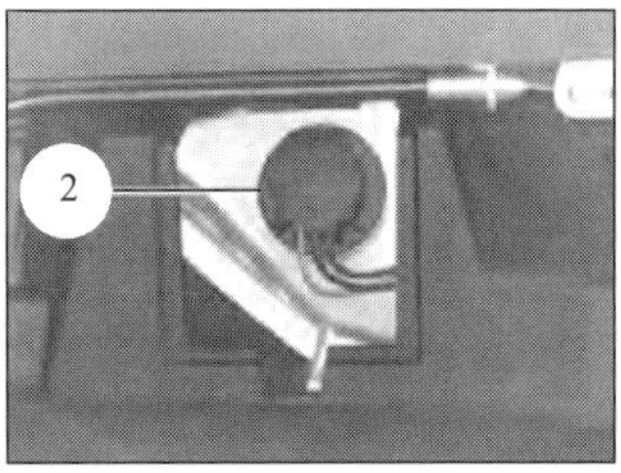

• 通过顺时针旋转将灯座2装入灯罩中

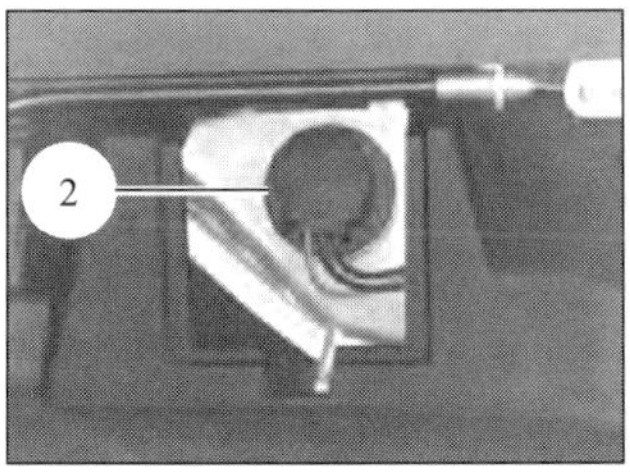

• 通过逆时针旋转将灯座2从车尾灯罩中拆下

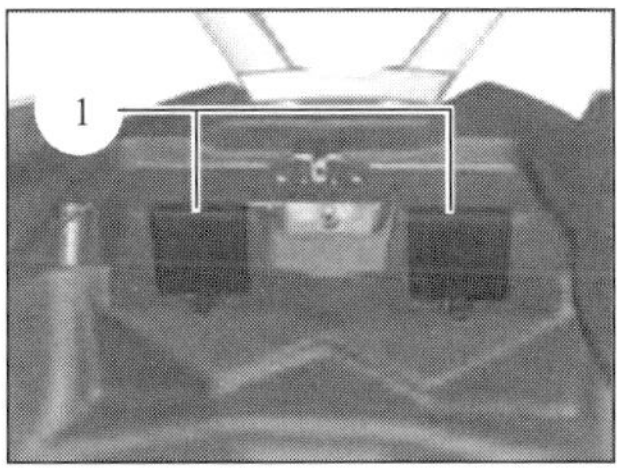

• 关闭盖板1

图 3-5-12　更换制动灯灯泡

四、检查摩托车轮胎压力

把摩托车停放到平整坚实的地面上，在轮胎处于冷胎时用胎压表测量前轮和后轮的轮胎压力。前轮轮胎压力应为 2.4bar，后轮轮胎压力应为 2.5bar（单人驾驶）或 2.9bar（带有乘客或行李）。如果发现压力不足，应及时对轮胎进行充气，使压力符合规范值。

五、遥控器

1. 遥控器同步设定

在遥控器作用距离（10m）以外操作遥控器按键次数超过 256 次后，必须执行遥控器同步设定操作，否则遥控器无法正常工作。遥控器同步操作方法见图 3-5-13。

2. 遥控器电池更换（图 3-5-14）

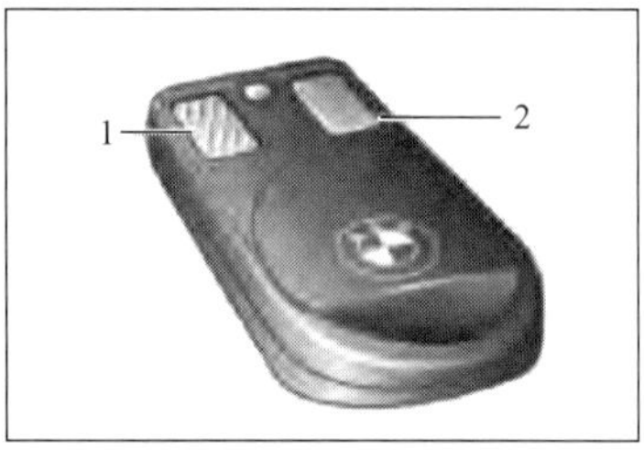

• 按住按键1和按键2
>> LED闪烁10s
• 一旦LED熄灭，就松开按键1和按键2
>> LED亮起
• 按压按键1或按键2
>> LED熄灭
- 遥控器已同步

图 3-5-13　遥控器同步操作方法

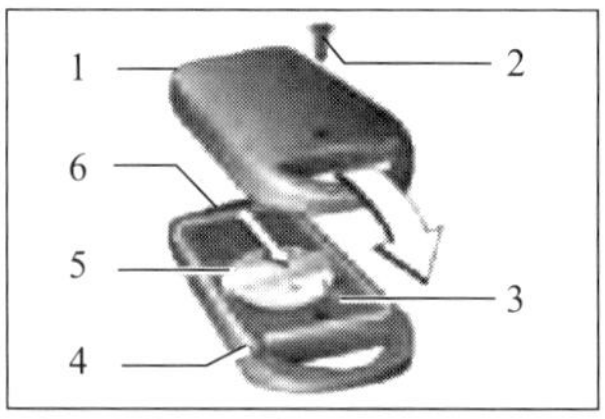

• 拆下螺栓2，然后取下壳体下部件1
• 将旧电池3在卡箍5下面向前推出
• 装入新电池；同时注意，电池正极要在上面
• 将壳体下部件安放到前边缘的凸耳6并合上；同时注意两个导向销4
• 安装螺栓2
>>遥控器的LED亮起；必须对遥控器进行同步

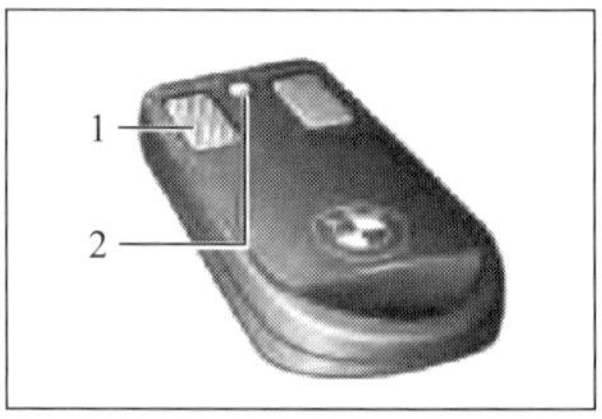

• 对遥控器进行同步时，在接收器的作用距离内按压按键1两次
>>LED 2开始闪烁，在几秒钟后熄灭
>>遥控器重新可以使用

图 3-5-14　遥控器电池更换（电池型号为 CR 2032）

3. 遥控器注册

如果要用新的遥控器来替换已经丢失的遥控器或要增加一个新遥控器，可以按照图 3-5-15 所示对遥控器执行注册，将遥控器注册到 DWA（防盗报警系统）中。DWA 系统最多只能注

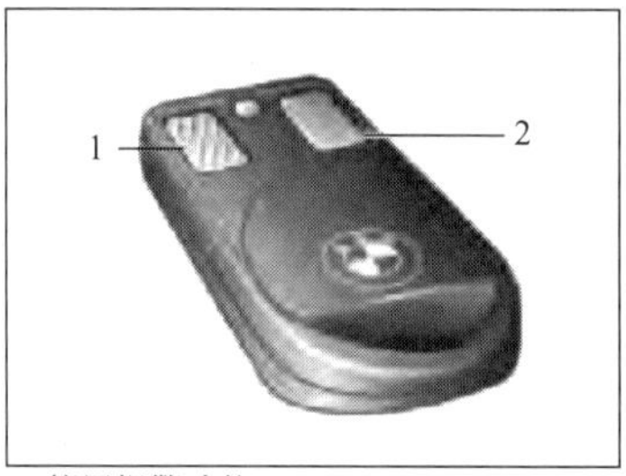

• 停用报警功能
• 打开点火开关
• 按压按键2三次
>>发出一声确认声
• 在10s内关闭点火开关
• 按压按键2三次
>>发出一声确认声
• 在10s内打开点火开关
>>发出两声确认声
现在可以在DWA中最多注册四个遥控器。每个遥控器的注册都分三步进行
• 按住按键1和按键2
>>LED闪烁10s
• 一旦LED熄灭，就松开按键1和按键2
>>LED亮起
• 按压按键1或按键2
>>发出一声报警声
>>LED熄灭
>>遥控器已注册
• 对另外每个遥控器重复前面的三个步骤

如已注册了四个遥控器
- 则会结束注册过程
- 关闭点火开关
- 在关闭点火开关30s后未操作任何按键
- 在注册一个遥控器30s后未操作任何按键
在结束注册后，LED闪烁并发出三声确认声

图 3-5-15　遥控器注册

册 4 个遥控器。

六、熔丝

1. 熔丝位置（图 3-5-16）

- 关闭点火开关
- 拆卸右侧饰板

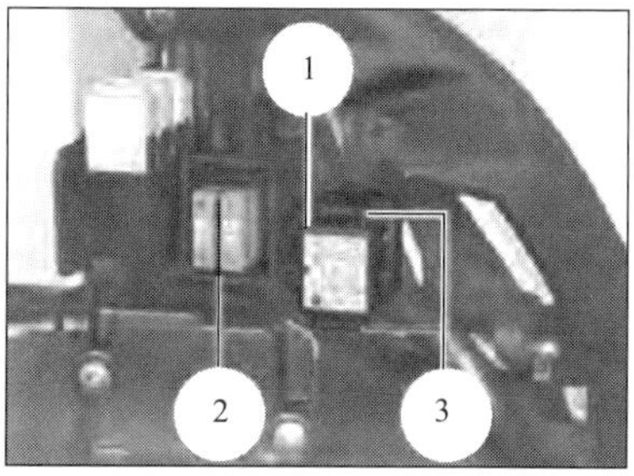

- 将损坏的熔丝用随车工具从熔丝盒1中或从熔丝支架2中拔出
- 如果打开熔丝盒，则挤压联锁杆3，取下熔丝盖板

图 3-5-16　熔丝盒位置识别

2. 熔丝功能说明（图 3-5-17）

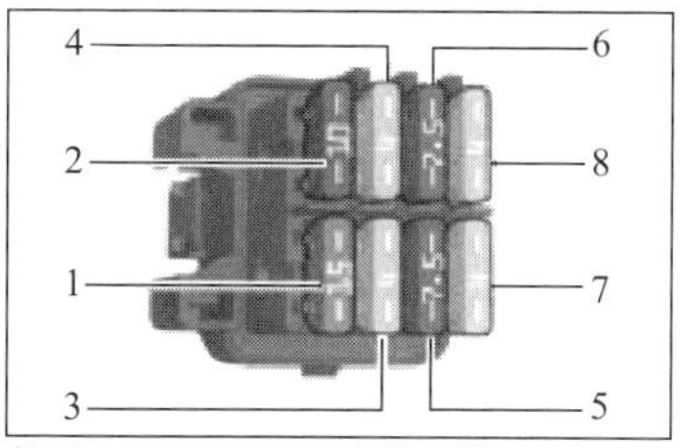

熔丝1：15A，DME主继电器
熔丝2：10A，数字式发动机电子伺控系统(DME)控制单元
熔丝3：4A，防盗报警装置(DWA)/轮胎压力监控(RDC)控制单元
熔丝4：5A，前轮制动器制动信号灯开关/后轮制动器制动信号灯开关/特殊附件插头/前部杂物箱中的插座
熔丝5：7.5A，风扇
熔丝6：5A，后部杂物箱中的插座
熔丝7：4A，牌照灯
熔丝8：4A，数字式发动机电子伺控系统(DMA)/防抱死系统(ABS)/组合仪表控制单元

图 3-5-17　熔丝功能说明

七、部件调节

1. 风挡高度调节（图 3-5-18）

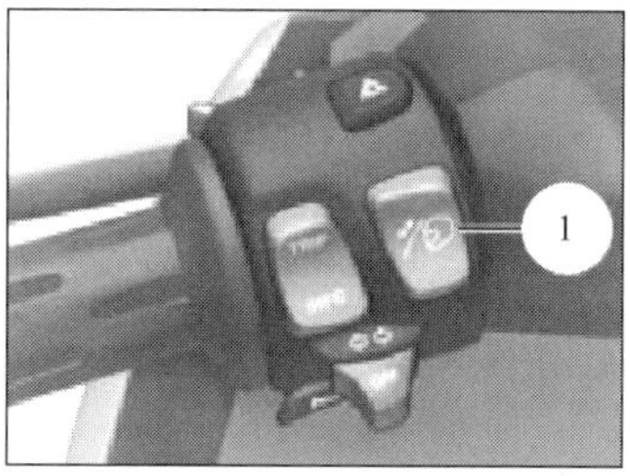

- 操作按键1上部，即可抬高挡风板
- 操作按键1下部，即可降低挡风板

图 3-5-18　风挡高度调节

2. 前制动器杆与摩托车方向把握柄之间的距离调节（图 3-5-19）

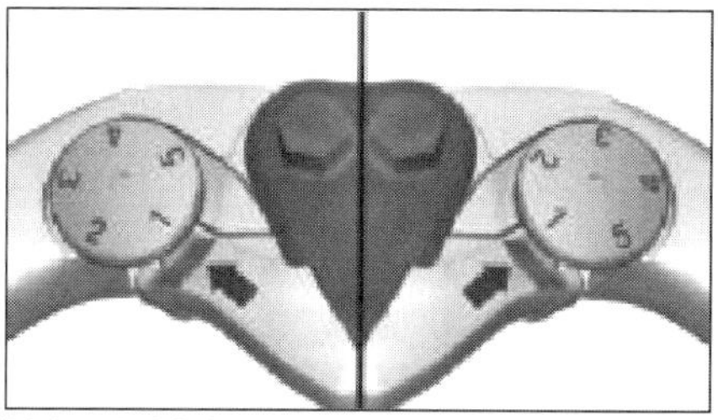

位置1：方向把握柄和制动操纵手柄之间的距离最大
位置5：方向把握柄和制动操纵手柄之间的距离最小

图 3-5-19　前制动器杆与摩托车方向把握柄之间的距离调节

3. 后轮弹簧预紧力调节（图 3-5-20）

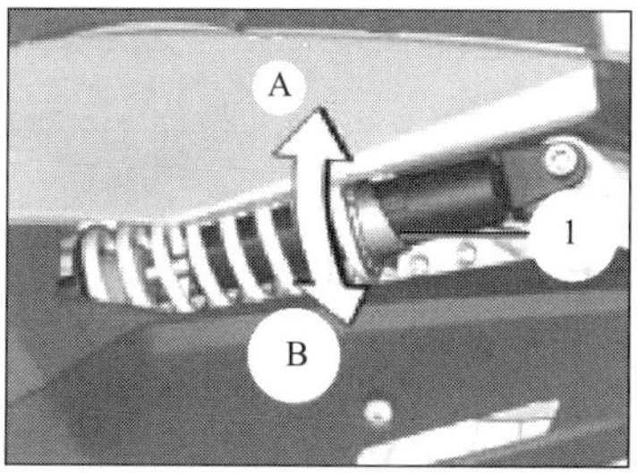

- 要提高弹簧预紧力时：用随车工具沿箭头方向A旋转调整环1
- 要降低弹簧预紧力时：用随车工具沿箭头方向B旋转调整环1

后部弹簧预紧力的基本设置
从最低预紧力提高4个刻痕(油箱已加满，骑手重85kg)

图 3-5-20　后轮弹簧预紧力调节

八、显示屏警示符号含义（图 3-5-21）

警告灯和指示灯	显示屏上的警告符号	含义
呈黄色亮起	EWS!显示	EWS电子禁启动防盗装置进入工作状态
亮起		燃油油量不足
呈红色亮起	显示	冷却液温度过高
显示		发动机处于紧急运行模式
呈黄色亮起	显示	发动机机油油位过低
	OIL CHECK 显示	
闪烁		ABS 自诊断尚未结束
亮起		ABS 故障
呈黄色亮起	+LAMP!显示	尾灯损坏
呈黄色亮起	+LAMP!显示	前照灯灯泡损坏
呈黄色亮起	+LAMP!显示	尾灯和前照灯灯泡损坏
	显示	结冰警告
呈红色闪烁	显示	前部轮胎充气压力超出允许的公差范围
	临界轮胎充气压力闪烁	
呈红色闪烁	显示	后部轮胎充气压力超出允许的公差范围
	临界轮胎充气压力闪烁	
呈红色闪烁	显示	两个轮胎的充气压力超出允许的公差范围
	轮胎充气压力闪烁	
	显示“--”或“--：--”	传输故障
呈黄色亮起	显示	传感器损坏或系统故障
	显示“--”或“--：--”	
呈黄色亮起	RDC!显示	轮胎充气压力传感器的蓄电池电量低
	DWA!显示	DWA 防盗报警系统蓄电池电量过低
呈黄色亮起	DWA!显示	DWA 防盗报警系统蓄电池电量耗尽
呈红色亮起	显示	蓄电池充电电压不足

图 3-5-21　警示符号含义

第六节　BMW S1000 XP 摩托车(2015 年款)

一、油品

1. 油品规格（表 3-6-1）

表 3-6-1　油品规格

油　　品	规　　格	用　　量
发动机机油	BMW Motorrad ADVANTEC Ultimate 发动机机油 黏度：SAE 5W-40/API SL/JASO MA2	更换发动机机油（包含机油滤清器）：3.5L 添加发动机机油（从 MIN 液位添加到 MAX 液位）：0.8L
制动液	DOT4 制动液	
链条润滑剂	BMW Motorrad 链条润滑剂	每行驶 800km 应润滑 1 次
镀铬部件养护剂	不含酸性物质的凡士林	
车漆养护剂	BMW 车蜡或含有巴西棕榈油的养护剂	

2. 检查发动机机油油位（表 3-6-2）

表 3-6-2　发动机机油油位检查操作步骤

步骤	操　　作
1	启动发动机进行暖机
2	暖机完成后，将发动机关闭
3	把摩托车支在主支架上，确认地面平整坚实
4	启动发动机，使发动机怠速运行 1min
5	关闭发动机，关闭点火开关
6	按照图 3-6-1 所示，从发动机机油油位观察窗（图 3-6-1 中的 1）查看发动机机油油位，规范的油位应位于 MAX 和 MIN 标记之间
7	如果油位过低，应添加发动机机油

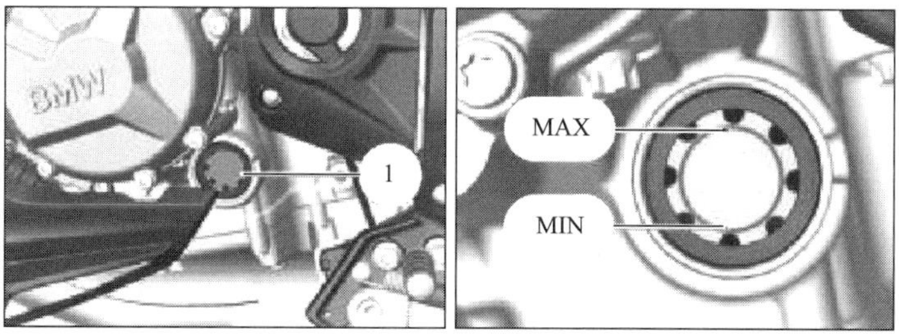

图 3-6-1　检查发动机机油油位

3. 发动机机油添加（表 3-6-3）

表 3-6-3　发动机机油添加

步骤	操　　作
1	把摩托车支在主支架上，确认地面平整坚实

续表

步骤	操　　作
2	用布把机油加注口附近的区域擦拭干净
3	按照图 3-6-2 所示，拆卸发动机机油加注口盖(图 3-6-2 中的 1)
4	添加发动机机油到合适的油位高度
5	把发动机机油加注口盖重新安装好

4. 前制动器制动液液位检查（表 3-6-4）

表 3-6-4　前制动器制动液液位检查

步骤	操　　作
1	把摩托车支在主支架上，确认地面平整坚实
2	把摩托车车把保持正直朝前
3	按照图 3-6-3 所示，查看前制动器储液罐中的制动液液位高度
4	液位高度应高于储液罐上的 MIN 刻度

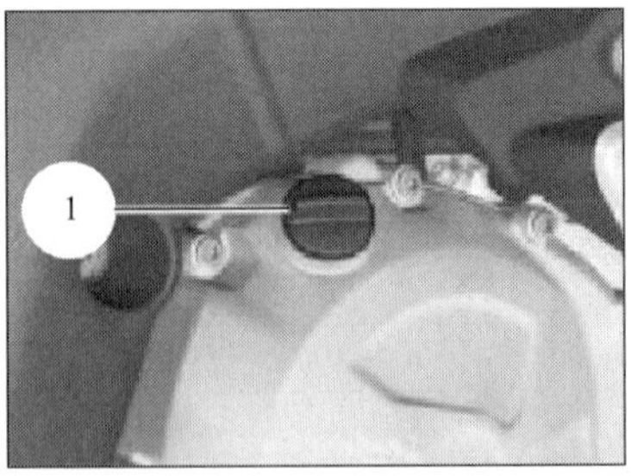

图 3-6-2　机油加注口盖

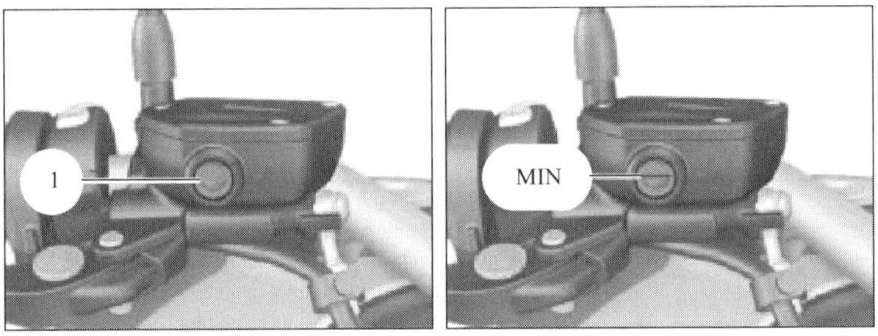

图 3-6-3　检查前制动器储液罐液位

5. 后制动器制动液液位检查（表 3-6-5）

表 3-6-5　后制动器制动液液位检查

步骤	操　　作
1	把摩托车支在主支架上，确认地面平整坚实
2	把摩托车车把保持正直朝前
3	按照图 3-6-4 所示，查看后制动器储液罐 1 中的制动液液位高度
4	液位高度应高于储液罐上的 MIN 刻度

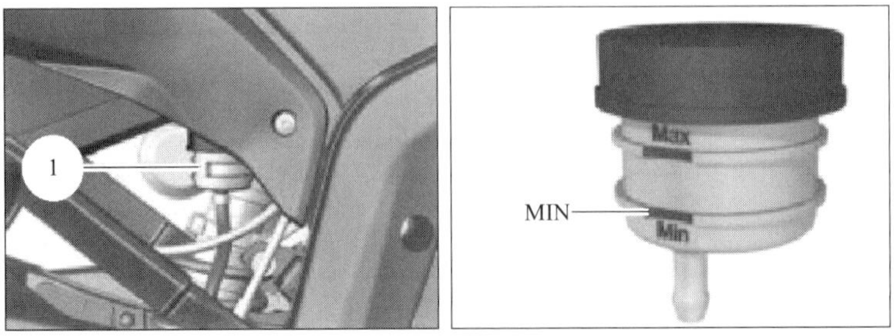

图 3-6-4　检查后制动器储液罐液位

6. 冷却液液位检查（表 3-6-6）

表 3-6-6　冷却液液位检查

步骤	操　作
1	把摩托车在平整坚实的地面上停放好
2	使发动机冷却
3	按照图 3-6-5 所示，查看冷却液膨胀罐（图 3-6-5 中的 1）的液位
4	液位应位于膨胀罐 MAX 和 MIN 标记之间

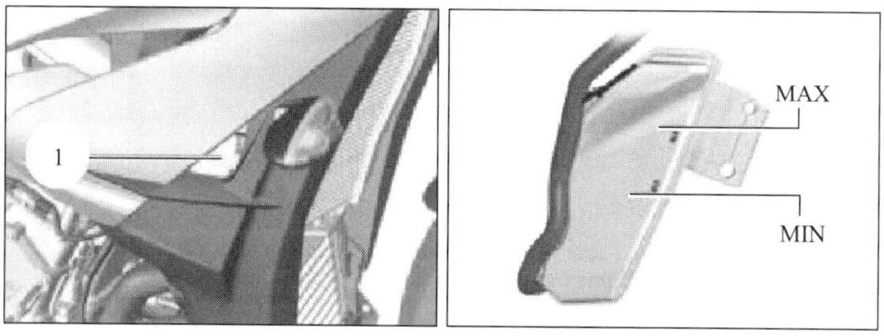

图 3-6-5　检查冷却液液位

7. 添加冷却液

按照图 3-6-6 所示，拧开冷却液膨胀罐上的加注盖（图 3-6-6 中的 1），用带有软管的漏斗调节冷却液至合适的液位。

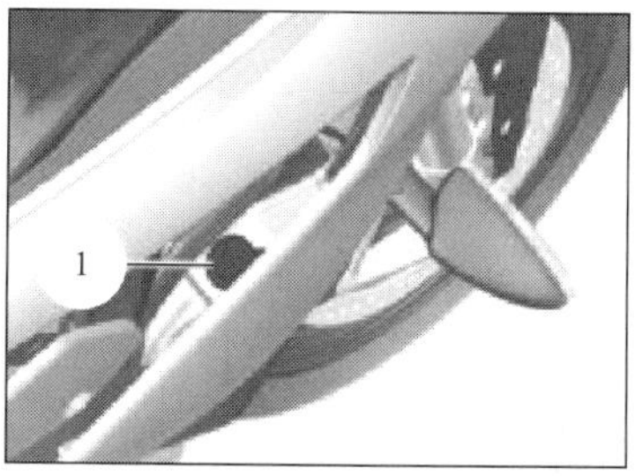

图 3-6-6　冷却液添加操作方法

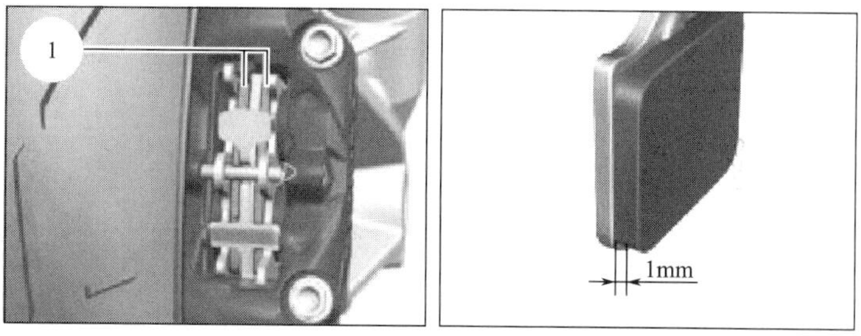

图 3-6-7　检查前制动器制动衬块

二、制动衬块厚度检查

前制动器制动衬块厚度检查见表 3-6-7，后制动器制动衬块厚度检查见表 3-6-8。

表 3-6-7　前制动器制动衬块厚度检查

步骤	操　作
1	把摩托车停放到平整坚实的地面上，把车把转动到极限位置
2	按照图 3-6-7 所示，查看前制动器制动衬块（图 3-6-7 中的 1）
3	前制动器制动衬块最小厚度不能低于 1mm
4	如果制动衬块已到磨损极限，应及时更换

表 3-6-8　后制动器制动衬块厚度检查

步骤	操　作
1	把摩托车停放到平整坚实的地面上
2	按照图 3-6-8 所示，查看后制动器制动衬块（图 3-6-8 中的 1）
3	后制动器制动衬块最小厚度不能低于 1mm
4	如果制动衬块已到磨损极限，应及时更换

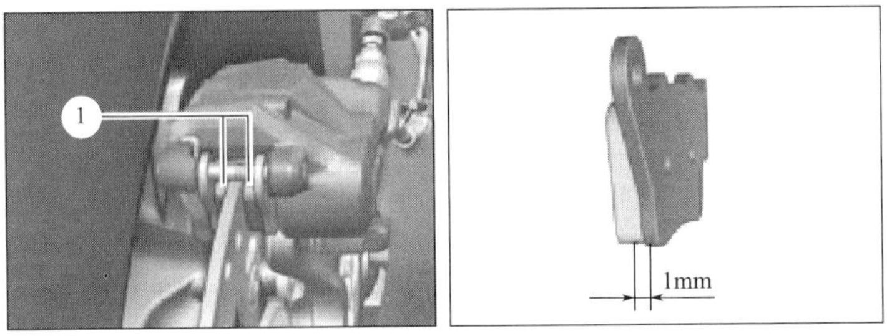

图 3-6-8　检查后制动器制动衬块

三、车灯

1. 灯泡规格（表 3-6-9）

表 3-6-9　灯泡规格

车　　灯	规　　格
远光灯灯泡	H7(12V-55W)
近光灯灯泡	H7(12V-55W)
驻车灯灯泡	W5W(12V-5W)
尾灯/制动灯灯泡	LED
前转向灯灯泡	RY10W(12V-10W)
后转向灯灯泡	RY10W(12V-10W)

2. 更换近光灯灯泡和远光灯灯泡

把摩托车停放到平整坚实的地面上，关闭点火开关，按照图 3-6-9 所示更换近光灯和远光灯灯泡。

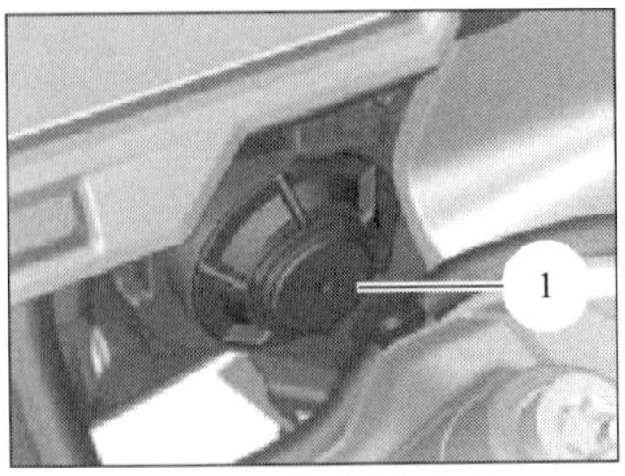

• 拆卸盖板1，更换近光灯灯泡

• 拔出插头3

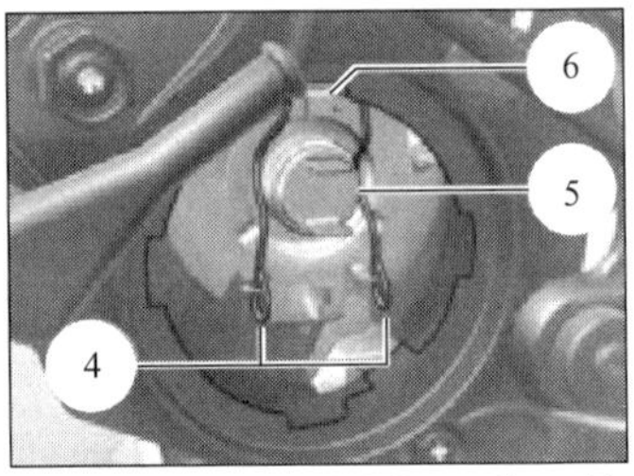

• 安装灯泡5。为此首先装入凸缘6，然后将灯泡按入灯座中
• 将弹簧夹4左侧和右侧装入止动件中

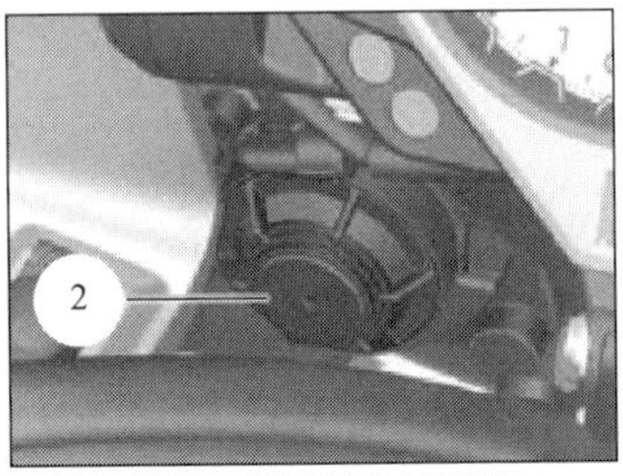

• 拆卸盖板2，更换远光灯灯泡

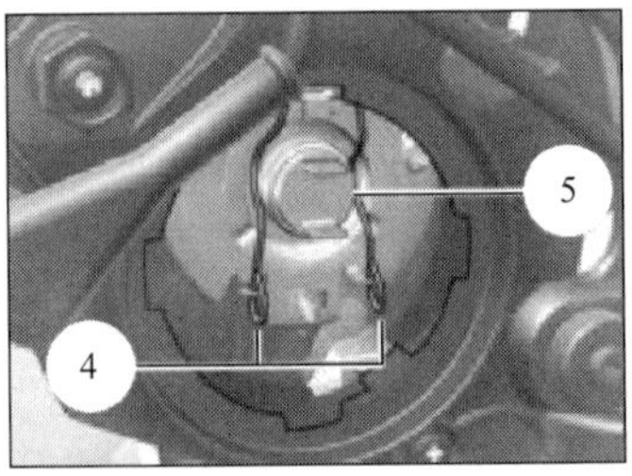

• 将弹簧夹圈4左侧和右侧从止动件中松开，然后翻起
• 将灯泡5从灯座中拉出
• 更新损坏的灯泡

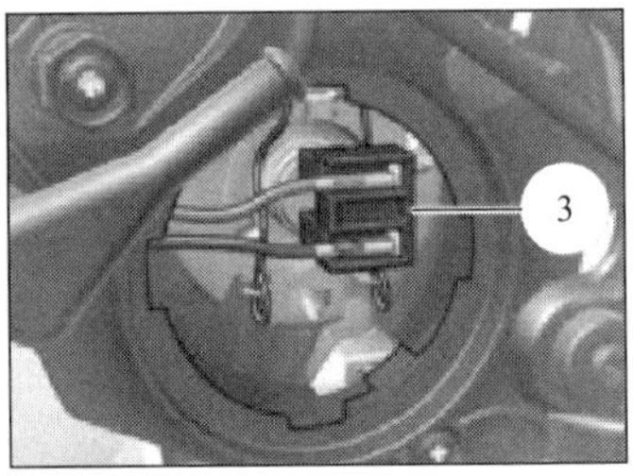

• 安装插头3
• 安装盖板

图 3-6-9　更换近光灯和远光灯灯泡

3. 驻车灯灯泡更换

把摩托车停放到平整坚实的地面上，关闭点火开关，按照图 3-6-10 和图 3-6-11 所示更换驻车灯灯泡。

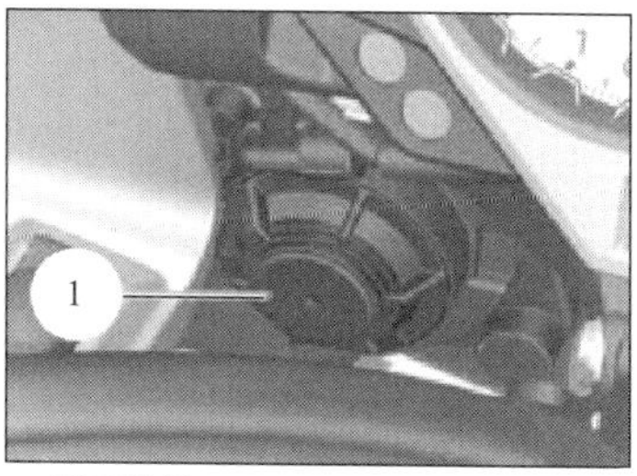

• 拆下盖板1

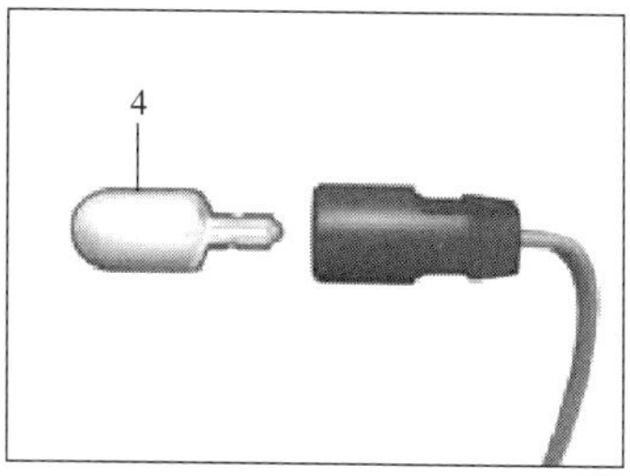

• 将灯泡4从灯座中拉出
• 更换损坏的灯泡
• 将灯泡4装入灯座

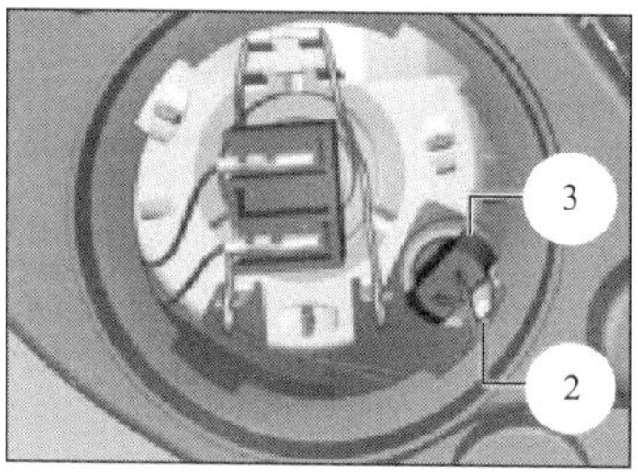

• 向下按压锁止件2(如有必要，使用螺丝刀)，将灯座3从前照灯护罩中拉出

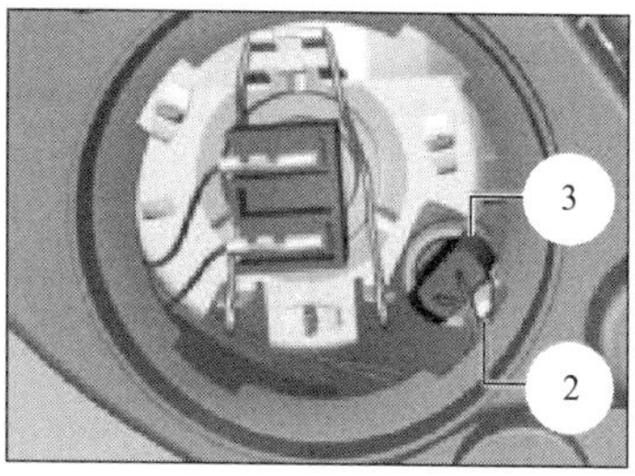

• 将灯座3装入前照灯护罩中，使锁止件2卡止
• 安装盖板

图 3-6-10　更换左侧驻车灯灯泡

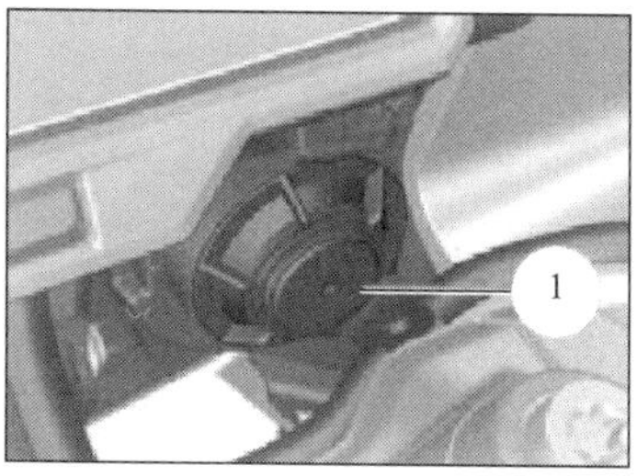

• 拆下盖板1

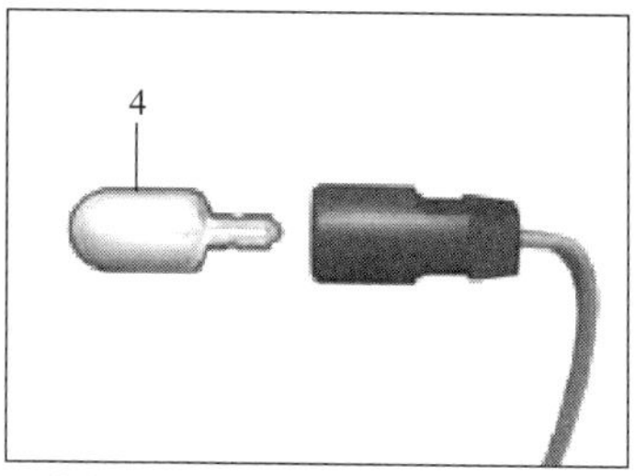

• 将灯泡4从灯座中拉出
• 更换损坏的灯泡
• 将灯泡4装入灯座

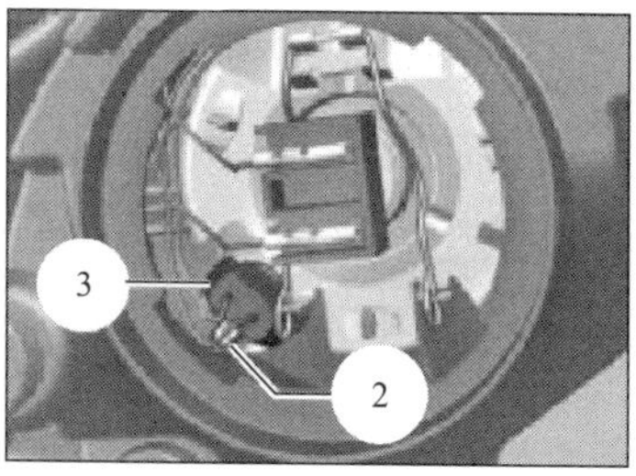

• 向下按压锁止件2(如有必要，使用螺丝刀)，将灯座3从前照灯护罩中拉出

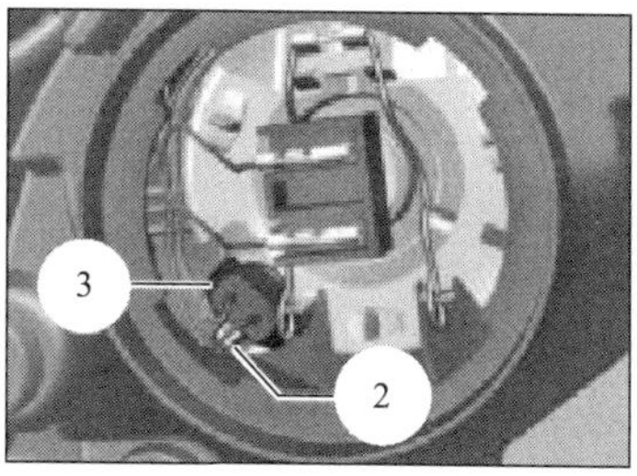

• 将灯座3装入前照灯护罩中，直至锁止件2卡止
• 安装盖板

图 3-6-11　更换右侧驻车灯灯泡

4. 转向灯灯泡更换

把摩托车停放到平整坚实的地面上，关闭点火开关，按照图 3-6-12 所示更换灯灯泡。

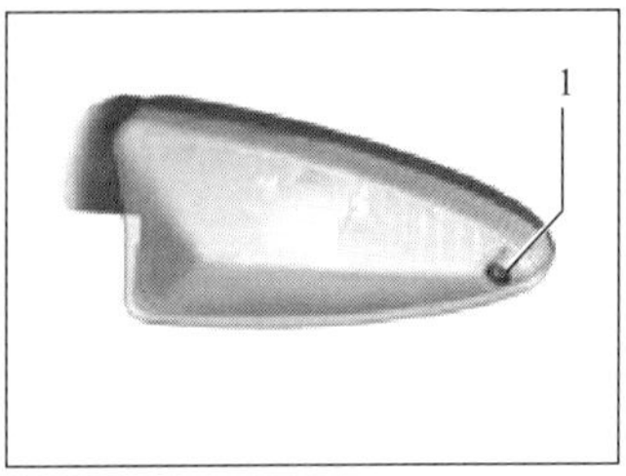

- 拆下螺栓1

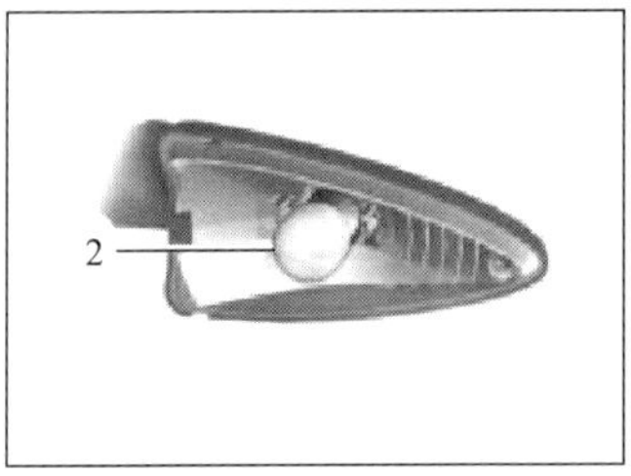

- 通过逆时针方向旋转将灯泡2从灯罩中拆下
- 更换损坏的灯泡

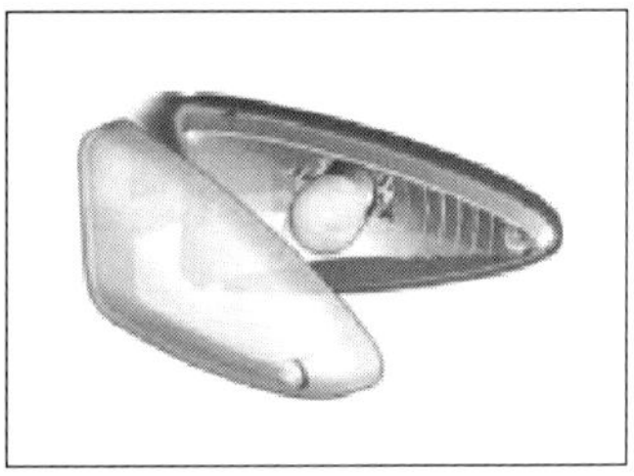

- 将配光镜从车的侧面装入灯罩中并锁紧

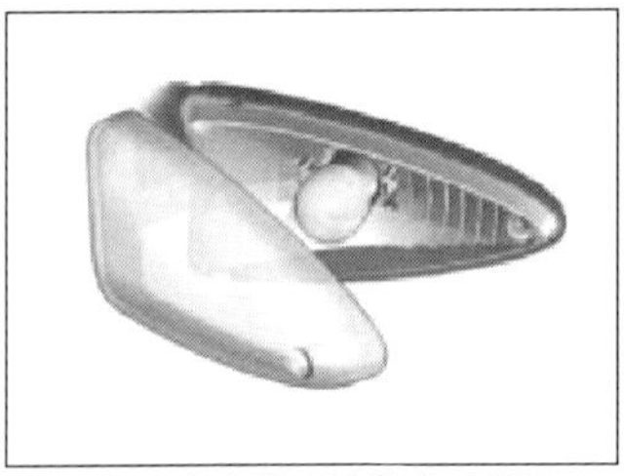

- 将螺栓连接侧的配光镜从后视镜壳体中拉出

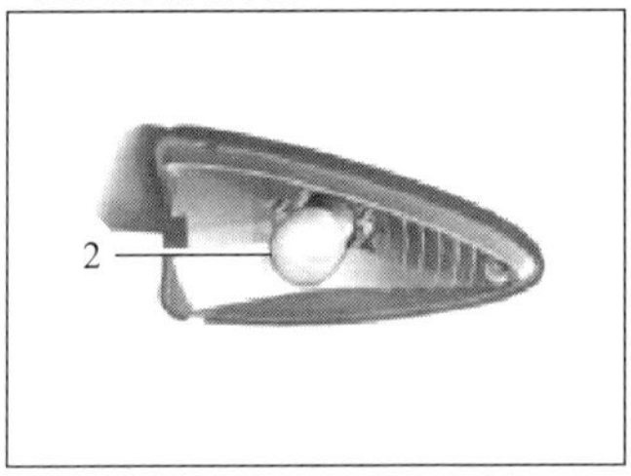

- 顺时针旋转将灯泡2装入灯罩中

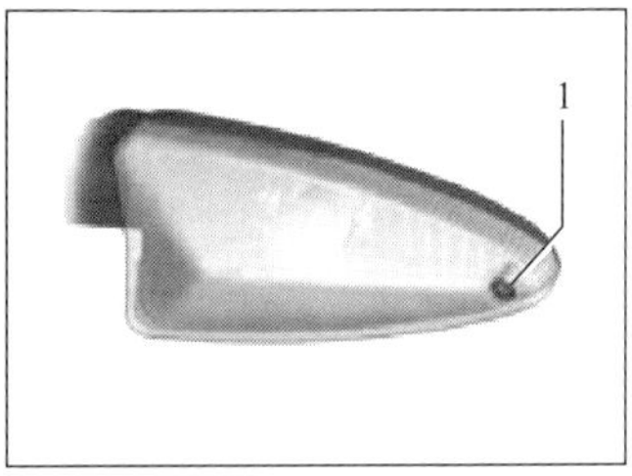

- 安装螺栓1

图 3-6-12　转向灯灯泡更换

5. 前照灯照明距离调节

摩托车如果负载较高（骑手和乘客），可按照图 3-6-13 所示，首先松开内盖板，然后按照图 3-6-14 所示调节前照灯的照明方向。

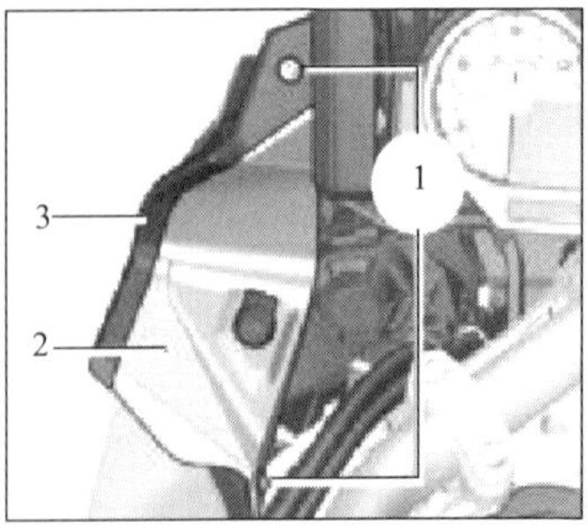

- 拆下螺栓1
- 将内盖板2从饰板上部件3中拔出

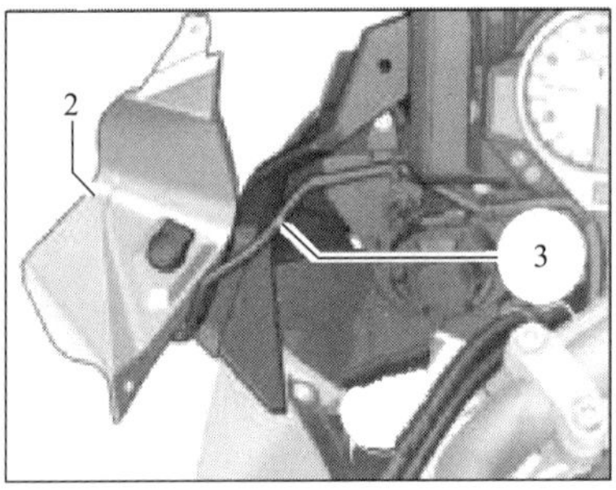

- 松开内盖板2。同时不要扯坏插座电缆3

图 3-6-13　松开内盖板

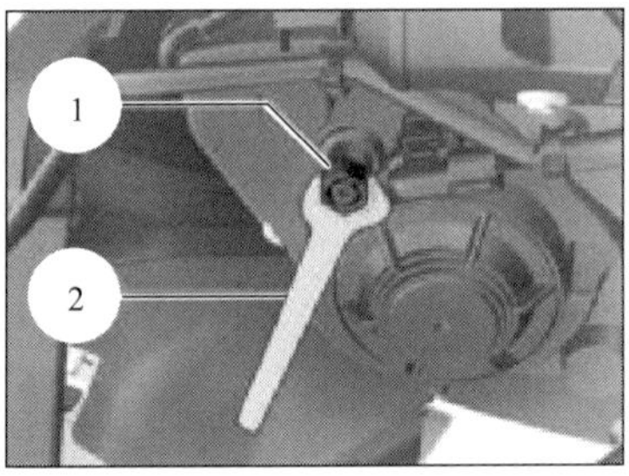

- 借助开口扳手2(随车工具)沿逆时针方向转动调整螺栓1，可降低前照灯灯光
- 安装内盖板

图 3-6-14　前照灯照明方向调节

四、检查摩托车轮胎压力

把摩托车停放到平整坚实的地面上，在轮胎处于冷胎时用胎压表测量前轮和后轮的轮胎压力。前轮轮胎压力应为 2.5bar，后轮轮胎压力应为 2.9bar。如果发现压力不足，应及时对轮胎进行充气，使压力符合规范值。

五、火花塞型号与电极间隙

火花塞型号为 NGK LMAR9D-J；火花塞电极间隙为 0.8mm。

六、检查摩托车传动链条

1. 检查传动链条张紧度（图 3-6-15）

- 停放好摩托车，同时注意地面是否平整坚实
- 旋转后轮，直至达到链下垂最小的位置
- 在链条小齿轮和链轮之间的中部用一把螺丝刀向上和向下按压链条，并测量链下垂*A*

规范范围

普通悬架：45～50mm

低悬架：35～45mm

图 3-6-15　检查传动链条张紧度

2. 调节传动链条张紧度（图 3-6-16）

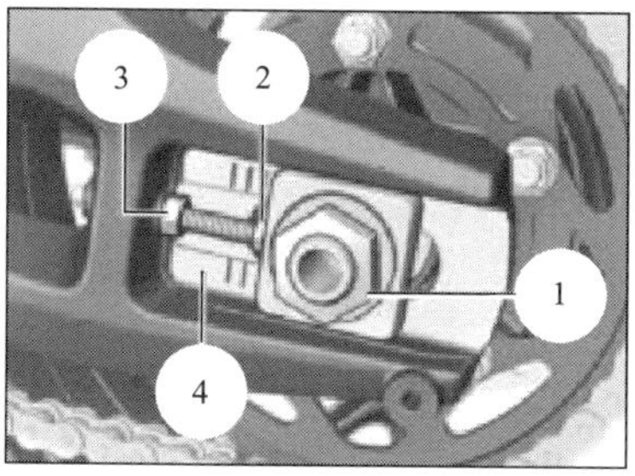

- 停放好摩托车，同时注意地面是否平整坚实
- 松开螺母1
- 松开左侧和右侧防松螺母3
- 通过左侧和右侧调整螺栓2调整链条张力
- 检查链条张力
- 注意，在左侧和右侧要调整相同的刻度值4
- 用规定的扭矩(19N·m)拧紧左侧和右侧防松螺母3
- 将螺栓1紧固至100N·m

图 3-6-16　调节传动链条张紧度

3. 检查传动链磨损

摩托车挂入第 1 挡，将摩托车后轮沿行驶方向转动，使传动链链条张紧，按照图 3-6-17 所示，测量后轮摆臂下传动链 10 个链节之间的长度，如果长度超过 114.3mm，则说明链条磨损，应予以更换。

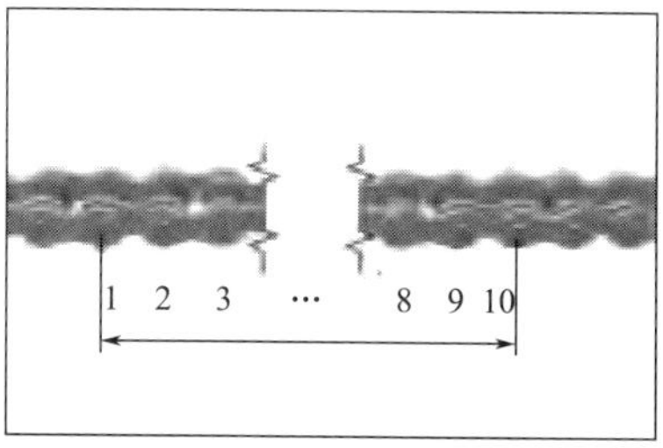

图 3-6-17　测量传动链磨损

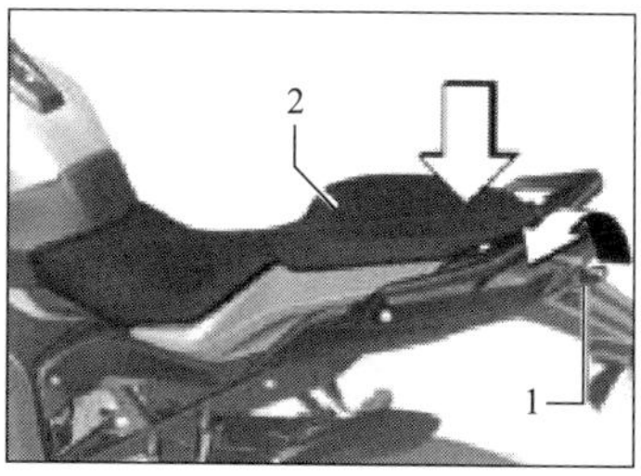

- 停放好摩托车，同时注意地面是否平整坚实
- 将鞍座2的后部区域支撑住并向下按压，同时用车钥匙1逆时针方向将鞍座锁解锁
- 将鞍座后部抬起并取下
- 将鞍座放置在一个洁净的表面上

图 3-6-18　拆下骑手鞍座

七、熔丝说明

熔丝盒安装在骑手鞍座下面，按照图 3-6-18 所示拆下鞍座后即可找到，熔丝说明见图 3-6-19。

熔丝布置

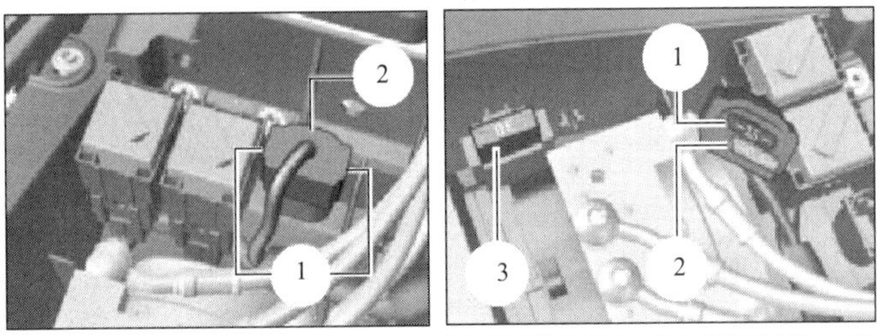

- 在两侧按压锁止件1
- 拔出熔丝盒2
- 根据熔丝布置更换损坏的熔丝

熔丝1
15A(断路继电器、诊断插头、组合仪表、DWA、点火开关)
熔丝2
7.5A(赛圈计时触发器、左侧组合开关，传感器盒)
熔丝3
30A(BCO、调节器、断路继电器)

图 3-6-19　熔丝说明

八、部件调节

1. 风挡高度调节（图 3-6-20）

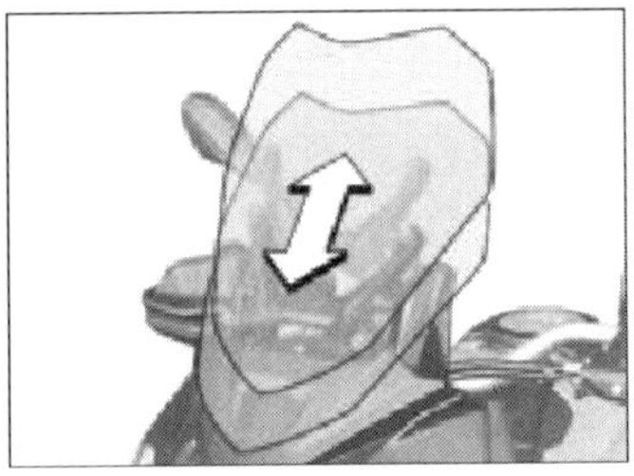

停放好摩托车

⚠ 行车期间调整风挡会引发事故危险

风挡只可在静止状态下调整

- 向上或向下翻转风挡。调节时注意不要刮坏风挡

>>通过弹簧力将风挡固定在上部或下部末端位置

图 3-6-20　风挡高度调节

2. 前制动器杆与摩托车方向把握柄之间的距离调节

把摩托车停放好，按照图 3-6-21 所示，转动调节旋钮（图 3-6-21 中的 1）即可调节前制动器杆与摩托车方向把握柄之间的距离。旋钮上有 5 种距离可调：当调节到位置 1 时，制动器杆与方向握把之间的距离最大；当调节到位置 5 时，制动器杆与摩托车方向把握柄之间的距离最小。

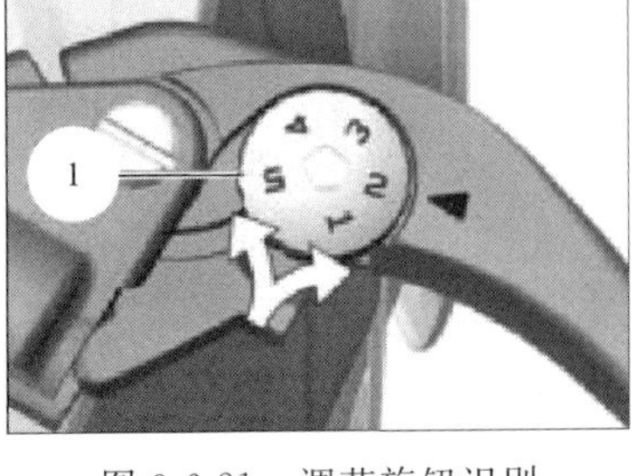

图 3-6-21　调节旋钮识别

3. 后轮弹簧预紧力调节

后轮弹簧预紧力要与摩托车载荷（单人驾驶或双人骑乘）相匹配。载荷重时，应调高后轮弹簧预紧力；载荷轻时，应调低后轮弹簧预紧力。调节时可将摩托车停放到平整坚实的地面上，然后按照图 3-6-22 所示进行调节。

- 停放好摩托车，同时注意地面是否平整坚实
- 给摩托车完全卸载，必要时去除行李

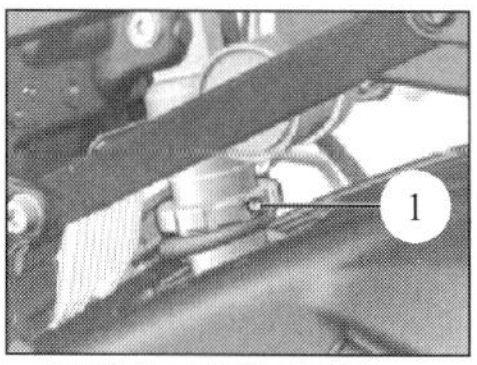

- 用随车工具松开螺栓1

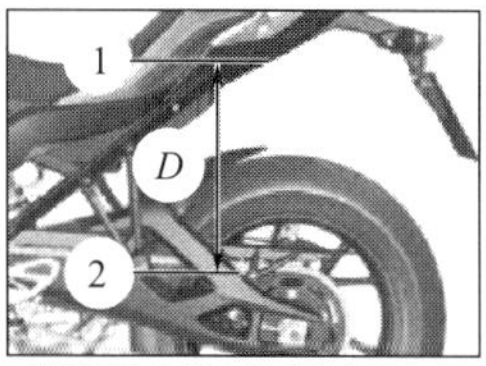

- 将摩托车扶正(无侧面支架)，测量车尾饰板下边缘1和链罩螺栓2之间的距离*D*
- 一个人坐到摩托车上给其加载
- 在另一个人帮助下再次测量点1和2之间的距离*D*，然后计算两个测量值之间的偏差(减振压缩)

根据负重情况调整弹簧预紧力
后轮的压缩
10mm(无载物的单人骑行模式)
16mm(有载物的单人骑行模式)
26mm(有载物的带摩托车后座乘员骑行模式)

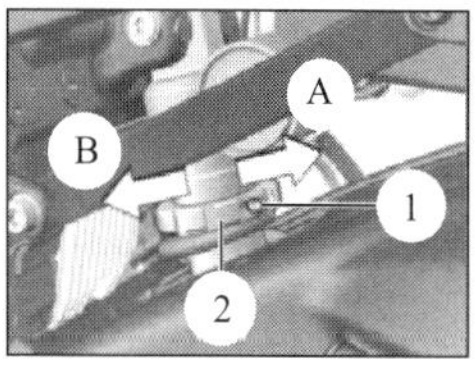

- 如要减小减振压缩(提高弹簧预紧力)，用随车工具沿方向B转动调整环2
- 如要提高减振压缩(减小弹簧预紧力)，用随车工具沿方向A转动调整环2
- 将螺栓1紧固至3N·m

图 3-6-22　后轮弹簧预紧力调节

九、显示屏警示信息识别（图 3-6-23）

警告灯和指示灯	显示屏上的警告符号	含义
呈红色亮起	EWS!显示	EWS进入工作状态
呈红色闪烁	冷却液温度表闪烁	冷却液温度过高
亮起		发动机处于紧急运行模式
呈黄色闪烁		发动机警告
亮起		
	LAMP!显示	转向信号灯灯泡损坏
呈黄色亮起	LAMPR!显示	尾灯损坏
呈黄色亮起	LAMPF!显示	前部灯泡损坏
呈黄色亮起	LAMPS!显示	尾灯和前部灯泡损坏
呈黄色亮起	在空白显示屏中显示VDS!	车辆已跌倒
呈黄色亮起	VDS!显示	跌倒传感器损坏
闪烁		ABS 自诊断尚未结束
亮起		ABS 已关闭
亮起		ABS 故障
快速闪烁		ASC 干预
缓慢闪烁		ASC自诊断未结束
亮起		ASC已关闭
亮起		ASC故障
快速闪烁		DTC干预
缓慢闪烁		DTC自诊断未完成

图 3-6-23

亮起		DTC已关闭
亮起		DTC故障
呈黄色亮起	DWALO!显示	DWA 蓄电池电量低
呈黄色亮起	DWA!显示	DWA 蓄电池电量耗尽
呈黄色亮起	D-ESA!显示	Dynamic ESA故障
呈红色亮起	NO CAN显示	CAN 断路/短路
呈黄色亮起	NO CODING显示	设码缺失
呈黄色亮起	SERVICE!显示	已超过保养期限
呈黄色亮起	FUEL!显示	已达到燃油储备量

图 3-6-23　显示屏警示信息识别

第四章

KTM摩托车

第一节 KTM 1190 Adventure R 摩托车（2016~2017年款）

一、油品

1. 油品规格（表4-1-1）

表 4-1-1 油品规格

油 品	规 格	用 量
发动机机油	黏度：10W-50 发动机机油，比如可使用 Motorex Power Synt 4T 全合成发动机机油	维护保养操作时更换机油（包括机油滤清器）：3.6L
制动液	DOT 4 或 DOT5.1 制动液，比如可采用 Motorex DOT 5.1 冷却液或 Castrol Response Brake Fluid Super DOT 4 制动液	
发动机冷却液	Motorex M3.0 冷却液	2.4L
传动链条清洁剂	Motorex 传动链条清洁剂	
传动链条润滑剂	Motorex 传动链条润滑剂	
前叉油液	黏度为 SAE4 的前叉油液	730mL

2. 发动机机油液面高度检查（表4-1-2）

表 4-1-2 发动机机油液面高度检查

步骤	操 作
1	启动发动机，怠速运行，使发动机暖机
2	暖机完成后，关闭发动机，等待至少 1min，使机油回流至油底壳
3	将摩托车用主支架支好，确保地面平坦坚实。按照图 4-1-1 所示，通过油位观察窗查看油位
4	发动机机油油位应当位于 A 区域
5	如果检查发现机油油位位于 C 区域，则说明机油液位过低，应添加发动机机油至合适的液位高度

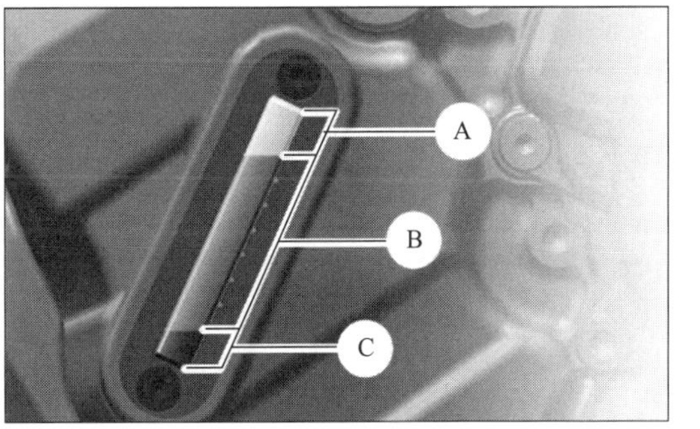

A区域：不需添加发动机机油
B区域：可以适量添加发动机机油
C区域：必须添加发动机机油

图 4-1-1 检查发动机机油液面高度

3. 发动机机油和机油滤清器更换（表 4-1-3）

表 4-1-3　发动机机油和机油滤清器更换

步骤	操　作
1	按照图 4-1-2 所示，拆卸发动机护板
2	在平整坚实的地面上把摩托车用侧支架支好
3	把废油收集容器放置到摩托车发动机下方
4	按照图 4-1-3 所示，拆下发动机机油放油塞、放油塞密封圈、磁铁（用于吸附机油中的铁屑）和机油滤芯
5	按照图 4-1-4 所示，拆下机油滤清器盖固定螺钉和机油滤清器盖
6	按照图 4-1-5 所示，从机油滤清器壳体中拆下滤清器
7	彻底排放发动机机油
8	按照图 4-1-6 所示，安装新的机油滤清器，在机油滤清器盖的密封环上涂抹一些干净的发动机机油（起润滑作用），然后安装滤清器盖
9	按照图 4-1-7 所示，安装螺钉并紧固至 6N·m
10	按照图 4-1-8 所示，彻底清洁磁铁和滤芯
11	将磁铁、滤芯、放油塞密封圈与发动机机油放油塞一起安装好，将放油塞紧固至 20N·m
12	按照图 4-1-9 所示，拧下机油加注塞，首先加注 3.0L 发动机机油，然后安装好加注塞，启动发动机，检查是否有机油泄漏迹象
13	确认没有机油泄漏后，再次拆下加注塞，加注 0.6L 发动机机油
14	检查发动机机油油位，确认油位处于机油油位观察窗 A 区域处，安装好加注塞
15	再次启动发动机，查看发动机运行过程中是否有机油泄漏
16	确认没有机油泄漏后，再次检查机油油位，确认油位正确
17	重新安装好发动机护板

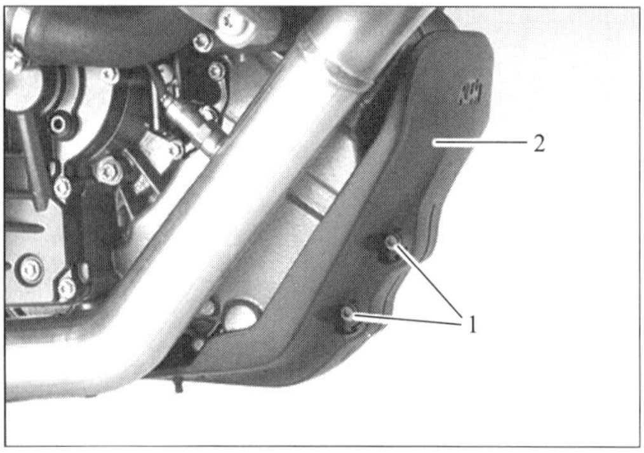

图 4-1-2　发动机护板识别

1—发动机护板固定螺钉；2—发动机护板

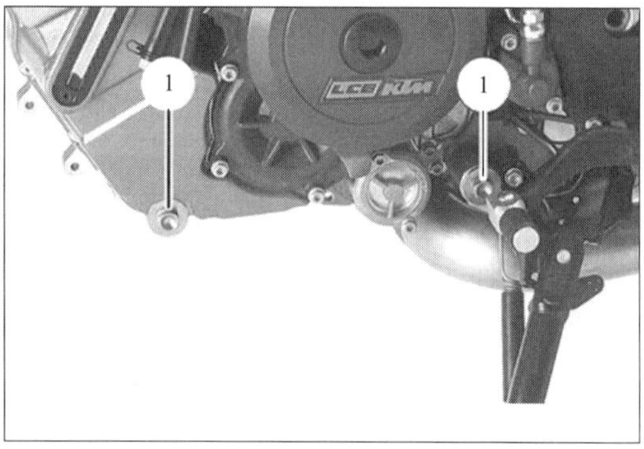

图 4-1-3　发动机机油放油塞识别

1—发动机机油放油塞

图 4-1-4　机油滤清器盖固定螺钉和机油滤清器盖识别

1—螺钉；2—机油滤清器盖

图 4-1-5　拆下机油滤清器

1—发动机机油滤清器

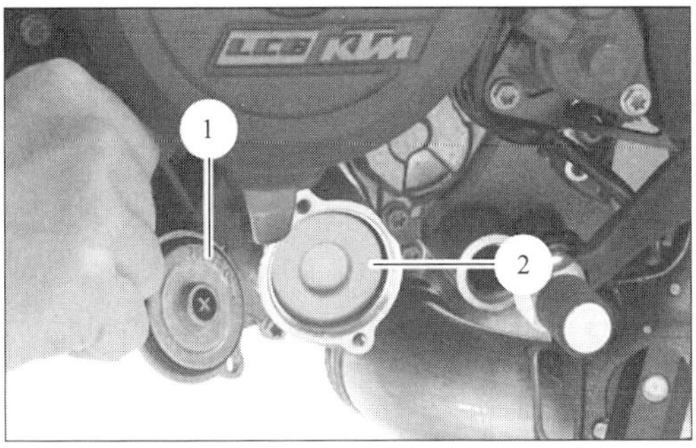

图 4-1-6　安装机油滤清器和滤清器盖

1—发动机机油滤清器盖；2—发动机机油滤清器

图 4-1-7　安装螺钉

1—螺钉

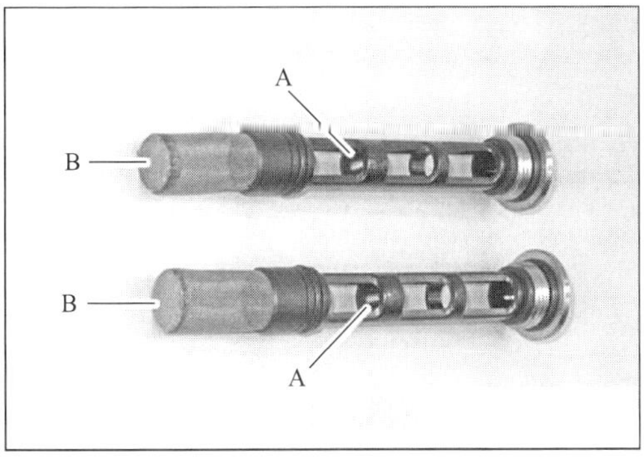

图 4-1-8　磁铁和滤芯识别

A—磁铁（用于吸附机油中的铁屑）；B—滤芯

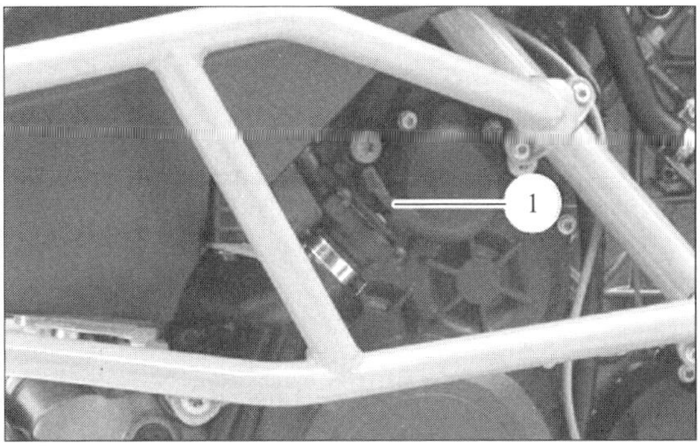

图 4-1-9　机油加注塞识别

1—机油加注塞

4. 发动机冷却液液面检查（表 4-1-4）

表 4-1-4　发动机冷却液液面检查

步骤	操　　作
1	使发动机冷机
2	将摩托车支好，使车体与地面垂直
3	按照图 4-1-10 所示，查看发动机冷却液膨胀罐的液位观察窗
4	发动机冷却液液位应当位于膨胀罐的 MAX 和 MIN 标记之间
5	如果液位过低，应及时添加冷却液

图 4-1-10　发动机冷却液观察窗及液面高度识别

1—膨胀箱液位观察窗

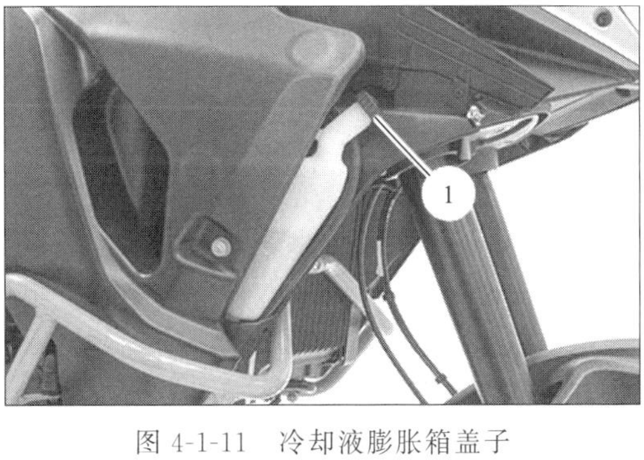

图 4-1-11　冷却液膨胀箱盖子

1—冷却液膨胀罐盖子

5. 添加发动机冷却液（表 4-1-5）

表 4-1-5　添加发动机冷却液

步骤	操　作
1	使发动机冷机，拆下发动机右侧前部盖板，露出膨胀罐
2	按照图 4-1-11 所示，把冷却液膨胀罐上的盖子拆下
3	添加发动机冷却液，使液位达到膨胀罐上的 MAX 与 MIN 标记之间
4	重新安装好膨胀罐盖子
5	将发动机右侧前部盖板重新安装好

6. 制动器制动液液面高度检查

前制动器制动液液面高度检查见图 4-1-12，液面不能低于 MIN 标记；后制动器制动液液面高度检查见图 4-1-13，液面不能低于 MIN 标记。

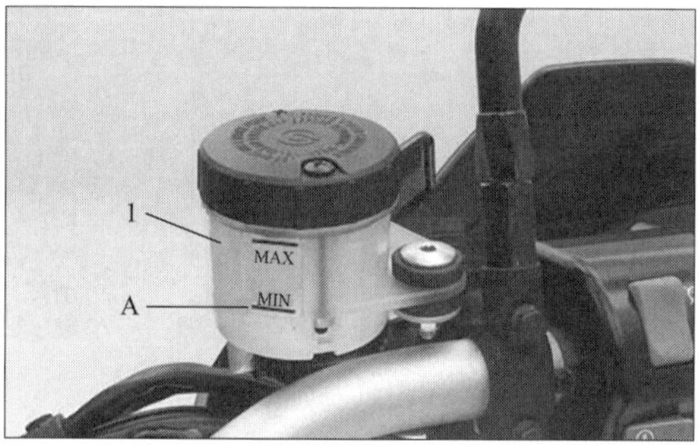

图 4-1-12　前制动器制动液液面高度标记识别
1—储液罐；A—MIN 标记

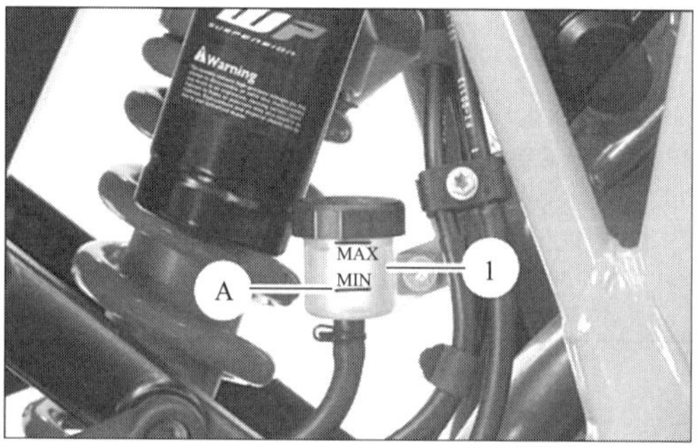

图 4-1-13　后制动器制动液液面高度标记识别
1—制动液储液罐；A—MIN 标记

二、制动衬块磨损检查

前制动器制动衬块最小厚度检查如图 4-1-14 所示；后制动器制动衬块最小厚度检查如图 4-1-15 所示。如果发现制动衬块摩擦材料最小厚度低于 1.0mm 时，必须更换制动衬块。

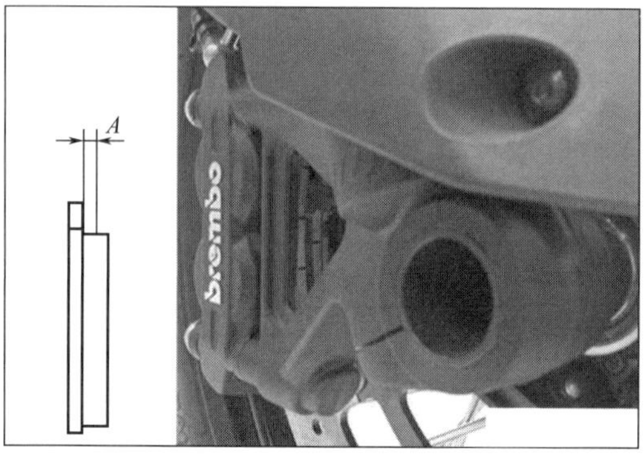

图 4-1-14　前制动器制动衬块最小厚度检查
A—前制动器制动衬块最小厚度

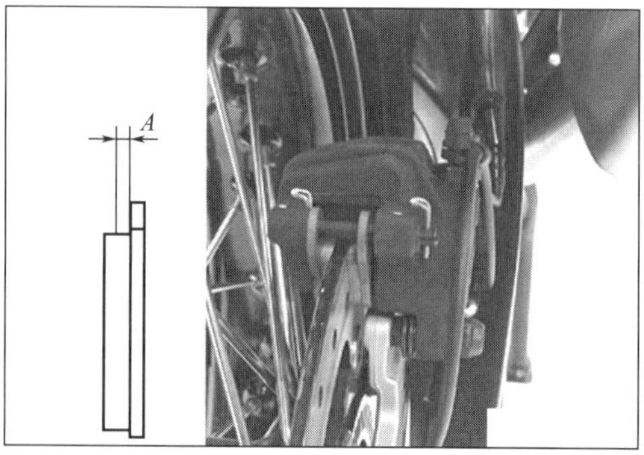

图 4-1-15　后制动器制动衬块最小厚度检查
A—后制动器制动衬块最小厚度

三、传动链张紧度检查（表4-1-6）

表4-1-6　传动链张紧度检查

步骤	操　　作
1	把摩托车用主支架支好，摩托车变速器设置到N挡，将传动链绷紧，见图4-1-16中的B
2	按照图4-1-16所示，测量传动链条上下垂直运动的距离（图4-1-16中的A）
3	距离应在40～45mm的规范范围内

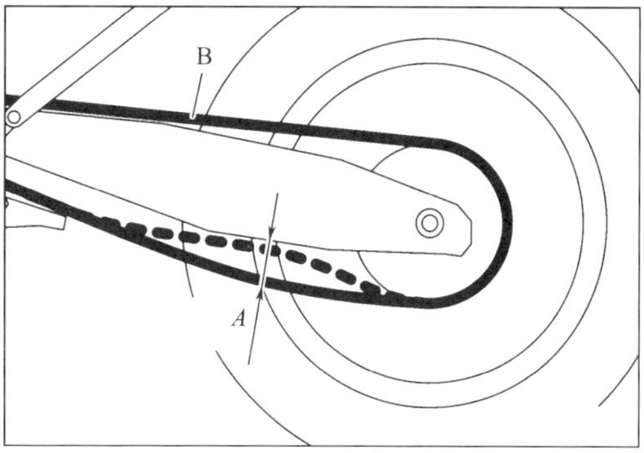

图4-1-16　传动链张紧度检查
A—测量传动链条垂直运动幅度（张紧度）；B—绷紧的链条

四、火花塞型号

内火花塞型号为NGK LKAR9BI9；外火花塞型号为NGK LMAR7A-9。火花塞电极间隙为0.9mm。更换时要确保型号准确。

五、轮胎

1. 压力规范

检查轮胎压力时，应确保轮胎处于冷胎时进行。摩托车前轮轮胎压力应为2.4bar，后轮轮胎压力应为2.9bar。

2. 轮胎胎面花纹深度规范

在轮胎磨损最大的位置测量轮胎胎面花纹深度，轮胎胎面花纹最小深度不能低于2mm。否则应更换新轮胎。如果轮胎胎面花纹最小深度高于2mm，但轮胎使用时间已经超过5年，也应更换轮胎。

3. 轮胎规格

（1）前轮　90/90 21 M/C 54T M+S TL。

（2）后轮　150/70 B 18 M/C 70Q TL。

（3）轮胎品牌　Continental TKC 80 Twinduro。

六、熔丝

1. 熔丝盒位置识别

熔丝盒安装在摩托车骑手鞍座下面，拆下骑手鞍座后即可找到，如图4-1-17所示。

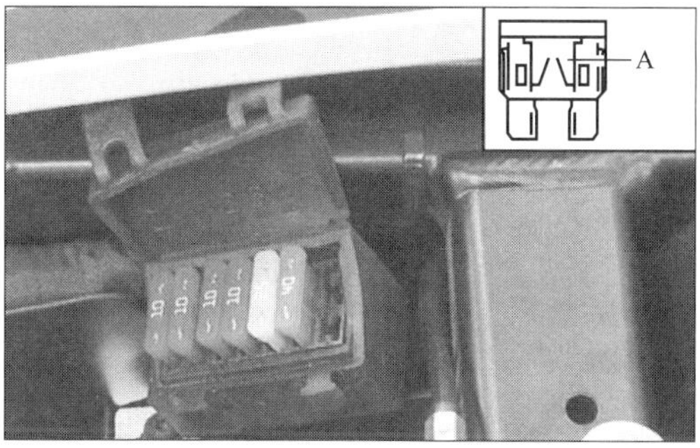

图4-1-17　熔丝盒识别
A—易熔丝烧断的熔丝

2. 熔丝盒内熔丝说明（表4-1-7）

表4-1-7　熔丝盒内熔丝说明

编号	保护的电路	规格/A
1	电控单元供电	10
2	附件电源插座	10

续表

编号	保护的电路	规格/A
3	ABS液压控制单元	25
4	ABS回油泵	40
5	未用	—

七、车灯

1. 灯泡规格（表4-1-8）

表4-1-8　灯泡规格

灯　泡	规　格
前照灯远光灯灯泡	H11 12V-55W
前照灯近光灯灯泡	H11 12V-55W
驻车灯	LED
尾灯/制动灯灯泡	LED
转向灯	RY10 W12V-10W
牌照灯	LED

2. 前照灯方向调节

在使用过程中发现摩托车大灯照射方向发生偏离时，按照图4-1-18所示，转动调节螺钉。沿顺时针方向转动螺钉，可增大前照灯照射范围；沿逆时针方向转动螺钉，可减小前照灯照射范围。

八、部件编号位置

1. 车架识别编码位置

车架识别编码位置如图4-1-19所示，车主应准确记录该编号，订购配件时，必须准确告知配件商该编号，以免发生配件错购或错配。

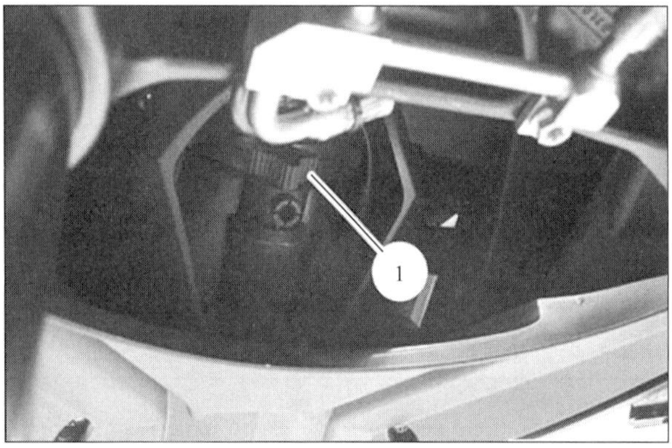

图4-1-18　大灯照射方向调节螺钉

1—照射范围调节螺钉

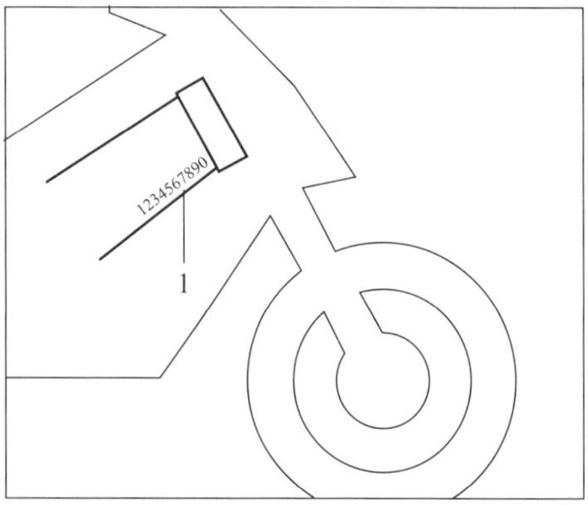

图4-1-19　车架识别编号位置

1—车架识别编码

2. 发动机识别编号位置

发动机识别编号位置如图 4-1-20 所示，也是订购配件时必须要准确提供的号码。

3. 前叉部件编号位置识别（图 4-1-21）

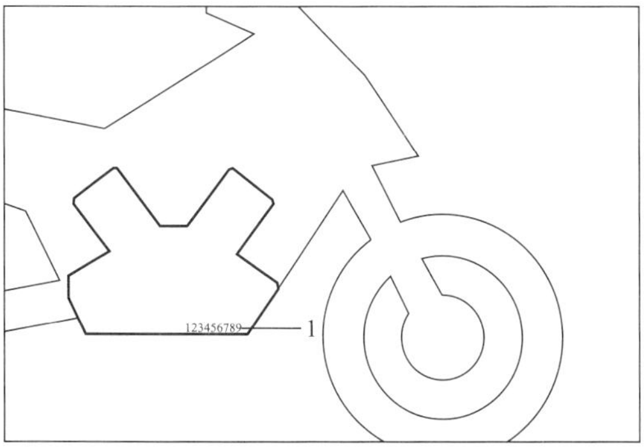

图 4-1-20　发动机识别编号位置

1—发动机编号

图 4-1-21　前叉部件编号位置

1—前叉部件编号

4. 减振器部件编号位置（图 4-1-22）

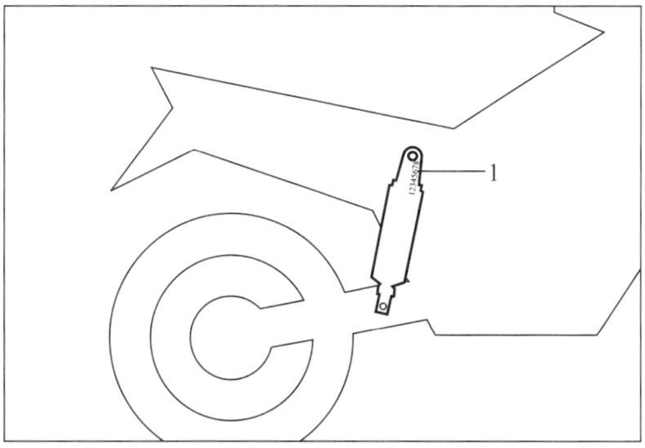

图 4-1-22　减振器部件编号位置

1—减振器部件编号

九、操纵部件调节

1. 风挡位置调节（图 4-1-23）

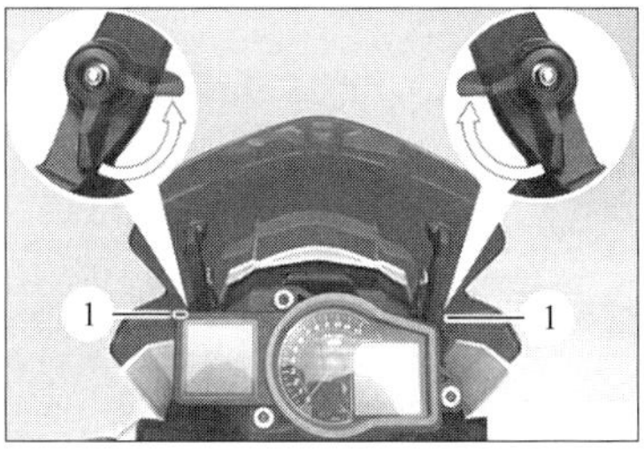

沿箭头所示方向转动风挡紧固手柄1，使风挡解除锁止

图 4-1-23

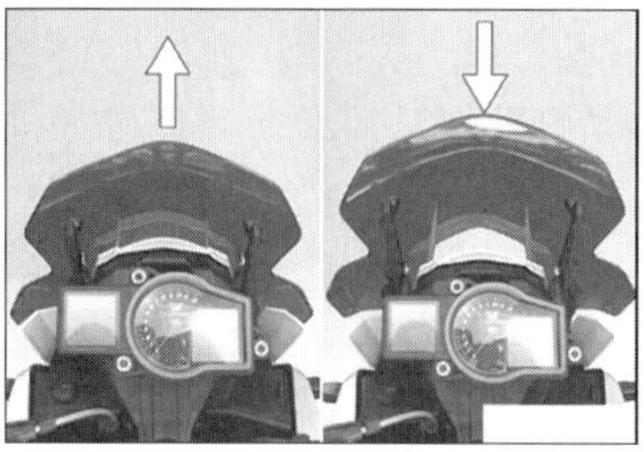

移动风挡，将风挡调节到所需位置

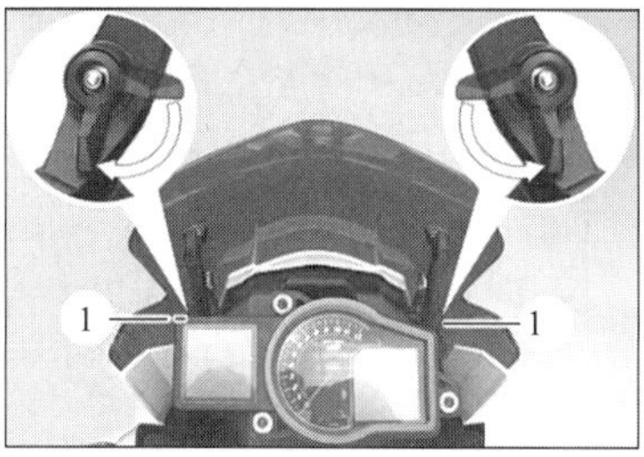

沿箭头方向将紧固手柄1，锁止风挡位置

图 4-1-23　风挡位置调节

2. 离合器控制杆与摩托车车把手柄之间的距离调节

离合器控制杆上配有一个旋钮（图 4-1-24 中的 1），车主如果感觉操纵起来不顺手，可通过转动该旋钮将离合器控制杆与摩托车车把手柄之间的距离调节到自己感觉最恰当的状态。顺时针转动旋钮，离合器控制杆与摩托车车把手柄之间的距离增大；逆时针转动旋钮，离合器控制杆与摩托车车把手柄之间的距离减小。

3. 制动控制杆与车把手柄之间的距离调节

制动控制杆上配有一个调节轮（图 4-1-25 中的 1），车主如果感觉操纵起来不顺手，可通过转动该旋钮将制动器控制杆与摩托车把手柄之间的距离调节到自己感觉最恰当的状态。调节时将控制杆向前推，转动调节轮即可调节控制杆与车把手柄之间的距离。

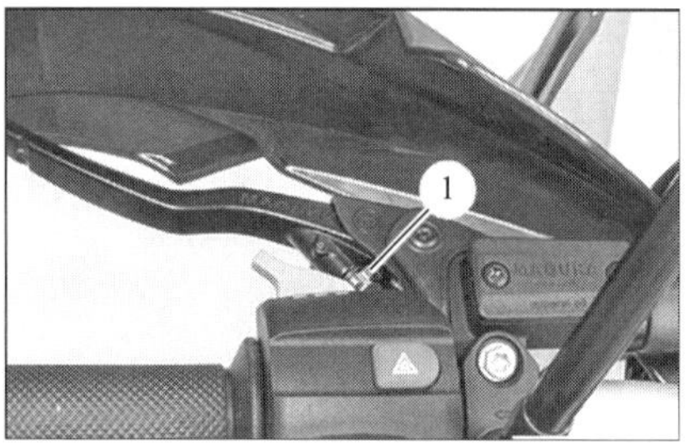

图 4-1-24　调节旋钮识别

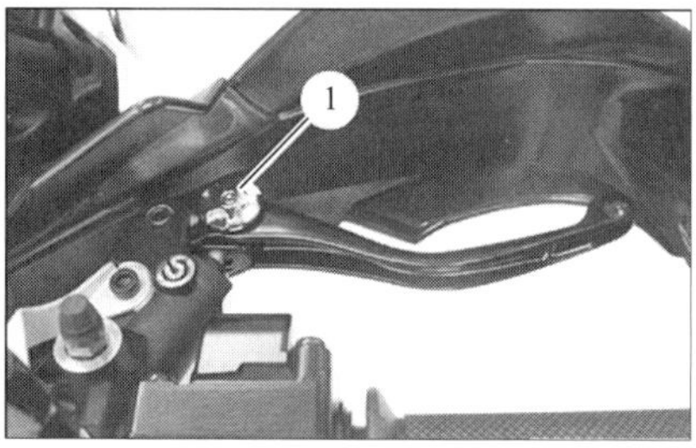

图 4-1-25　制动控制杆与调节轮识别

第二节　KTM 390 Duke 摩托车（2016 年款）

一、油品

1. 油品规格（表 4-2-1）

表 4-2-1　油品规格

油　　品	规　　格	用　　量
发动机机油	黏度：10W-50 发动机机油，比如可使用 Motorex Formula 4T 半合成发动机机油	维护保养操作时更换机油（包括机油滤清器）：1.7.L

续表

油品	规格	用量
制动液	DOT 4 或 DOT5.1 制动液，比如可采用 Motorex DOT 5.1 冷却液或 Castrol Response Brake Fluid Super DOT 4 制动液	
发动机冷却液	Motorex M3.0 冷却液	1.2L
传动链条清洁剂	Motorex 传动链条清洁剂	
传动链条润滑剂	Motorex 传动链条润滑剂	
前叉油液	黏度为 SAE4 的前叉油液	440mL

2. 发动机机油液面高度检查（表 4-2-2）

表 4-2-2 发动机机油液面高度检查

步骤	操作
1	启动发动机，怠速运行，使发动机暖机
2	暖机完成后，关闭发动机，等待至少 1min，使机油回流至油底壳
3	将摩托车用主支架支好，确保地面平坦坚实。按照图 4-2-1 所示，查看油位
4	发动机机油油位应当位于上限标记 B 和下限标记 A 之间的位置
5	如果检查发现机油油位位于标记 A，则说明机油液位过低，应添加发动机机油至合适的液位高度

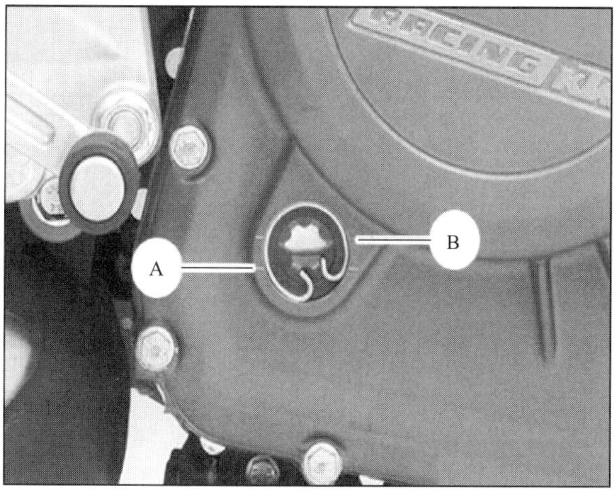

图 4-2-1 检查发动机机油液面高度

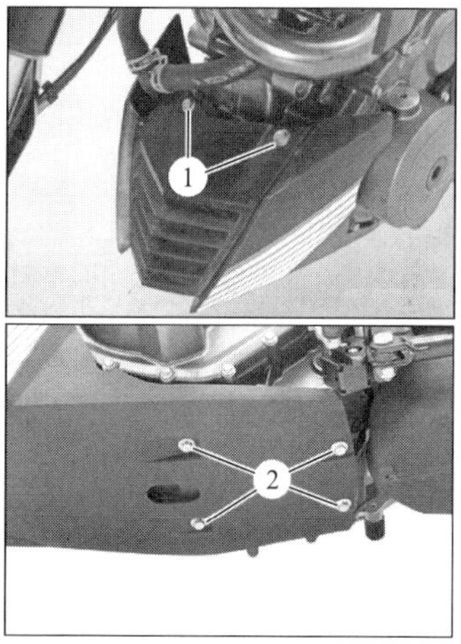

图 4-2-2 拆卸发动机前导流板

3. 发动机机油和机油滤清器更换（表 4-2-3）

表 4-2-3 发动机机油和机油滤清器更换

步骤	操作
1	按照图 4-2-2 所示，拆卸发动机前导流板
2	在平整坚实的地面上把摩托车用侧支架支好
3	把废油收集容器放置到摩托车发动机下方
4	按照图 4-2-3 所示，拆下发动机机油放油塞（图 4-2-3 中的 1）和放油塞密封圈
5	按照图 4-2-3 所示，拆下机油滤网和密封圈（图 4-2-3 中的 2）

续表

步骤	操　作
6	按照图 4-2-3 所示，拆下螺塞（图 4-2-3 中的 3）和机油滤网（图 4-2-3 中的 4）
7	彻底排放发动机机油
8	把拆下的机油放油塞和机油滤网彻底清洗干净
9	把机油滤网（图 4-2-3 中的 2）安装好，安装发动机机油放油塞（图 4-2-3 中的 1）并紧固至 15N·m
10	安装螺塞（图 4-2-3 中的 3）和机油滤芯（图 4-2-3 中的 4），将螺塞紧固至 12N·m
11	拆卸螺钉（图 4-2-3 中的 5），拆卸机油滤清器盖（图 4-2-3 中的 6）
12	把机油滤清器（图 4-2-3 中的 7）拉出
13	把滤清器内的发动机机油彻底排放干净
14	安装新的机油滤清器（图 4-2-3 中的 7）
15	用干净的发动机机油润滑机油滤清器盖上的密封圈，安装机油滤清器盖（图 4-2-3 中的 6）
16	紧固机油滤清器盖螺栓，M5 螺栓紧固至 8N·m；M6 螺栓紧固至 12N·m
17	从摩托车离合器盖上拧下发动机机油加注塞（图 4-2-3 中的 8），加注 1.7L 发动机机油
18	将机油加注塞重新安装好
19	启动发动机，确认没有机油泄漏情况发生
20	把摩托车前导流板重新安装好
21	检查发动机机油油位，确认油位在规范范围内

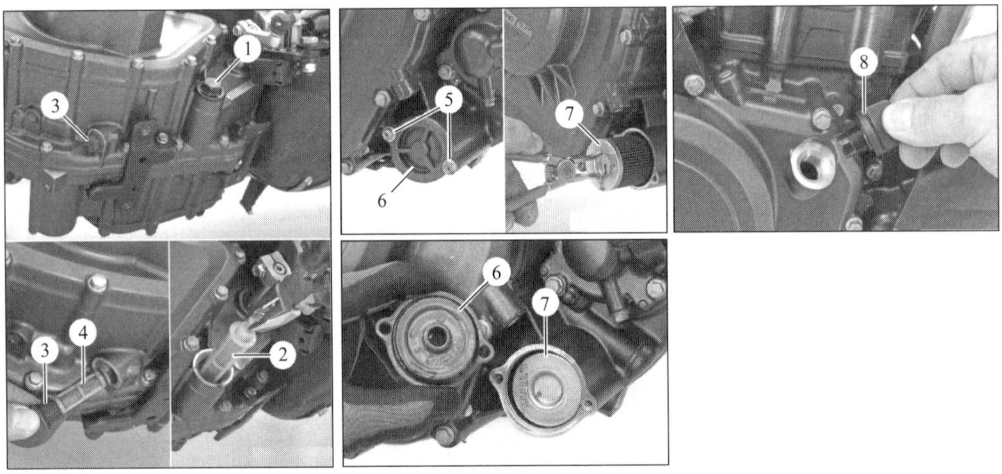

图 4-2-3　更换发动机机油和机油滤清器

4. 发动机冷却液液面检查（表 4-2-4）

表 4-2-4　发动机冷却液液面检查

步骤	操　作
1	使发动机冷机，拆下摩托车前导流板
2	将摩托车支好，使车体与地面垂直
3	按照图 4-2-4 所示，查看发动机冷却液膨胀罐（图 4-2-4 中的 1）的液位
4	发动机冷却液液位应当位于膨胀罐的 MAX 和 MIN 标记之间
5	如果液位过低，应及时添加冷却液
6	安装如图 4-2-4 所示，拧下发动机散热器盖（图 4-2-4 中的 2），查看散热器中的冷却液，散热器中的冷却液应是满的

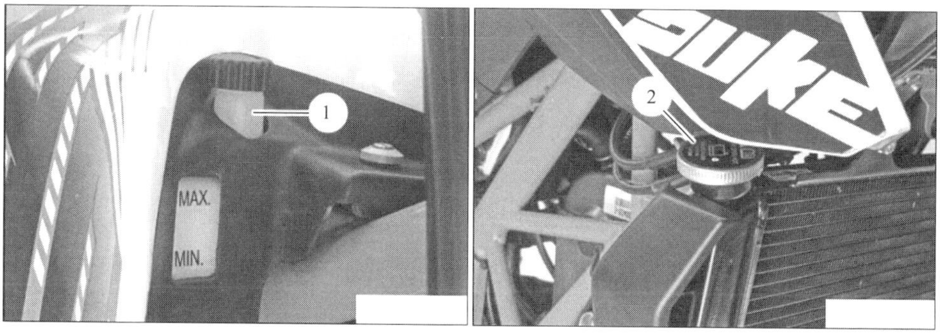

图 4-2-4　发动机冷却液膨胀罐和散热器盖

5. 排放发动机冷却液（表 4-2-5）

表 4-2-5　排放发动机冷却液

步骤	操　作
1	在发动机冷机时，将摩托车车身扶正，使摩托车与地面垂直
2	把冷却液容器放置到摩托车发动机下方，准备盛放排出的冷却液
3	按照图 4-2-5 所示，拧下冷却液放液塞
4	拆下发动机散热器盖
5	彻底排放冷却液
6	在冷却液放液塞上换装好新的密封圈，将放液塞重新安装好并紧固至 8N・m

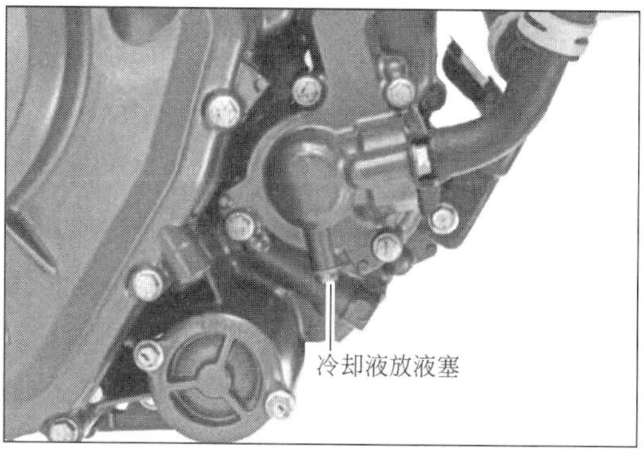

图 4-2-5　冷却液排放塞识别

6. 加注发动机冷却液（表 4-2-6）

表 4-2-6　加注发动机冷却液

步骤	操　作
1	按照图 4-2-6 所示，拧下散热器盖(图 4-2-6 中的 1)，准备加注冷却液
2	按照图 4-2-6 所示，把放气螺钉(图 4-2-6 中的 2)松开 3 圈
3	把摩托车车身向右侧略微倾斜
4	加注发动机冷却液，直至不含气泡的冷却液从放气螺钉处冒出为止，将放气螺钉拧紧
5	冷却液加注满散热器后，将散热器盖安装好
6	把摩托车用侧支架支好
7	启动发动机暖机
8	暖机完毕后，关闭发动机，使发动机冷却
9	在发动机处于冷机状态下检查冷却液储液罐和散热器中的液位，如果必要，可打开储液罐盖子，将冷却液添加至 MAX 标记，然后将储液罐盖子装好
10	将摩托车前导流板重新安装好

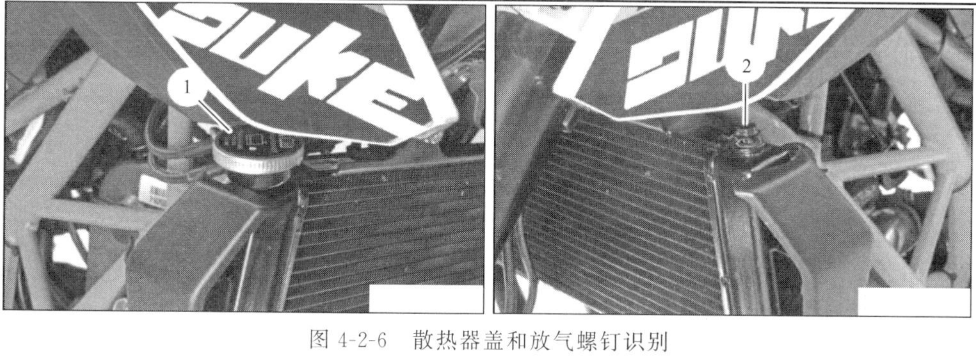

图 4-2-6　散热器盖和放气螺钉识别

7. 前制动器制动液液面高度检查

转动车把，使车把上的前制动器储液罐保持与地面平行，按照图 4-2-7 所示，通过储液罐上的观察窗检查制动液液面高度。液位不能低于 MIN 标记。如果液位过低，应予以添加。

前制动器制动液添加见表 4-2-7。

表 4-2-7 前制动器制动液添加

步骤	操 作
1	移动车把，使车把上的前制动器储液罐与地面平行
2	按照图 4-2-8 所示，拆下螺钉(图 4-2-8 中的 1)
3	拆下带有薄膜(图 4-2-8 中的 3)的储液罐盖(图 4-2-8 中的 2)
4	添加制动液至图 4-2-8 所示的刻度 A
5	将带有薄膜(图 4-2-8 中的 3)的储液罐盖(图 4-2-8 中的 2)重新安装好并拧紧螺钉(图 4-2-8 中的 1)

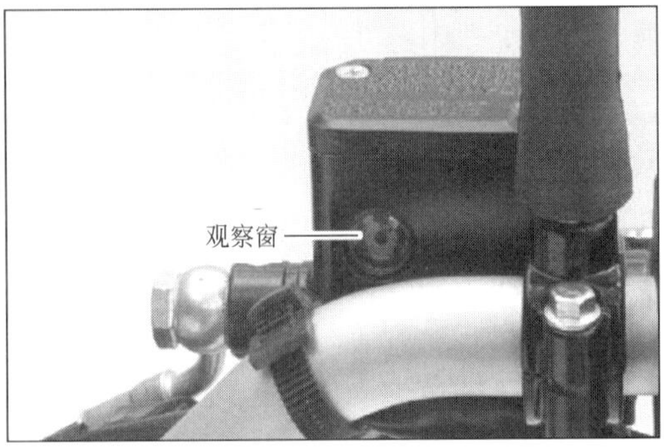

图 4-2-7 前制动器制动液液面高度观察窗识别

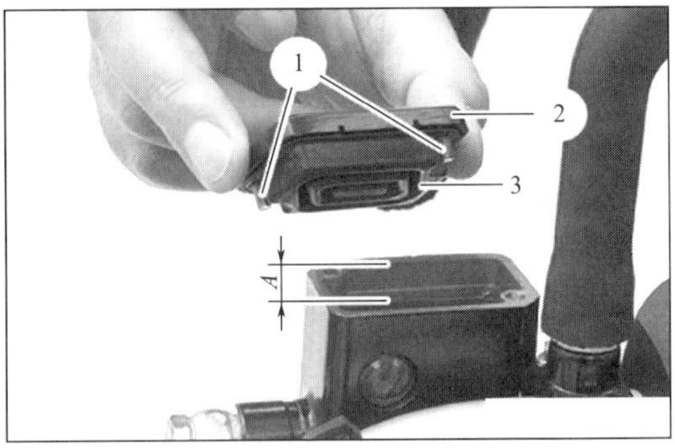

图 4-2-8 前制动器制动液添加

8. 后制动器制动液液位检查

按照图 4-2-9 所示，查看后制动器储液罐内的液位高度，应高于储液罐上的 MIN 标记。如果液位过低，应按照表 4-2-8 的操作步骤添加制动液。

表 4-2-8 后制动器制动液添加

步骤	操 作
1	将摩托车用主支架支好
2	按照图 4-2-10 所示，拆下带有薄膜(图 4-2-10 中的 2)的储液罐盖子(图 4-2-10 中的 1)
3	将制动液添加到图 4-2-10 中的 A 处
4	将带有薄膜的储液罐盖子重新盖好拧紧

图 4-2-9 后制动器制动液液面高度检查

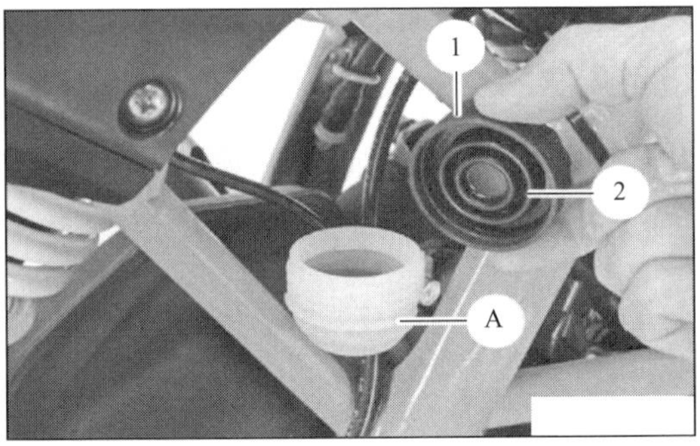

图 4-2-10 添加后制动器制动液

二、制动衬块磨损检查

前制动器制动衬块最小厚度检查如图 4-2-11 所示；后制动器制动衬块最小厚度检查如图 4-2-12 所示。如果发现制动衬块摩擦材料最小厚度低于 1.0mm 时，必须更换制动衬块。

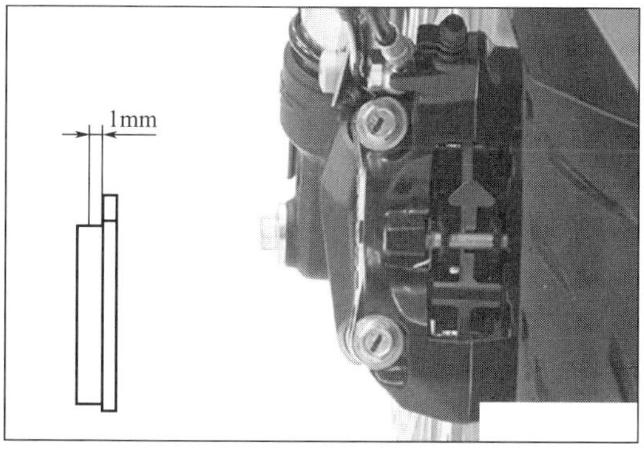

图 4-2-11　前制动器制动衬块最小厚度检查

图 4-2-12　后制动器制动衬块最小厚度检查

三、传动链维护

1. 张紧度检查（表 4-2-9）

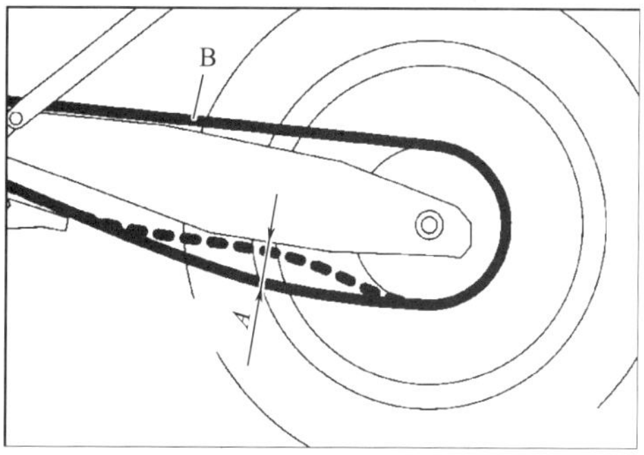

图 4-2-13　传动链张紧度检查

表 4-2-9　张紧度检查

步骤	操　　作
1	把摩托车用侧支架支好，摩托车变速器设置到 N 挡，将传动链绷紧，见图 4-2-13 中的 B
2	按照图 4-2-13 所示，测量传动链条上下垂直运动的距离（图 4-2-13 中的 A）
3	距离应在 5～7mm 的规范范围内

2. 传动链张紧度调节

如果检查中发现传动链张紧度不符合规范，应按照表 4-2-10 的操作步骤将张紧度调节到规范范围。

图 4-2-14　调节传动链张紧度

表 4-2-10　传动链张紧度调节操作步骤

步骤	操　　作
1	按照图 4-1-14 所示，松开螺母（图 4-2-14 中的 1 和 2）
2	转动车轮左侧和右侧的调节螺钉（图 4-2-14 中的 3）调节链条张紧度，调节时要确保左右两侧链条调节器（图 4-2-14 中的 4）与参考标记（图 4-2-14 中的 A）处于相同位置，这样即可使后轮准确对齐
3	将张紧度调节到 5～7mm 的规范范围后，紧固螺母（图 4-2-14 中的 2）
4	确保链条调节器（图 4-2-14 中的 4）能正确安装到调节螺钉（图 4-2-14 中的 3）上
5	紧固螺母（图 4-2-14 中的 1）至 90N·m

四、火花塞型号

火花塞型号为 BOSCH VR 5 NE；火花塞电极间隙为 0.8mm。也可采用 BOSCH VR 5 NEU 火花塞，这种火花塞电极间隙为 1.0mm。更换时要确保型号准确。

五、轮胎

1. 压力

检查轮胎压力时，应确保轮胎处于冷胎时进行。摩托车在单人骑乘状态下，前轮轮胎压力应为 2.0bar，后轮轮胎压力应为 2.0bar。摩托车在双人骑乘状态下，前轮轮胎压力应为 2.0bar，后轮轮胎压力应为 2.2bar。

2. 轮胎胎面花纹深度

在轮胎磨损最大的位置测量轮胎胎面花纹深度，轮胎胎面花纹最小深度不能低于 2mm。否则应更换新轮胎。如果轮胎胎面花纹最小深度高于 2mm，但轮胎使用时间已经超过 5 年，也应更换轮胎。

3. 轮胎规格

（1）前轮　110/70 ZR 17 M/C 54W TL。

（2）后轮　150/60 b 18 M/C 66W TL。

六、熔丝

1. 熔丝盒位置识别

熔丝盒安装在摩托车乘客座椅下面，拆下乘客座椅后即可找到，如图 4-2-15 所示。

2. 熔丝盒内熔丝说明（表 4-2-11）

表 4-2-11　熔丝盒内熔丝说明

编号	功　　能	规格/A
1	主熔丝	30
2	组合仪表、报警系统	15
3	燃油泵、电控单元	15
4	点火线圈	15
5	散热器冷却风扇	15
6	喇叭，制动灯，转向灯，前照灯近光，前照灯远光，驻车灯，尾灯，牌照灯	15
7	ABS 电控单元	20
8	组合仪表，电控单元	10
9	附件	10

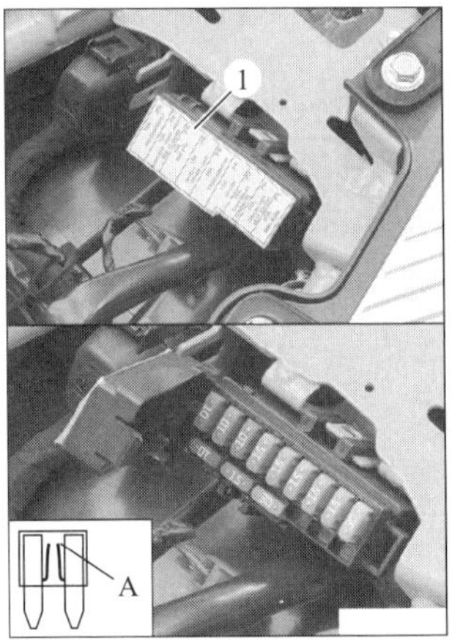

图 4-2-15　熔丝盒识别
1—熔丝盒盖；A—易熔线烧断的熔丝

七、车灯

1. 灯泡规格（表 4-2-12）

表 4-2-12　灯泡规格

灯　　泡	规　　格
前照灯灯泡	H4 12V-60/55W

续表

灯　　泡	规　　格
驻车灯灯泡	W5W 12V-5W
尾灯/制动灯灯泡	LED
转向灯	LED
牌照灯	LED

2. 前照灯方向调节

当需要调节前照灯照射范围时，应按照表 4-2-13 的操作步骤调节前照灯照射范围。

表 4-2-13　调节前照灯照射范围的操作步骤

步骤	操　　作
1	按照图 4-2-16 所示，拆卸固定螺钉(图 4-2-16 中的 1)
2	按照图 4-2-16 所示，拆卸螺钉(图 4-2-16 中的 2)
3	将前照灯灯罩提起，向前翻转
4	转动前照灯照射范围调节螺钉(图 4-2-16 中的 3)进行调节：沿顺时针方向转动螺钉，可增大前照灯照射范围；沿逆时针方向转动螺钉，可减小前照灯照射范围
5	将灯罩折回原位
6	安装螺钉(图 4-2-16 中的 2)并紧固至 9N·m
7	安装固定螺钉(图 4-2-16 中的 1)

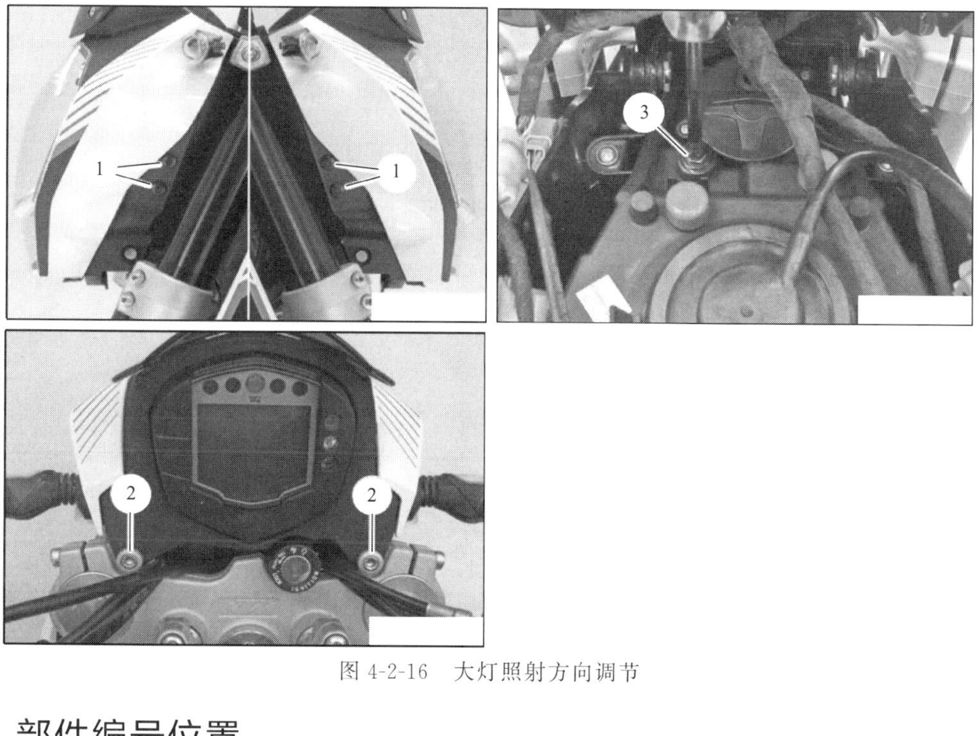

图 4-2-16　大灯照射方向调节

八、部件编号位置

1. 车架识别编号位置

车架识别编号位置如图 4-2-17 所示，车主应准确记录该编号，订购配件时，必须准确告知配件商该编号，以免发生配件错购或错配。

2. 发动机识别编号位置

发动机识别编号位置如图 4-2-18 所示，也是订购配件时必须要准确提供的号码。

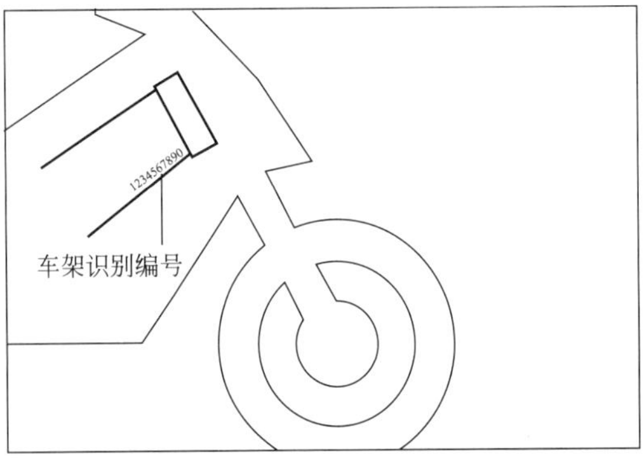

图 4-2-17　车架识别编号位置

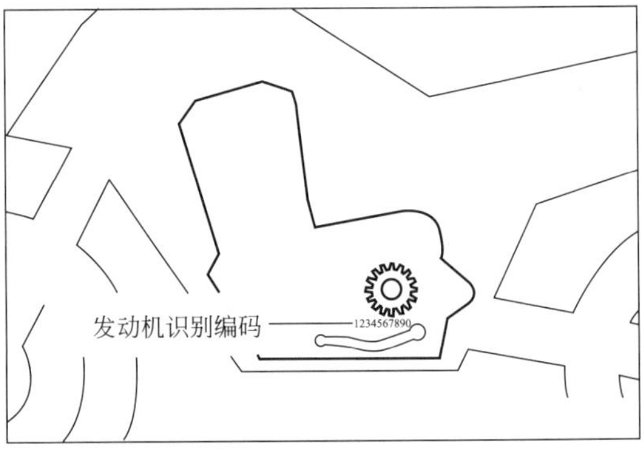

图 4-2-18　发动机识别编号位置

九、操纵部件调节

1. 离合器控制杆自由间隙调节

离合器控制杆自由间隙应该在 1～3mm 之间，如果不在规范范围内，可按照表 4-2-14 的调节步骤将自由间隙调节恰当。

表 4-2-14　离合器控制杆自由间隙调节

步骤	操　　作
1	按照图 4-2-19 所示，挪开离合器拉索护套(图 4-2-21 中的 1)
2	松开锁止螺母(图 4-2-19 中的 2)
3	转动调节螺钉(图 4-2-19 中的 3)将离合器控制杆间隙调节到 1～3mm 范围内
4	拧紧锁止螺母(图 4-2-19 中的 2)
5	将离合器拉索护套(图 4-2-19 中的 1)移回原位

2. 脚踏式转动器控制杆自由间隙调节

脚踏式转动器控制杆自由间隙的规范范围是 3～5mm；如果检查时发现间隙不符合规范，应按照表 4-2-15 的操作步骤进行调节。

表 4-2-15　脚踏式转动器控制杆自由间隙调节

步骤	操　　作
1	按照图 4-2-20 所示，拆下弹簧(图 4-2-20 中的 1)
2	前后移动脚踏式制动器控制杆，查看自由间隙是否在规范范围内，如果发现不符合规范，则进行调节
3	松开螺母(图 4-2-20 中的 2)，转动螺钉(图 4-2-20 中的 3)，将自由间隙调节到规范范围
4	固定住螺钉(图 4-2-20 中的 2)，紧固螺母
5	将弹簧(图 4-2-20 中的 1)重新安装好

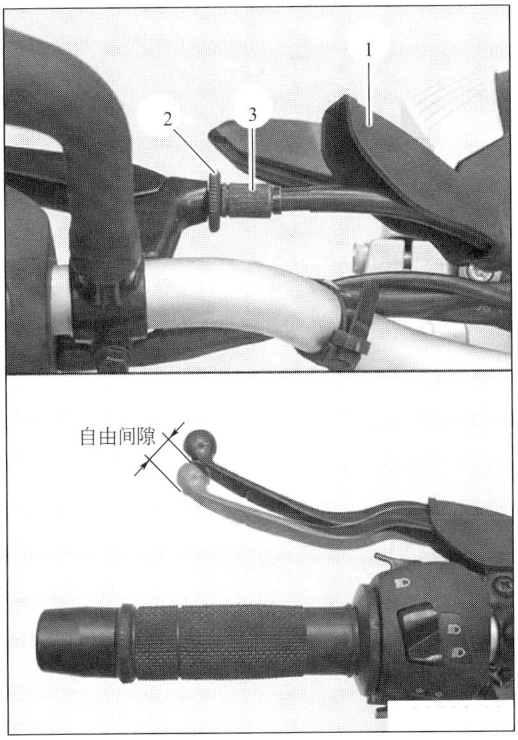

图 4-2-19 调节离合器控制杆自由间隙

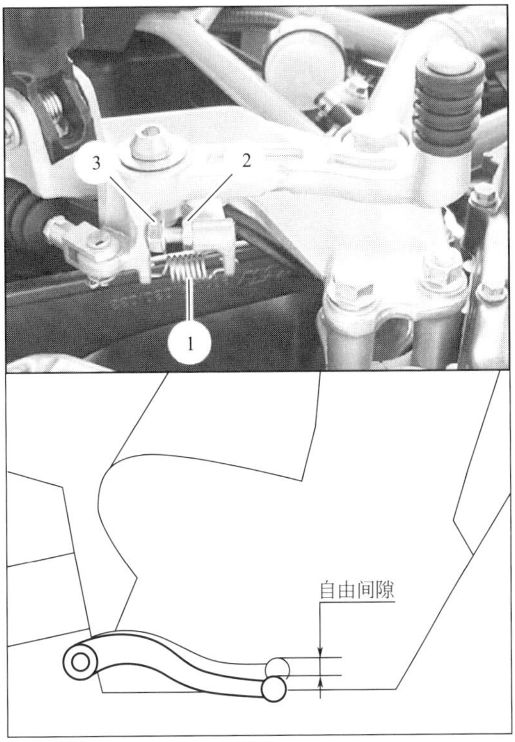

图 4-2-20 脚踏式转动器控制杆自由间隙调节

第五章

TRIUMPH（凯旋）摩托车

第一节　TIGER 800 XR/TIGER 800 XC 摩托车（2016~ 2017 年款）

一、油品

1. 油品规格（表 5-1-1）

表 5-1-1　油品规格

油　　品	规　　格	用　　量
发动机机油	黏度：SAE10W-40 或 10W-50 发动机机油，比如可使用 Castrol（嘉实多）Power 1 Racing 4T 全合成发动机机油	发动机解体大修后更换机油：4.1L 维护保养操作时更换机油（包括机油滤清器）：3.6L 维护保养操作时更换机油（不包括机油滤清器）：3.4L
制动液和离合器液	DOT 4 制动液	2.69L
发动机冷却液	Triumph HD4X Hybrid OAT 冷却液	

2. 发动机机油液面高度检查（表 5-1-2）

表 5-1-2　发动机机油液面高度检查

步骤	操　　作
1	启动发动机，怠速运行 5min
2	关闭发动机，等待至少 3min，使机油回流至油底壳
3	按照图 5-1-1 所示，通过油位观察窗查看油位
4	发动机机油油位应当位于上限和下限标记中间位置
5	如果检查发现机油油位过低，应拧下机油加注口塞，添加发动机机油至合适的液位高度

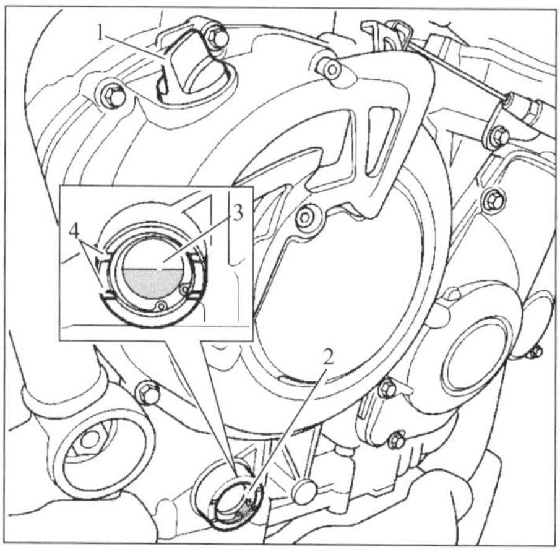

图 5-1-1　检查发动机机油液面高度

1—机油加注口塞；2—机油油位观察窗；3—标准的机油油位；4—机油油位上限和下限标记

3. 发动机机油和机油滤清器更换（表 5-1-3）

表 5-1-3　发动机机油和机油滤清器更换

步骤	操　　作
1	启动发动机进行暖机
2	暖机完毕后，关闭发动机
3	把摩托车支好，使车体与地面垂直，将废油收集盘放置到摩托车发动机下方
4	按照图 5-1-2 所示，拆卸发动机机油放油塞
5	用工具拆下机油滤清器，在新的机油滤清器的密封圈处涂抹干净的发动机机油，把新的滤清器安装到发动机上，紧固至 10N·m
6	发动机机油排放干净后，更换放油塞上的密封圈，将放油塞重新安装到发动机上，紧固至 25N·m
7	添加足量的发动机机油
8	启动发动机，使发动机怠速运行 1.5min
9	关闭发动机，检查发动机机油液位，确认液位符合规范

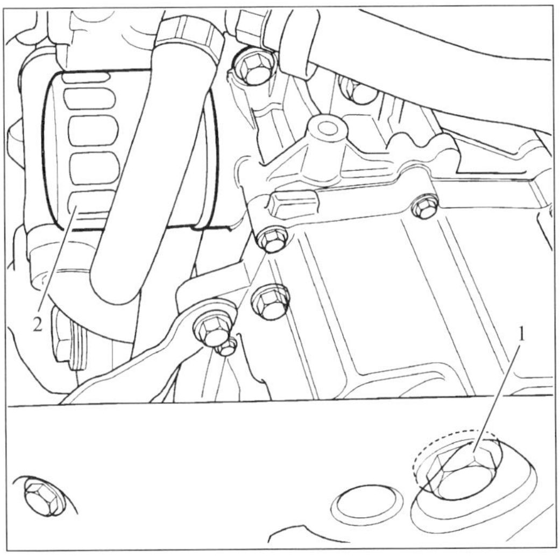

图 5-1-2　发动机机油放油塞与机油滤清器识别
1—发动机机油放油塞；2—机油滤清器

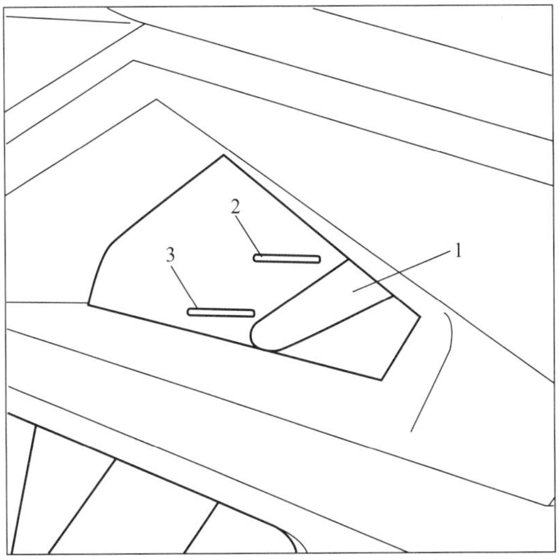

图 5-1-3　发动机冷却液加注盖及液面高度识别
1—冷却液膨胀罐；2—MAX 标记；3—MIN 标记

4. 发动机冷却液液面检查（表 5-1-4）

表 5-1-4　发动机冷却液液面检查

步骤	操　　作
1	使发动机冷机
2	将摩托车支好，使车体与地面垂直
3	从车辆右侧观察油箱前方的发动机冷却液膨胀罐
4	发动机冷却液液位应当位于膨胀罐的 MAX 和 MIN 标记之间，如图 5-1-3 所示
5	如果液位过低，应及时添加冷却液

5. 添加发动机冷却液（表 5-1-5）

表 5-1-5　添加发动机冷却液

步骤	操　作
1	使发动机冷机
2	按照图 5-1-4 所示，把冷却液膨胀罐上的盖子拆下
3	添加发动机冷却液，使液位达到膨胀罐上的 MAX 标记处
4	重新安装好膨胀罐盖子

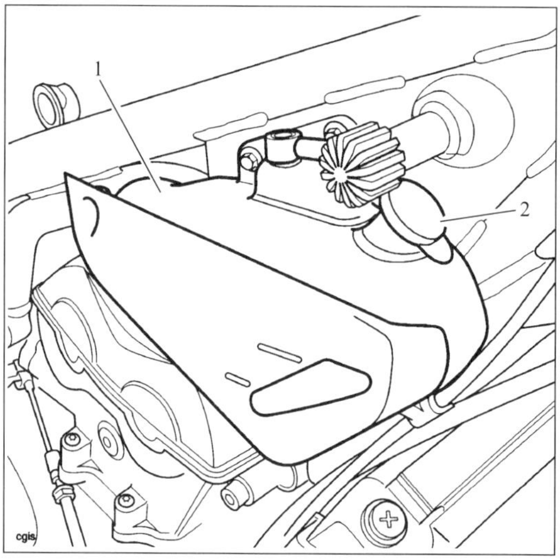

图 5-1-4　冷却液膨胀箱识别
1—膨胀箱；2—膨胀箱盖

6. 制动液液面高度检查

按照图 5-1-5 所示的液面高度标记执行液面高度核查，液面不能低于 MIN 标记。

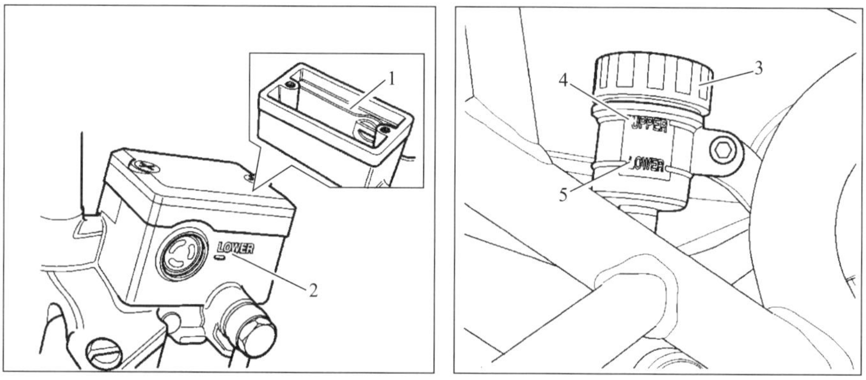

图 5-1-5　制动液液面高度标记识别
1—前制动器储液罐上限标记；2—下限标记；3—后制动器储液罐；4—上限标记；5—下限标记

二、制动衬块磨损检查

对制动衬块磨损进行检查，如图 5-1-6 所示，如果发现制动衬块摩擦材料最小厚度只有 1.5mm 时，必须更换制动衬块。

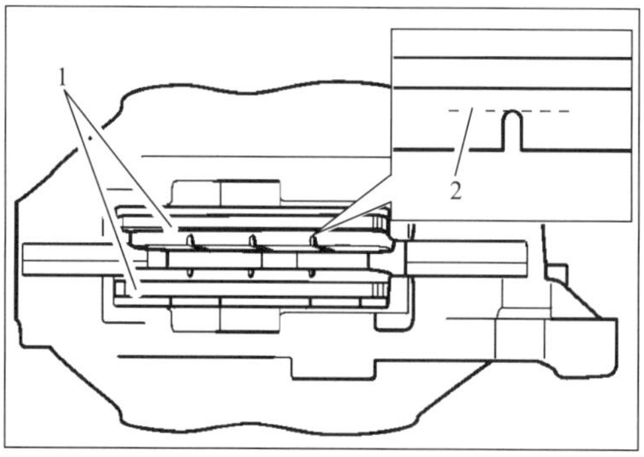

图 5-1-6　制动衬块磨损检查
1—制动衬块；2—最小厚度线

三、传动链张紧度检查（表 5-1-6）

表 5-1-6　传动链张紧度检查

步骤	操　　作
1	使摩托车保持直立状态，推动摩托车使后轮转动，直至传动链绷紧
2	按照图 5-1-7 所示，测量传动链条上下垂直运动的距离
3	确认距离在 20～30mm 的规范范围内

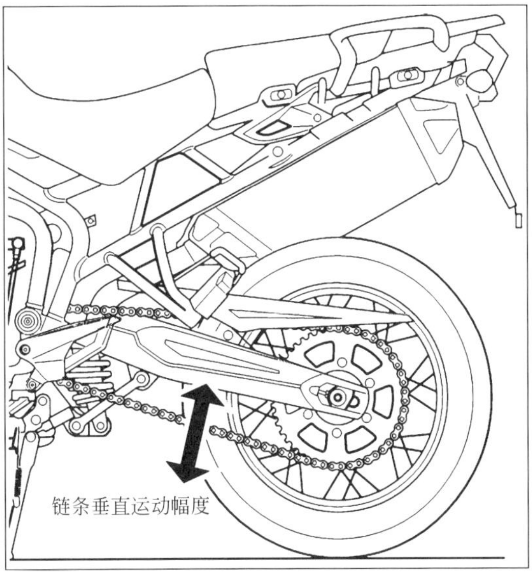

图 5-1-7　传动链张紧度检查

四、火花塞型号

火花塞型号为 NGKCR9EK。更换时要确保型号准确。

五、轮胎

1. 压力规范

检查轮胎压力时，应确保轮胎处于冷胎时进行。摩托车前轮轮胎压力应为 2.5bar，后轮轮胎压力应为 2.9bar。

2. 轮胎胎面花纹深度规范

在轮胎磨损最大的位置测量轮胎胎面花纹深度。如果车速一般保持在 130km/h 以下，前轮和后轮轮胎花纹最小深度不能低于 2mm。如果经常以高于 130km/h 的车速行驶，前轮轮胎胎面花纹最小深度不能低于 2mm，后轮轮胎胎面花纹最小深度不能低于 3mm。否则应更换新轮胎。

3. 轮胎规格（表 5-1-7）

表 5-1-7　轮胎规格

车型	前轮胎	后轮胎
TIGER 800 XR	100/90-19 M/C 57V	150/70 R 17 M/C 69V
TIGER 800 XC	90/90-21M/C 54V	150/70 R 17 M/C 69V

六、熔丝

1. 熔丝盒位置识别

熔丝盒安装在摩托车骑手鞍座下面，拆下骑手鞍座后即可找到，如图 5-1-8 所示。

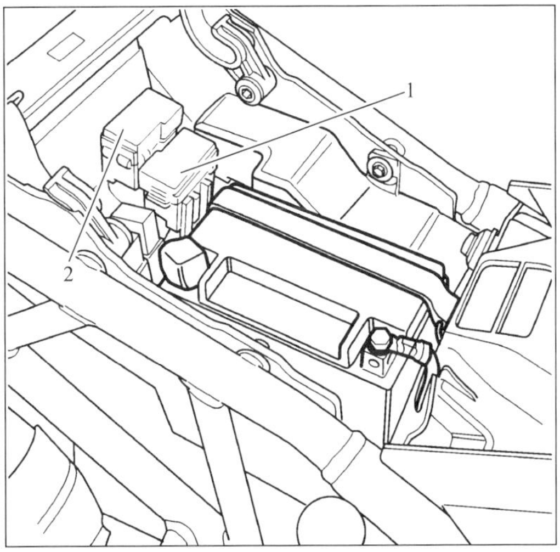

图 5-1-8　熔丝盒识别
1—前熔丝盒；2—后熔丝盒

2. 熔丝盒内熔丝说明

熔丝盒内熔丝识别见图 5-1-9，熔丝说明见表 5-1-8。

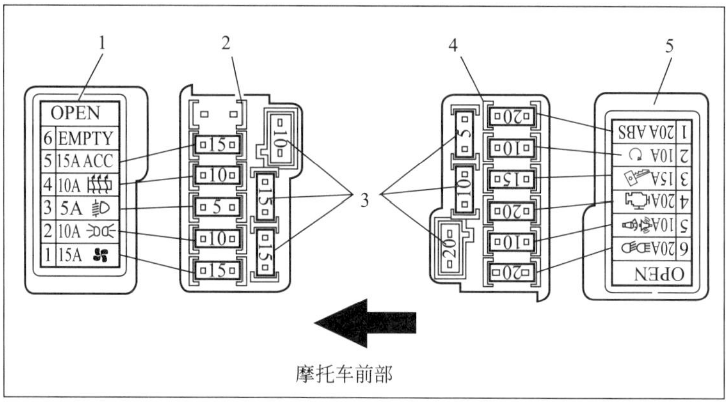

图 5-1-9　熔丝盒内熔丝识别

1—前熔丝盒盖；2—前熔丝盒；3—预留熔丝；4—后熔丝盒；5—后熔丝盒盖

表 5-1-8　熔丝盒内熔丝说明

编号	保护的电路	规格/A
	前熔丝盒	
1	冷却风扇	15
2	辅助照明	10
3	辅助车灯	5
4	车把握柄加热	10
5	辅助电源插座	15
6	未用	—
	后熔丝盒	
1	ABS 系统	20
2	燃油泵	10
3	报警器、仪表板、发动机电控单元	15
4	发动机管理系统	20
5	报警器、诊断接头、仪表板	10
6	前照灯、起动机继电器	20

七、车灯

1. 灯泡规格（表 5-1-9）

表 5-1-9　灯泡规格

灯　　泡	规　　格
前照灯灯泡	H4 12V-55/60W
尾灯/制动灯灯泡	LED
转向灯	12V-10W
雾灯	LED

2. 前照灯方向调节

在使用过程中发现摩托车大灯照射方向发生偏离时，应用螺丝刀转动图 5-1-10 中所示的水平方向和垂直方向调节螺栓，将大灯的照射方向调节准确。

3. 摩托车载重变化时前照灯的调节

摩托车载重变化时（比如由单人驾驶变化为双人骑乘时）需要将前照灯的调节杆向下方转动，由轻载状态调节到重载状态，如图 5-1-11 所示。调节到重载状态后，前照灯照射光束会降低 2°。

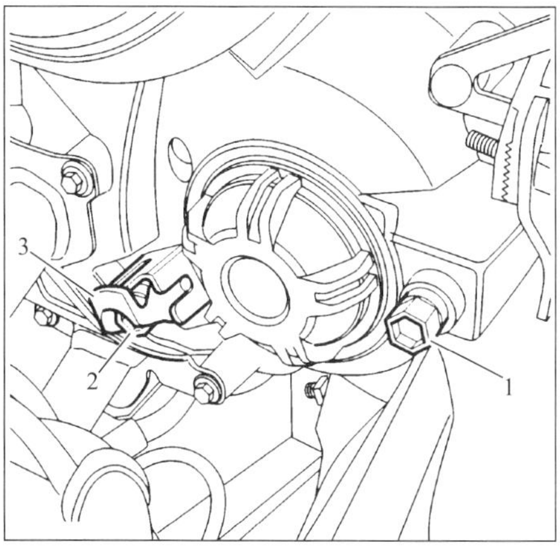

图 5-1-10 大灯照射方向调节螺栓

1—水平照射方向调节螺钉；2—垂直照射方向调节螺钉；3—前照灯调节杆（针对不同的载重而进行的调节）

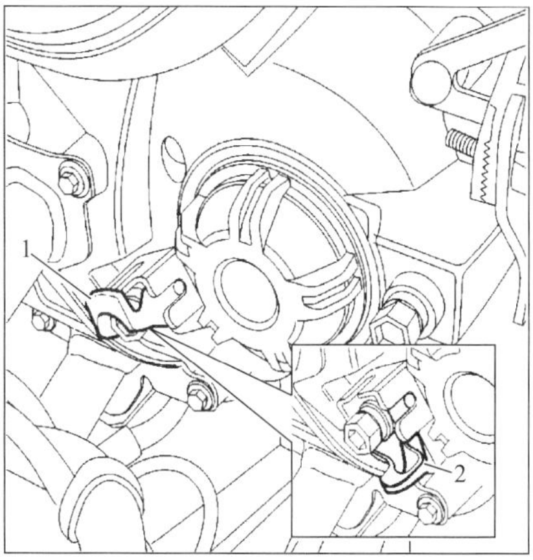

图 5-1-11 摩托车载重变化时前照灯的调节

1—轻载状态；2—重载状态

4. 前照灯灯泡更换（表 5-1-10）

表 5-1-10 前照灯灯泡更换

步骤	操 作
1	拆卸骑手鞍座
2	断开蓄电池负极电缆
3	沿逆时针方向转动前照灯灯罩，将灯罩拆下
4	断开灯泡的电路插头
5	按照图 5-1-12 所示，从护圈卡钩上拆下灯泡护圈，按照图中所示箭头的方向转动灯泡，将灯泡从护圈上拆下
6	把新的灯泡按照与拆卸相反的步骤安装好

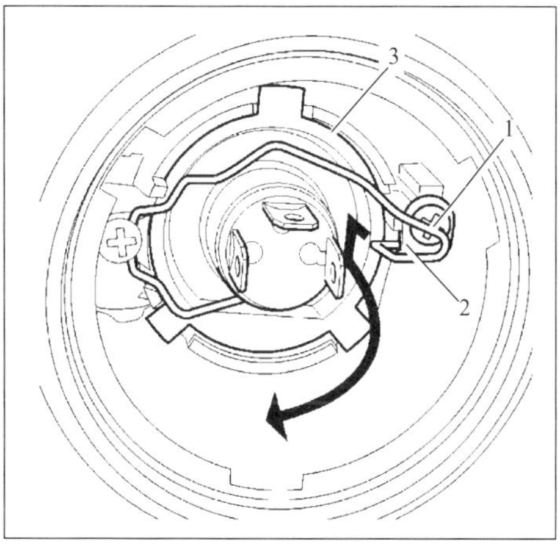

图 5-1-12 更换前照灯灯泡

1—灯泡护圈；2—护圈卡钩；3—灯泡

5. 转向灯灯泡更换

按照图 5-1-13 所示，用螺丝刀拆下转向灯灯罩上的固定螺钉，即可拆下灯罩，取出损坏的灯泡，然后将新灯泡换上，再将灯罩用螺钉紧固好。

八、车架识别编码位置

车架识别编码位置如图 5-1-14 所示，车主应准确记录该编号，订购配件时，必须准确告知配件商该编号，以免发生配件错购或错配。

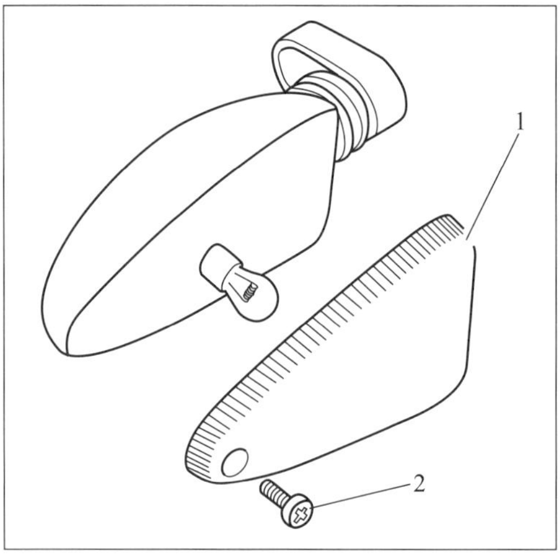

图 5-1-13　转向灯灯泡更换

1—转向灯灯罩；2—固定螺钉

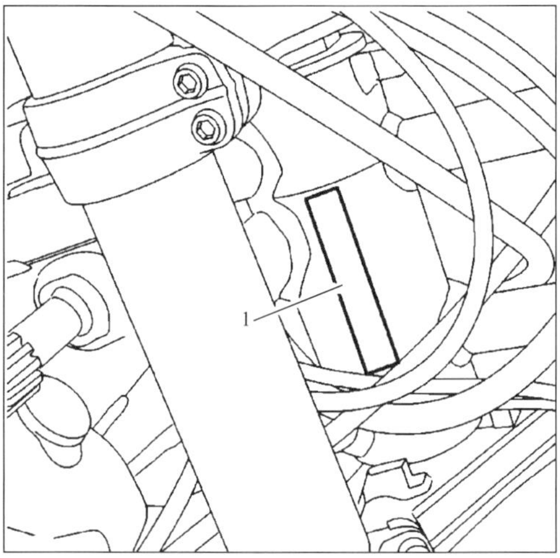

图 5-1-14　车架识别编号位置

1—VIN（摩托车车辆识别编码）

九、发动机识别编号位置

发动机识别编号位置如图 5-1-15 所示，也是订购配件时必须要准确提供的号码。

十、操纵部件调节

1. 离合器控制杆自由间隙检查

按照图 5-1-16 所示，检查离合器控制杆的自由间隙，规范范围应为 2～3mm。

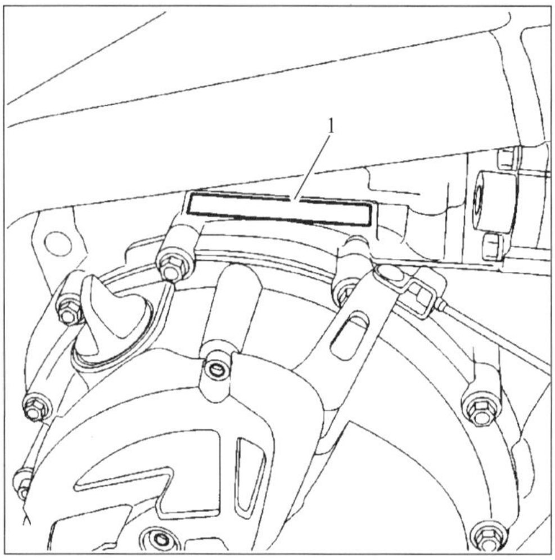

图 5-1-15　发动机识别编号位置

1—发动机识别编号

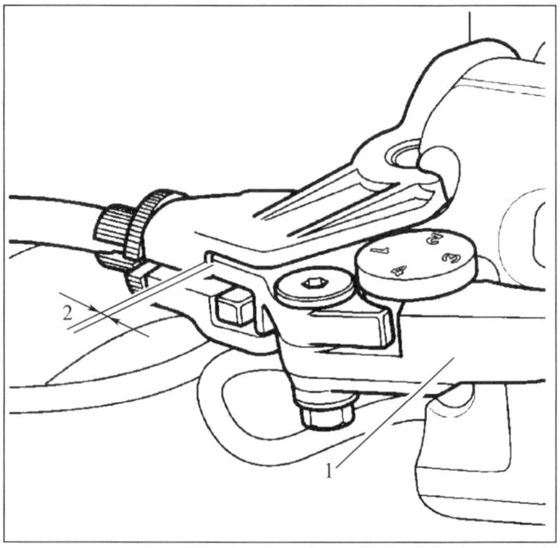

图 5-1-16　离合器控制杆自由间隙

1—离合器杆；2—规范的自由间隙（2～3mm）

2. 离合器控制杆与摩托车车把手柄之间的距离调节

离合器控制杆（图 5-1-16 中的 1）上配有一个旋钮（旋钮上有标记 1～4），车主如果感觉操纵起来不顺手，可通过转动该旋钮将离合器控制杆与摩托车车把手柄之间的距离调节到自己感觉最恰当的状态。旋钮共有 4 种距离可调，当旋钮转动到位置 1 时，离合器控制杆与摩托车车把手柄之间的距离最大；当旋钮转动到位置 4 时，离合器控制杆与摩托车车把手柄之间的距离最小。

3. 制动控制杆与车把手柄之间的距离调节

制动控制杆上配有一个旋钮（图 5-1-17 中的 1），车主如果感觉操纵起来不顺手，可通过转动该旋钮将制动器控制杆与摩托车车把手柄之间的距离调节到自己感觉最恰当的状态。调节时将控制杆向前推，转动旋钮，使旋钮上的数字对准箭头标志（图 5-1-17 中的 2），数字 1 对准箭头标志时，控制杆与车把手柄之间的距离最大；数字 5 对准箭头标志时，控制杆与车把手柄之间的距离最小。

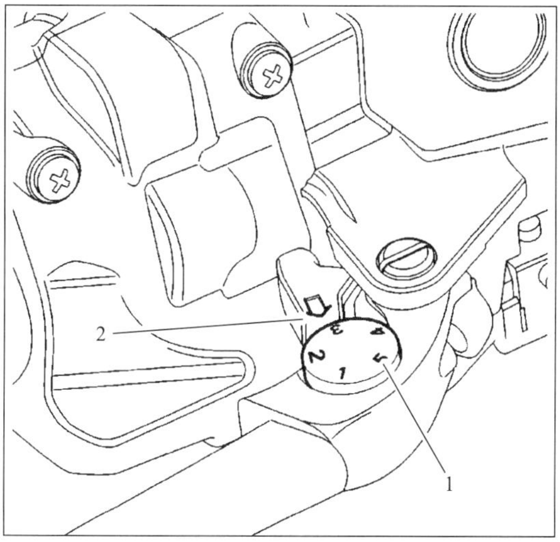

图 5-1-17　制动控制杆与调节旋钮识别

1—制动器控制杆调节旋钮；2—箭头标志

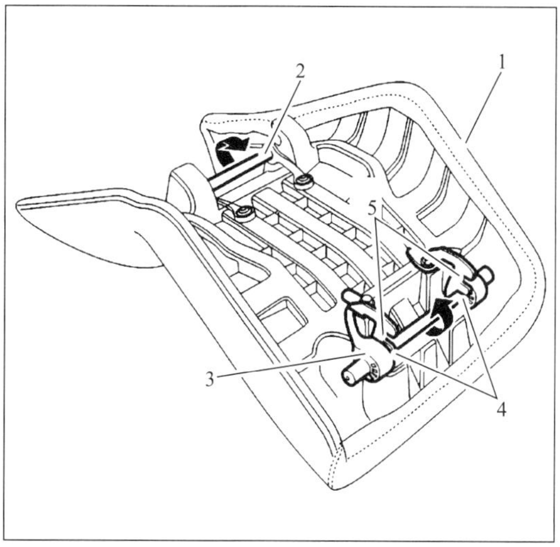

图 5-1-18　调整座椅高度

1—摩托车座椅；2—前座高度调节器；3—后座高度调节器；4—座椅低位位置；5—座椅高位位置

4. 摩托车座椅高度调节（表 5-1-11）

表 5-1-11　摩托车座椅高度调节

步骤	操　作
1	拆下摩托车座椅
2	按照图 5-1-18 所示，将前座和后座高度调节器按照需要安装到座椅低位位置（调低座椅高度）或座椅高位位置（调高座椅高度）
3	确认调节器滑轨完全卡入支架
4	重新安装摩托车座椅

第二节 DAYTONA 675摩托车（2016年款）

一、油品

1. 油品规格（表5-2-1）

表 5-2-1 油品规格

油品	规格	用量
发动机机油	黏度：SAE10W-40或10W-50发动机机油，比如可使用Castrol（嘉实多）Power RS Racing 4T或Castrol（嘉实多）Power 1 Racing 4T全合成发动机机油	发动机解体大修重新添加：3.6L 维护保养时更换机油和机油滤清器：3.2L 只更换发动机机油：3.0L
制动液和离合器液	DOT 4制动液	2.1L
发动机冷却液	Triumph HD4X Hybrid OAT冷却液	

2. 发动机机油液面高度检查（表5-2-2）

表 5-2-2 发动机机油液面高度检查

步骤	操作
1	启动发动机，怠速运行5min
2	关闭发动机，等待至少3min，使机油回流至油底壳
3	按照图5-2-1所示，抽出机油尺，擦拭干净后把机油尺装回，然后再次抽出，检查油尺上的油位高度
4	发动机机油油位应当位于上限和下限标记中间位置
5	如果检查发现机油油位过低，应拧下机油加注口塞，添加发动机机油至合适的液位高度

3. 发动机机油和机油滤清器更换（表5-2-3）

表 5-2-3 发动机机油和机油滤清器更换

步骤	操作
1	启动发动机进行暖机
2	暖机完毕后，关闭发动机
3	把摩托车支好，使车体与地面垂直，拆下摩托车整流罩，将废油收集盘放置到发动机下方
4	按照图5-2-2所示，拆卸发动机机油放油塞
5	用工具拆下机油滤清器，在新的机油滤清器的密封圈处涂抹干净的发动机机油，把新的滤清器安装到发动机上，紧固至10N·m
6	发动机机油排放干净后，更换放油塞上的密封圈，将放油塞重新安装到发动机上，紧固至25N·m
7	添加足量的发动机机油
8	启动发动机，使发动机怠速运行1.5min
9	关闭发动机，检查发动机机油液位，确认液位符合规范
10	重新安装好摩托车整流罩

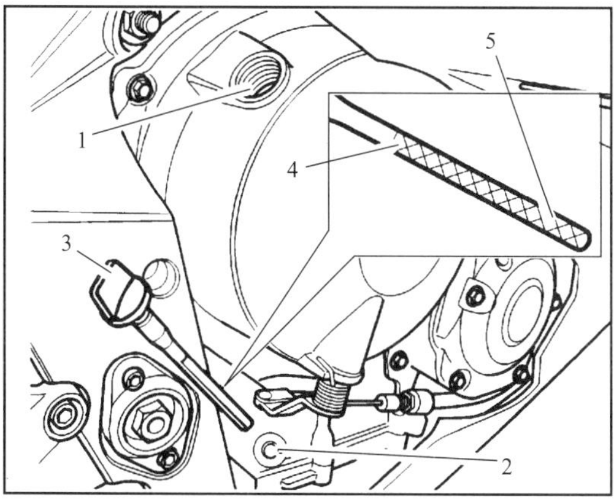

图 5-2-1　检查发动机机油液面高度

1—机油加注口；2—机油油尺位置；3—机油油尺；4—油位上限标记；5—油位下限标记

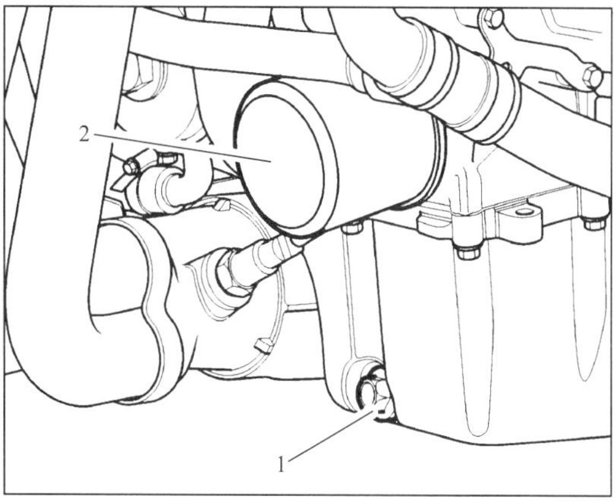

图 5-2-2　发动机机油放油塞与机油滤清器识别

1—发动机机油放油塞；2—机油滤清器

4. 发动机冷却液液面检查（表 5-2-4）

表 5-2-4　发动机冷却液液面检查

步骤	操　　作
1	使发动机冷机
2	将摩托车支好，使车体与地面垂直
3	从车辆右侧整流罩处观察发动机冷却液膨胀罐
4	发动机冷却液液位应当位于膨胀罐的 MAX 和 MIN 标记之间，如图 5-2-3 所示
5	如果液位过低，应及时添加冷却液

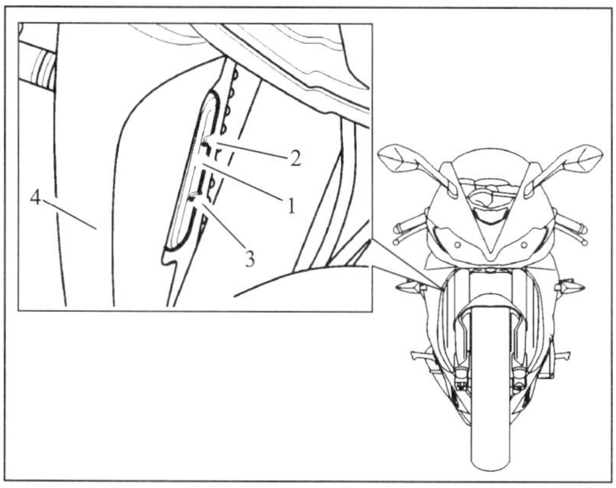

图 5-2-3　发动机冷却液加注盖及液面高度识别

1—冷却液膨胀箱；2—MAX 标记；3—MIN 标记；4—右侧整流罩

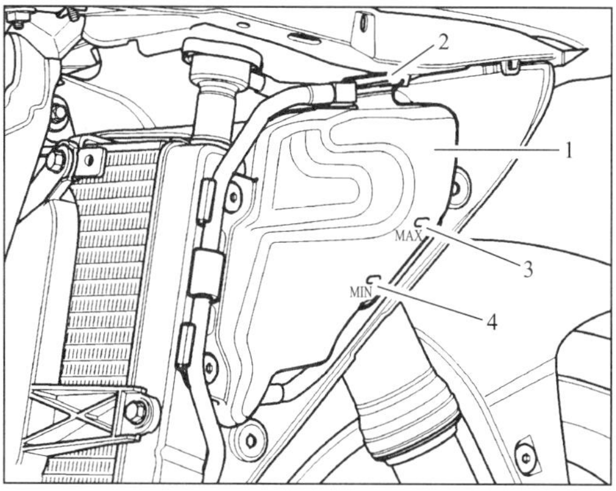

图 5-2-4　冷却液膨胀箱识别

1—冷却液膨胀箱；2—膨胀箱盖；3—MAX 标记；4—MIN 标记

5. 添加发动机冷却液

按照图 5-2-4 所示，拧下冷却液膨胀箱盖子，添加冷却液，直至液位达到膨胀箱上的 MAX 标记处。

6. 制动液液面高度检查

按照图 5-2-5 所示的液面高度标记执行液面高度核查，液面不能低于 LOWER 标记。

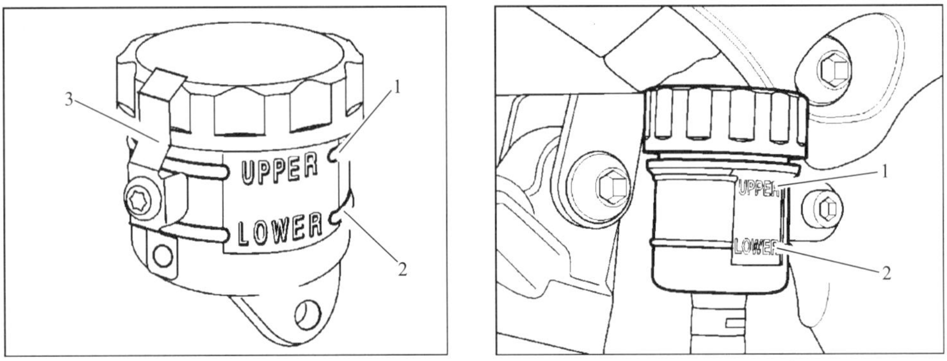

(a) 前制动器储液罐
1—UPPER(上限)标记；2—LOWER(下限)标记；3—固定夹

(b) 后制动器储液罐
1—UPPER(上限)标记；2—LOWER(下限)标记

图 5-2-5　制动液液面高度标记识别

二、制动衬块磨损检查

对前制动器制动衬块磨损进行检查，如图 5-2-6 所示，如果发现制动衬块摩擦材料最小厚度只有 1.5mm 时，必须更换制动衬块。按照图 5-2-7 所示对后制动器制动衬块进行检查，如果制动衬块摩擦材料连同承板的厚度低于 4.5mm 或衬块摩擦材料磨损超过凹槽，应立即更换后制动器的制动衬块。

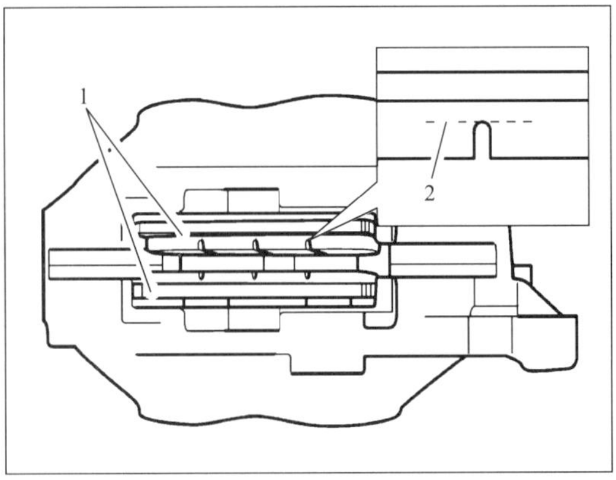

图 5-2-6　前制动器制动衬块磨损检查
1—制动衬块；2—最小厚度线

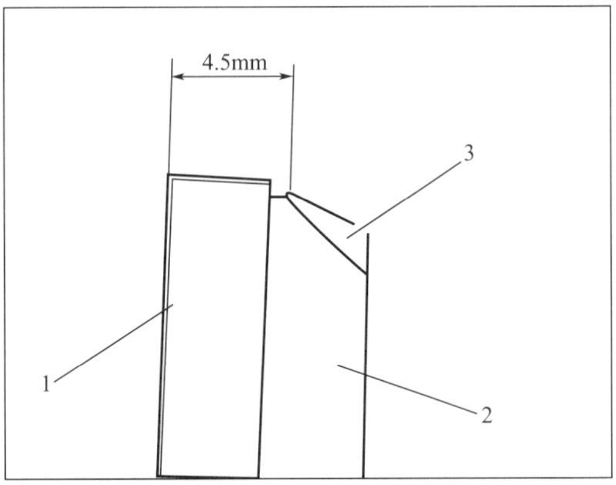

图 5-2-7　后制动器制动衬块磨损检查
1—制动衬块承板；2—摩擦材料；3—凹槽

三、传动链

1. 张紧度检查（表 5-2-5）

表 5-2-5　张紧度检查

步骤	操　作
1	使摩托车保持直立状态，推动摩托车使后轮转动，直至传动链绷紧

续表

步骤	操　　作
2	按照图 5-2-8 所示，测量传动链条上下垂直运动的距离
3	确认距离在 28～38mm 的规范范围内

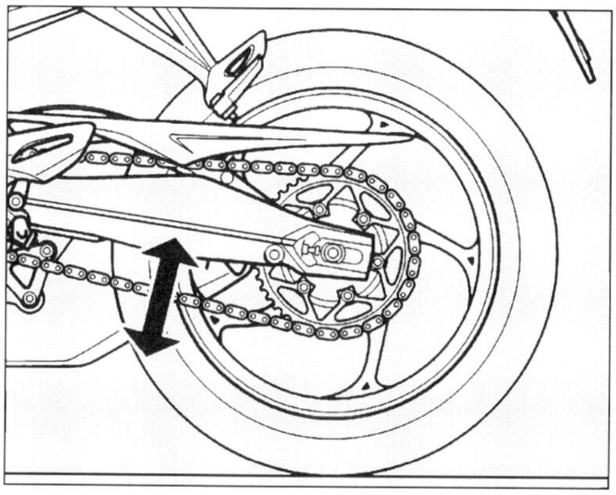

图 5-2-8　传动链张紧度检查

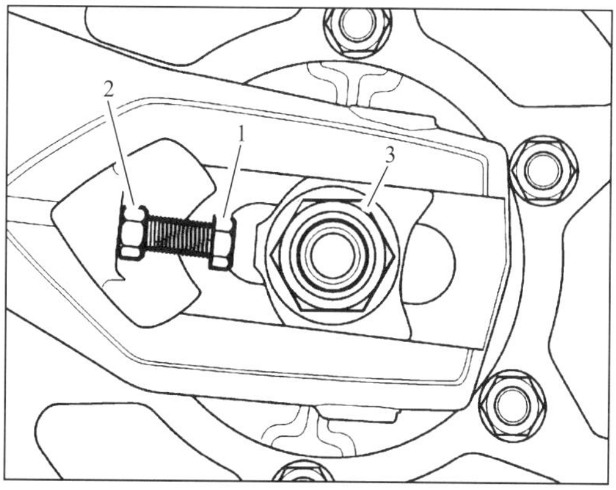

图 5-2-9　调节传动链张紧度

1—调节螺栓；2—调节螺栓锁紧螺母；3—后轮螺母

2. 传动链张紧度调节

如果检查传动链张紧度时发现检查结果不符合规范，应按照表 5-2-6 的操作步骤执行调节。

表 5-2-6　传动链张紧度调节

步骤	操　　作
1	按照图 5-2-9 所示，松开后轮螺母
2	把传动链左右两侧的调节螺栓的锁紧螺母松开
3	把左右两侧的调节螺栓移动同样的幅度：顺时针转动调节螺栓可增大传动链上下垂直运动的距离；逆时针转动调节螺栓会减小传动链上下垂直运动的距离
4	调节到规范范围后，用力推动后轮，使后轮紧抵调节螺栓，然后将调节螺栓锁紧螺母紧固至 27N·m
5	把后轮螺母紧固至 110N·m

四、火花塞型号

火花塞型号为 NGK CR9EIA-9，火花塞电极间隙为 0.9mm。更换时要确保型号准确。

五、轮胎

1. 压力

检查轮胎压力时，应确保轮胎处于冷胎时进行。摩托车前轮轮胎压力应为 2.35bar，后轮轮胎压力应为 2.48bar。

2. 轮胎胎面花纹深度

在轮胎磨损最大的位置测量轮轮胎胎面花纹深度，如果车速一般保持在 130km/h 以下，前轮和后轮轮胎胎面花纹最小深度不能低于 2mm；如果经常以高于 130km/h 的车速行驶，前轮轮胎胎面花纹最小深度不能低于 2mm，后轮轮胎胎面花纹最小深度不能低于 3mm。否则应更换新轮胎。

3. 轮胎规格（表 5-2-7）

表 5-2-7　轮胎规格

车型	前轮胎	后轮胎
DAYTONA 675	120/70 ZR17	180/55 ZR 17

六、熔丝

1. 熔丝盒位置识别

熔丝盒安装在摩托车骑手鞍座下面，拆下骑手鞍座后即可找到，如图 5-2-10 所示。

2. 熔丝盒内熔丝说明

熔丝盒内熔丝识别见图 5-2-11，熔丝说明见表 5-2-8。

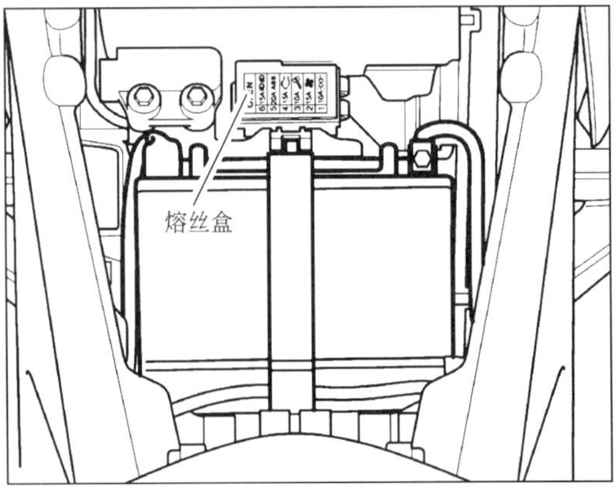

图 5-2-10　熔丝盒识别

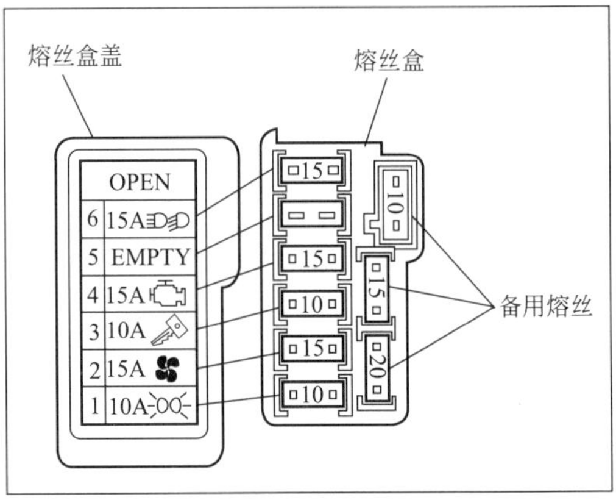

图 5-2-11　熔丝盒内熔丝识别

表 5-2-8　熔丝说明

编号	保护的电路	规格/A
1	辅助车灯	10
2	冷却风扇	15
3	点火开关,起动机电路	10
4	发动机管理系统	15
5	未用	—
6	前照灯,起动机继电器	15

七、车灯

1. 灯泡规格（表 5-2-9）

表 5-2-9 灯泡规格

灯泡	规格
前照灯灯泡	H4 12V-55/60W
尾灯/制动灯灯泡	LED
转向灯	12V-10W

2. 前照灯方向调节

在使用过程中发现摩托车大灯照射方向发生偏离时，应将前照灯近光灯打开，按照图 5-2-12 所示，用螺丝刀转动图中所示水平方向和垂直方向的调节螺钉，将大灯的照射方向调节准确。顺时针转动垂直方向调节螺钉，可降低前照灯光束；逆时针方向转动垂直方向调节螺钉，可调高前照灯照射光束。对于右侧前照灯，顺时针转动水平方向调节螺钉，可将光束向右侧调节；逆时针转动水平方向调节螺钉，可将光束向左调整。对于左侧前照灯，顺时针转动水平方向调节螺钉，可将光束向左侧调节；逆时针转动水平方向调节螺钉，可将光束向右调整。调节完毕后，将前照灯关闭。

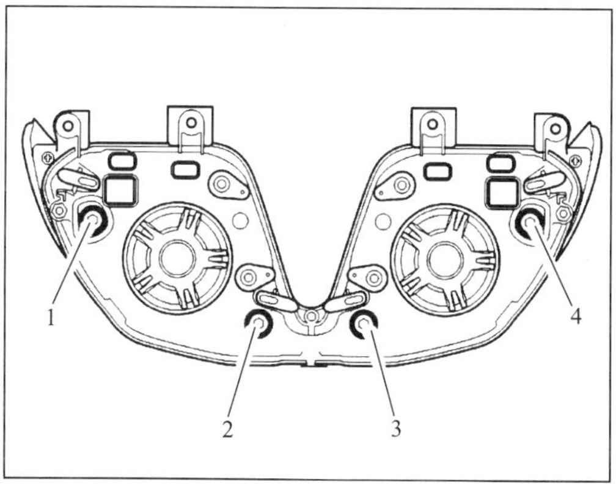

图 5-2-12 大灯照射方向调节螺栓

1—左侧水平方向调节螺钉；2—左侧垂直方向调节螺钉；3—右侧水平方向调节螺钉；4—左侧垂直方向调节螺钉

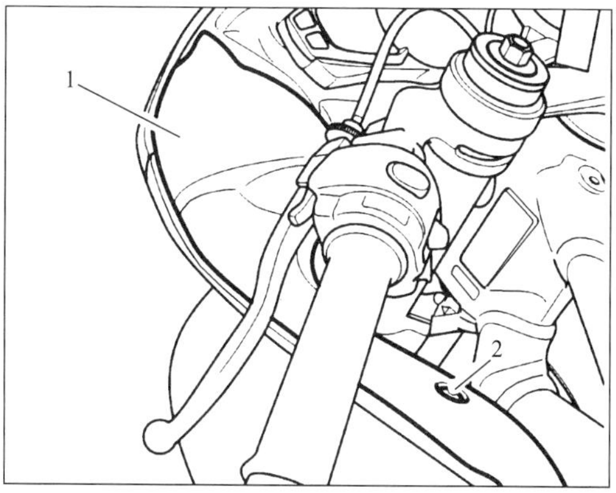

图 5-2-13 拆下填充板

1—填充板；2—螺钉

3. 前照灯灯泡更换（表 5-2-10）

表 5-2-10 前照灯灯泡更换

步骤	操作
1	拆卸骑手鞍座
2	断开蓄电池负极电缆
3	按照图 5-2-13 所示，拧下螺钉，拆下填充板
4	按照图 5-2-14 所示，逆时针转动前照灯灯泡盖，将其拆下
5	断开前照灯灯泡护圈上的电路插头，沿逆时针方向转动灯泡盖，将灯泡盖从灯泡上拆下

续表

步骤	操作
6	断开灯泡的电路插头
7	按照图 5-2-15 所示，从护圈卡钩上拆下灯泡护圈，按照图中所示箭头的方向转动灯泡，将灯泡从护圈上拆下
8	把新的灯泡按照与拆卸相反的步骤安装好

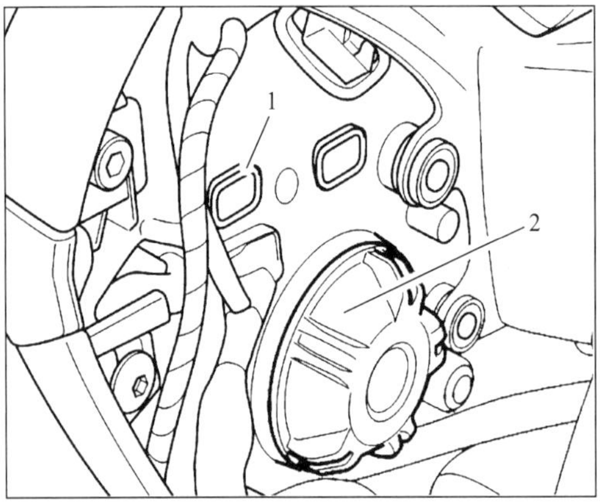

图 5-2-14 灯泡盖识别

1—前照灯组件；2—灯泡盖

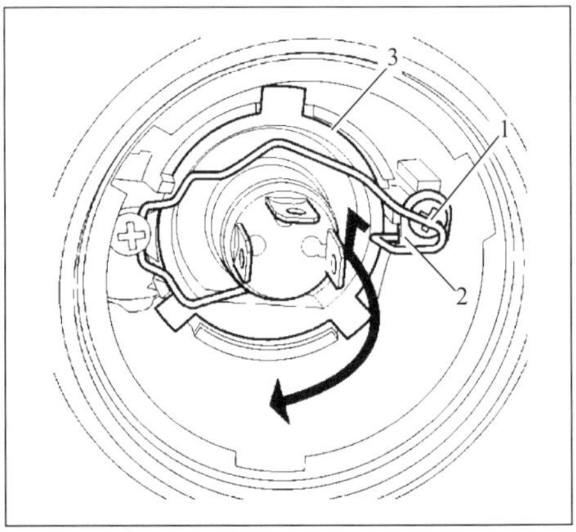

图 5-2-15 更换前照灯灯泡

1—灯泡护圈；2—护圈卡钩；3—灯泡

4. 转向灯灯泡更换

与第一节 TIGER 800 车型相同。

八、车架识别编号位置

车架识别编号位置如图 5-2-16 所示，车主应准确记录该编号，订购配件时，必须准确告知配件商该编号，以免发生配件错购或错配。

九、发动机识别编号位置

发动机识别编号位置如图 5-2-17 所示，也是订购配件时必须要准确提供的号码。

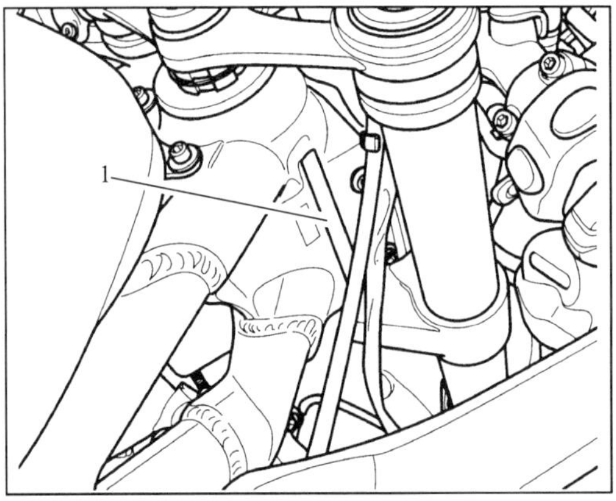

图 5-2-16 车架识别编号位置

1—VIN（摩托车车辆识别编码）

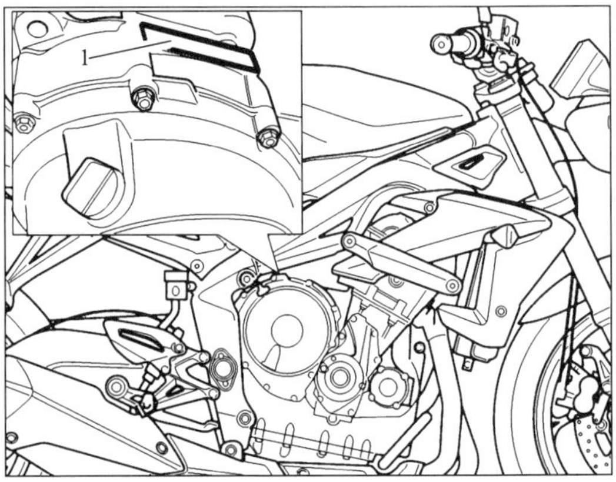

图 5-2-17 发动机识别编号位置

1—发动机编号

十、操纵部件调节

1. 离合器控制杆自由间隙检查

按照图 5-2-18 所示，检查离合器控制杆的自由间隙，规范范围应为 2～3mm。如果检查结果不符合规范，应转动调节器，将自由间隙调节到规范范围内。

2. 制动控制杆与车把手柄之间的距离调节

制动控制杆上配有一个旋钮（图 5-2-19 中的 2），车主如果感觉操纵起来不顺手，可通过转动该旋钮将制动器控制杆与摩托车把手柄之间的距离调节到自己感觉最恰当的状态。调节时将控制杆向前推，转动旋钮，使旋钮上的数字对准箭头标志（图 5-2-19 中的 3），数字 1 对准箭头标志时，控制杆与车把手柄之间的距离最大；数字 6 对准箭头标志时，控制杆与车把手柄之间的距离最小。

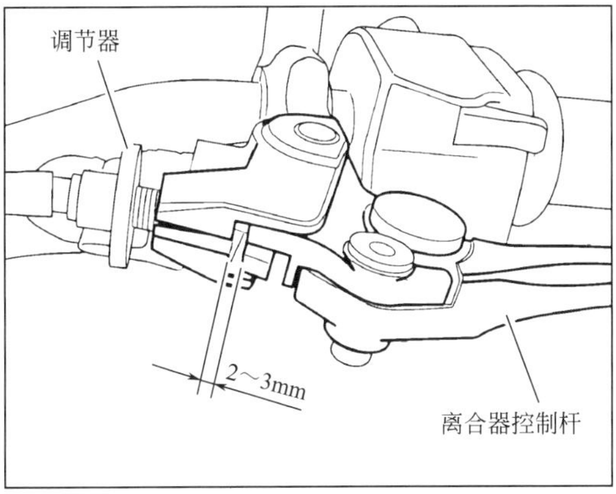

图 5-2-18　离合器控制杆自由间隙

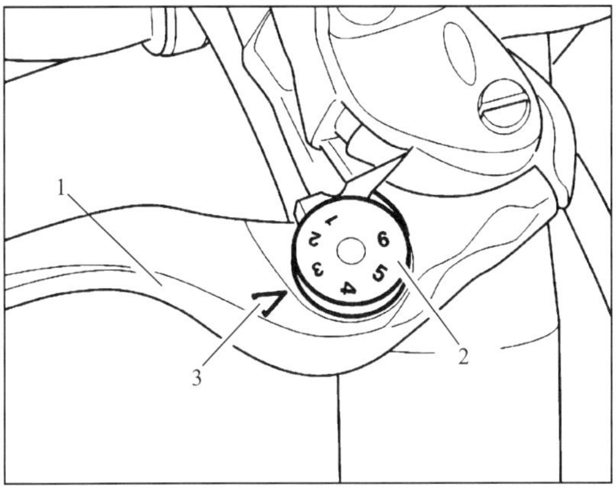

图 5-2-19　前制动控制杆与调节旋钮识别

1—前制动器控制杆；2—调节轮；3—箭头标记

第六章

HARLEY-DIVIDSON（哈雷-戴维森）摩托车

第一节 Street 750 摩托车（2015 年款）

一、油品

1. 油品规格（表 6-1-1）

表 6-1-1 油品规格

油　品	规　格	用　量
发动机机油	气温高于 4℃时，可采用机油黏度为 SAE 20W50 HARLEY-DIVIDSON（哈雷-戴维森）H-D360 摩托车发动机机油；气温低于 4℃时，可采用机油黏度为 SAE 10W40 HARLEY-DIVIDSON（哈雷-戴维森）H-D360 摩托车发动机机油	机油更换：3.1L（不更换机油滤清器） 机油更换：3.3L（更换机油滤清器）
发动机冷却液	HARLEY-DIVIDSON（哈雷-戴维森）摩托车专用冷却液	1.4L
制动液	DOT 4 制动液	

2. 检查发动机机油油位（表 6-1-2）

表 6-1-2 检查发动机机油油位操作步骤

发动机在冷机状态下检查机油油位	
步骤	操　作
1	把摩托车支好，使车身保持与地面垂直
2	按照图 6-1-1 所示，抽出发动机机油尺，将机油尺擦拭干净
3	重新将机油尺插回并拧紧
4	再次抽出机油尺，查看油位
5	油位应处于油尺上 FULL（满）和 ADD（添加）标记之间
6	如果油位低于 ADD 标记，应添加发动机机油至合适的油位

续表

发动机在暖机状态下检查机油油位	
步骤	操　　作
1	启动发动机运行，使发动机达到正常工作温度
2	把摩托车支好，使车身保持与地面垂直
3	按照图 6-1-1 所示，抽出发动机机油尺，将机油尺擦拭干净
4	重新将机油尺插回并拧紧
5	再次抽出机油尺，查看油位
6	油位应处于机油尺上的×标记
7	如果油位低于×标记，应添加发动机机油至合适的油位

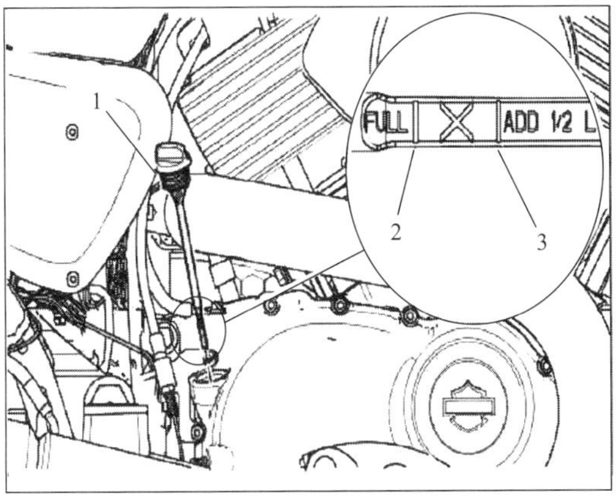

图 6-1-1　检查发动机机油油位

1—机油尺；2—FULL 标记；3—ADD 标记

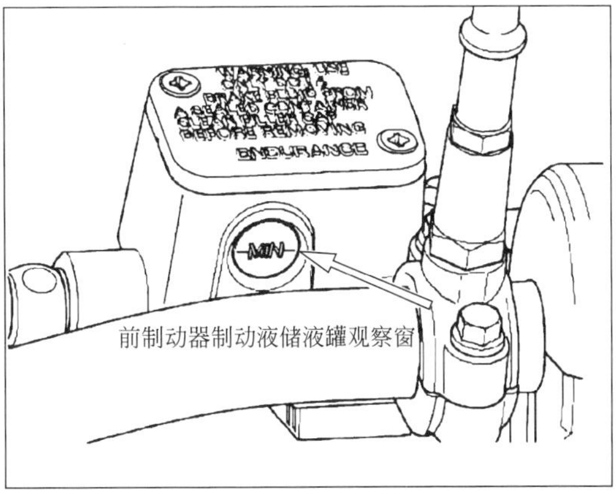

图 6-1-2　查看前制动器制动液液位

3. 检查制动液储液罐液位（表 6-1-3）

表 6-1-3　检查制动液储液罐液位操作步骤

步骤	操　　作
1	把摩托车支好，使制动液储液罐保持水平状态，以便能准确查看液面高度
2	按照图 6-1-2 所示，通过储液罐上的观察窗查看前制动器制动液储液罐液面高度，应位于储液罐上的 MIN 标记以上
3	按照图 6-1-3 所示，通过储液罐上的观察窗查看后制动器制动液储液罐液面高度，应位于储液罐上的 MIN 标记以上

4. 检查冷却液储液罐液位（表 6-1-4）

表 6-1-4　检查冷却液储液罐液位操作步骤

步骤	操　　作
1	把摩托车支好，使车身与地面垂直
2	使发动机冷机
3	拆下发动机侧面护罩，露出冷却液罐，见图 6-1-4

续表

步骤	操　　作
4	查看冷却液罐的液位，应位于或略高于储液罐上的“COLD FILL”刻度线
5	如果液位低于“COLD FILL”刻度线，则取下冷却液罐盖子，添加冷却液，直至液位达到或略高于“COLD FILL”刻度线，然后把冷却液罐盖子重新安装好

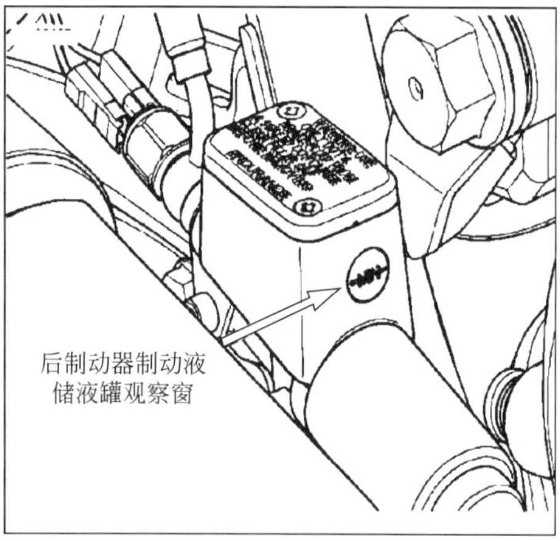

图 6-1-3　检查后制动器制动液液位

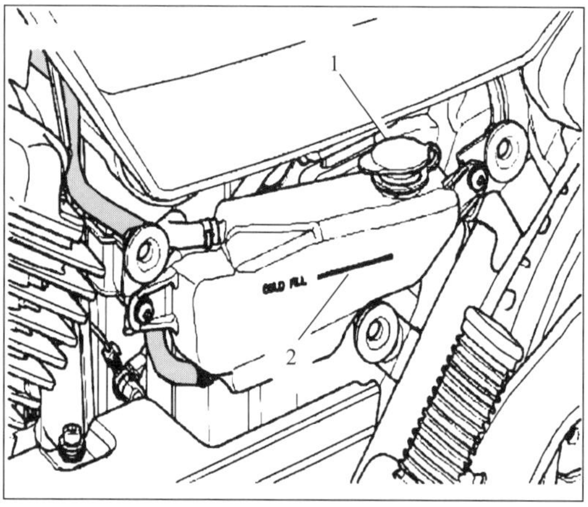

图 6-1-4　检查冷却液液位

1—冷却液罐；2—COLD FILL 刻度线

5. 更换发动机机油和机油滤清器（表 6-1-5）

表 6-1-5　更换发动机机油和机油滤清器

步骤	操　　作
1	启动发动机运行，使发动机达到正常工作温度
2	关闭发动机
3	按照图 6-1-5 所示，拆下发动机机油放油塞，废弃放油塞上的密封环
4	彻底排放机油
5	拆下散热器护罩
6	用机油滤清器拆装扳手拆下机油滤清器(图 6-1-6)
7	用干净的发动机机油润滑新机油滤清器的垫圈
8	把新的机油滤清器安装好，当机油滤清器垫圈与气缸上的机油滤清器安装面接触后，用手再拧紧 1/2～3/4 圈
9	把新的密封环安装到发动机机油放油塞上，然后将放油塞安装好并紧固到 20～25N · m

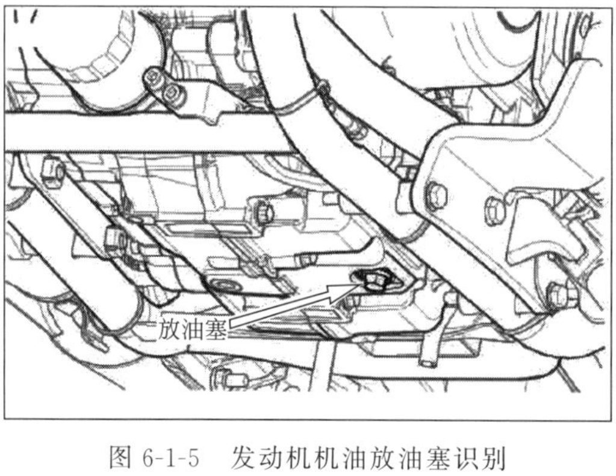

图 6-1-5　发动机机油放油塞识别

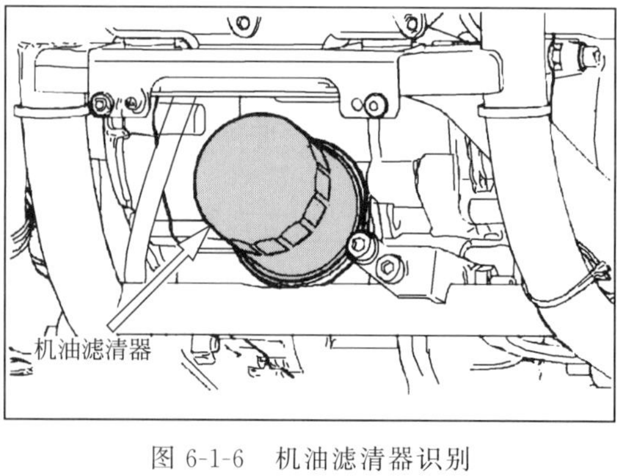

图 6-1-6　机油滤清器识别

二、检查制动盘和制动衬块厚度

维护保养时应按照图 6-1-7 所示检查制动盘和制动衬块厚度，如果制动衬块厚度小于 1.5mm，就必须更换制动衬块；如果前轮制动盘厚度小于 4.6mm，后轮制动盘厚度小于 5mm，均必须更换制动盘。

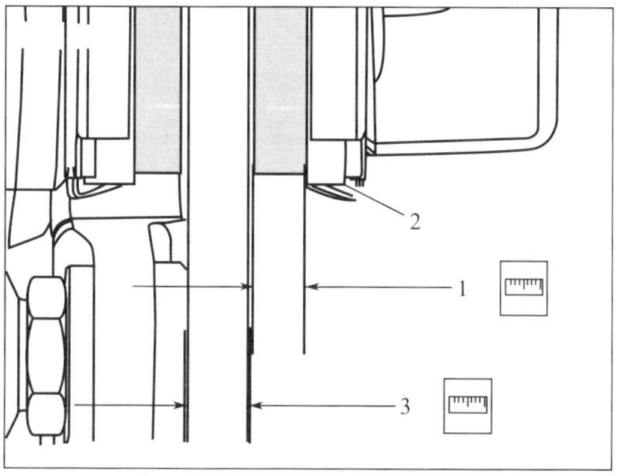

图 6-1-7　检查制动盘和制动衬块

1—制动衬块厚度；2—背板；3—制动盘厚度

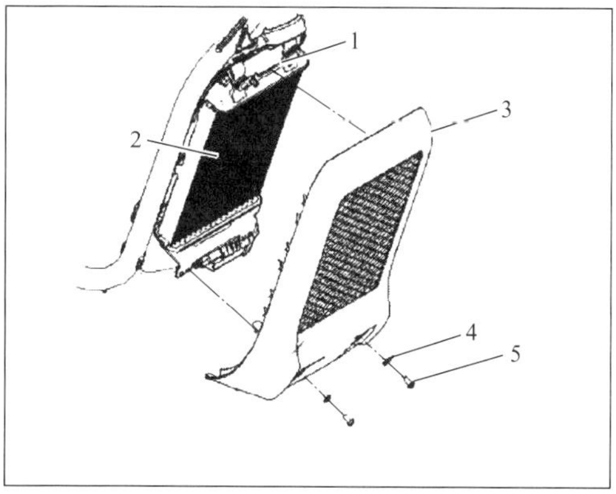

图 6-1-8　清理散热器翅片

1—安装凸耳；2—散热器翅片；3—散热器护罩；4—垫圈（2 个）；5—螺钉（2 个）

三、清理散热器翅片（表 6-1-6）

表 6-1-6　清理散热器翅片

步骤	操　　作
1	按照图 6-1-8 所示，拆卸螺钉（图 6-1-8 中的 5）和垫圈（图 6-1-8 中的 4）
2	从安装凸耳（图 6-1-8 中的 1）上拆下散热器护罩（图 6-1-8 中的 3）
3	把散热器翅片（图 6-1-8 中的 2）上的脏污彻底清除干净，提高散热效果
4	把散热器护罩（图 6-1-8 中的 3）重新安装到安装凸耳上
5	安装垫圈（图 6-1-8 中的 4）和螺钉（图 6-1-8 中的 5）
6	将螺钉（图 6-1-8 中的 5）紧固至 9～11N·m

四、空气滤清器滤芯的检查与更换（表 6-1-7）

表 6-1-7　空气滤清器滤芯的检查与更换

步骤	操　　作
1	按照图 6-1-9 所示，拆卸螺钉（图 6-1-9 中的 1）
2	拆卸空气滤清器盖（图 6-1-9 中的 2）
3	拆卸螺母（图 6-1-9 中的 3）
4	拆卸空气滤清器支架（图 6-1-9 中的 4）
5	拆卸滤芯（图 6-1-9 中的 5）
6	将拆下的滤芯拿到强光下查看，滤芯应干净并呈现出良好的透光性

续表

步骤	操　　作
7	如果滤芯过于脏污,应废弃拆下的滤芯,换上新滤芯
8	安装滤芯(图 6-1-9 中的 5)
9	安装空气滤清器支架(图 6-1-9 中的 4)
10	安装螺母(图 6-1-9 中的 3)并紧固至 6～8N·m
11	安装空气滤清器盖(图 6-1-9 中的 2)
12	安装螺钉(图 6-1-9 中的 1)并紧固至 6～8N·m

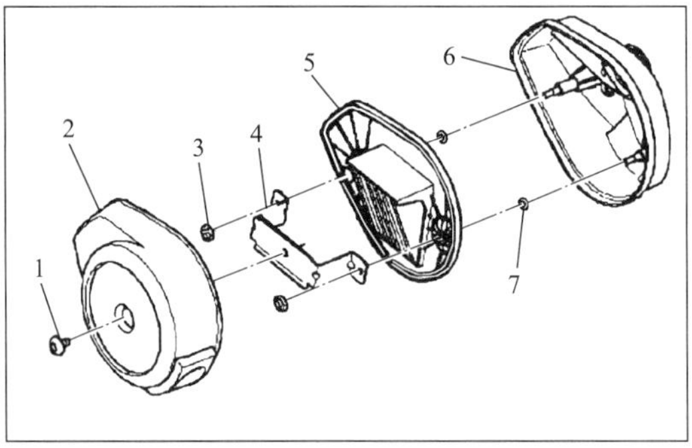

图 6-1-9　检查并更换空气滤清器滤芯

1—螺钉；2—空气滤清器盖；3—螺母（2 个）；4—空气滤清器支架；5—滤芯；6—背板；7—垫圈（2 个）

五、轮胎检查

1. 轮胎磨损检查

维护保养时要注意检查轮胎磨损，Street 750 摩托车配备两种品牌的轮胎，一种是 Michelin（米其林）公司生产的轮胎；另一种是 MRF 公司生产的轮胎。如果查看轮胎时发现轮胎已经露出磨损极限标志和胎面花纹磨损极限标志，应立即更换轮胎，如图 6-1-10 和图 6-1-11 所示。

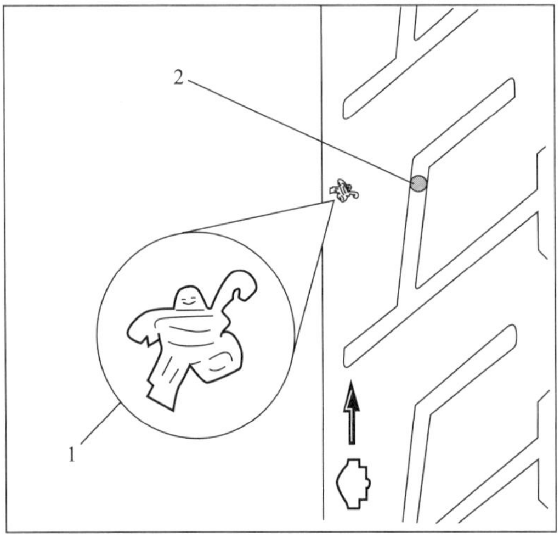

图 6-1-10　米其林公司轮胎磨损极限标志和胎面花纹磨损极限标志

1—磨损极限标志；2—胎面花纹磨损极限标志

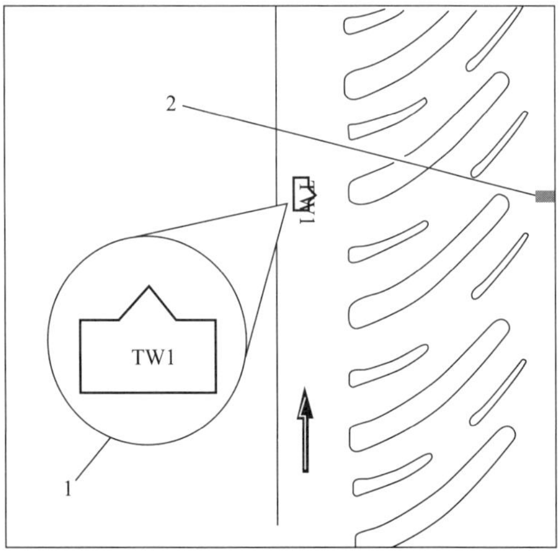

图 6-1-11　MRF 轮胎磨损极限标志和胎面花纹磨损极限标志

1—轮胎磨损极限标志；2—胎面花纹磨损极限标志

2. 轮胎规格与轮胎压力（表 6-1-8）

表 6-1-8　轮胎规格与轮胎压力

品牌	车轮位置	规　格	轮胎压力/psi
MRF	前轮	MRF Zapper：100/80-17	30
	后轮	MRF Zapper：150/870-15	40
Michelin	前轮	Michelin Scorcher 11：100/80-17	34
	后轮	Michelin Scorcher 11：140/75 R15	42

注：1psi＝6894.76Pa。

六、火花塞型号

火花塞型号为 RG6HCC。更换火花塞时应注意型号准确。

七、车灯

1. 前照灯照射方向调节

按照图 6-1-12 所示，松开锁止螺母，将方向调节恰当后，将锁止螺母拧紧即可。

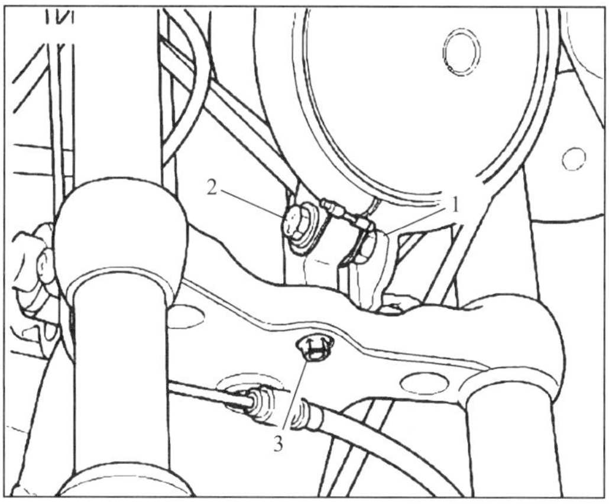

图 6-1-12　前照灯照射方向调节
1—垂直方向调节锁止螺母；2—垂直方向调节螺栓；3—水平方向调节锁止螺母

2. 转向灯灯泡更换（表 6-1-9）

表 6-1-9　转向灯灯泡更换

步骤	操　作
1	拆下主熔丝
2	按照图 6-1-13 所示，拆下螺钉
3	把透镜从转向灯灯座中拉出
4	拆下转向灯灯泡
5	安装新灯泡

续表

步骤	操　　作
6	把凸耳与转向灯灯座对齐
7	安装透镜
8	安装螺钉并紧固至 0.6～0.8N·m
9	安装好主熔丝

八、熔丝检查

按照图 6-1-13 所示，打开摩托车右侧盖罩即可找到熔丝盒和主熔丝。如果发现主熔丝熔断，应更换新的熔丝，如图 6-1-14 所示。熔丝盒内熔丝/继电器识别见图 6-1-15，功能说明见表 6-1-10。

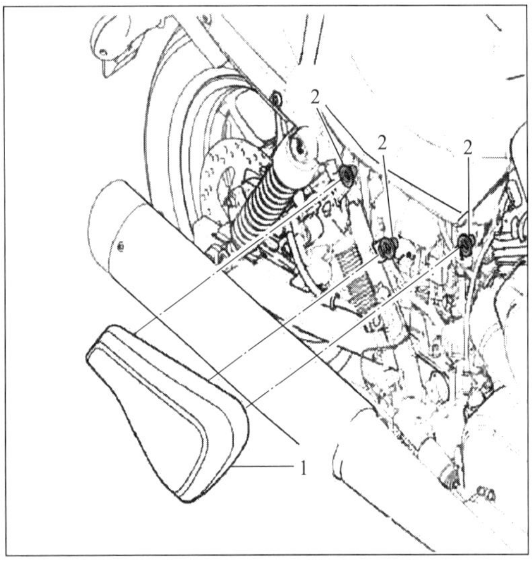

图 6-1-13　打开右侧盖罩
1—侧盖；2—锁环

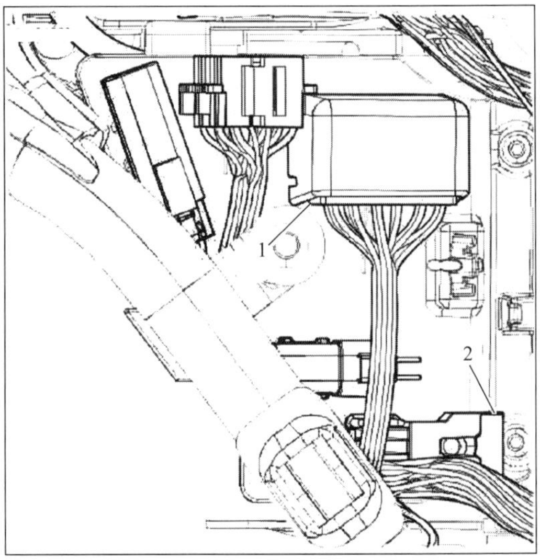

图 6-1-14　熔丝盒盖和主熔丝位置识别
1—熔丝盒盖；2—主熔丝

表 6-1-10　熔丝盒内熔丝功能说明

编号	功　　能	规格/A
1	起动机继电器	
2	燃油系统继电器	
3	点火继电器	
4	摩托车前方	
5	发动机冷却风扇继电器	
6	车灯和仪表板熔丝	10
7	附件熔丝	5
8	冷却风扇熔丝	10
9	车灯熔丝	10
10	点火熔丝	15
11	燃油泵熔丝	10
12	蓄电池熔丝	5

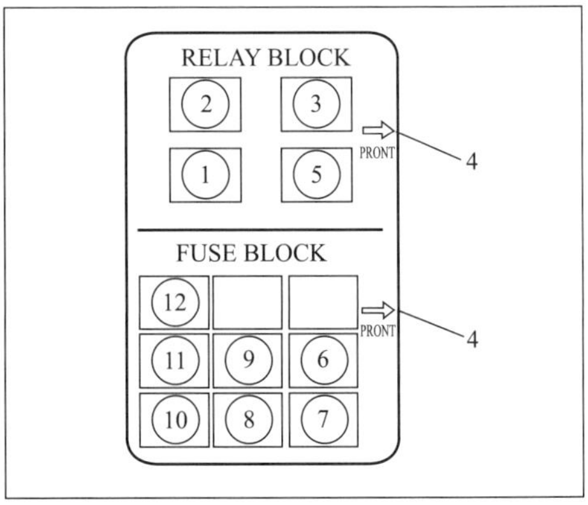

图 6-1-15　熔丝盒内熔丝/继电器识别

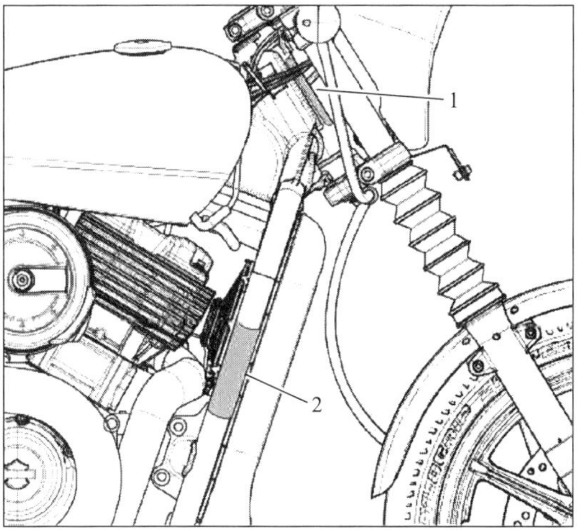

图 6-1-16　VIN 编码位置识别

1—VIN 编码；2—VIN 编码标签

九、VIN（摩托车识别编码）位置

在订购配件时，要提供摩托车的 VIN 编码，以免发生错购，VIN 编码位置见图 6-1-16。

十、后轮减振器弹簧预紧力调节

车主可根据摩托车载重情况（单人驾驶或双人骑乘）对后轮减振器弹簧预紧力进行调节，具体的调节见表 6-1-11。调节时使用扳手转动后轮减振器弹簧预紧力凸轮即可。共有 5 个调节位置，从位置 1 向位置 5 调节时，预紧力增加；从位置 5 向位置 1 调节时，预紧力减小，如图 6-1-17 所示。比如摩托车骑手体重在 75kg 以下时，可将预紧力凸轮位置调节到位置 1，而当摩托车为双人骑乘，使摩托车载重达到 116kg 以上时，应将预紧力调节凸轮调到位置 5。摩托车最大载重量不能超过 178kg。

表 6-1-11　摩托车载重与后轮减振器弹簧预紧力的对应

摩托车载重/kg	调节预紧力凸轮位置
＜75	1
75～89	2
89～102	3
102～116	4
116～178	5

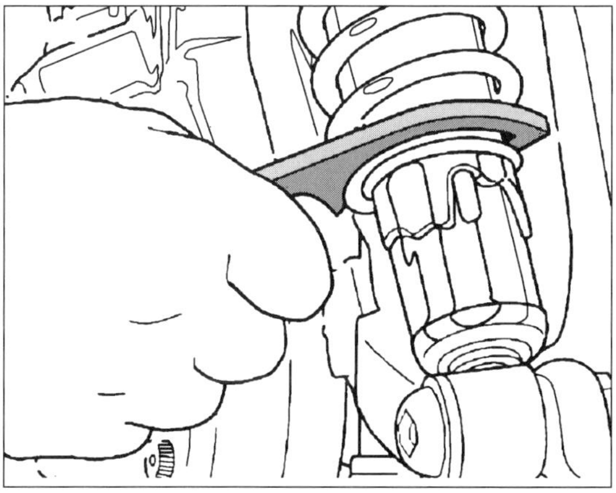

转动凸轮进行调节

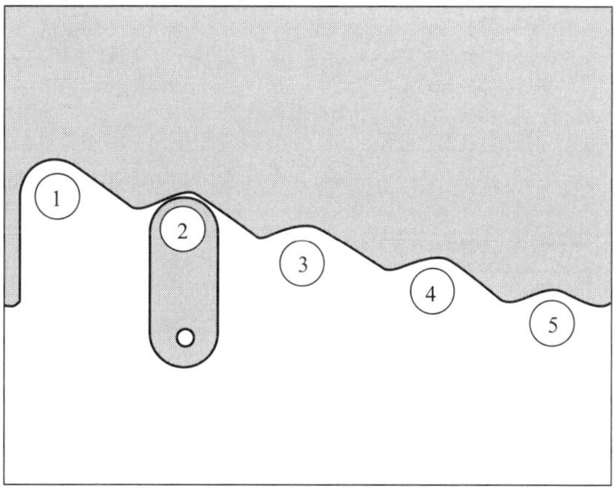

预紧力调节凸轮位置

图 6-1-17　调节后轮减振器弹簧预紧力

第二节 IRON（硬汉）883系列摩托车（2015年款）

一、油品

1. 油品规格（表6-2-1）

表6-2-1 油品规格

油　品	规　格	用量/L
发动机机油	气温高于4℃时，可采用机油黏度为SAE 20W50 HARLEY-DIVIDSON（哈雷-戴维森）H-D360摩托车发动机机油；气温低于4℃时，可采用机油黏度为SAE 10W40 HARLEY-DIVIDSON（哈雷-戴维森）H-D360摩托车发动机机油	2.6
制动液	DOT 4制动液	
变速器油液	Formula+Transmission油液	0.95

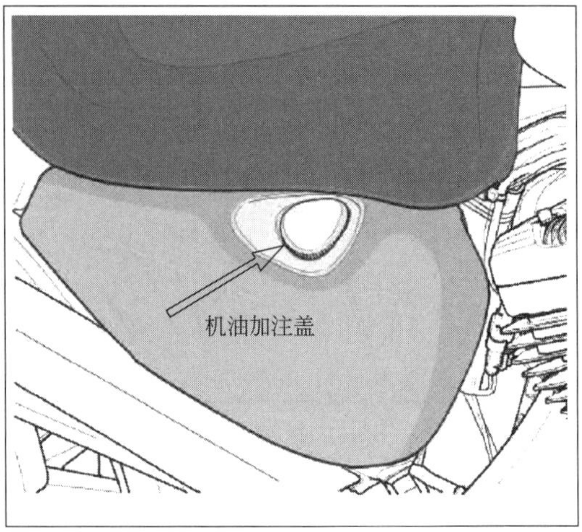

图6-2-1 发动机机油加注盖识别

2. 检查发动机机油油位（表6-2-2）

表6-2-2 检查发动机机油油位

步骤	操　　作
发动机在冷机状态下检查机油油位	
1	把摩托车停放到平整的地面上
2	按照图6-2-1所示，按下机油加注盖，然后松开，机油加注盖会向上弹起
3	握住弹起的机油加注盖逆时针转动90°，即可拆下加注盖（机油尺与加注盖连接在一起）
4	把机油尺擦拭干净，然后将加注盖重新插入加注口中，注意对齐槽口，如图6-2-2所示
5	再次拆下机油加注盖，查看机油尺上的机油油位（图6-2-3）
6	油位不能低于下限标记
发动机在暖机状态下检查机油油位	
步骤	操　　作
1	启动发动机运行，直至发动机达到正常工作温度
2	将摩托车在平坦坚实的地面上支好，使发动机怠速工作1～2min，然后关闭发动机
3	拆下机油加注盖，将机油尺擦拭干净后，再将加注盖安装好
4	再次拆下机油加注盖，查看机油尺上的机油油位
5	油位应处于上限和下限标记之间，如果油位过低，应加注机油使液位符合规范范围

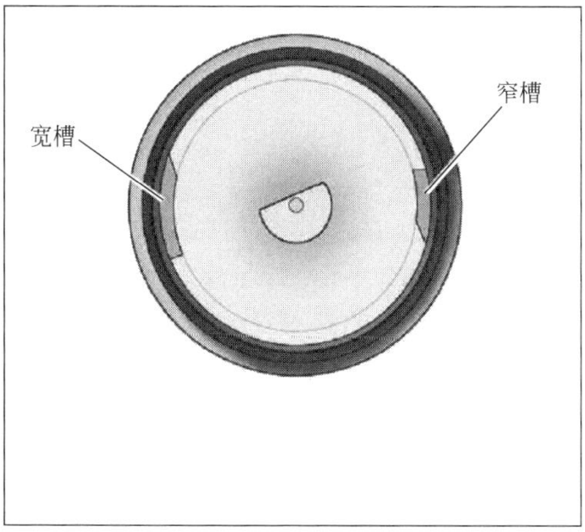

图 6-2-2　机油加注盖上的开槽

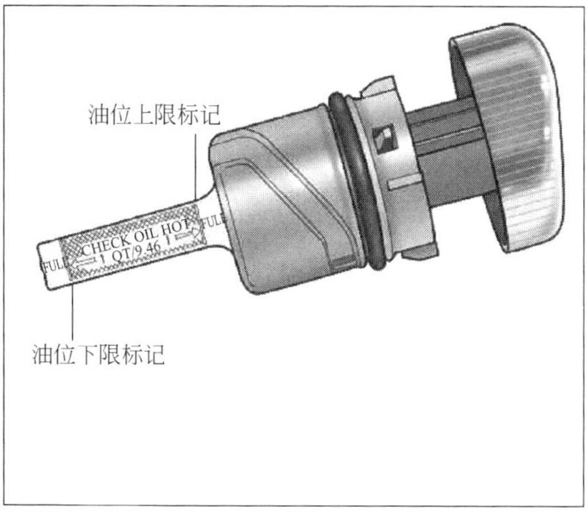

图 6-2-3　油尺上的油位标记

3. 排放发动机机油（表 6-2-3）

表 6-2-3　排放发动机机油

步骤	操　　作
1	启动发动机，使发动机达到正常工作温度
2	拆下机油尺
3	把一个合适的容器放置到摩托车发动机机油排放软管下方，准备承接排放出来的机油
4	按照图 6-2-4 所示，拉下机油排放软管夹（图 6-2-4 中的 1）
5	把机油排放软管（图 6-2-4 中的 2）从支架（图 6-2-4 中的 3）前方导入接油容器内
6	拧松卡夹（图 6-2-4 中的 4），取下排放塞（图 6-2-4 中的 5）
7	将机油排放干净
8	安装排放塞（图 6-2-4 中的 5）
9	将卡夹（图 6-2-4 中的 4）紧固至 1.7～1.1N·m
10	将软管（图 6-2-4 中的 2）沿车架重新绕好
11	用软管夹（图 6-2-4 中的 1）将排放管固定好

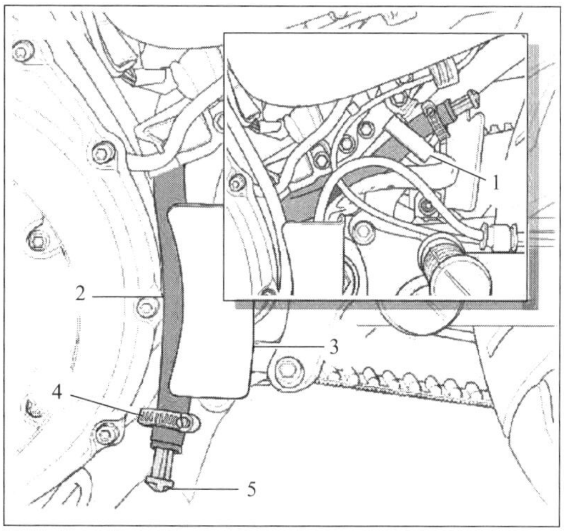

图 6-2-4　排放发动机机油
1—软管夹；2—软管；
3—支架；4—卡夹；
5—排放塞

4. 更换发动机机油滤清器（表 6-2-4）

表 6-2-4　更换发动机机油滤清器

步骤	操　　作
1	把接油容器放置到摩托车机油滤清器下方
2	按照图 6-2-5 所示，用机油滤清器拆装扳手沿逆时针方向转动机油滤清器，将滤清器从安装座上拆下
3	把发动机机油排放干净，废弃拆下的机油滤清器
4	用布把拆卸滤清器、排放机油时洒落在车体上的机油擦拭干净

续表

步骤	操　　作
5	准备好新的机油滤清器，将 120mL 干净的发动机机油倒入新滤清器内
6	稍等片刻，使倒入滤清器的机油被新滤清器的滤芯吸收
7	按照图 6-2-6 所示，把滤清器安装座与机油滤清器垫圈接触面擦拭干净
8	在接触面和新滤清器垫圈上薄薄涂抹一层发动机机油
9	将新机油滤清器拧到接头上，直至滤清器垫圈与安装座接触面接触
10	再用手将机油滤清器拧紧 1/2～3/4 圈

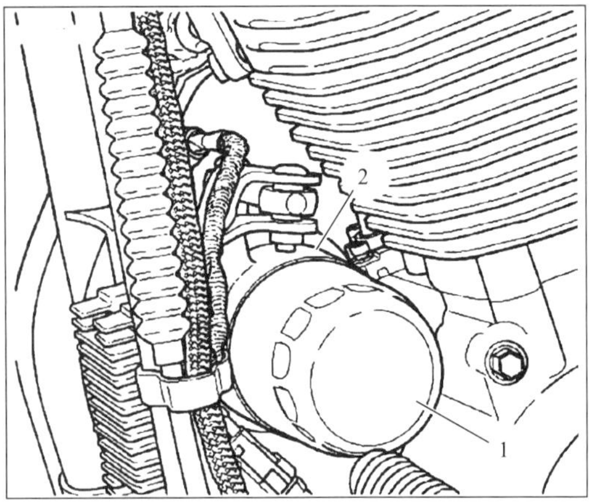

图 6-2-5　拆卸发动机机油滤清器

1—机油滤清器；2—机油滤清器安装座

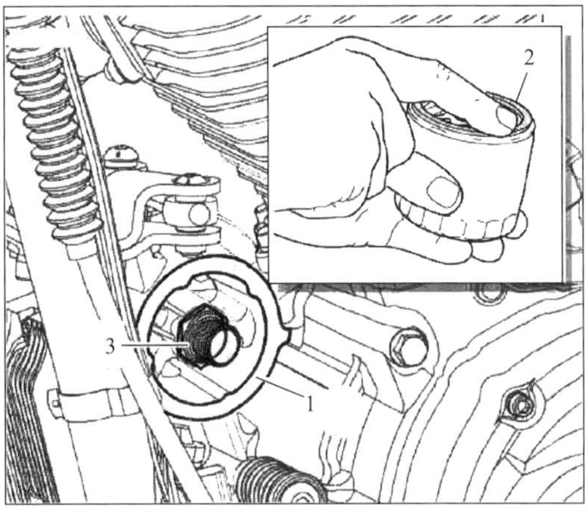

图 6-2-6　安装发动机机油滤清器

1—接触面；2—机油滤清器垫圈；3—接头

5. 加注新的发动机机油

将发动机机油排放干净并更换发动机机油滤清器后，可按照表 6-2-5 的操作步骤加注新的发动机机油。

表 6-2-5　加注新的发动机机油

步骤	操　　作
1	将新的发动机机油从机油加注口处加注
2	安装好机油加注盖
3	启动发动机，查看仪表板上的机油压力指示灯(图 6-2-7)，指示灯应该在发动机转速达到 1000r/min 左右时熄灭，然后关闭发动机
4	执行暖机状态下发动机机油油位检查操作
5	再次启动发动机，确认机油排放塞和机油滤清器处均无机油泄漏

6. 检查制动液储液罐液位（表 6-2-6）

表 6-2-6　检查制动液储液罐液位

步骤	操　　作
1	把摩托车支好，使制动液储液罐保持水平状态，以便能准确查看液面高度
2	按照图 6-2-8 所示，通过储液罐上的观察窗查看前制动器制动液储液罐液面高度，应位于储液罐上的 MIN 标记以上
3	按照图 6-2-8 所示，通过储液罐上的观察窗查看后制动器制动液储液罐液面高度，应位于储液罐上的 MIN 标记以上

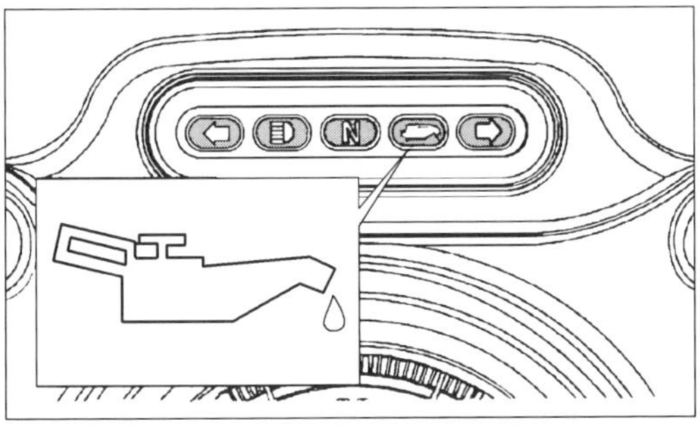

图 6-2-7　机油压力指示灯识别

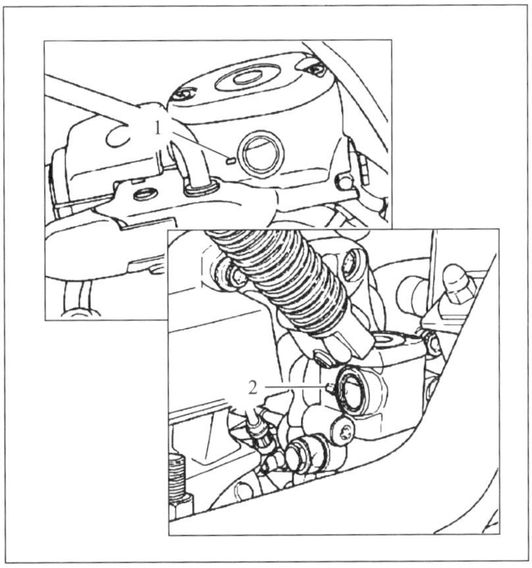

图 6-2-8　查看制动器储液罐液位
1—前制动器储液罐；2—后制动器储液罐

二、检查制动衬块厚度

维护保养时应按照图 6-2-9 所示检查制动衬块厚度，如果制动衬块厚度小于 1.02mm，则必须更换制动衬块。

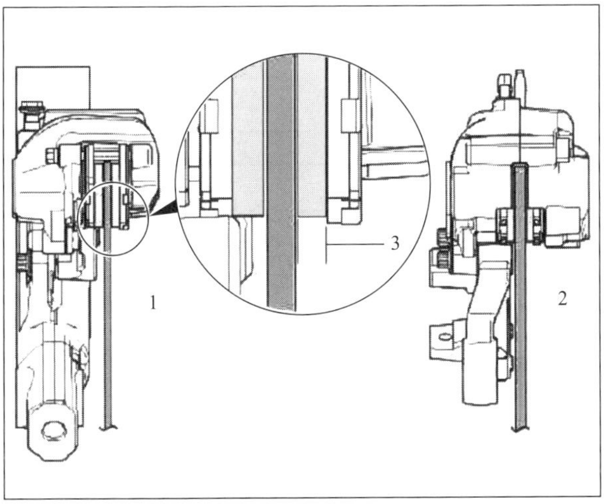

图 6-2-9　检查制动衬块厚度
1—前制动器；2—后制动器；3—制动衬块厚度

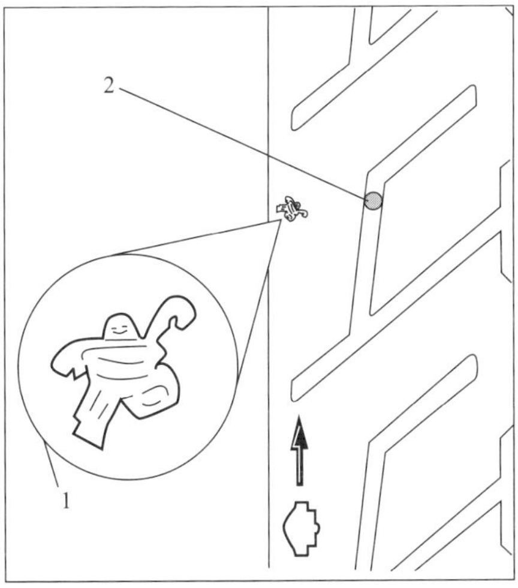

图 6-2-10　轮胎磨损极限标志和胎面花纹磨损极限标志
1—磨损极限标志；2—胎面花纹磨损极限标志

三、轮胎检查

1. 轮胎磨损检查

维护保养时要注意检查轮胎磨损，IRON 883 摩托车配备 Michelin（米其林）公司生产的轮胎。如果查看轮胎时发现轮胎已经露出轮胎磨损极限标志和胎面花纹磨损极限标志，应立即更换轮胎，如图 6-2-10 所示。

2. 轮胎规格与轮胎压力（表 6-2-7）

表 6-2-7　轮胎规格与轮胎压力

车型	车轮位置	规　　格	轮胎压力/psi
XL 883L	前轮	Michelin Scorcher 11F:120/70 ZR18	34
	后轮	Michelin Scorcher 11:140/75 R15	42
XL 883R/N	前轮	Michelin Scorcher 31:100/90 B19	30
	后轮	Michelin Scorcher 11:150/80 B16	40

注：1psi=6894.76Pa。

四、火花塞型号

火花塞型号为6R12，火花塞电极间隙为0.97～1.09mm。更换火花塞时应注意型号准确。

五、车灯

1. 前照灯照射方向调节（表 6-2-8）

表 6-2-8　前照灯照射方向调节

步骤	操　　作
1	按照图 6-2-11 所示，拆卸前照灯支架(图 6-2-11 中的 2)顶部的卡塞(图 6-2-11 中的 1)
2	松开前照灯紧固螺母(图 6-2-11 中的 3)
3	上下倾斜前照灯，将前照灯垂直照射方向设定准确
4	左右扭动前照灯，将前照灯水平照射方向设定准确
5	调节完毕后，将紧固螺母紧固到 13.6～27.1N·m
6	把前照灯支架顶部的卡塞安装好

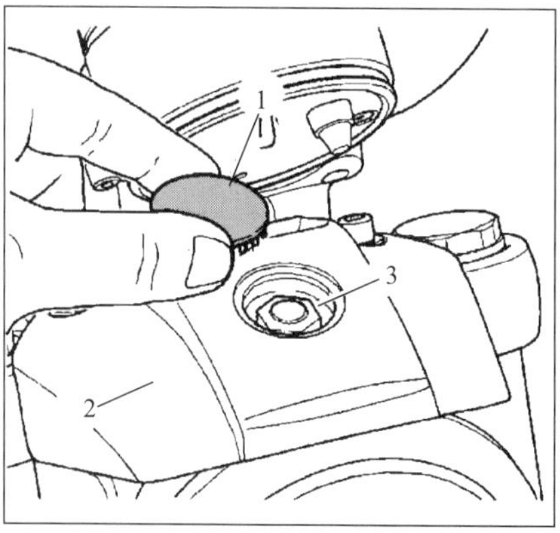

图 6-2-11　前照灯照射方向调节

1—卡塞；2—前照灯支架；3—紧固螺母

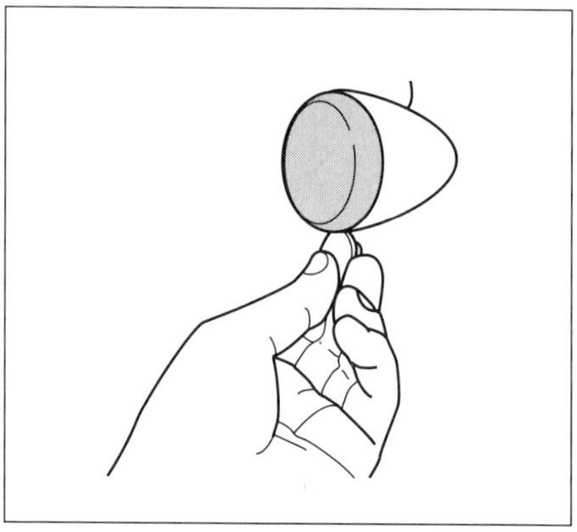

图 6-2-12　更换转向灯灯泡

2. 转向灯灯泡更换（表 6-2-9）

表 6-2-9　转向灯灯泡更换

步骤	操　　作
1	按照图 6-2-12 所示，用硬币之类的物体插入转向灯灯罩底部卡槽内，转动硬币，将灯罩与灯架分离

续表

步骤	操　　作
2	握住损坏的转向灯灯泡,沿逆时针转动即可将灯泡拆下
3	把新灯泡插入,沿顺时针方向转动,即可安装到位
4	重新将灯罩安装到灯架上

六、熔丝检查

按照图 6-2-13 所示，打开摩托车左侧盖罩即可找到熔丝板。如果发现熔丝熔断，应更换新的熔丝。熔丝说明如图 6-2-14 所示。

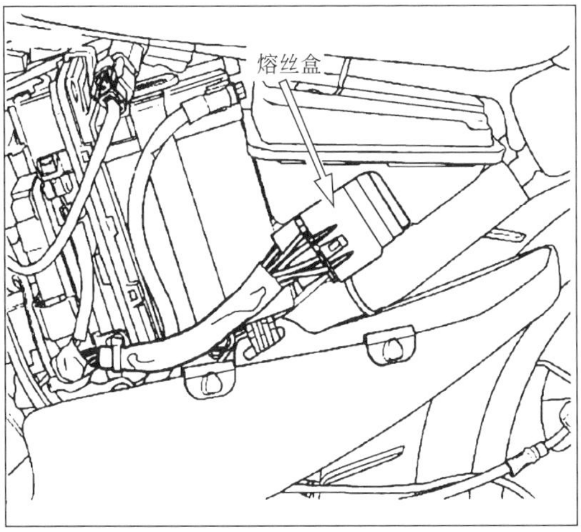

图 6-2-13　熔丝盒位置

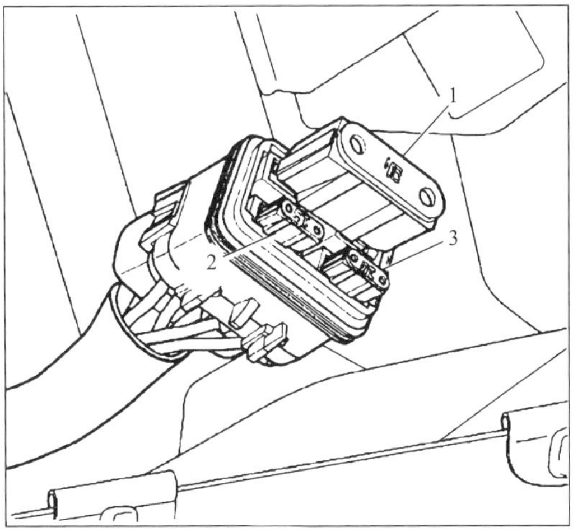

图 6-2-14　熔丝说明

1—主熔丝（40A）；2—点火熔丝（15A）；3—蓄电池熔丝（10A）

七、VIN（摩托车识别编码）位置

在订购配件时，要提供摩托车的 VIN 编码，以免发生错购，VIN 编码位置见图 6-2-15。

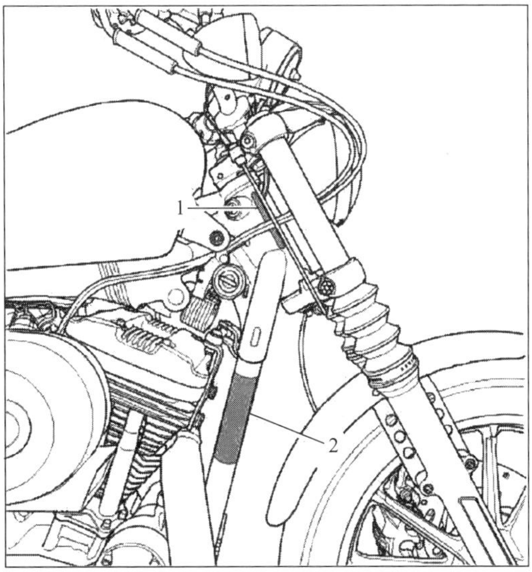

图 6-2-15　VIN 编码位置识别

1—刻印的 VIN 编码；2—VIN 编码标签

八、后轮减振器弹簧预紧力调节

车主可根据摩托车载重情况（单人驾驶或双人骑乘）对后轮减振器弹簧预紧力进行调节，具体的调节见表 6-2-10。调节时使用扳手转动后轮减振器弹簧预紧力凸轮即可。共有 5 个调节位置，从位置 1 向位置 5 调节时，预紧力增加；从位置 5 向位置 1 调节时，预紧力减小，如图 6-2-16 所示。比如摩托车骑手体重在 75kg 以下时，可将预紧力凸轮位置调节到位置 1；而当摩托车为双人骑乘，使摩托车载重达到 116kg 以上时，应将预紧力调节凸轮调到位置 5。摩托车最大载重量不能超过 189kg（XL 883R 车型）或 199kg（XL 883L/XL883N 车型）。

表 6-2-10　摩托车载重与后轮减振器弹簧预紧力的对应

摩托车载重/kg	调节预紧力凸轮位置
＜75	1
75～89	2
89～102	3
102～116	4
116～摩托车最大载重量	5

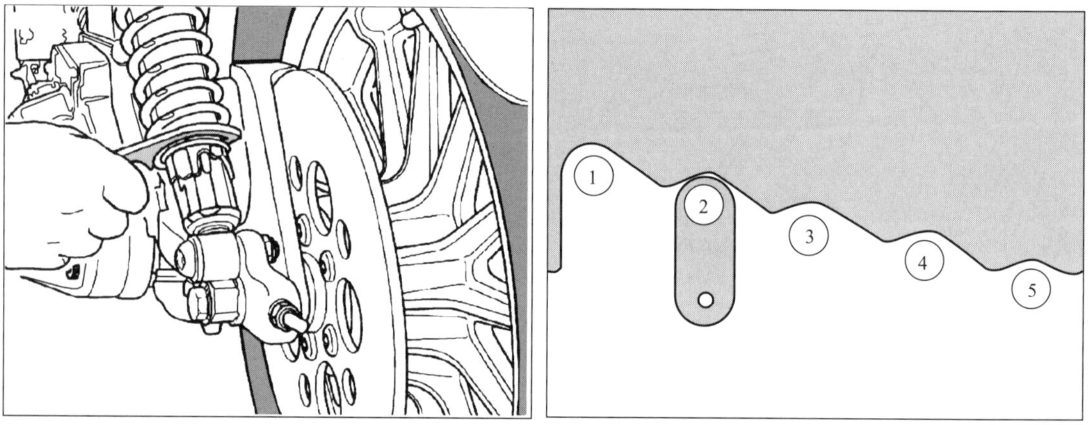

(a) 用扳手转动调节凸轮进行调节　　(b) 调节凸轮位置

图 6-2-16　调节后轮减振器弹簧预紧力

第三节　Street Bob（街霸）系列摩托车（2015 年款）

一、油品

1. 油品规格（表 6-3-1）

表 6-3-1　油品规格

油　　品	规　　格	用量/L
发动机机油	气温高于 4℃时，可采用机油黏度为 SAE 20W50 HARLEY-DIVIDSON（哈雷-戴维森）H-D360 摩托车发动机机油；气温低于 4℃时，可采用机油黏度为 SAE 10W40 HARLEY-DIVIDSON（哈雷-戴维森）H-D360 摩托车发动机机油	2.4
制动液	DOT 4 制动液	
变速器油液	Formula＋Transmission 油液	0.95

2. 检查发动机机油油位（表 6-3-2）

表 6-3-2　检查发动机机油油位

发动机在冷机状态下检查机油油位	
步骤	操　　作
1	把摩托车停放到平整的地面上
2	按照图 6-3-1 所示，拆下发动机机油加注盖
3	把机油尺拔出并擦拭干净，然后将机油尺重新插入加注口中，将加注盖拧紧
4	再次拆下机油加注盖，拔出机油尺，查看机油尺上的机油油位，见图 6-3-2
5	油位应在下限标记与上限标记之间
6	如果油位低于下限，应添加发动机机油，使油位达到下限标记与上限标记之间
发动机在暖机状态下检查机油油位	
步骤	操　　作
1	启动发动机，直至发动机达到正常工作温度
2	将摩托车在平坦坚实的地面上支好，使发动机怠速工作 1～2min，然后关闭发动机
3	拆下机油加注盖，将机油尺擦拭干净后重新插入，再将机油加注盖安装好
4	再次拆下机油加注盖，拔出机油尺，查看机油尺上的机油油位，见图 6-3-2
5	油位应处于上限和下限标记之间，如果油位过低，应加注机油使油位至机油尺上的上限处

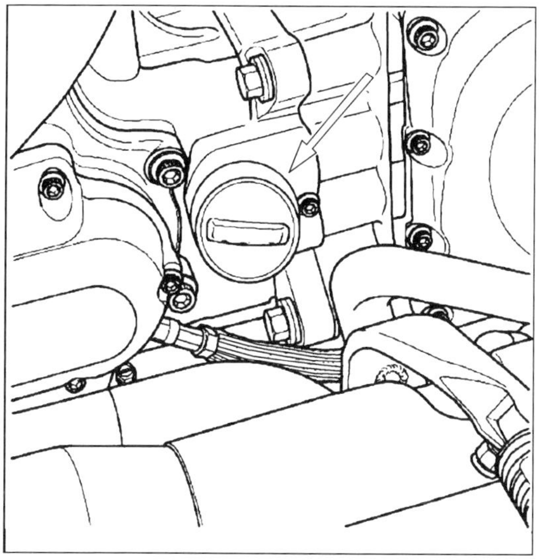

图 6-3-1　发动机机油加注盖

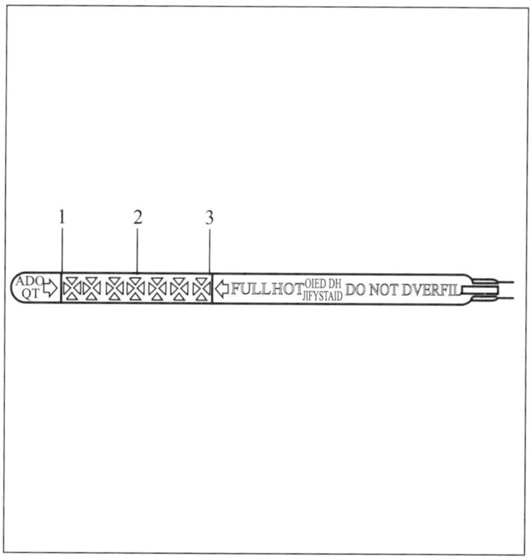

图 6-3-2　机油油尺标记

1—下限标记；2—规范油位；3—上限标记

3. 更换发动机机油和机油滤清器（表 6-3-3）

表 6-3-3　更换发动机机油和机油滤清器

步骤	操　　作
1	启动发动机，直至发动机达到正常工作温度

续表

步骤	操　　作
2	拆下机油加注盖，抽出机油尺
3	按照图 6-3-3 所示，拆下发动机油底壳的放油塞，彻底排放发动机机油
4	用机油滤清器拆装扳手拆下机油滤清器并将其废弃
5	在新的机油滤清器密封垫圈上薄薄涂抹一层干净的发动机机油，如图 6-3-4 所示
6	安装新的机油滤清器，当新机油滤清器垫圈与机油滤清器安装面接触时，用手再拧紧 180°或 270°
7	检查机油放油塞上的密封环，如果密封环有破损，应换成新的，然后安装好机油放油塞，紧固至 19～28.5N・m
8	加注发动机机油
9	在冷机状态下检查发动机机油油位
10	启动发动机，仔细查看机油放油塞和机油滤清器附近，确认没有机油泄漏
11	在暖机状态下检查发动机机油油位

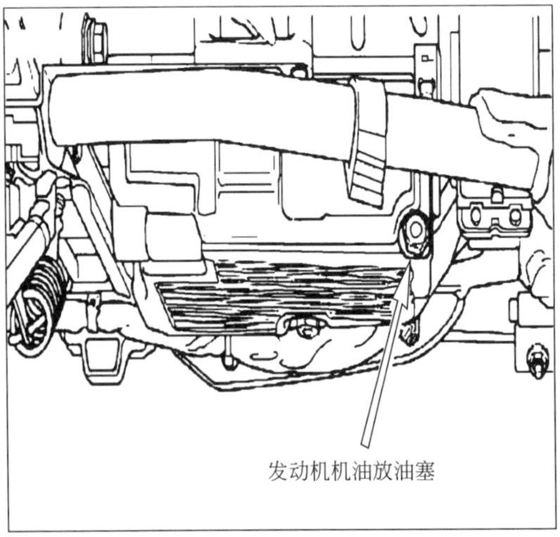

图 6-3-3　发动机机油放油塞识别

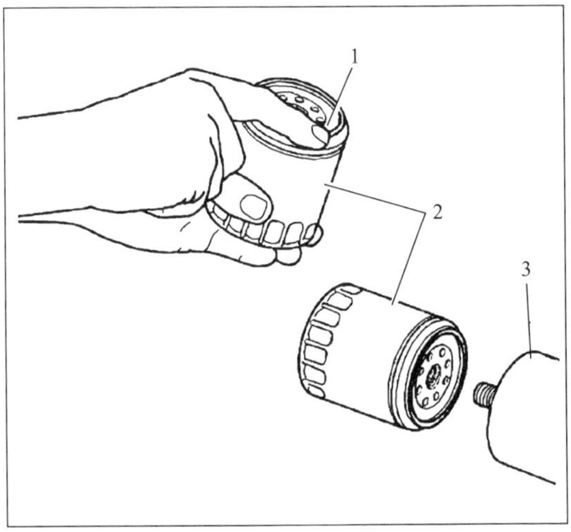

图 6-3-4　机油滤清器识别
1—涂抹干净的发动机机油；2—机油滤清器；3—滤清器安装板

4. 变速器油位检查（表 6-3-4）

表 6-3-4　变速器油位检查

步骤	操　　作
1	把摩托车在平坦坚实的地面上支好
2	按照图 6-3-5 所示，拆下变速器油尺，将油尺擦拭干净
3	将油尺重新插入变速器但不要拧紧
4	再次抽出油尺，查看油位，应位于油尺 A(下限)和 F(上限)标记之间，见图 6-3-6

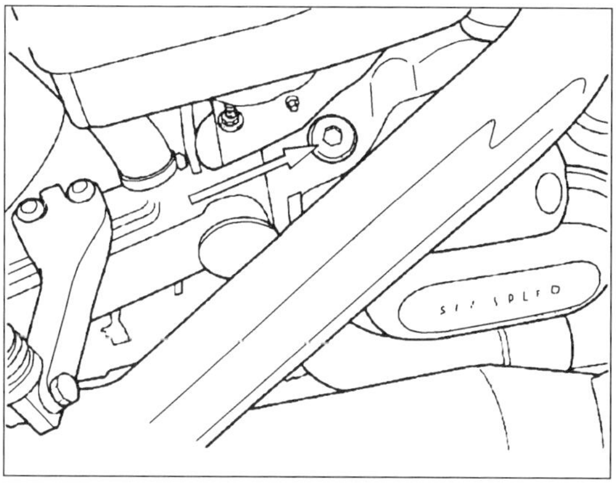

图 6-3-5 变速器油尺位置识别

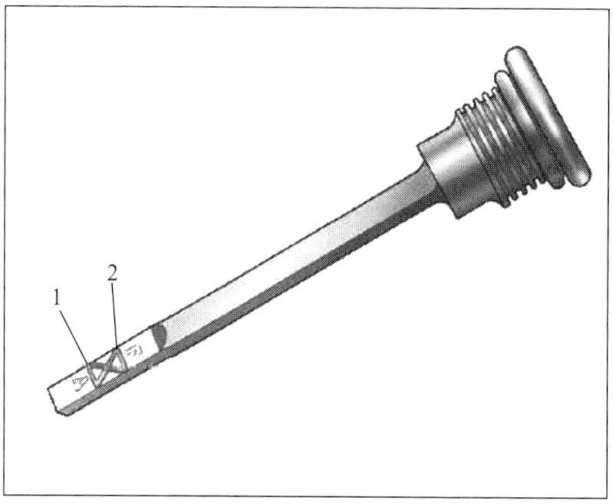

图 6-3-6 油尺油位识别

1—A（下限）标记；2—F（上限）标记

5. 变速器油液更换（表 6-3-5）

表 6-3-5 变速器油液更换

步骤	操 作
1	按照图 6-3-5 所示，拆下变速器油尺
2	按照图 6-3-7 所示，拆下变速器油液放油塞
3	将放油塞和放油塞上的密封环擦拭干净
4	重新安装放油塞并紧固至 19～28.5N·m
5	加注变速器油液，确认油位符合规范范围
6	安装变速器油尺并紧固至 2.8～8.5N·m

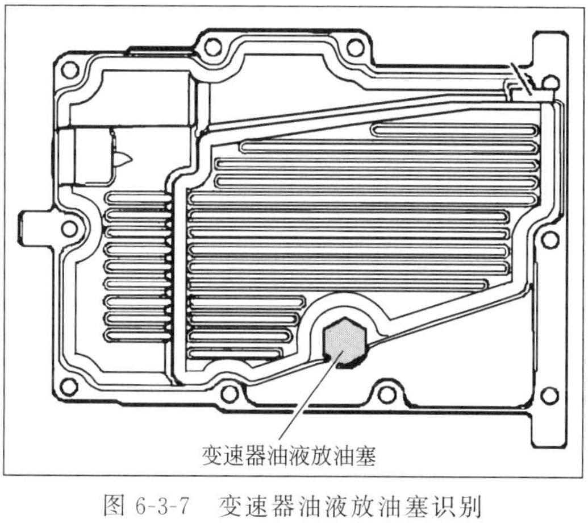

图 6-3-7 变速器油液放油塞识别

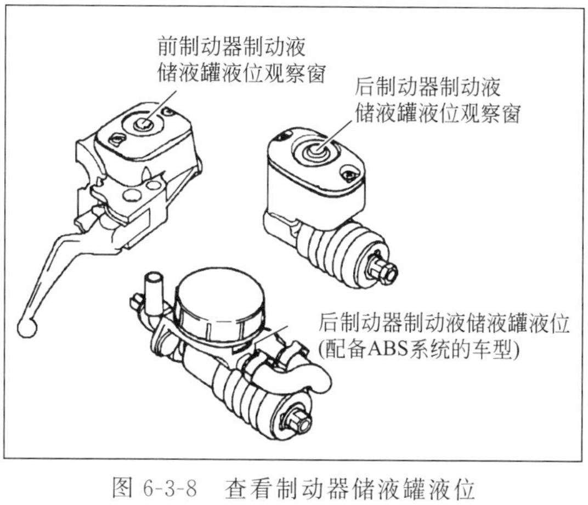

图 6-3-8 查看制动器储液罐液位

6. 检查制动液储液罐液位（表 6-3-6）

表 6-3-6 检查制动液储液罐液位操作步骤

步骤	操 作
1	将摩托车直立，使制动液储液罐保持水平状态，以便能准确查看液面高度

续表

步骤	操　　作
2	按照图 6-3-8 所示,通过储液罐上的观察窗查看前制动器制动液储液罐液面高度,应位于储液罐上的 MIN 标记以上
3	按照图 6-3-8 所示,通过储液罐上的观察窗查看后制动器制动液储液罐液面高度,应位于储液罐上的 MIN 标记以上

二、检查制动衬块厚度

维护保养时应按照图 6-3-9 所示检查制动衬块厚度，如果制动衬块厚度小于 1.02mm，则必须更换制动衬块。

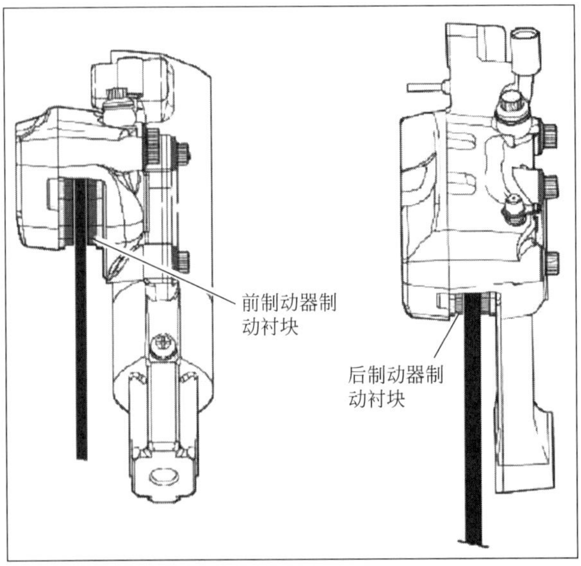

图 6-3-9　制动衬块厚度

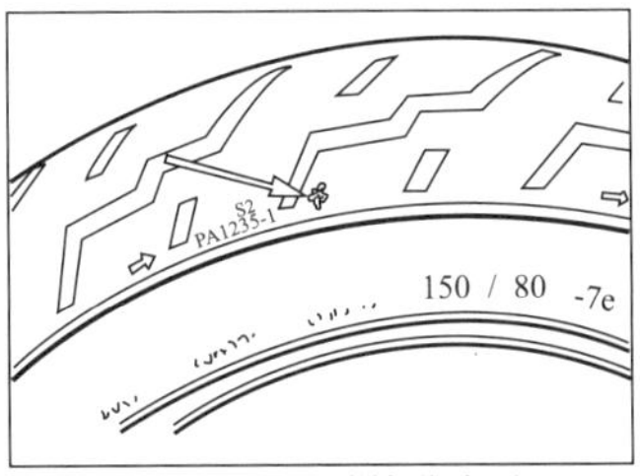

(a) 轮胎磨损极限标志

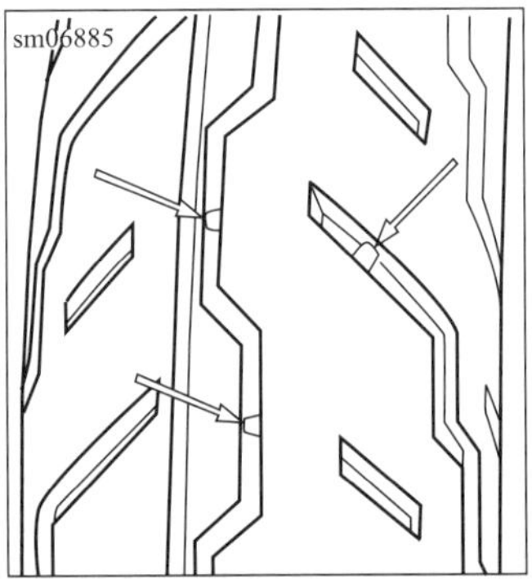

(b) 胎面花纹磨损极限标志

图 6-3-10　轮胎磨损极限标志和胎面花纹磨损极限标志

三、轮胎检查

1. 轮胎磨损检查

维护保养时要注意检查轮胎磨损，如果查看轮胎时发现轮胎已经露出轮胎磨损极限标志和胎面花纹磨损极限标志，应立即更换轮胎，如图 6-3-10 所示。

2. 轮胎规格与轮胎压力（表 6-3-7）

表 6-3-7　轮胎规格与轮胎压力

车轮	规　　格	轮胎压力/psi
前轮	Michelin Scorcher 31:100/90 B19	30
后轮	Michelin Scorcher 11:160/70 B17	40

注：1psi=6894.76Pa。

四、火花塞型号

火花塞型号为 HD-6R12，火花塞电极间隙为 0.97～1.09mm。更换火花塞时应注意型号准确。

五、车灯

1. 前照灯照射方向调节

按照图 6-3-11 所示，转动水平方向调节螺栓和垂直方向调节螺栓即可调节前照灯照射方向。

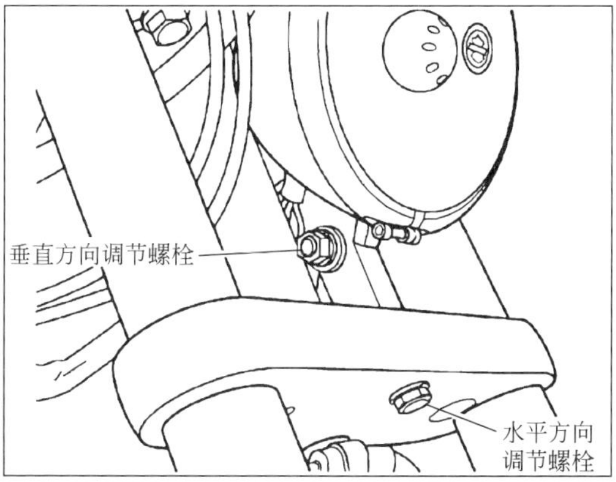

图 6-3-11　前照灯照射方向调节

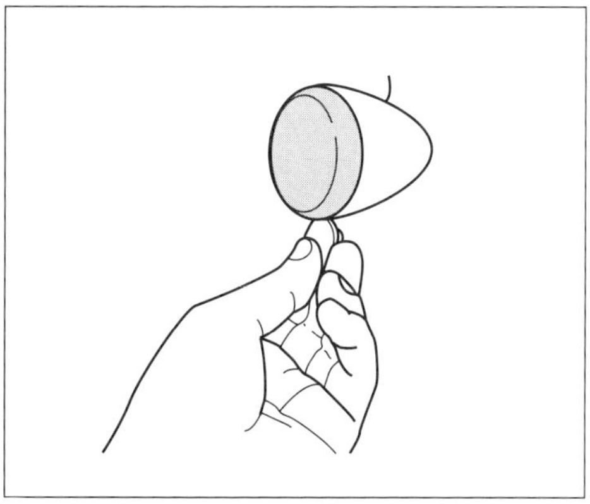

图 6-3-12　更换转向灯灯泡

2. 转向灯灯泡更换（表 6-3-8）

表 6-3-8　转向灯灯泡更换

步骤	操　　作
1	按照图 6-3-12 所示，用硬币之类的物体插入转向灯灯罩底部卡槽内，转动硬币，将灯罩与灯架分离
2	握住损坏的转向灯灯泡，沿逆时针转动即可将灯泡拆下
3	把新灯泡插入，沿顺时针方向转动，即可安装到位
4	重新将灯罩安装到灯架上

六、熔丝检查

按照图 6-3-13 所示，打开摩托车左侧盖罩下部的卡扣即可找到熔丝板。如果发现熔丝熔断，应更换新的熔丝。熔丝说明如图 6-3-14 所示。

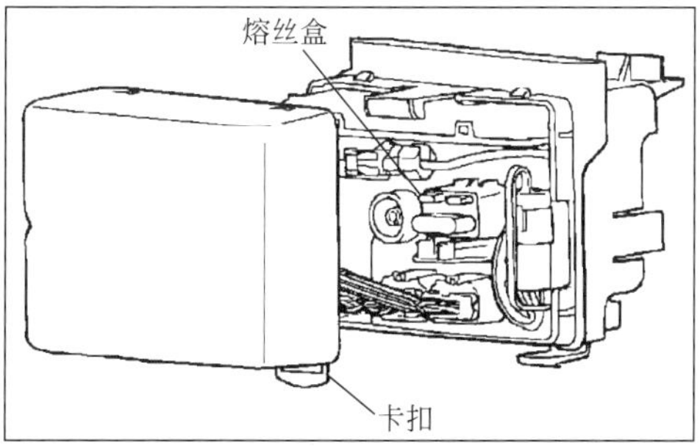

图 6-3-13　熔丝盒位置

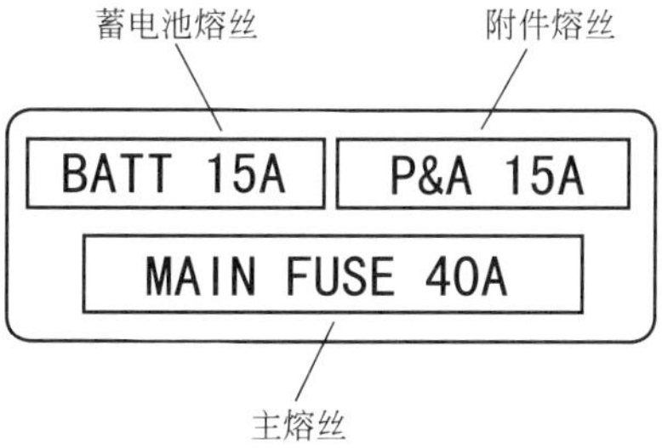

图 6-3-14　熔丝说明

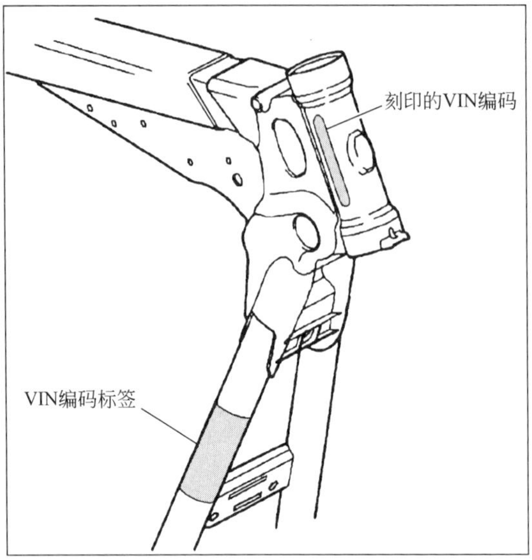

图 6-3-15 VIN 编码位置识别

七、VIN（摩托车识别编码）位置

在订购配件时，要提供摩托车的 VIN 编码，以免发生错购，VIN 编码位置识别见图 6-3-15。

八、后轮减振器弹簧预紧力调节

车主可根据摩托车载重情况（单人驾驶或双人骑乘）对后轮减振器弹簧预紧力进行调节，具体的调节见表 6-3-9。调节时使用扳手转动后轮减振器弹簧预紧力凸轮即可。共有 5 个调节位置，从位置 1 向位置 5 调节时，预紧力增加；从位置 5 向位置 1 调节时，预紧力减小，如图 6-3-16 所示。比如摩托车骑手体重在 60kg 以下时，可将预紧力凸轮位置调节到位置 1；而当摩托车为双人骑乘，使摩托车载重达到 116kg 以上时，应将预紧力调节凸轮调到位置 5。Street Bob 摩托车最大载重量不能超过 188kg。

表 6-3-9 摩托车载重与后轮减振器弹簧预紧力的对应

摩托车载重/kg	调节预紧力凸轮位置
＜60	1
60～75	2
75～89	3
89～102	4
102～116	5

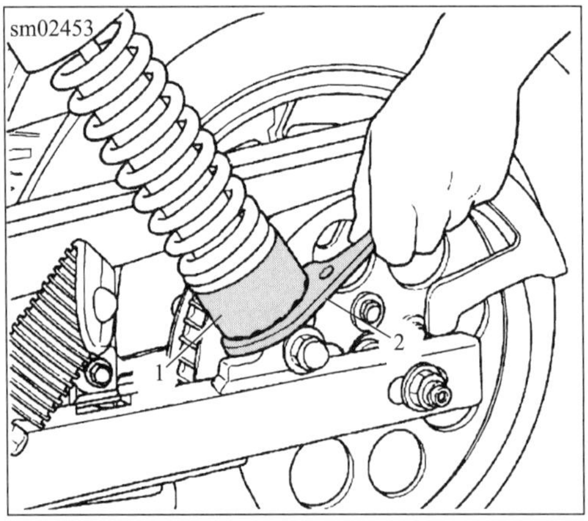

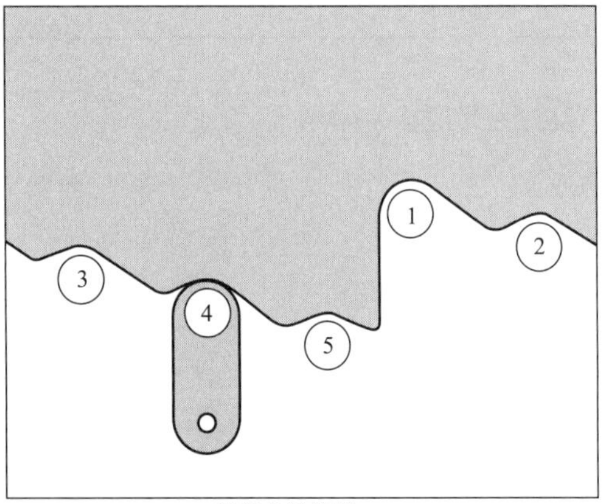

调节凸轮位置

图 6-3-16 调节后轮减振器弹簧预紧力

1—预紧力调节凸轮卡圈；2—调节扳手

第四节　Softail Slim（软尾司令）摩托车（2015年款）

一、油品

1. 油品规格（表6-4-1）

表6-4-1　油品规格

油　品	规　格	用　量
发动机机油	气温高于4℃时，可采用机油黏度为SAE 20W50 HARLEY-DIVIDSON（哈雷-戴维森）H-D360摩托车发动机机油；气温低于4℃时，可采用机油黏度为SAE 10W40 HARLEY-DIVIDSON（哈雷-戴维森）H-D360摩托车发动机机油	更换机油和机油滤清器：2.8L 注意：重新加注发动机机油时，可先添加1.9L，然后按需添加，使油位达到规范范围即可
制动液	DOT 4制动液	
变速器油液	Formula＋Transmission油液	0.95L 注意：重新加注变速器油液时，可先添加0.83L，然后按需添加，使油位达到规范范围即可

2. 检查发动机机油油位（表6-4-2）

表6-4-2　检查发动机机油油位

步骤	操　作
1	启动发动机，直至发动机达到正常工作温度
2	将摩托车在平坦坚实的地面上支好，使发动机怠速工作1～2min，然后关闭发动机
3	按照图6-4-1所示，将机油尺抽出，擦拭干净后重新插入
4	再次拔出机油尺，查看机油尺上的机油油位，见图6-4-2
5	油位应处于上限和下限标记之间。如果油位过低，应加注机油使油位至机油尺上的上限处

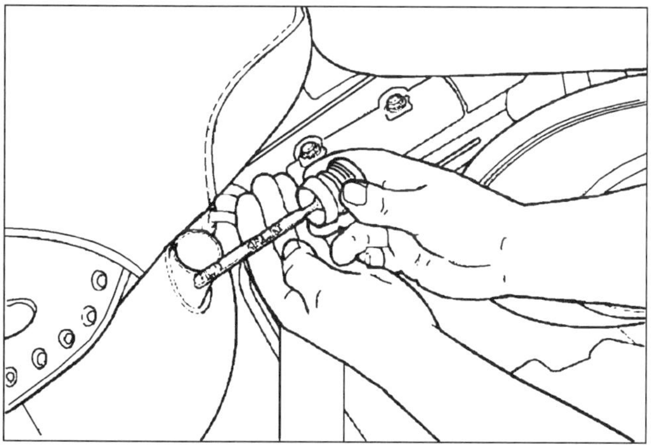

图6-4-1　抽出机油尺

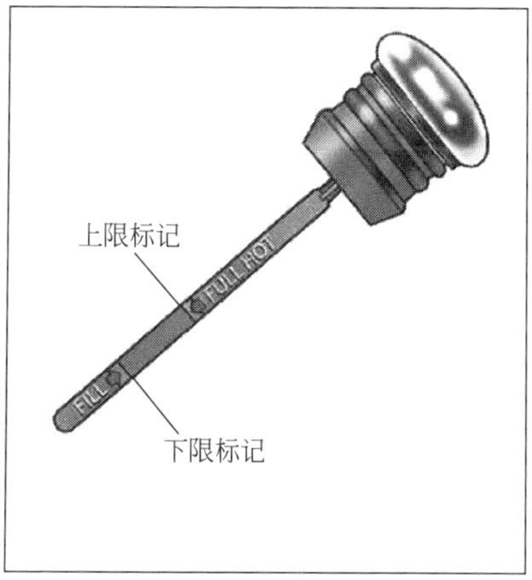

图6-4-2　机油油尺标记

3. 更换发动机机油和机油滤清器（表 6-4-3）

表 6-4-3　更换发动机机油和机油滤清器

步骤	操　　作
1	启动发动机，直至发动机达到正常工作温度
2	抽出机油油尺
3	按照图 6-4-3 所示，拆下发动机机油放油塞，彻底排放发动机机油
4	用图 6-4-4 所示的机油滤清器扳手拆下机油滤清器并将其废弃
5	在新的机油滤清器密封垫圈上薄薄涂抹一层干净的发动机机油，如图 6-4-5 所示
6	安装新的机油滤清器，当新机油滤清器垫圈与机油滤清器安装面接触时，用手再拧紧 180°或 270°（不要用机油滤清器扳手拧紧）
7	检查机油放油塞上的密封环，如果密封环有破损，应换成新的，然后安装好机油放油塞，紧固至 19～28.5N·m
8	先加注 1.9L 发动机机油
9	将机油尺插入原位，按照表 6-4-2 的操作步骤检查发动机机油油位
10	抽出机油尺，继续添加发动机机油，直至油位达到上限标记
11	安装好机油尺
12	启动发动机，确认机油滤清器和机油放油塞处没有发生泄漏

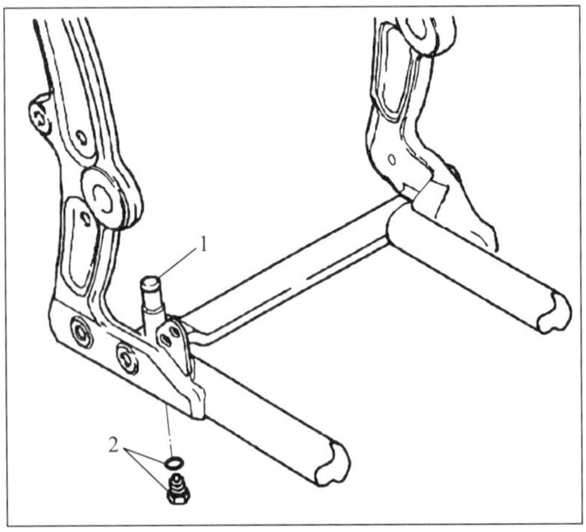

图 6-4-3　发动机机油放油塞识别

1—机油放油管连接件；2—机油放油塞及密封环

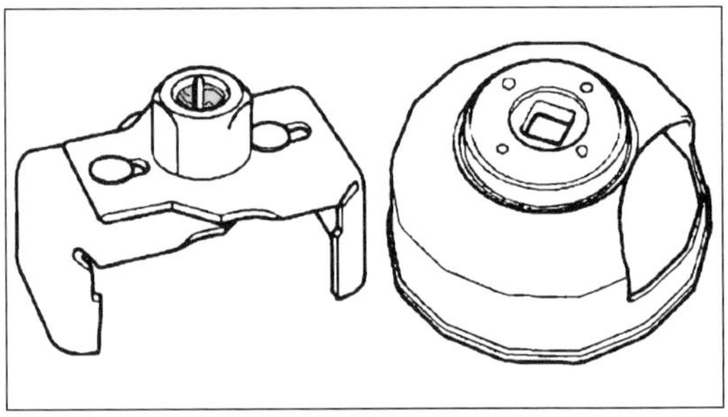

图 6-4-4　机油滤清器扳手

4. 变速器油位检查（表 6-4-4）

表 6-4-4　变速器油位检查

步骤	操　　作
1	把摩托车在平坦坚实的地面上支好，
2	按照图 6-4-6 所示的油尺位置，拆下变速器油尺，将变速器油尺擦拭干净
3	将变速器油尺重新插入变速器但不要拧紧
4	再次抽出变速器油尺，查看油位，应位于变速器油尺 A（下限）和 F（上限）标记之间，见图 6-4-7。如果油位过低，应添加到规范范围
5	安装好变速器油尺，紧固至 2.8～8.5N·m

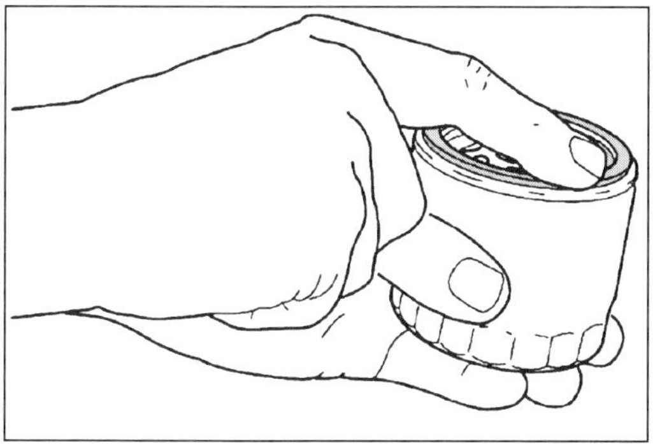

图 6-4-5　润滑机油滤清器密封垫圈

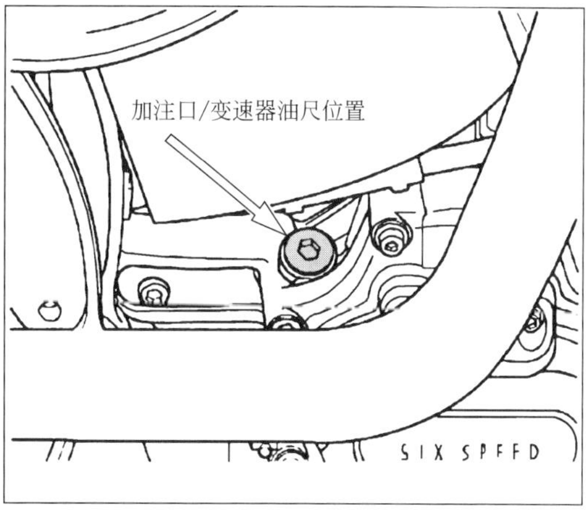

图 6-4-6　变速器油尺位置识别

5. 变速器油液更换（表 6-4-5）

表 6-4-5　变速器油液更换

步骤	操　作
1	按照图 6-4-6 所示，拆下变速器油尺
2	按照图 6-4-8 所示，拆下变速器油液放油塞
3	将放油塞和放油塞上的密封环擦拭干净
4	重新安装放油塞并紧固至 19～28.5N·m
5	加注变速器油液，确认油位符合规范
6	安装变速器油尺并紧固至 2.8～8.5N·m

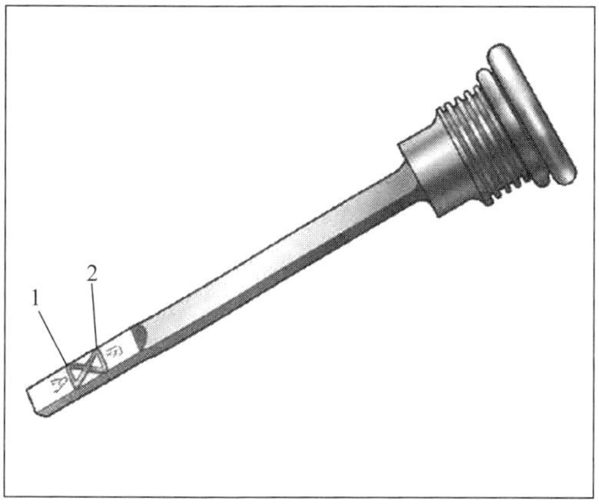

图 6-4-7　变速器油尺油位识别
1—A（下限）标记；2—F（上限）标记

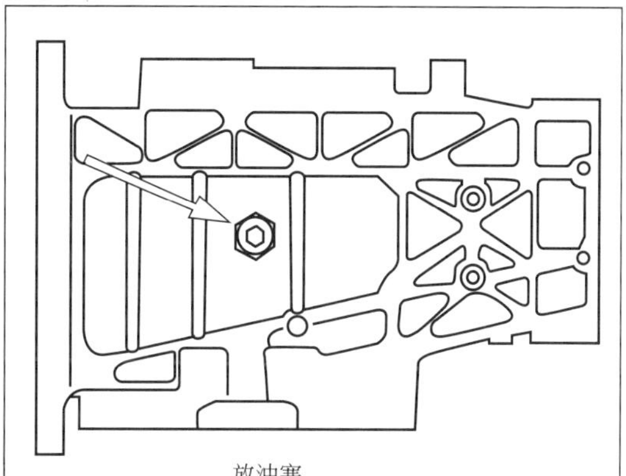

图 6-4-8　变速器油液放油塞识别

6. 检查制动液储液罐液位（表 6-4-6）

表 6-4-6　检查制动液储液罐液位操作步骤

步骤	操　作
1	将摩托车直立，使制动液储液罐保持水平状态，以便能准确查看液面高度

续表

步骤	操　　作
2	按照图 6-4-9 所示，通过储液罐上的观察窗查看前制动器制动液储液罐液面高度，应位于储液罐上的 MIN 标记以上
3	按照图 6-4-9 所示，通过储液罐上的观察窗查看后制动器制动液储液罐，应观察到有油液存在

二、检查制动衬块厚度

维护保养时应按照图 6-4-10 所示检查制动衬块厚度，如果制动衬块厚度小于 1.02mm，则必须更换制动衬块。

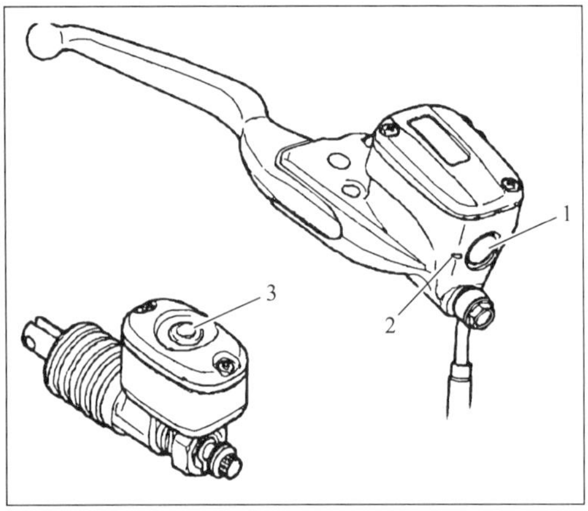

图 6-4-9　查看制动器储液罐液位

1—前制动器制动液储液罐观察窗；2—最低液位标记；
3—后制动器制动液储液罐观察窗

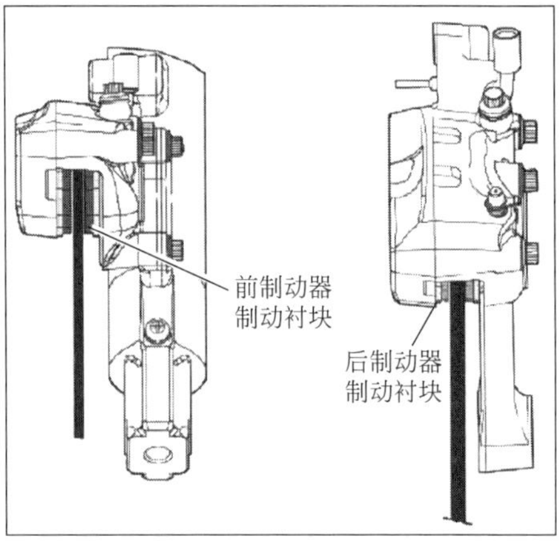

图 6-4-10　制动衬块厚度

三、轮胎检查

1. 轮胎磨损检查

维护保养时要注意检查轮胎磨损，如果查看轮胎时发现轮胎已经露出轮胎磨损极限标志和胎面花纹磨损极限标志，应立即更换轮胎，如图 6-4-11 所示。

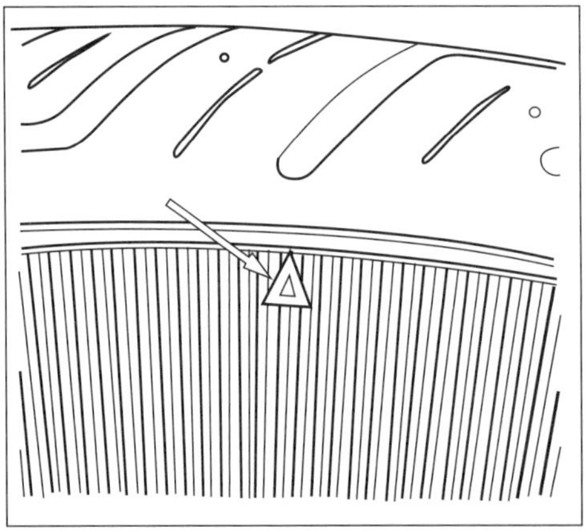

(a) 轮胎磨损极限标志

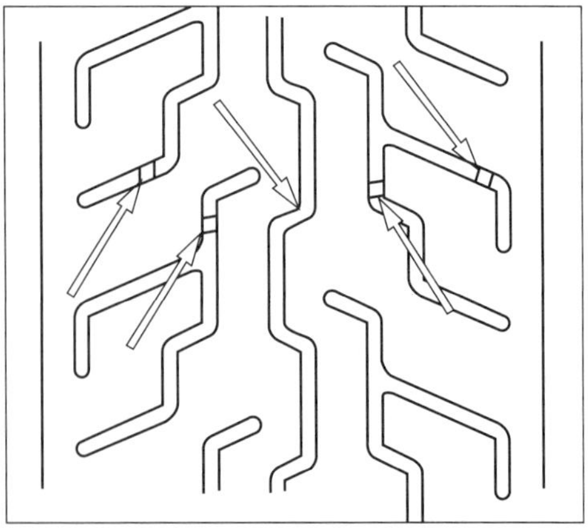

(b) 胎面花纹磨损极限标志

图 6-4-11　轮胎磨损极限标志和胎面花纹磨损极限标志

2. 轮胎规格与轮胎压力（表 6-4-7）

表 6-4-7　轮胎规格与轮胎压力

车轮	规　　格	轮胎压力/psi
前轮	Dunlop D402F MT90B16	36
后轮	Dunlop D402F MU85B16	40

注：1psi=6894.76Pa。

四、火花塞型号

火花塞型号为 HD-6R12，火花塞电极间隙为 0.97～1.09mm。更换火花塞时应注意型号准确。

五、车灯

1. 前照灯照射方向调节

按照图 6-4-12 所示，转动水平方向调节螺栓和垂直方向调节螺栓即可调节前照灯照射方向。

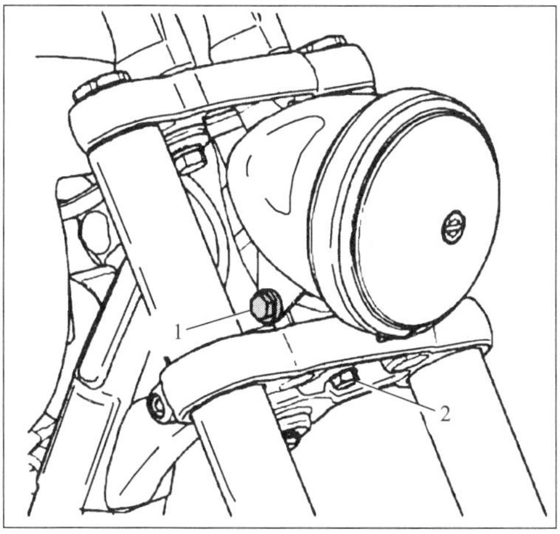

图 6-4-12　前照灯照射方向调节

1—垂直方向调节螺栓；2—水平方向调节螺栓

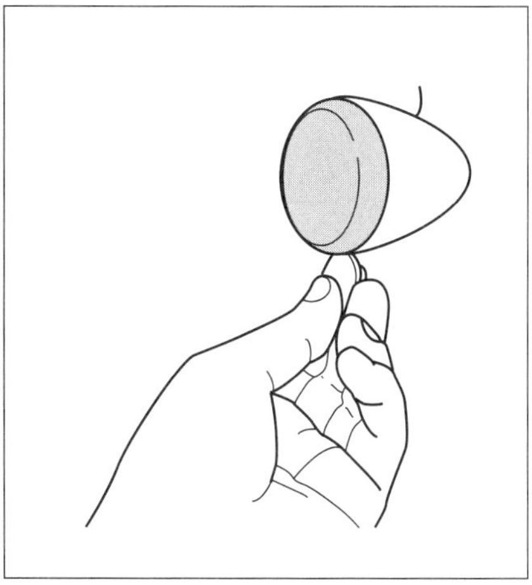

图 6-4-13　更换转向灯灯泡

2. 转向灯灯泡更换（表 6-4-8）

表 6-4-8　转向灯灯泡更换

步骤	操　　作
1	按照图 6-4-13 所示，用硬币之类的物体插入转向灯灯罩底部卡槽内，转动硬币，将灯罩与灯架分离
2	握住损坏的转向灯灯泡，沿逆时针转动即可将灯泡拆下
3	把新灯泡插入，沿顺时针方向转动，即可安装到位
4	重新将灯罩安装到灯架上

六、熔丝检查

按照图 6-4-14 所示，在摩托车骑手座椅下即可找到熔丝板。如果发现熔丝熔断，应更换新的熔丝。熔丝说明如图 6-4-15 所示。

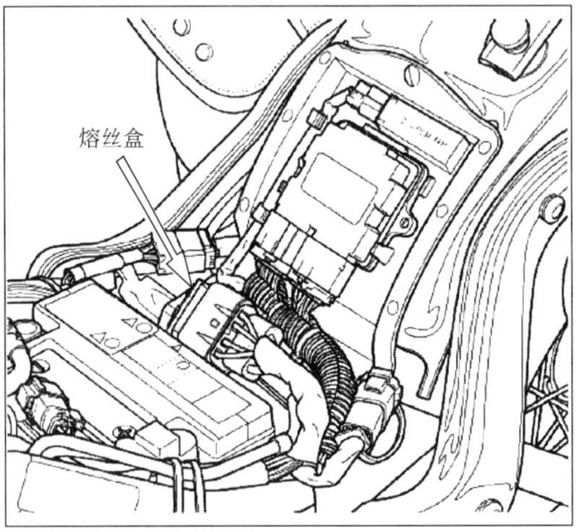

图 6-4-14　熔丝盒位置

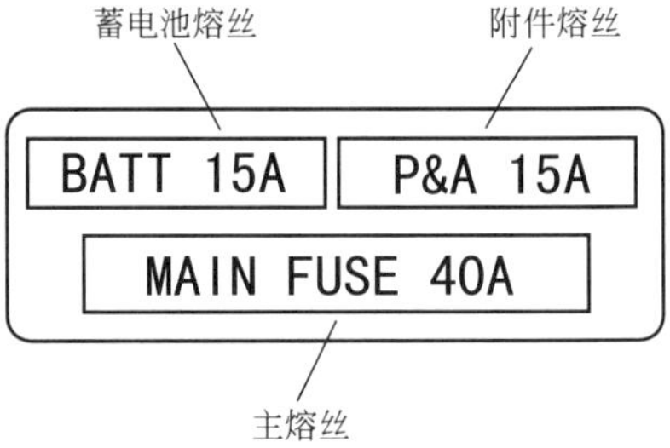

图 6-4-15　保险丝说明

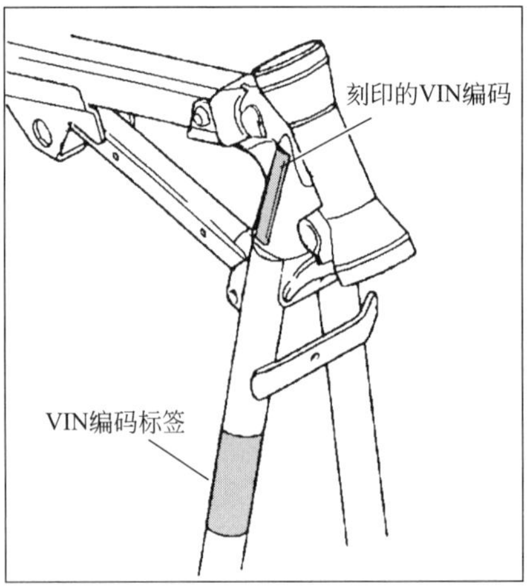

图 6-4-16　VIN 编码位置识别

七、VIN（摩托车识别编码）位置

在订购配件时，要提供摩托车的 VIN 编码，以免发生错购，VIN 编码位置识别见图 6-4-16。

八、后轮减振器预紧力调节

车主可根据摩托车载重情况（单人驾驶或双人骑乘）对后轮减振器预紧力进行调节，具体的调节见表 6-4-9。Softail Slim 摩托车最大载重量不能超过 208kg。后轮减振器预紧力调节方法见表 6-4-10。

表 6-4-9　摩托车载重与后轮减振器预紧力的对应

摩托车载重/kg	调节转动圈数
＜75	0
75～100	1
100～125	2
125～152	3
152～179	4
179～最大允许载重	5

表 6-4-10 后轮减振器预紧力调节方法

步骤	操作
1	把摩托车在平整坚实的地面上支好
2	按照图 6-4-17 所示，用扳手固定住轴上的平台，使轴无法转动，然后松开锁紧螺母
3	用图 6-4-17 中所示的扳手插入后轮减振筒上的扳手插孔，沿顺时针方向转动，直至止动位置，在该位置预紧力最小
4	标记减振筒端面，以备参考
5	根据摩托车载重情况沿逆时针方向转动减振筒，转动圈数见表 6-4-9
6	调节完毕后，将锁紧螺母拧紧即可

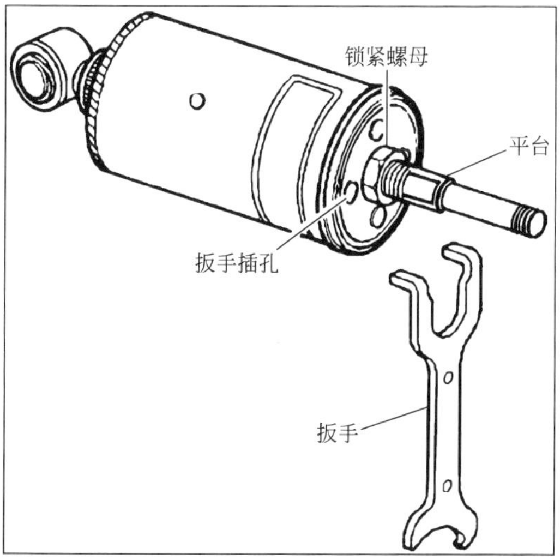

图 6-4-17 调节后轮减振器弹簧预紧力

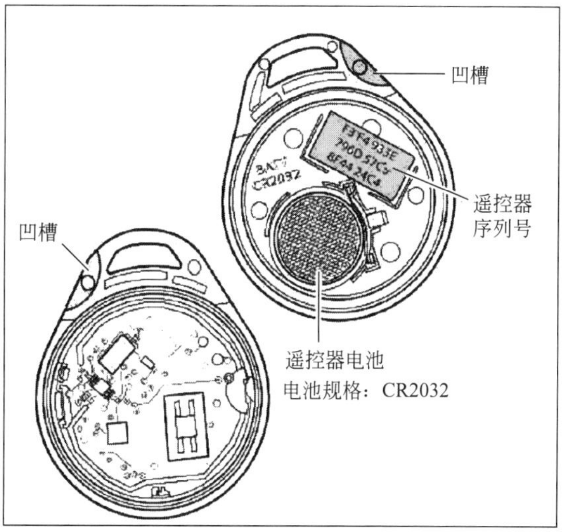

图 6-4-18 更换遥控器电池

九、摩托车遥控器电池更换

遥控器内的电池电量耗尽后，要按照表 6-4-11 的操作步骤更换新电池。

表 6-4-11 遥控器电池更换

步骤	操作
1	按照图 6-4-18 所示，用螺丝刀插入遥控器凹槽，撬开遥控器的上部和下部壳体
2	取出电量耗尽的电池
3	换上新电池，电池正极朝上
4	将遥控器上下壳体扣合到一起即可

第七章

HONDA（本田）摩托车

第一节　CBR 1000RR 摩托车（2014 年款）

一、油品

1. 油品规格（表 7-1-1）

表 7-1-1　油品规格

油　品	规　格	用　量
发动机机油	HONDA 4 冲程摩托车发动机机油，机油黏度为 SAE 10W-30；API SG 以上	排出发动机机油后添加：2.8L 排出发动机机油并更换机油滤清器后添：3.0L 发动机解体维修后添加：3.7L
制动液	HONDADOT4 制动液	
发动机冷却液	Pro HONDA HP 发动机冷却液	3.0L
传动链润滑剂	SAE 80 或 SAE 90 传动链润滑剂	

2. 发动机机油油位检查（表 7-1-2）

表 7-1-2　发动机机油油位检查

步骤	操　作
1	启动发动机，怠速运行 3～5min
2	关闭摩托车点火开关，使发动机停机，然后等待 2～3min
3	按照图 7-1-1 所示，抽出机油尺，将机油尺擦拭干净
4	将摩托车车身保持直立，插入机油尺，但不要拧紧
5	再次抽出发动机机油尺，检查油位
6	油位应位于上限标记与下限标记之间
7	将机油尺安装回原位
8	如果发现发动机机油油位低于下限标记，应予以添加

3. 添加发动机机油（表 7-1-3）

表 7-1-3　添加发动机机油

步骤	操　　作
1	将摩托车停放到平整坚实的地面上，车身保持直立
2	按照图 7-1-1 所示，拆下发动机机油加注口盖
3	添加机油，直至油位达到机油尺上限标记
4	将机油加注口附近的污渍擦拭干净
5	重新将机油油尺安装好

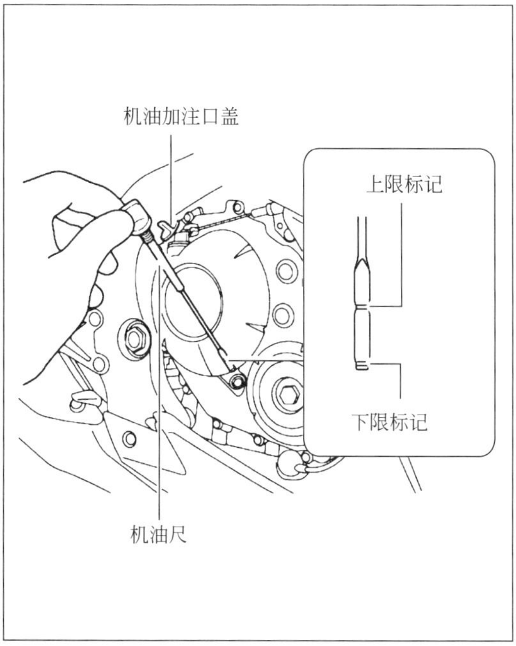

图 7-1-1　检查发动机机油油位

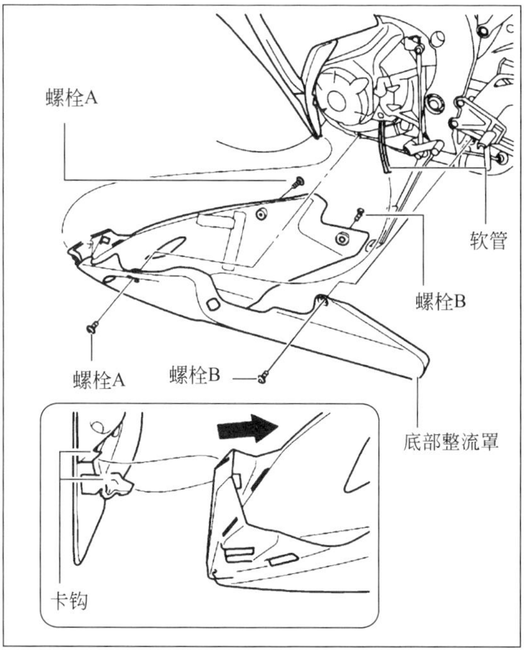

图 7-1-2　拆卸底部整流罩

4. 更换发动机机油和机油滤清器（表 7-1-4）

表 7-1-4　更换发动机机油和机油滤清器

步骤	操　　作
1	按照图 7-1-2 所示，拆下底部整流罩上的螺栓 A 和螺栓 B，松开卡钩，将底部整流罩拆下
2	启动发动机，怠速运行 3～5min
3	关闭摩托车点火开关，使发动机停机，然后等待 2～3min
4	将摩托车停放到平整坚实的地面上，放下摩托车侧支架
5	把接油盘放到图 7-1-3 所示的放油螺栓下面，准备承接放出的发动机机油
6	拆下机油加注口盖、拆下放油螺栓和密封垫圈，彻底排放发动机机油
7	按照图 7-1-4 所示，用机油滤清器拆卸扳手拆下机油滤清器，使机油滤清器内的残存机油排放出来，然后将拆下的机油滤清器废弃
8	在新机油滤清器的橡胶密封环上涂抹一层干净的发动机机油

续表

步骤	操　　作
9	安装机油滤清器并紧固至 26N·m
10	在放油螺栓上换装新的密封垫圈，将放油螺栓紧固至 30N·m
11	加注足量的发动机机油，然后将机油加注口盖装好
12	检查发动机机油油位，确认油位符合规范
13	检查机油加注口盖和放油螺栓处没有机油泄漏
14	重新将摩托车底部整流罩安装好

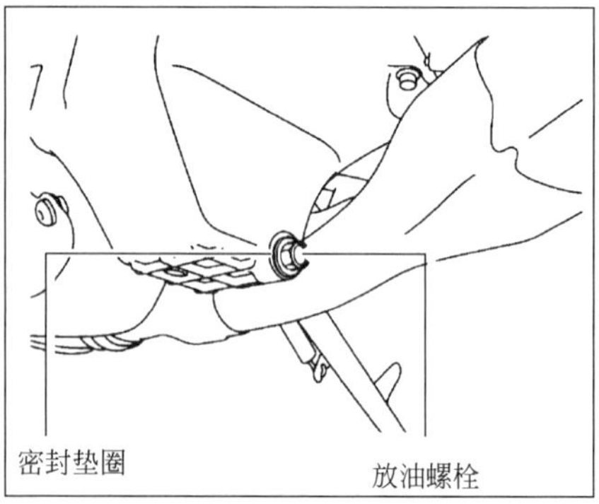

图 7-1-3　放油螺栓位置识别

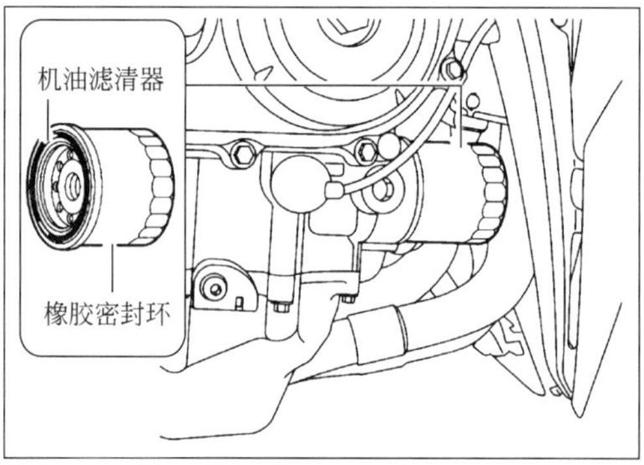

图 7-1-4　机油滤清器识别

5. 发动机冷却液液面高度检查（表 7-1-5）

表 7-1-5　发动机冷却液液面高度检查

步骤	操　　作
1	把摩托车停放到平整坚实的地面上
2	使摩托车车身保持直立，以便能准确检查发动机冷却液液位
3	按照图 7-1-5 所示，检查冷却液储液罐内冷却液的液面高度
4	应处于上限标记和下限标记之间
5	如果液位低于下限标记，则拧下储液罐盖，添加冷却液，直至液位达到上限标记
6	添加完毕后，将储液罐盖拧好

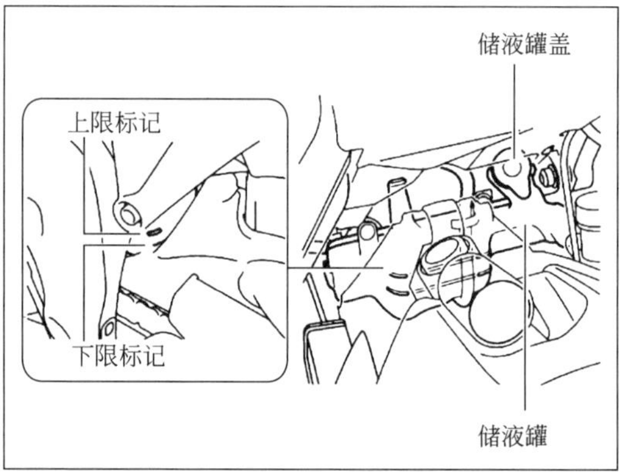

图 7-1-5　检查发动机冷却液液面高度

6. 检查制动液液位（表 7-1-6）

表 7-1-6　检查制动液液位

步骤	操　　作
1	把摩托车停放到平整坚实的地面上
2	使摩托车车身保持直立，以便能准确检查制动液液位
3	按照图 7-1-6 所示，检查制动液储液罐内的液面高度
4	液面应处于上限标记和下限标记之间

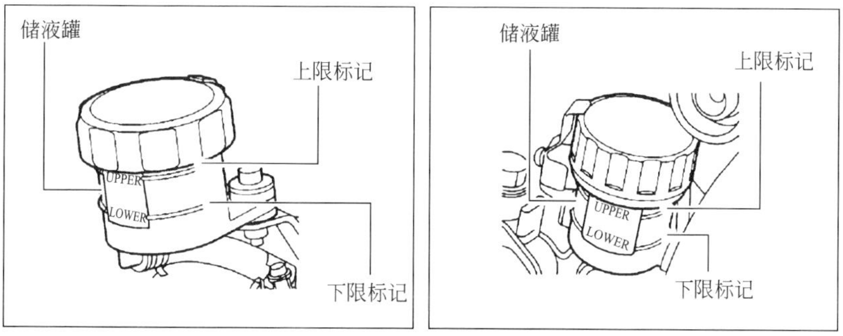

(a) 前制动器　(b) 后制动器

图 7-1-6 检查制动液液面高度

二、传动链维护保养

1. 传动链润滑

摩托车传动链可采用 HONDA 摩托车专用润滑剂进行润滑，也可采用 SAE80 或 SAE90 齿轮油进行润滑，如图 7-1-7 所示。

2. 传动链链轮磨损检查

按照图 7-1-8 所示，检查传动链链轮的轮齿，如果发现有磨损或损坏，应及时更换链轮。

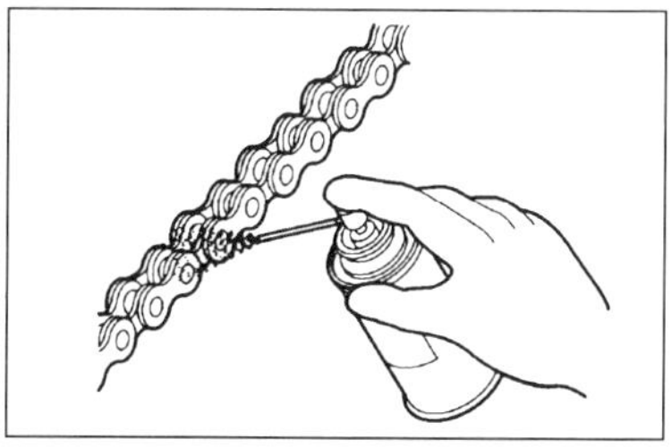
图 7-1-7 喷洒传动链润滑剂

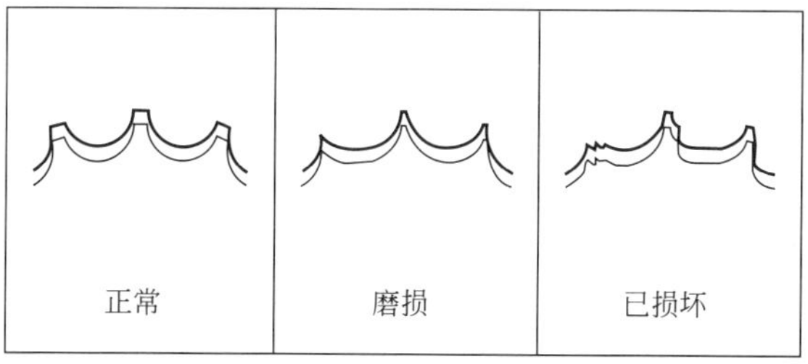

图 7-1-8 检查传动链链轮磨损

3. 检查传动链松弛度（表 7-1-7）

表 7-1-7 检查传动链松弛度

步骤	操作
1	关闭发动机，将摩托车变速器设定到 N 挡
2	将摩托车停放到平台坚实的地面上，用侧支架支好
3	按照图 7-1-9 所示，检查传动链松弛度
4	规范范围应为 25～35mm，如果测量结果大于 50mm，则不能继续驾驶摩托车，应及时送交维修厂维修处理

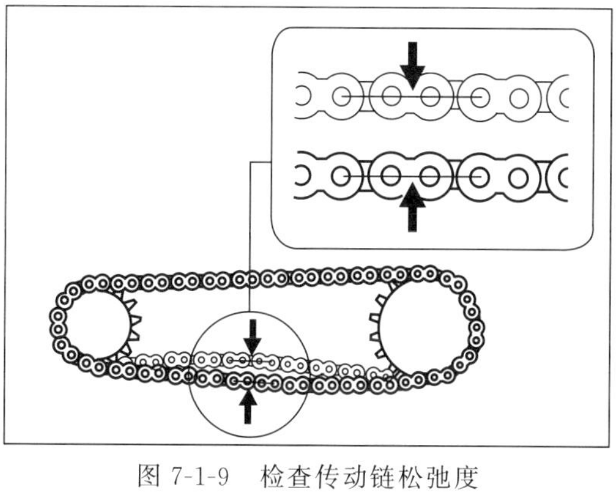
图 7-1-9 检查传动链松弛度

三、轮胎维护保养

1. 轮胎磨损或损伤检查

按照图 7-1-10 所示，检查轮胎是否有不正常的磨损或损伤，如果有，应及时更换轮胎。

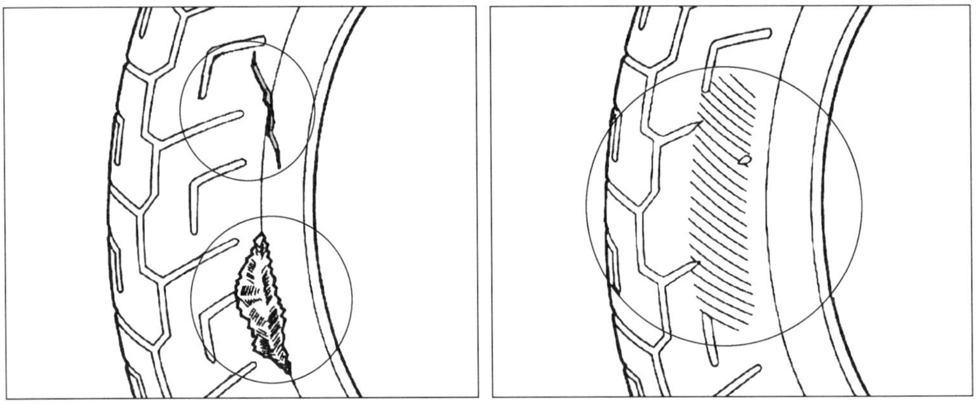
(a) 损伤　(b) 不正常的磨损

图 7-1-10　轮胎的损伤和不正常磨损识别

2. 轮胎胎面花纹深度磨损检查

轮胎胎面花纹深度磨损达到极限时，会在胎面花纹处显露图 7-1-11 所示的三角形标记或 TWI 字符，如果看到这个标记或字符，说明轮胎花纹已经达到磨损极限，应立即更换轮胎。

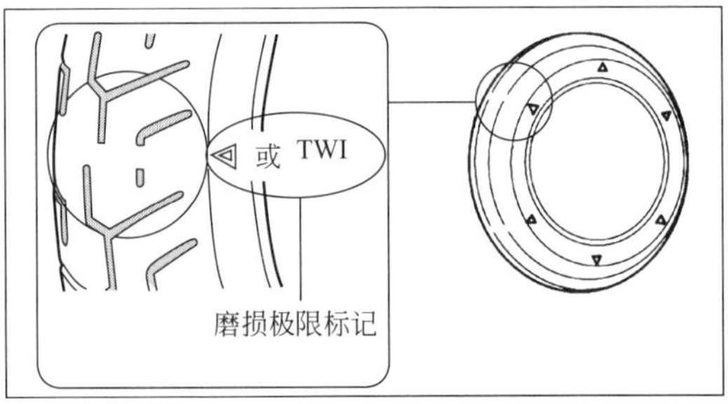

图 7-1-11　轮胎胎面花纹磨损极限标记识别

3. 轮胎压力与规格（表 7-1-8）

表 7-1-8　轮胎压力与规格

品牌	规格	前轮压力/kPa	后轮压力/kPa
前轮:Bridgestone S20F G 轮胎 后轮:Bridgestone S20R G 轮胎	前轮:120/70 ZR17 M/C(58W) 后轮:190/50 ZR17 M/C(73W)	250	290
前轮和后轮均可采用 Dunlop Qualifier Ⅱ K 轮胎	前轮:120/70 ZR17 M/C(58W) 后轮:190/50 ZR17 M/C(73W)	250	290

四、制动系统维护保养

1. 制动灯开关调节

维护保养时应注意检查制动灯开关，如果发现制动灯开关操作迟缓，可按照图 7-1-12 所示，将调节螺母向图中的方向 A 转动，即可提高响应速度；如果发现制动灯开关操作速度过快，将调节螺母向图中方向 B 转动，即可降低响应速度。

2. 制动衬块磨损检查

维护保养时要检查制动器上的制动衬块厚度，如果发现已经显露出磨损极限标志，应立即更换制动衬块，如图 7-1-13 所示。

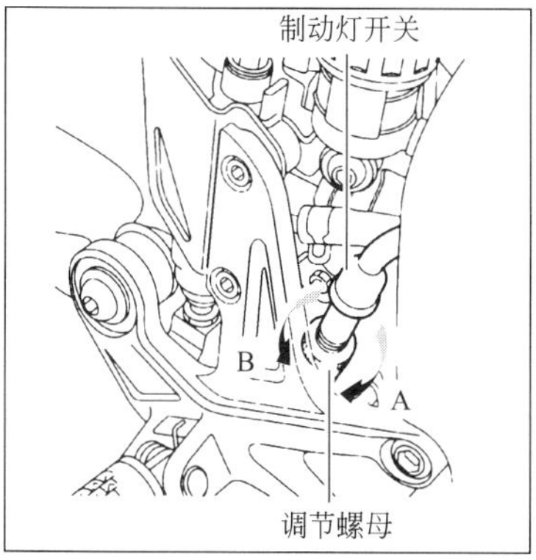

图 7-1-12 制动灯开关调节

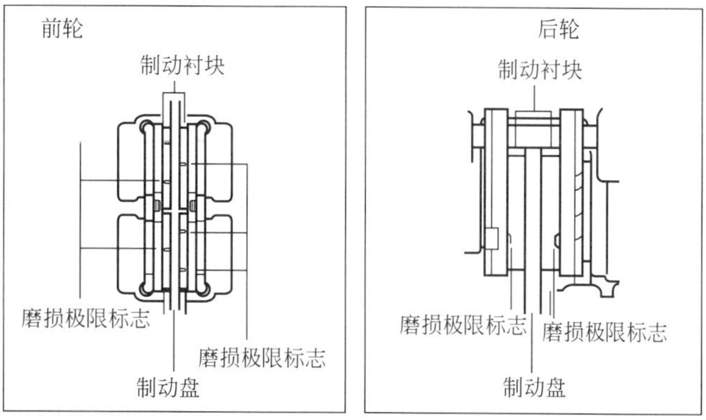

图 7-1-13 检查制动衬块磨损

3. 制动控制杆与车把握柄之间的距离调节

如果感觉制动控制杆与车把握柄之间的距离不合适，可按照图 7-1-14 进行调节，调节时将制动控制杆沿图中黑色箭头方向推动，然后转动调节器，调节器共有 6 挡距离可调，可根据需要转动调节器，将其调节到骑手感觉最恰当的距离。

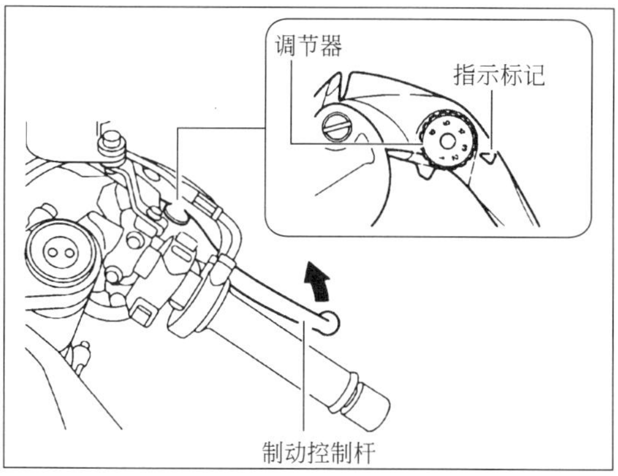

图 7-1-14 制动控制杆与车把握柄之间的距离调节

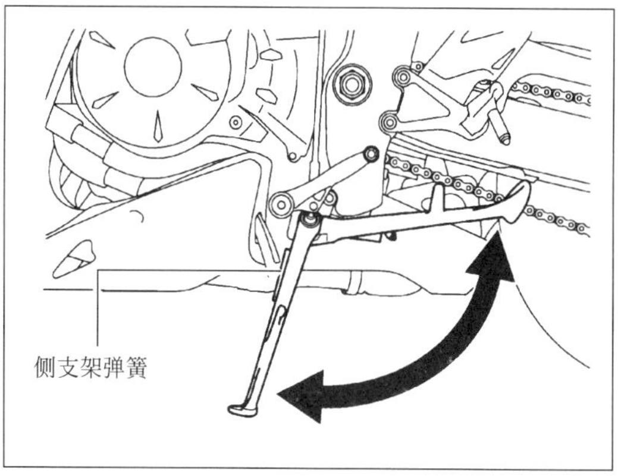

图 7-1-15 侧支架维护

五、摩托车侧支架检查与维护（表 7-1-9）

表 7-1-9 摩托车侧支架检查与维护

步骤	操 作
1	检查侧支架运动是否顺畅平滑，如果发现侧支架运动卡滞，可用润滑剂润滑侧支架的枢轴螺栓
2	按照图 7-1-15 所示，检查侧支架弹簧是否损坏或弹力下降
3	跨骑到摩托车上，把摩托车变速器设置到 N 挡，升起侧支架
4	启动发动机，扳动离合器控制杆，使变速器换挡
5	降下侧支架，发动机应在驾驶员降下侧支架时关闭，如果发动机没有关闭，应送交维修厂进行维护处理

六、火花塞型号与电极间隙规范

本田 CBR 1000RR 摩托车可采用 NGK IMR9E-9HES 火花塞或 DENSO VUH27ES 火花塞，火花塞电极间隙为 0.8～0.9mm。更换火花塞时应注意火花塞型号要保持一致。

七、车灯

1. 灯泡规格（表 7-1-10）

表 7-1-10 灯泡规格

灯泡	规格
前照灯灯泡(2 个)	12V-55W 灯泡
制动灯灯泡	LED
位置灯灯泡	LED
牌照灯灯泡	12V-5W 灯泡
前转向灯灯泡(2 个)	12V-21W 灯泡
后转向灯灯泡(2 个)	12V-21W 灯泡

2. 前照灯垂直照射方向调节

如果前照灯垂直照射方向发生偏离，可用随车工具转动图 7-1-16 中所示的调节螺钉，对前照灯远光和近光进行垂直照射方向的调节。

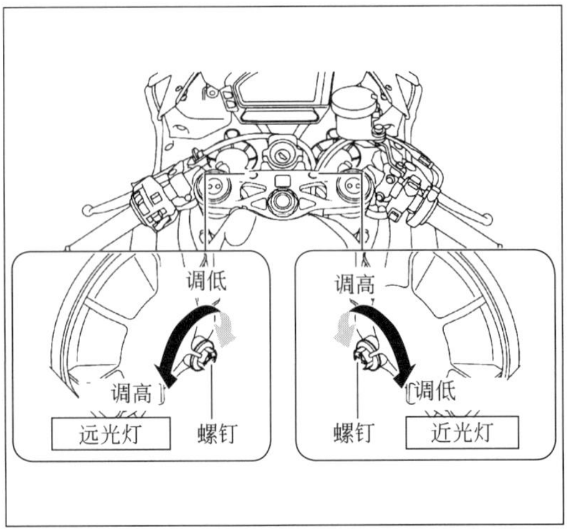

图 7-1-16 前照灯垂直照射方向调节

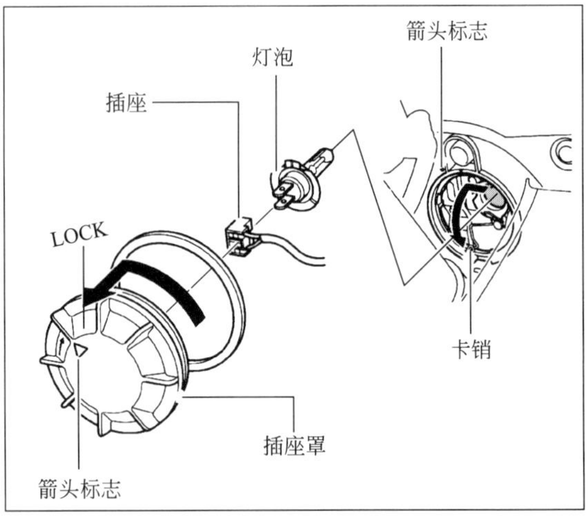

图 7-1-17 更换前照灯灯泡

3. 前照灯灯泡更换（表 7-1-11）

表 7-1-11 前照灯灯泡更换

步骤	操作
1	按照图 7-1-17 所示，沿逆时针方向转动插座罩，即可将其拆下
2	把插座从灯泡处拉出
3	把卡销向下压，拉出灯泡
4	按照与拆卸相反的步骤安装新灯泡，确保插座罩上的箭头标记与前照灯壳体上的箭头标记对齐

4. 前转向灯灯泡更换（表 7-1-12）

表 7-1-12 前转向灯灯泡更换

步骤	操 作
1	按照图 7-1-18 所示，拆下前转向灯灯罩后部的螺钉
2	折起后视镜
3	按照图 7-1-19 所示的操作顺序，将前转向灯灯罩从后视镜处拆下
4	按照图 7-1-20 所示，沿逆时针方向转动灯泡插座，将插座拉出
5	按照图 7-1-20 所示，向里压灯泡，然后将灯泡沿逆时针方向转动即可取出
6	按照与拆卸相反的步骤安装新灯泡
7	重新安装灯罩，将螺钉紧固至 1.0N·m

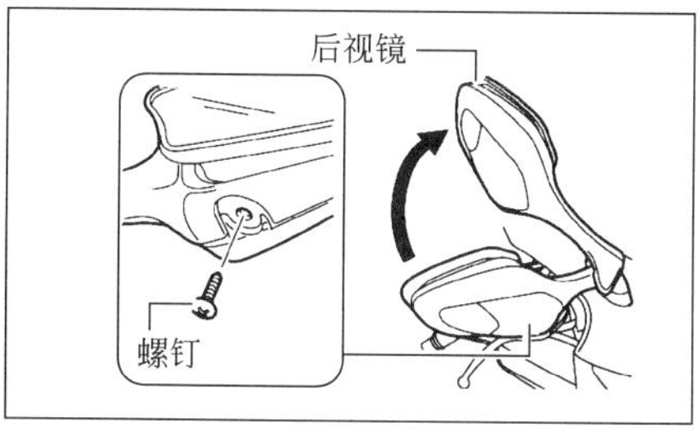

图 7-1-18 螺钉与后视镜识别

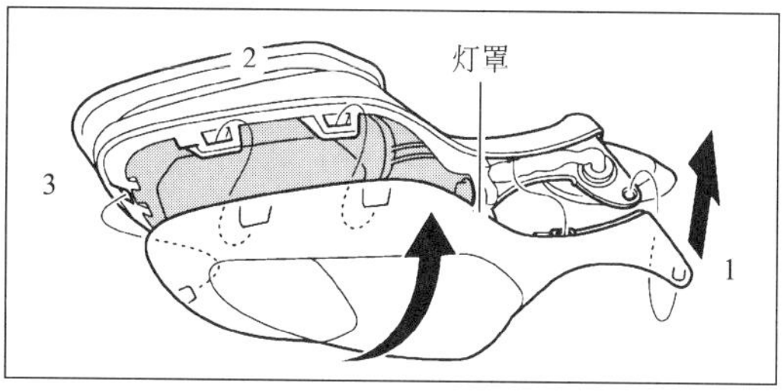

图 7-1-19 转向灯灯罩拆卸顺序

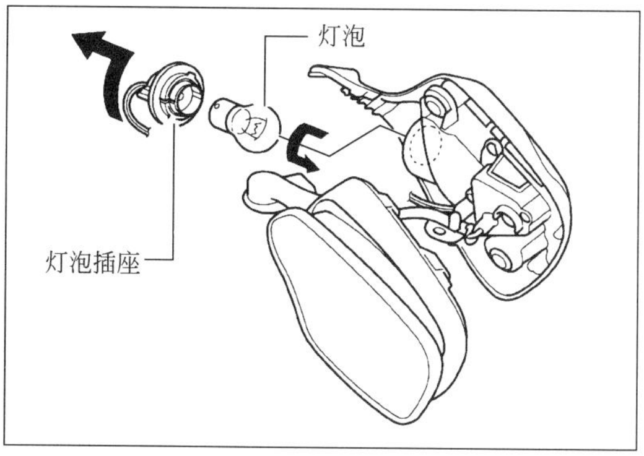

图 7-1-20 拆卸灯泡

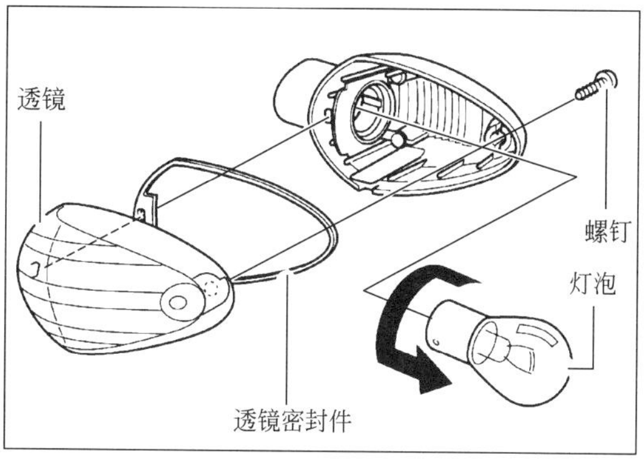

图 7-1-21 更换后转向灯灯泡

5. 后转向灯灯泡更换（表 7-1-13）

表 7-1-13 后转向灯灯泡更换

步骤	操 作
1	按照图 7-1-21 所示，拆下螺栓
2	拆下转向灯透镜和透镜密封件
3	轻轻压下灯泡，然后沿逆时针方向转动灯泡，即可将灯泡拆下
4	按照与拆卸相反的步骤安装新的后转向灯灯泡

6. 牌照灯灯泡更换（表 7-1-14）

表 7-1-14　牌照灯灯泡更换

步骤	操　作
1	按照图 7-1-22 所示，拆下螺栓
2	拆下灯罩和灯罩密封件
3	把灯泡从灯座中拉出
4	按照与拆卸相反的顺序安装新灯泡
5	安装灯罩

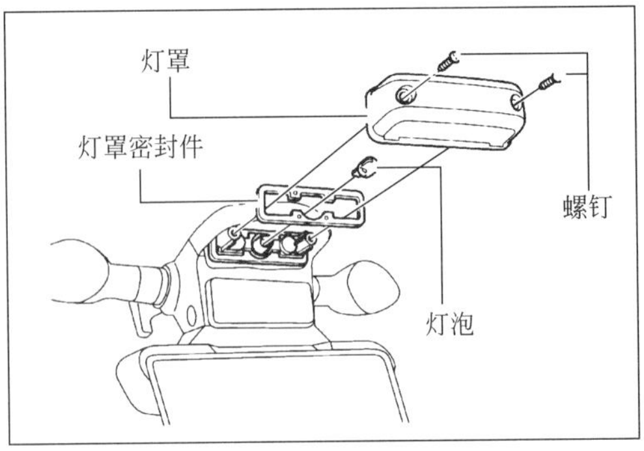

图 7-1-22　更换牌照灯灯泡

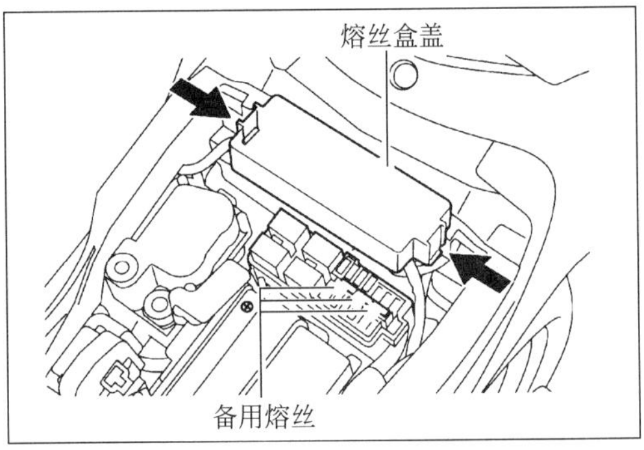

图 7-1-23　熔丝盒识别

八、熔丝检查

1. 熔丝盒内熔丝检查（表 7-1-15）

表 7-1-15　熔丝盒内熔丝检查

步骤	操　作
1	熔丝盒安装在摩托车前座下面，拆下前座即可找到，如图 7-1-23 所示
2	拆下熔丝盒盖
3	用熔丝拆卸工具逐一拔下盒内的熔丝，检查熔丝是否熔断，如果熔断，则从备用熔丝中选取额定电流相同的熔丝予以替换
4	检查完毕后，重新安装好熔丝盒盖
5	重新安装好前座

2. 主熔丝和燃油喷射系统熔丝检查（表 7-1-16）

表 7-1-16　主熔丝和燃油喷射系统熔丝检查

步骤	操　作
1	主熔丝与燃油喷射系统熔丝盒安装在摩托车前座下面，拆下前座即可找到，如图 7-1-24 所示
2	按照图 7-1-24 所示，拆下起动机电磁开关盖
3	打开主熔丝和燃油喷射系统熔丝盒盖
4	用熔丝拆卸工具逐一拔下盒内的熔丝，检查熔丝是否熔断，如果熔断，则从备用熔丝中选取额定电流相同的熔丝予以替换
5	检查完毕后，重新安装好其他部件

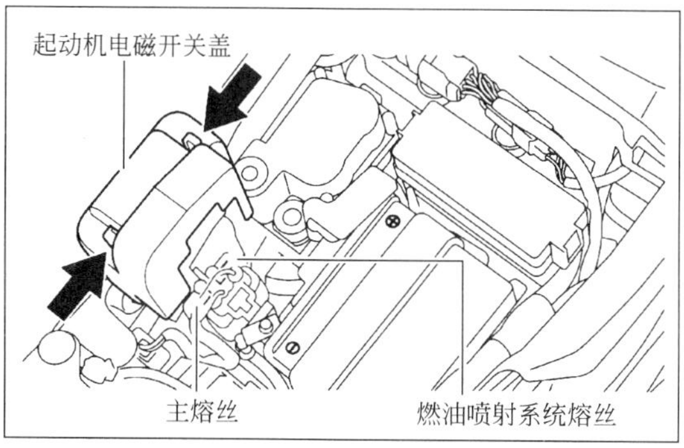

图 7-1-24 检查主熔丝和燃油喷射系统熔丝

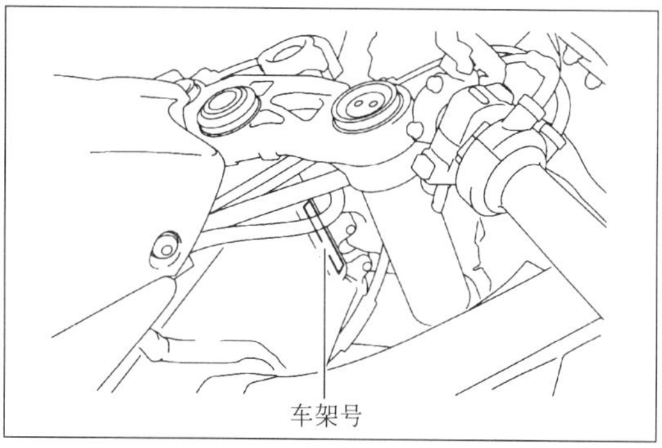

图 7-1-25 车架号位置识别

九、车架号与发动机编号位置

车架号和发动机编号位置识别见图 7-1-25 及图 7-1-26。进行车辆登记或订购配件时均需提供准确的车架号和发动机编号，防止发生错订。

十、离合器控制杆维护保养

1. 检查离合器控制杆自由间隙

离合器控制杆的自由间隙如图 7-1-27 所示，应保持在 10～20mm。如果检查时发现自由间隙不符合规范，应进行调整。

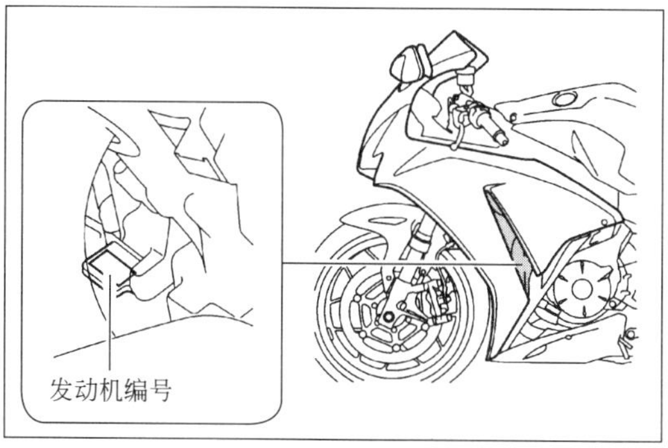

图 7-1-26 发动机编号位置识别

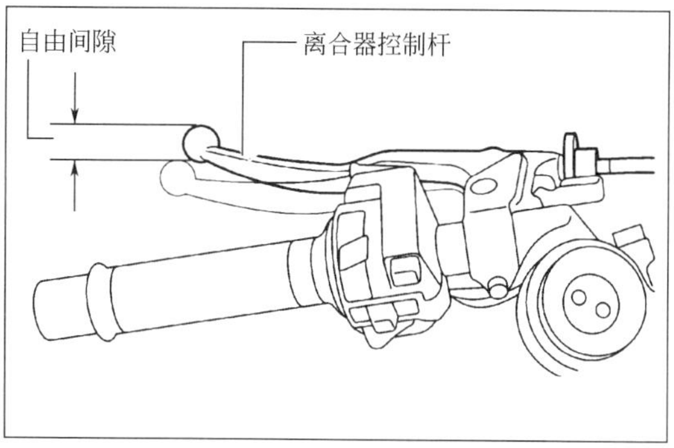

图 7-1-27 离合器控制杆的自由间隙

2. 离合器控制杆自由间隙调节（表 7-1-17）

表 7-1-17 离合器控制杆自由间隙调节

步骤	操 作
1	首先通过离合器拉索上端的调节器进行调节，按照图 7-1-28 所示，转动离合器拉索上端的调节器即可调节离合器控制杆的自由间隙
2	如果将拉索上端的离合器调节器转动到极限位置后，离合器控制杆的自由间隙仍不能符合规范值，则调节离合器拉索下端的调节器，如图 7-1-29 所示，使离合器控制杆自由间隙达到 10～20mm 的规范范围

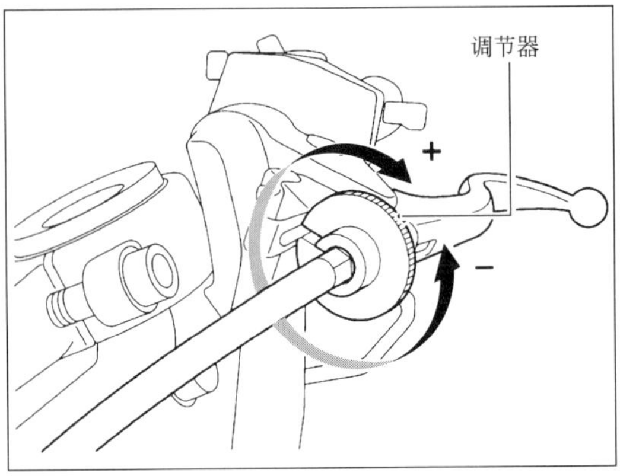

图 7-1-28　转动离合器拉索上端的调节器

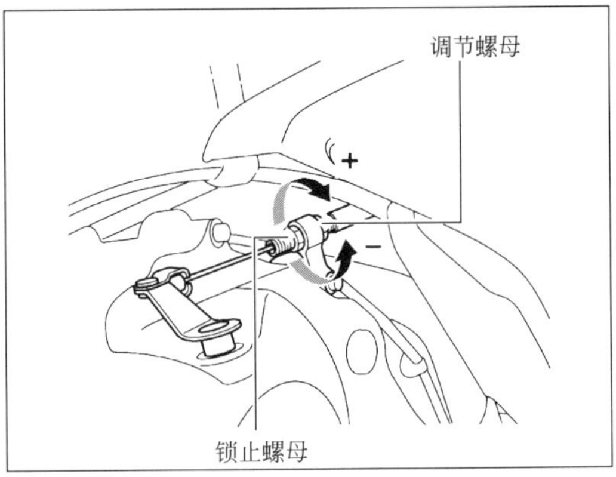

图 7-1-29　转动离合器拉索下端的调节器

十一、前悬架调节

1. 前悬架弹簧预紧力调节

摩托车骑手可根据摩托车载重（轻或重）或道路情况（道路平坦或坑洼不平）对前悬架弹簧预紧力进行调节。按照图 7-1-30 所示，将调节器向图中 H 方向（顺时针）转动，即可增大弹簧预紧力，使悬架变硬；将调节器向图中 S 方向（逆时针）转动，即可减小弹簧预紧力，使悬架变软。前悬架弹簧预紧力标准位置为距离最软位置 7.5 圈，从最软位置沿顺时针方向将调节器转动 7.5 圈即可达到预紧力标准位置。

2. 回弹阻尼调节

摩托车骑手可根据摩托车载重（轻或重）或道路情况（道路平坦或坑洼不平）对前悬架回弹阻尼进行调节。按照图 7-1-31 所示，将随车工具套装中的调节工具取出，将工具插入回弹阻尼调节器（图中标有 TEN 字符的调节器）的插槽中转动即可进行调节，沿 H 方向调节（顺时针转动）可增大回弹阻尼，使悬架回弹变硬；沿 S 方向调节（逆时针转动）可减小回弹阻尼，使悬架回弹变软。回弹阻尼标准位置是距离最硬（调节器顺时针转动到极限位置）位置 4.5 圈，将阻尼调节器从最硬位置沿逆时针方向转动 4.5 圈即可达到标准位置。

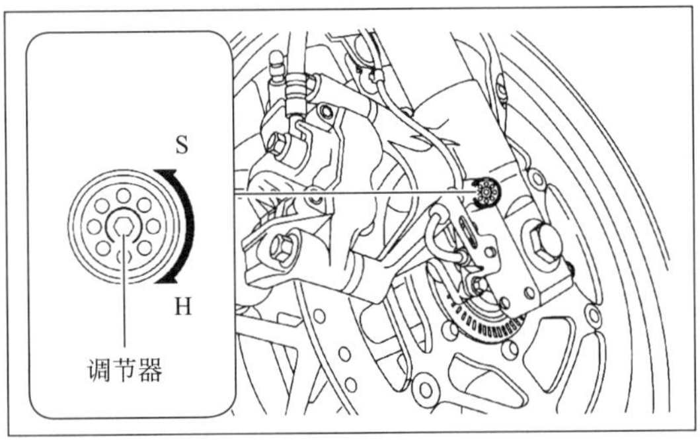

图 7-1-30　调节前悬架弹簧预紧力

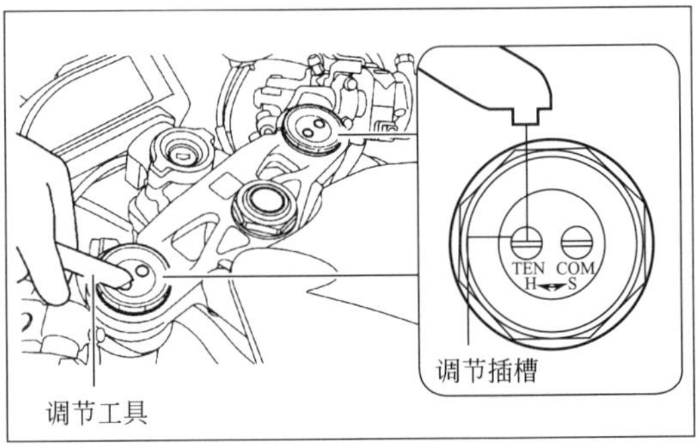

图 7-1-31　调节前悬架回弹阻尼

3. 压缩阻尼调节

摩托车骑手可根据摩托车载重（轻或重）或道路情况（道路平坦或坑洼不平）对前悬架压缩阻尼进行调节。按照图 7-1-32 所示，将随车工具套装中的调节工具取出，将工具插入压缩阻尼调节器（图中标有 COM 字符的调节器）的插槽中转动即可进行调节，沿 H 方向调节（顺时针转动）可增大压缩阻尼，使悬架压缩变硬；沿 S 方向调节（逆时针转动）可减小压缩阻尼，使悬架压缩变软。压缩阻尼标准位置是距离最硬（调节器顺时针转动到极限位置）位置 5.5 圈，将阻尼调节器从最硬位置沿逆时针方向转动 5.5 圈即可达到标准位置。

十二、后悬架调节

1. 后悬架弹簧预紧力调节

摩托车骑手可根据摩托车载重（轻或重）或道路情况（道路平坦或坑洼不平）对后悬架弹簧预紧力进行调节。按照图 7-1-33 所示，用延长杆和销子扳手转动调节器即可调节弹簧预紧力，调节器处于位置 1 时，弹簧预紧力最小，悬架最软；调节器位于位置 10 时，弹簧预紧力最大，悬架最硬。弹簧预紧力标准设置为位置 4。

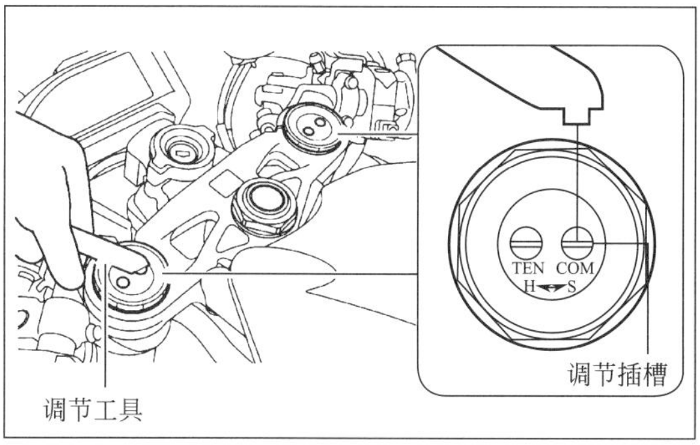

图 7-1-32 调节前悬架压缩阻尼

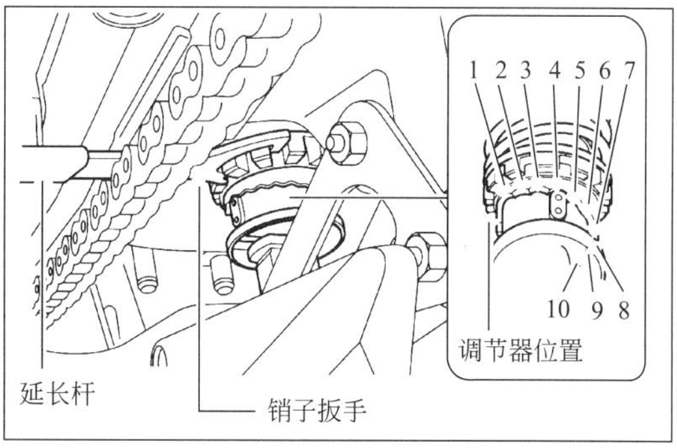

图 7-1-33 调节后悬架弹簧预紧力

2. 回弹阻尼调节

摩托车骑手可根据摩托车载重（轻或重）或道路情况（道路平坦或坑洼不平）对后悬架回弹阻尼进行调节。按照图 7-1-34 所示，将随车工具套装中的调节工具取出，将工具插入回弹阻尼调节器（图中标有 TEN 字符的调节器）的插槽中转动即可进行调节，沿 H 方向调节（顺时针转动）可增大回弹阻尼，使悬架回弹变硬；沿 S 方向调节（逆时针转动）可减小回弹阻尼，使悬架回弹变软。回弹阻尼标准位置是距离最硬（调节器顺时针转动到极限位置）位置 2.5 圈，将阻尼调节器从最硬位置沿逆时针方向转动 2.5 圈即可达到标准位置。

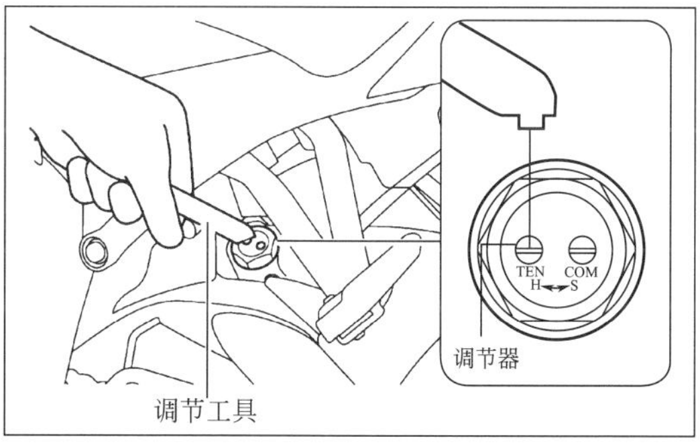

图 7-1-34 调节后悬架回调阻尼

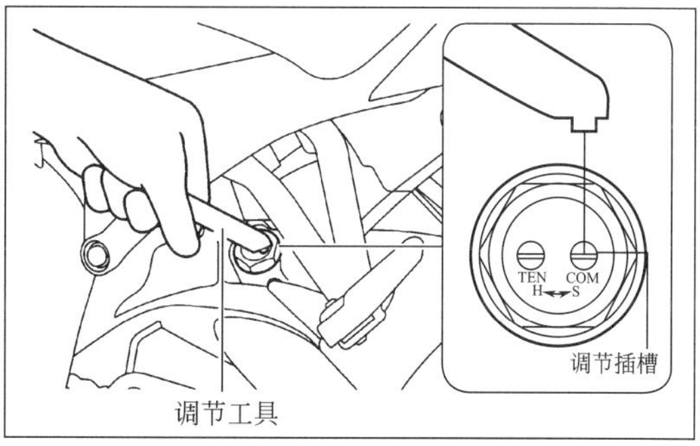

图 7-1-35 调节后悬架压缩阻尼

3. 压缩阻尼调节

摩托车骑手可根据摩托车载重（轻或重）或道路情况（道路平坦或坑洼不平）对后悬架

压缩阻尼进行调节。按照图 7-1-35 所示，将随车工具套装中的调节工具取出，将工具插入压缩阻尼调节器（图中标有 COM 字符的调节器）的插槽中转动即可进行调节，沿 H 方向调节（顺时针转动）可增大压缩阻尼，使悬架压缩变硬；沿 S 方向调节（逆时针转动）可减小压缩阻尼，使悬架压缩变软。压缩阻尼标准位置是距离最硬（调节器顺时针转动到极限位置）位置 2 圈，将阻尼调节器从最硬位置沿逆时针方向转动 2 圈即可达到标准位置。

第二节　CBR 600RR 摩托车（2014 年款）

一、油品

1. 油品规格（表 7-2-1）

表 7-2-1　油品规格

油　　品	规　　格	用　　量
发动机机油	HONDA 4 冲程摩托车发动机机油，机油黏度为 SAE 10W-30；API SG 以上	排出发动机机油后添加：2.7L 排出发动机机油并更换机油滤清器后添加：2.8L 发动机解体维修后添加：3.5L
制动液	HONDADOT4 制动液	
发动机冷却液	Pro HONDA HP 发动机冷却液	3.0L
传动链润滑剂	SAE 80 或 SAE 90 传动链润滑剂	

2. 发动机机油油位检查（表 7-2-2）

表 7-2-2　发动机机油油位检查

步骤	操　　作
1	启动发动机，怠速运行 3～5min
2	关闭摩托车点火开关，使发动机停机，然后等待 2～3min
3	将摩托车车身保持直立
4	按照图 7-2-1 所示，通过机油油位观察窗检查发动机机油油位
5	油位应位于上限标记与下限标记之间
6	如果发现发动机机油油位低于下限标记，应予以添加

3. 添加发动机机油（表 7-2-3）

表 7-2-3　添加发动机机油

步骤	操　　作
1	将摩托车停放到平整坚实的地面上，车身保持直立
2	按照图 7-2-2 所示，拆下发动机机油加注口盖
3	添加机油，直至油位达到机油尺上限标记
4	将机油加注口附近的污渍擦拭干净
5	重新将机油加注口盖安装好

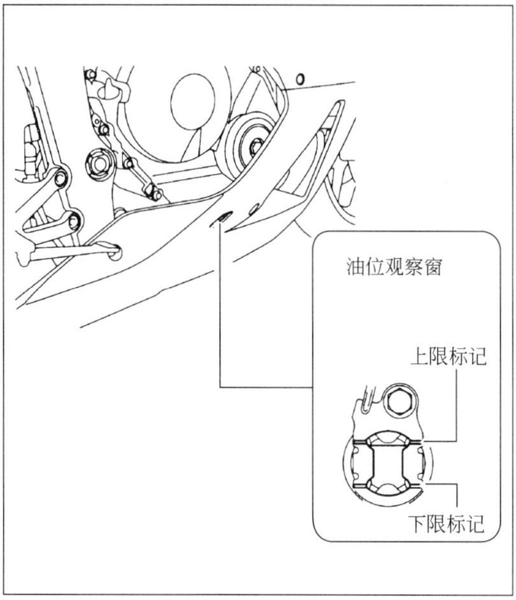

图 7-2-1 检查发动机机油油位

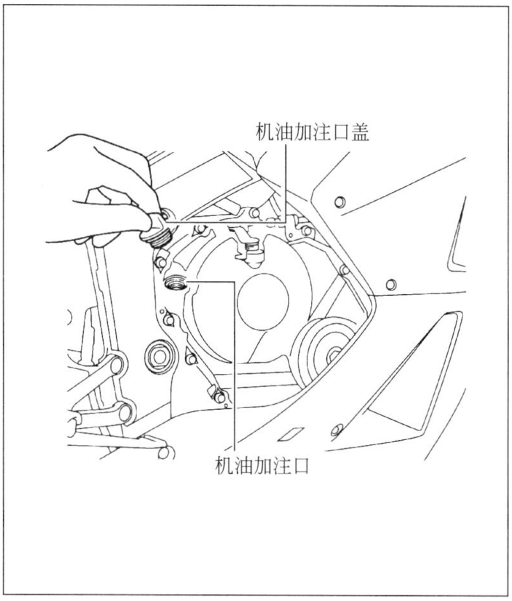

图 7-2-2 机油加注口识别

4. 更换发动机机油和机油滤清器（表 7-2-4）

表 7-2-4 更换发动机机油和机油滤清器

步骤	操作
1	按照图 7-2-3 所示，拆下摩托车右下侧整流罩上的螺栓 A～D、套圈和卡子，将右下整流罩拆下
2	启动发动机，怠速运行 3～5min
3	关闭摩托车点火开关，使发动机停机，然后等待 2～3min
4	将摩托车停放到平整坚实的地面上，放下摩托车侧支架
5	把接油盘放到图 7-2-4 所示的放油螺栓下面，准备承接放出的发动机机油
6	拆下机油加注口盖、放油螺栓和密封垫圈，彻底排放发动机机油
7	按照图 7-2-4 所示，用机油滤清器拆卸扳手拆下机油滤清器，使机油滤清器内的残存机油排放出来，然后将拆下的机油滤清器废弃
8	在新机油滤清器的橡胶密封环上涂抹一层干净的发动机机油
9	安装机油滤清器并紧固至 26N·m
10	在放油螺栓上换装新的密封垫圈，将放油螺栓紧固至 30N·m
11	加注足量的发动机机油，然后将机油加注口盖装好
12	检查发动机机油油位，确认油位符合规范
13	检查机油加注口盖和放油螺栓处没有机油泄漏
14	重新将摩托车右下整流罩安装好

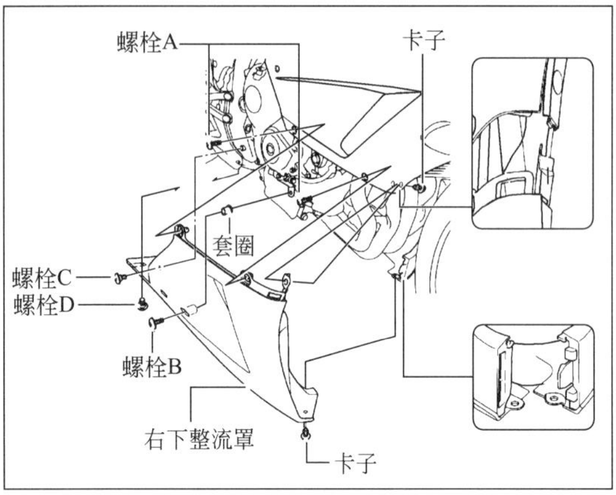

图 7-2-3　拆卸右下整流罩

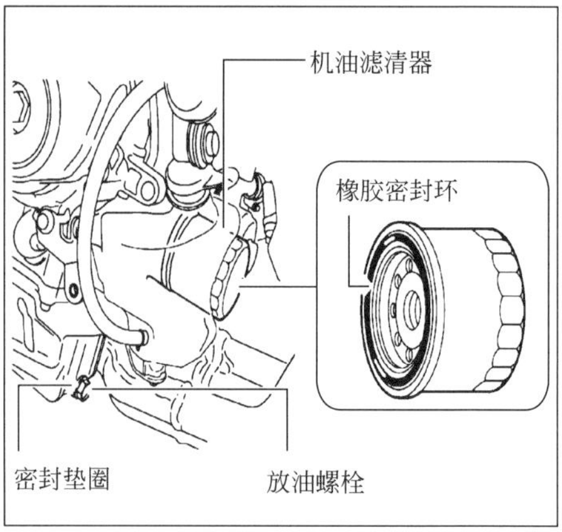

图 7-2-4　放油螺栓和机油滤清器识别

5. 发动机冷却液液面高度检查（表 7-2-5）

表 7-2-5　发动机冷却液液面高度检查

步骤	操　　作
1	把摩托车停放到平整坚实的地面上
2	使摩托车车身保持直立，以便能准确检查发动机冷却液液位
3	按照图 7-2-5 所示，检查冷却液储液罐内冷却液的液面高度
4	应处于上限标记和下限标记之间
5	如果液位低于下限标记，则拧下储液罐盖，添加冷却液，直至液位达到上限标记
6	添加完毕后，将储液罐盖拧好

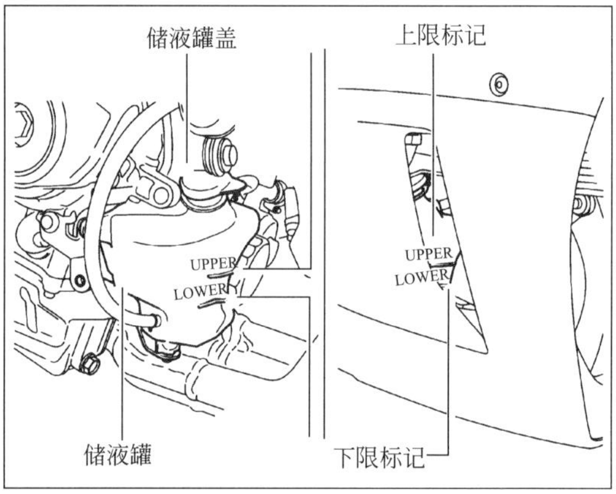

图 7-2-5　检查发动机冷却液液面高度

6. 检查制动液液位（表 7-2-6）

表 7-2-6　检查制动液液位

步骤	操　　作
1	把摩托车停放到平整坚实的地面上
2	使摩托车车身保持直立，以便能准确检查制动液液位
3	按照图 7-2-6 所示，检查制动液储液罐内的液面高度
4	液面应处于上限标记和下限标记之间

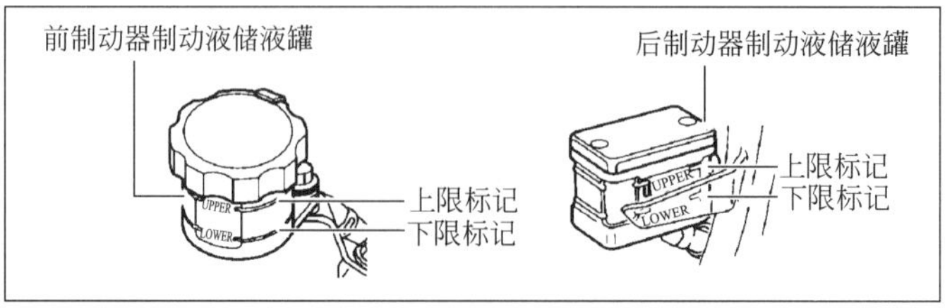

图 7-2-6　检查制动液液面高度

二、传动链维护保养

1. 传动链润滑

摩托车传动链可采用 HONDA 摩托车传动链专用润滑剂进行润滑，也可采用 SAE80 或 SAE90 齿轮油进行润滑，如图 7-2-7 所示。

2. 传动链链轮磨损检查

按照图 7-2-8 所示，检查传动链链轮的轮齿，如果发现有磨损或损坏，应及时更换链轮。

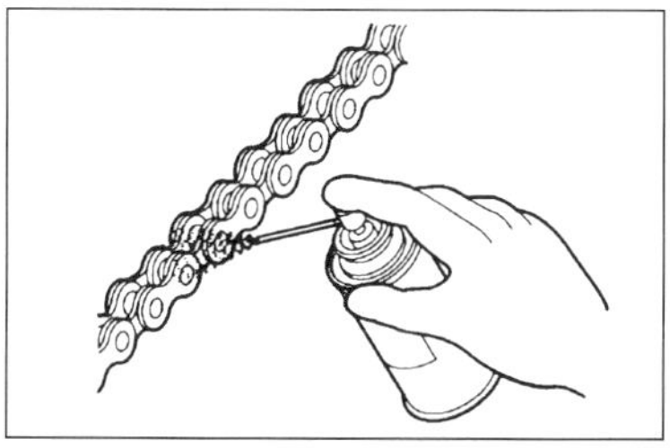

图 7-2-7　喷洒传动链润滑剂

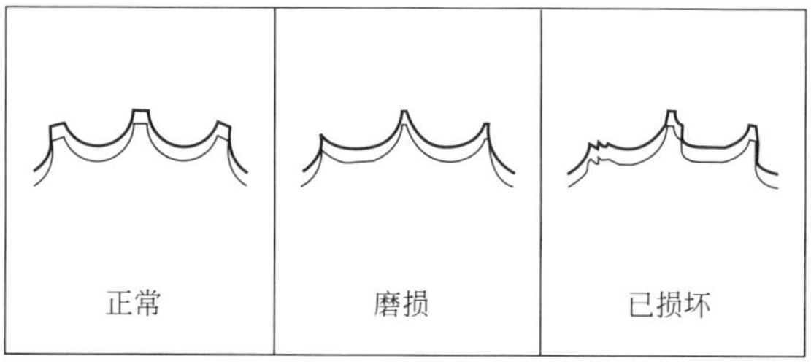

图 7-2-8　检查传动链链轮磨损

3. 检查传动链松弛度（表 7-2-7）

表 7-2-7　检查传动链松弛度

步骤	操　　作
1	关闭发动机，将摩托车变速器设定到 N 挡
2	将摩托车停放到平台坚实的地面上，用侧支架支好
3	按照图 7-2-9 所示，检查传动链松弛度
4	规范范围应为 30～40mm，如果测量结果大于 50mm，则不能继续驾驶摩托车，应及时送交维修厂维修处理

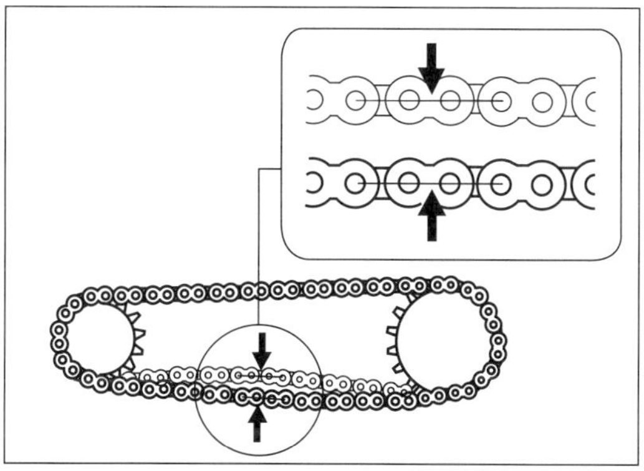

图 7-2-9　检查传动链松弛度

三、轮胎维护保养

1. 轮胎磨损或损伤检查

按照图 7-2-10 所示，检查轮胎是否有不正常的磨损或损伤，如果有，应及时更换轮胎。

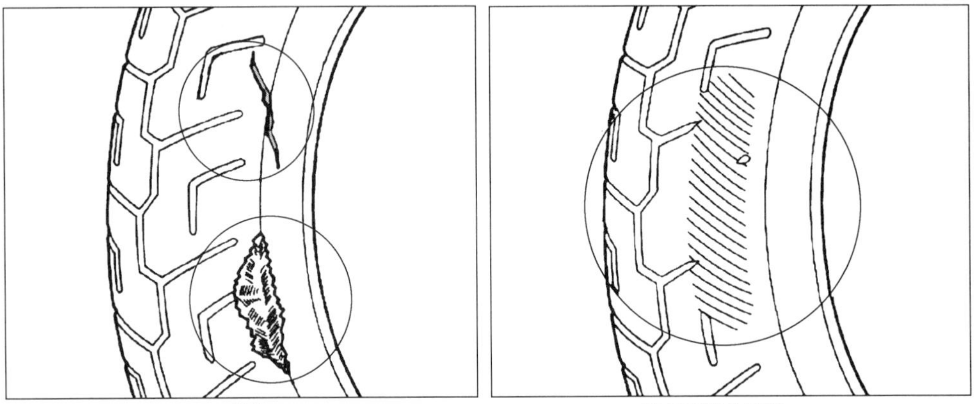

(a) 损伤　　(b) 不正常的磨损

图 7-2-10　轮胎的损伤和不正常磨损识别

2. 轮胎胎面花纹深度磨损检查

轮胎胎面花纹深度磨损达到极限时，会在胎面花纹处显露图 7-2-11 所示的三角形标记，如果看到这个标记或字符，说明轮胎花纹已经达到磨损极限，应立即更换轮胎。前轮轮胎胎面花纹最小深度不能低于 1.5mm；后轮轮胎胎面花纹最小深度不能低于 2.0mm。

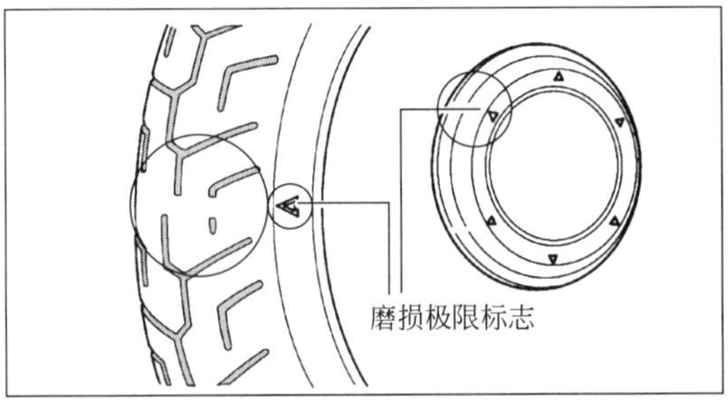

图 7-2-11　轮胎胎面花纹磨损极限标记识别

3. 轮胎压力与规格（表 7-2-8）

表 7-2-8　轮胎压力与规格

品牌	规格	前轮压力/kPa	后轮压力/kPa
前轮：Dunlop D214F K 无内胎式子午线轮胎 后轮：Dunlop D214K 无内胎式子午线轮胎	前轮：120/70 ZR17 M/C(58W) 后轮：180/55 ZR17 M/C(73W)	250	290

四、制动系统维护保养

1. 制动灯开关调节

维护保养时应注意检查制动灯开关，如果发现制动灯开关操作迟缓，可将调节螺母向图 7-2-12 中的方向 A 转动，即可提高响应速度；如果发现制动灯开关操作速度过快，可将调节螺母向图 7-2-12 中方向 B 转动。

2. 制动衬块磨损检查

维护保养时要检查制动器上的制动衬块厚度，如果发现已经显露出磨损极限标志，应立即更换制动衬块，如图 7-2-13 所示。

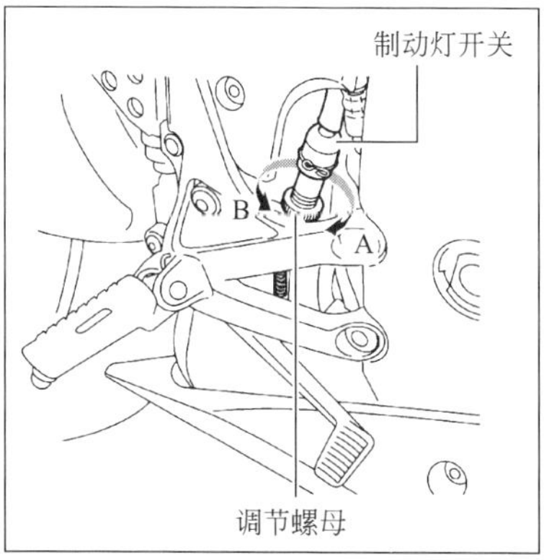

图 7-2-12 制动灯开关调节

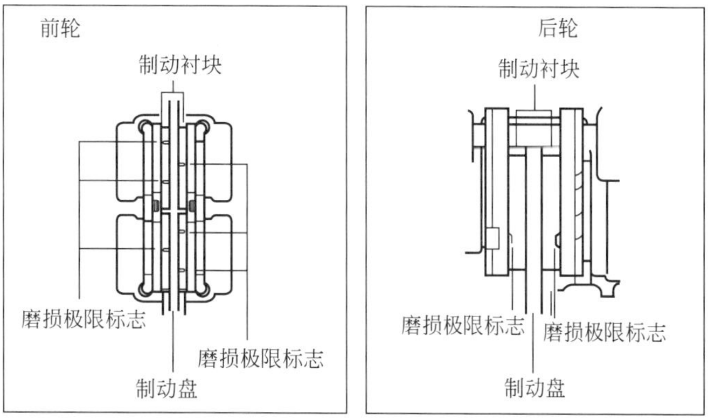

图 7-2-13 检查制动衬块磨损

3. 制动控制杆与车把握柄之间的距离调节

如果感觉制动控制杆与车把握柄之间的距离不合适，可按照图 7-2-14 进行调节，调节时将制动控制杆沿图中黑色箭头方向推动，然后转动调节器，调节器共有 6 挡距离可调，可根据需要转动调节器，将距离调节到骑手感觉最恰当的距离。

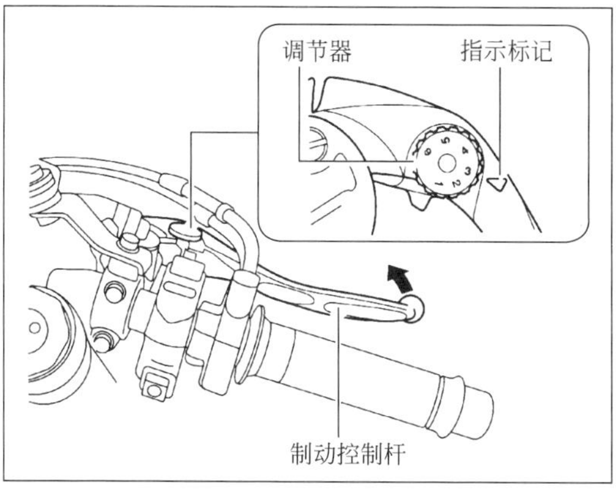

图 7-2-14 制动控制杆与车把握柄之间的距离调节

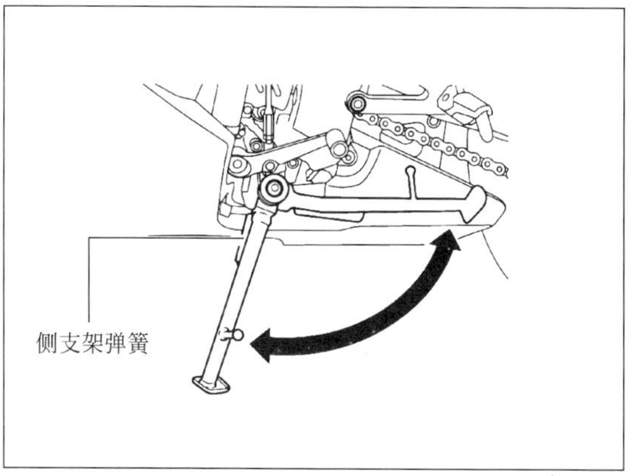

图 7-2-15 侧支架维护

五、摩托车侧支架检查与维护（表 7-2-9）

表 7-2-9 摩托车侧支架检查与维护

步骤	操作
1	检查侧支架运动是否顺畅平滑，如果发现侧支架运动卡滞，可用润滑剂润滑侧支架的枢轴螺栓
2	按照图 7-2-15 所示，检查侧支架弹簧是否损坏或弹力下降
3	跨骑到摩托车上，把摩托车变速器设置到 N 挡，升起侧支架
4	启动发动机，扳动离合器控制杆，使变速器换挡
5	降下侧支架，发动机应在骑手降下侧支架时关闭，如果发动机没有关闭，应送交维修厂进行维护处理

六、火花塞型号与电极间隙规范

本田 CBR 600RR 摩托车采用 DENSO VUH27D 火花塞，火花塞电极间隙为 0.8～0.9mm。更换火花塞时应注意火花塞型号要保持一致。

七、车灯

1. 灯泡规格（表 7-2-10）

表 7-2-10　灯泡规格

灯　　泡	规　　格
前照灯灯泡(2 个)	12V-55W 灯泡
制动灯灯泡	LED
位置灯灯泡	LED
牌照灯灯泡	12V-5W 灯泡
前转向灯灯泡(2 个)	12V-21W 灯泡
后转向灯灯泡(2 个)	12V-21W 灯泡

2. 前照灯垂直照射方向调节

如果前照灯垂直照射方向发生偏离，可用随车工具转动图 7-2-16 中所示的调节螺钉，对前照灯远光和近光进行垂直照射方向的调节。

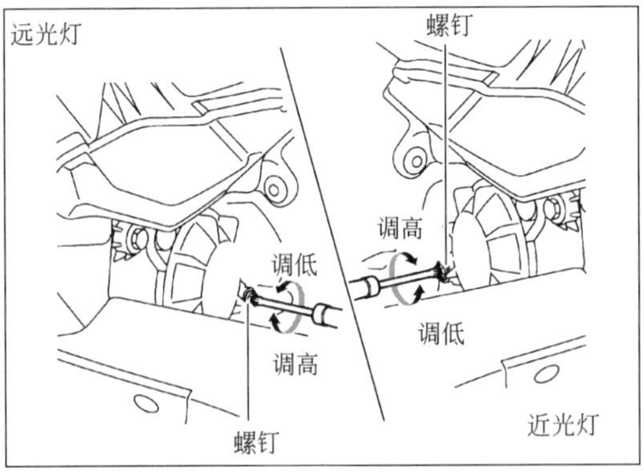

图 7-2-16　前照灯垂直照射方向调节

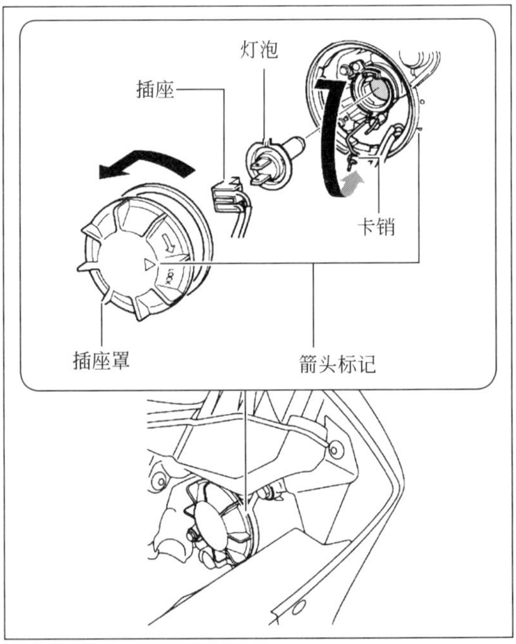

图 7-2-17　更换前照灯灯泡

3. 前照灯灯泡更换（表 7-2-11）

表 7-2-11　前照灯灯泡更换

步骤	操　　作
1	按照图 7-2-17 所示，沿逆时针方向转动插座罩，即可将其拆下

续表

步骤	操　　作
2	把插座从灯泡处拉出
3	把卡销向下压，拉出灯泡
4	按照与拆卸相反的步骤安装新灯泡，确保插座罩上的箭头标记与前照灯壳体上的箭头标记对齐

4. 转向灯/位置灯灯泡更换（表 7-2-12）

表 7-2-12　转向灯/位置灯灯泡更换

步骤	操　　作
1	按照图 7-2-18 所示，拆下转向灯/位置灯的螺钉
2	拆下转向灯/位置灯透镜和透镜密封件
3	轻轻压下灯泡，握住灯泡沿逆时针方向转动，将灯泡拆下
4	按照与拆卸相反的步骤安装新灯泡

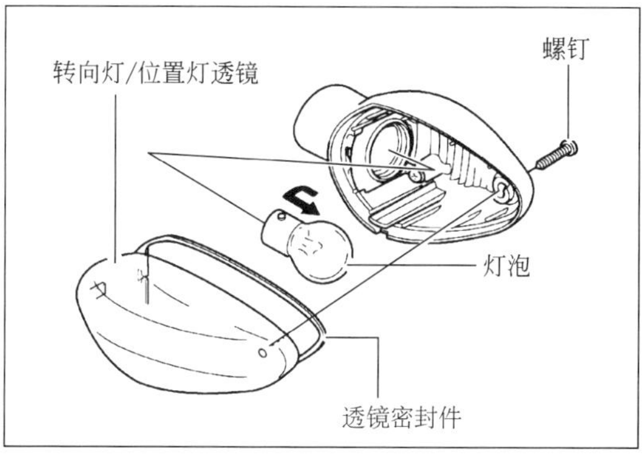

图 7-2-18　更换转向灯/位置灯灯泡

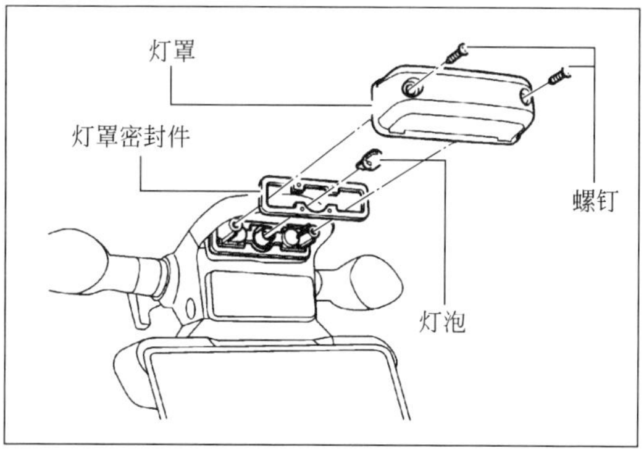

图 7-2-19　更换牌照灯灯泡

5. 牌照灯灯泡更换（表 7-2-13）

表 7-2-13　牌照灯灯泡更换

步骤	操　　作
1	按照图 7-2-19 所示，拆下螺栓和灯罩
2	把灯泡从灯座中拉出
3	按照与拆卸相反的顺序安装新灯泡
4	安装灯罩

八、熔丝检查

1. 熔丝盒内熔丝检查（表 7-2-14）

表 7-2-14　熔丝盒内熔丝检查

步骤	操　　作
1	熔丝盒安装在摩托车前座下面，拆下前座即可找到，如图 7-2-20 所示

续表

步骤	操　作
2	拆下熔丝盒盖
3	用熔丝拆卸工具逐一拔下盒内的熔丝，检查熔丝是否熔断，如果熔断，则从备用熔丝中选取额定电流相同的熔丝予以替换
4	检查完毕后，重新安装好熔丝盒盖
5	重新安装好前座

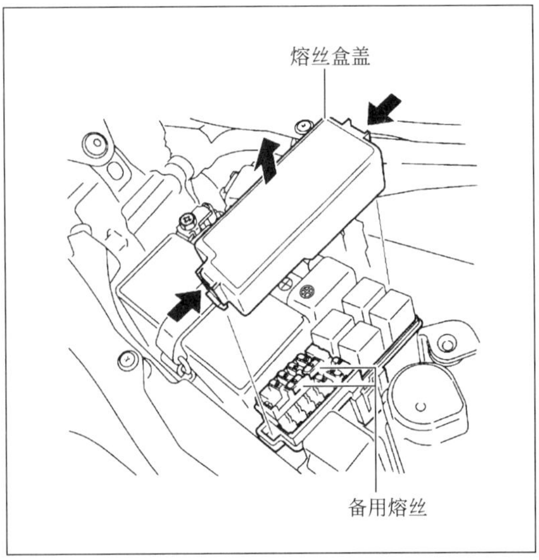

图 7-2-20　熔丝盒识别

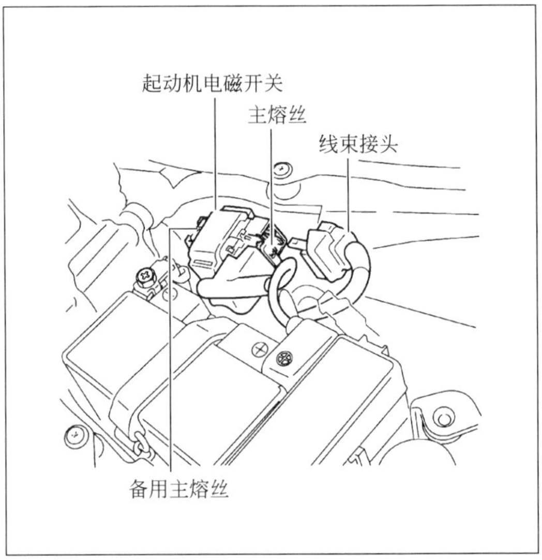

图 7-2-21　检查主熔丝和燃油喷射系统熔丝

2. 主熔丝和燃油喷射系统熔丝检查（表 7-2-15）

表 7-2-15　主熔丝和燃油喷射系统熔丝检查

步骤	操　作
1	主熔丝与燃油喷射系统熔丝盒安装在摩托车前座下面，拆下前座即可找到，如图 7-2-21 所示
2	按照图 7-2-21 所示，断开起动机电磁开关线束接头
3	用熔丝拆卸工具拔下主熔丝，检查熔丝是否熔断，如果熔断，则用备用主熔丝予以替换
4	检查完毕后，重新安装好其他部件

九、车架号与发动机编号位置

车架号和发动机编号位置识别见图 7-2-22 及图 7-2-23。进行车辆登记或订购配件时均需提供准确的车架号和发动机编号，防止发生错订。

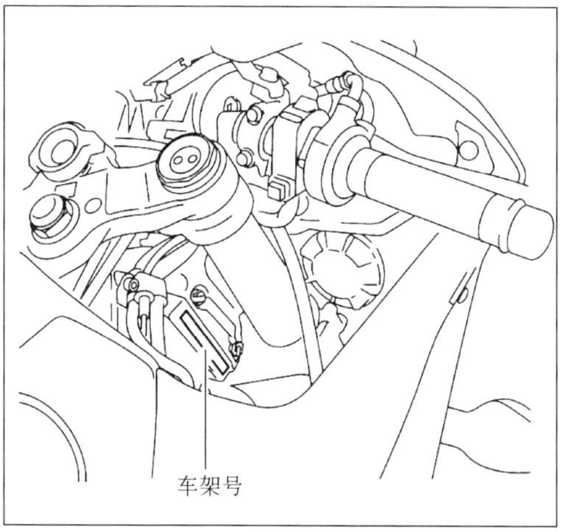

图 7-2-22　车架号位置识别

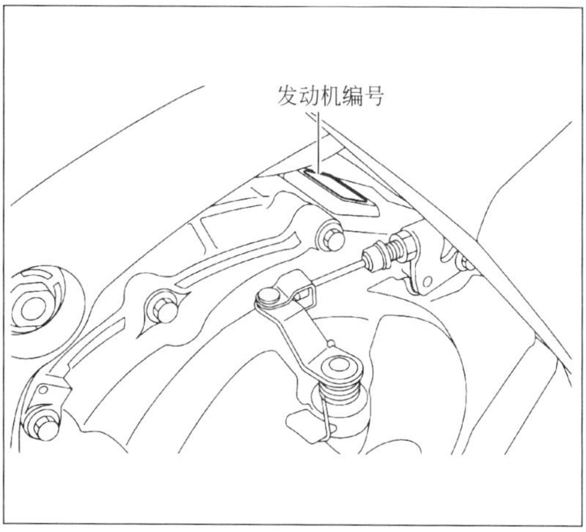

图 7-2-23　发动机编号位置识别

十、离合器控制杆维护保养

1. 检查离合器控制杆自由间隙

离合器控制杆自由间隙如图 7-2-24 所示，应保持在 10～20mm。如果检查时发现自由间隙不符合规范，应进行调整。

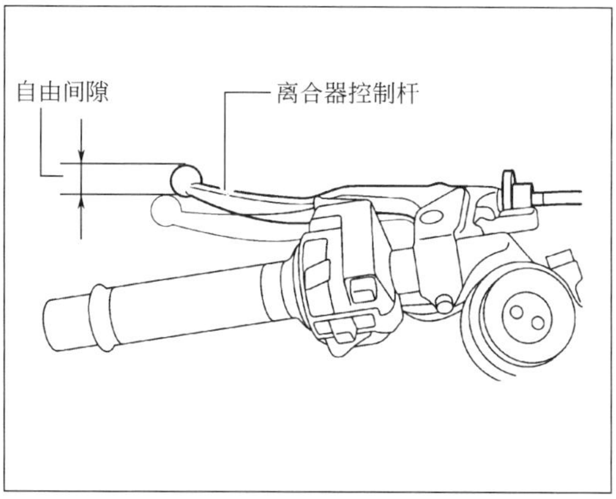

图 7-2-24　检查离合器控制杆自由间隙

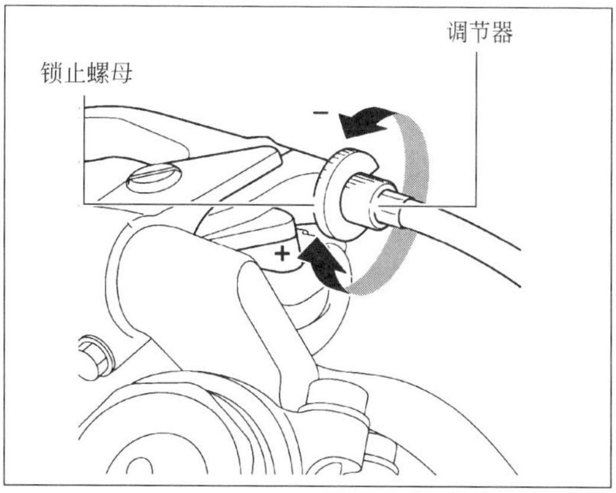

图 7-2-25　转动离合器拉索上端的调节器

2. 离合器控制杆自由间隙调节（表 7-2-16）

表 7-2-16　离合器控制杆自由间隙调节

步骤	操　作
1	首先通过离合器拉索上端的调节器进行调节，按照图 7-2-25 所示，松开锁止螺母，转动离合器拉索上端的调节器即可调节离合器控制杆的自由间隙，调节完毕后，将锁止螺母拧紧
2	如果将拉索上端的离合器调节器转动到极限位置后，离合器控制杆的自由间隙仍不能符合规范值，则松开拉索下端的锁止螺母，转动离合器拉索下端的调节螺母进行调节，如图 7-2-26 所示，使离合器控制杆自由间隙达到 10～20mm 的规范范围，调节完毕后，将锁止螺母拧紧

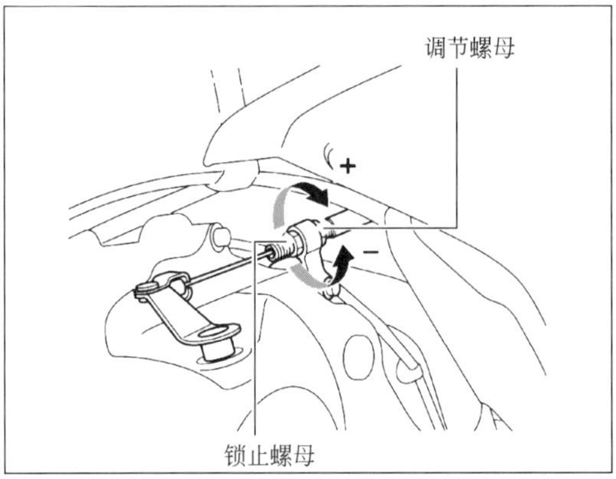

图 7-2-26 转动离合器拉索下端的调节螺母

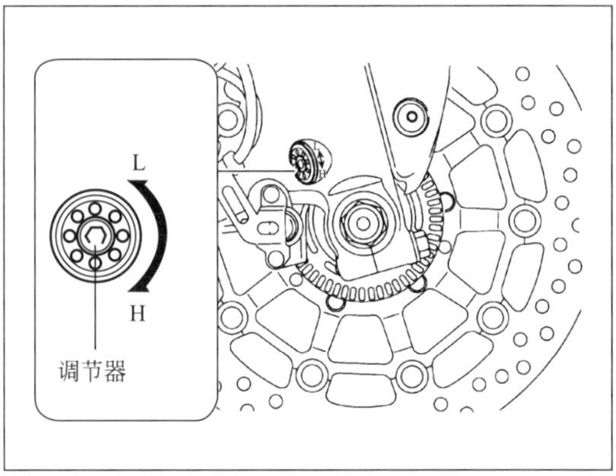

图 7-2-27 调节前悬架弹簧预紧力

十一、前悬架调节

1. 前悬架弹簧预紧力调节

摩托车骑手可根据摩托车载重（轻或重）或道路情况（道路平坦或坑洼不平）对前悬架弹簧预紧力进行调节。按照图 7-2-27 所示，将调节器向图中 H 方向（顺时针）转动，即可增大弹簧预紧力，使悬架变硬。将调节器向图中 L 方向（逆时针）转动，即可减小弹簧预紧力，使悬架变软。前悬架弹簧预紧力标准位置为距离最软位置 4.5 圈，从最软位置沿顺时针方向将调节器转动 4.5 圈即可达到预紧力标准位置。

2. 回弹阻尼调节

摩托车骑手可根据摩托车载重（轻或重）或道路情况（道路平坦或坑洼不平）对前悬架回弹阻尼进行调节。按照图 7-2-28 所示，将随车工具套装中的调节工具取出，将工具插入回弹阻尼调节器（图中标有 TEN 字符的调节器）的插槽中转动即可进行调节。沿 H 方向调节（顺时针转动）可增大回弹阻尼，使悬架回弹变硬；沿 S 方向调节（逆时针转动）可减小回弹阻尼，使悬架回弹变软。回弹阻尼标准位置是距离最硬（调节器顺时针转动到极限位置）位置 4.25 圈，将阻尼调节器从最硬位置沿逆时针方向转动 4.25 圈即可达到标准位置。

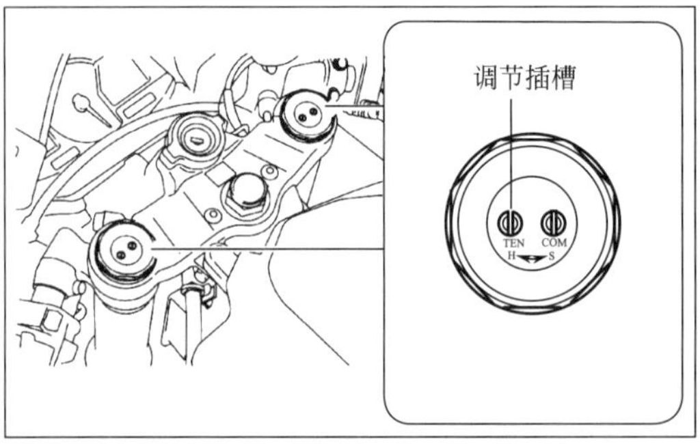

图 7-2-28 调节前悬架回弹阻尼

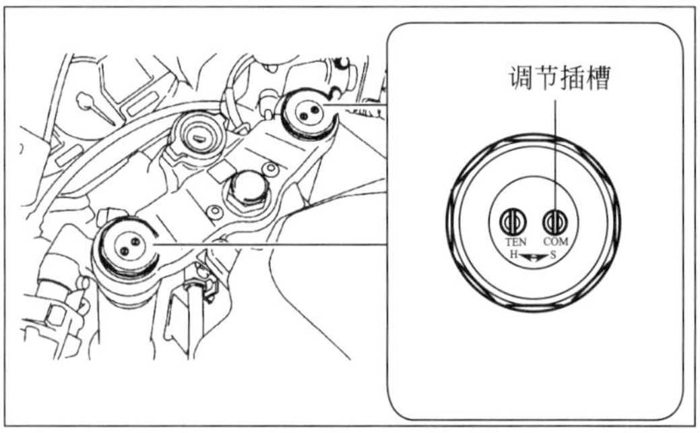

图 7-2-29 调节前悬架压缩阻尼

3. 压缩阻尼调节

摩托车骑手可根据摩托车载重（轻或重）或道路情况（道路平坦或坑洼不平）对前悬架

压缩阻尼进行调节。按照图 7-2-29 所示，将随车工具套装中的调节工具取出，将工具插入压缩阻尼调节器（图中标有 COM 字符的调节器）的插槽中转动即可进行调节。沿 H 方向调节（顺时针转动）可增大压缩阻尼，使悬架压缩变硬；沿 S 方向调节（逆时针转动）可减小压缩阻尼，使悬架压缩变软。压缩阻尼标准位置是距离最硬（调节器顺时针转动到极限位置）位置 5.5 圈，将阻尼调节器从最硬位置沿逆时针方向转动 5.5 圈即可达到标准位置。

十二、后悬架调节

1. 后悬架弹簧预紧力调节

摩托车骑手可根据摩托车载重（轻或重）或道路情况（道路平坦或坑洼不平）对后悬架弹簧预紧力进行调节。按照图 7-2-30 所示，用延长杆和销子扳手转动调节器即可调节弹簧预紧力，调节器处于位置 1 时，弹簧预紧力最小，悬架最软；调节器位于位置 10 时，弹簧预紧力最大，悬架最硬。弹簧预紧力标准设置为位置 2。

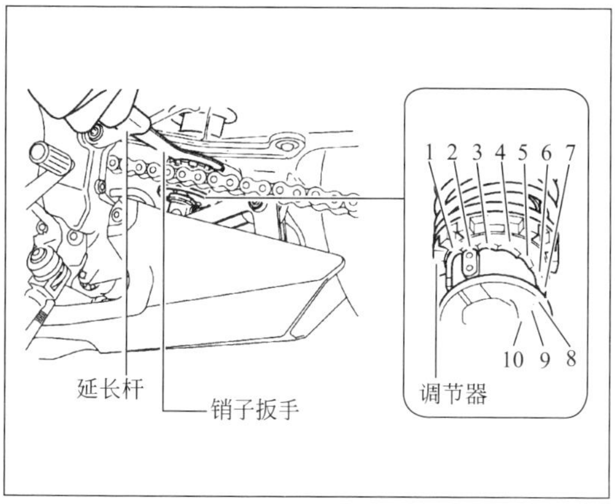

图 7-2-30　调节后悬架弹簧预紧力

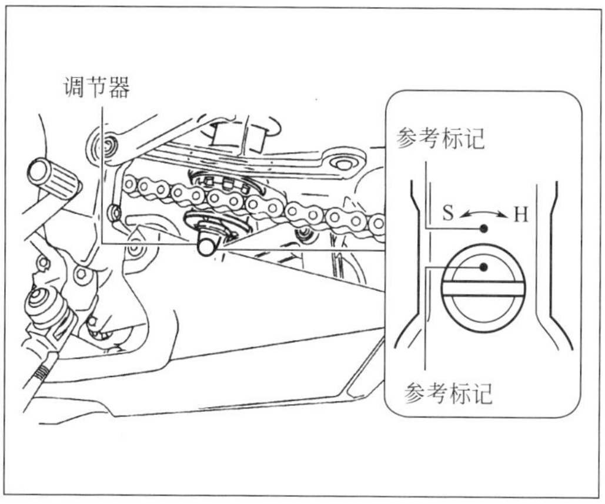

图 7-2-31　调节后悬架回调阻尼

2. 回弹阻尼调节

摩托车骑手可根据摩托车载重（轻或重）或道路情况（道路平坦或坑洼不平）对后悬架回弹阻尼进行调节。按照图 7-2-31 所示，转动调节器即可进行调节，沿 H 方向调节（顺时针转动）可增大回弹阻尼，使悬架回弹变硬；沿 S 方向调节（逆时针转动）可减小回弹阻尼，使悬架回弹变软。回弹阻尼标准位置是距离最硬（调节器顺时针转动到极限位置）位置 2.75 圈，将阻尼调节器从最硬位置沿逆时针方向转动 2.75 圈即可达到标准位置。处于标准位置时，调节器上的参考标记应相互对齐。

3. 压缩阻尼调节

摩托车骑手可根据摩托车载重（轻或重）或道路情况（道路平坦或坑洼不平）对后悬架压缩阻尼进行调节。按照图 7-2-32 所示，转动调节器即可进行调节，沿 H 方向调节（顺时针转动）可增大压缩阻尼，使悬架压缩变硬；沿 S 方向调节（逆时针转动）可减小压缩阻尼，使悬架压缩变软。压缩阻尼标准位置是距离最硬（调节器顺时针转动到极限位置）位置 18 级（调节器每调一级就发出一声咔哒声），将阻尼调节器从最硬位置沿逆时针方向转动，调节器发出 18 次咔哒声即可达到标准位置。处于标准位置时，调节器上的参考标记应相互对齐。

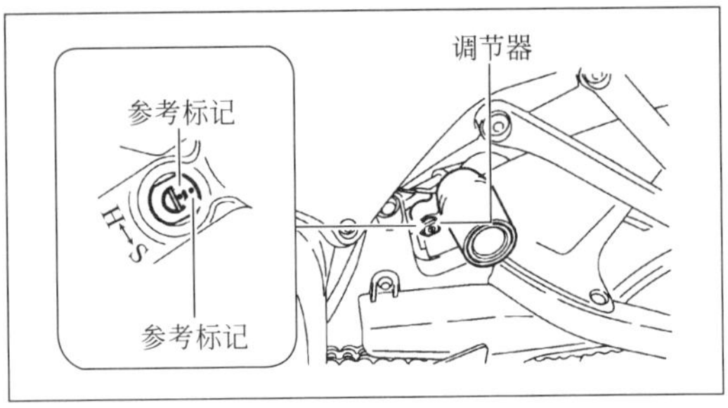

图 7-2-32　调节后悬架压缩阻尼

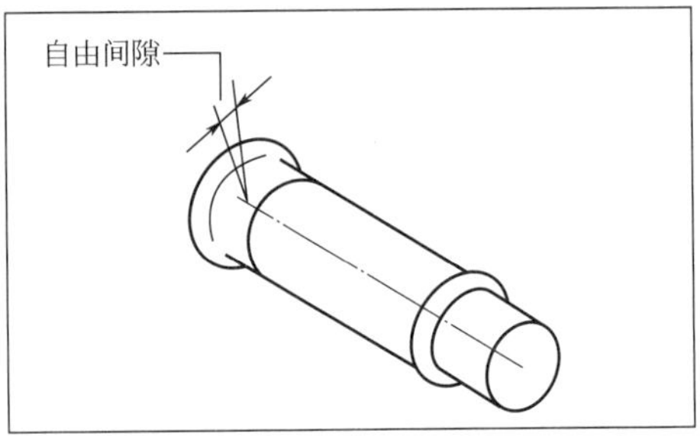

图 7-2-33　检查节气门（油门）旋转手柄自由间隙

十三、节气门（油门）握柄自由间隙检查与调节

1. 节气门（油门）握柄自由间隙检查

按照图 7-2-33 检查节气门（油门）旋转手柄自由间隙，规范范围应为 2～4mm。如果测量结果不符合规范，应调节到规范范围。

2. 调节节气门（油门）旋转手柄自由间隙（表 7-2-17）

表 7-2-17　调节节气门（油门）旋转手柄自由间隙

步骤	操　　作
1	按照图 7-2-34 所示，把拉索套管滑动到一旁
2	按照图 7-2-34 所示，松开锁止螺母
3	转动调节器，直至自由间隙达到 2～4mm 的规范范围
4	拧紧锁止螺母，把拉索套管移回原位
5	确认节气门（油门）旋转手柄操作顺畅

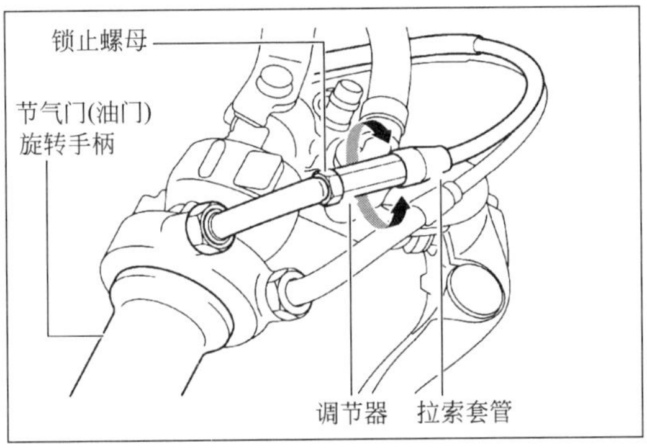

图 7-2-34　调节节气门（油门）旋转手柄自由间隙

第三节　CB 650F 摩托车（2014 年款）

一、油品

1. 油品规格（表 7-3-1）

表 7-3-1　油品规格

油　　品	规　　格	用　　量
发动机机油	HONDA 4 冲程摩托车发动机机油，机油黏度为 SAE 10W-30；API SG 以上	排出发动机机油后添加：2.6L 排出发动机机油并更换机油滤清器后添加：2.9L 发动机解体维修后添加：3.5L
制动液	HONDA DOT4 制动液	
发动机冷却液	Pro HONDA HP 发动机冷却液	2.5L
传动链润滑剂	SAE 80 或 SAE 90 传动链润滑剂	

2. 发动机机油油位检查（表 7-3-2）

表 7-3-2　发动机机油油位检查

步骤	操　作
1	启动发动机，怠速运行 3～5min
2	关闭摩托车点火开关，使发动机停机，然后等待 2～3min
3	按照图 7-3-1 所示，抽出机油尺，将机油尺擦拭干净
4	将摩托车车身保持直立，插入机油尺，但不要拧紧
5	再次抽出发动机机油尺，检查油位
6	油位应位于上限标记与下限标记之间
7	将机油尺安装回原位
8	如果发现发动机机油油位低于下限标记，应予以添加

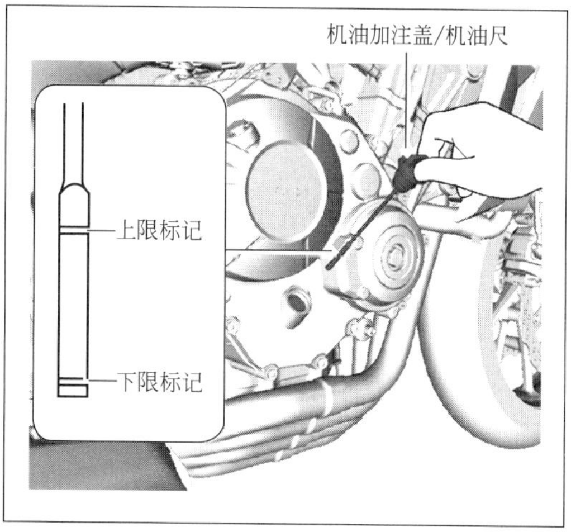

图 7-3-1　检查发动机机油油位

3. 添加发动机机油（表 7-3-3）

表 7-3-3　添加发动机机油

步骤	操　作
1	将摩托车停放到平整坚实的地面上，车身保持直立
2	按照图 7-3-1 所示，拆下发动机机油加注口盖
3	添加机油，直至油位达到机油油尺上限标记
4	将机油加注口附近的污渍擦拭干净
5	重新将机油尺安装好

4. 更换发动机机油和机油滤清器（表 7-3-4）

表 7-3-4　更换发动机机油和机油滤清器

步骤	操　作
1	启动发动机，怠速运行 3～5min
2	关闭摩托车点火开关，使发动机停机，然后等待 2～3min
3	将摩托车停放到平整坚实的地面上，放下摩托车侧支架
4	把接油盘放到图 7-3-2 所示的放油螺栓下面，准备承接放出的发动机机油
5	拆下机油加注口盖，拆下放油螺栓和密封垫圈，彻底排放发动机机油
6	按照图 7-3-3 所示，用机油滤清器拆卸扳手拆下机油滤清器，使机油滤清器内的残存的机油排放出来，然后将拆下的机油滤清器废弃
7	在新机油滤清器的橡胶密封环上涂抹一层干净的发动机机油
8	安装机油滤清器并紧固至 26N・m
9	在放油螺栓上换装新的密封垫圈，将放油螺栓紧固至 30N・m
10	加注足量的发动机机油，然后将机油加注口盖装好
11	检查发动机机油油位，确认油位符合规范
12	确认机油加注口盖和放油螺栓处没有机油泄漏

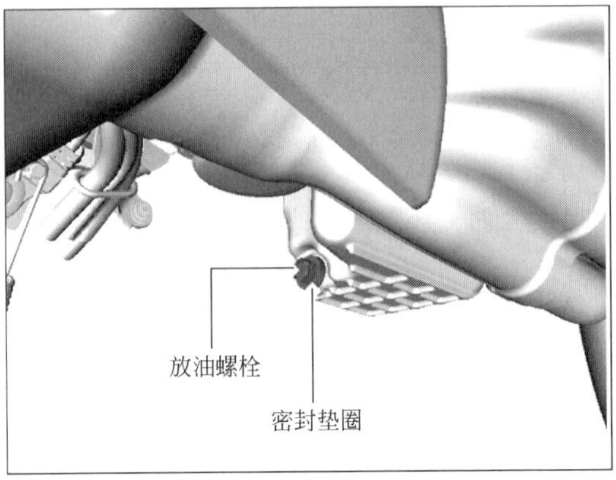

图 7-3-2　放油螺栓位置识别

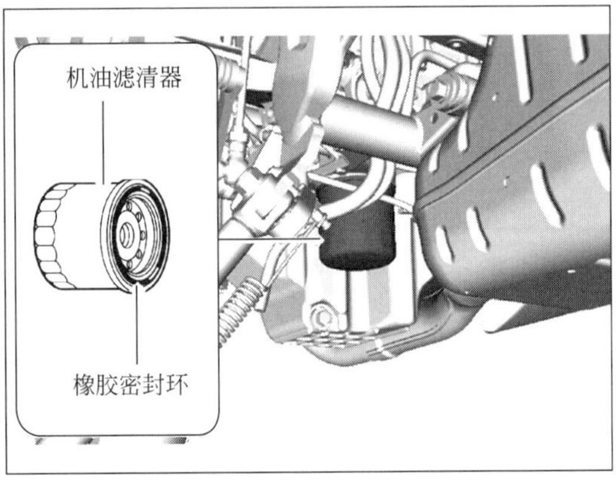

图 7-3-3　机油滤清器识别

5. 发动机冷却液液面高度检查（表 7-3-5）

表 7-3-5　发动机冷却液液面高度检查

步骤	操　　作
1	把摩托车停放到平整坚实的地面上
2	使摩托车车身保持直立，以便能准确检查发动机冷却液液位
3	按照图 7-3-4 所示，检查冷却液储液罐内冷却液的液面高度
4	应处于上限标记和下限标记之间
5	如果液位低于下限标记，则拧下储液罐盖，添加冷却液，直至液位达到上限标记
6	添加完毕后，将储液罐盖拧好

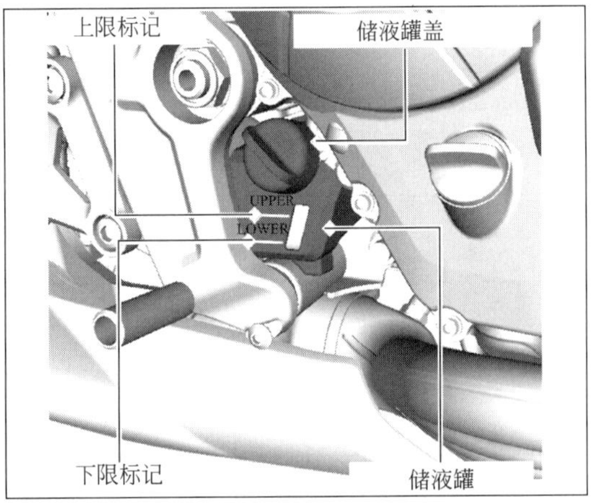

图 7-3-4　检查发动机冷却液液面高度

6. 检查制动液液位（表 7-3-6）

表 7-3-6　检查制动液液位

步骤	操　　作
1	把摩托车停放到平整坚实的地面上
2	使摩托车车身保持直立，以便能准确检查制动液液位
3	按照图 7-3-5 所示，检查制动液储液罐内的液面高度
4	前制动器储液罐内液面应高于储液罐上的下限标记；后制动器储液罐液面应处于上限标记和下限标记之间

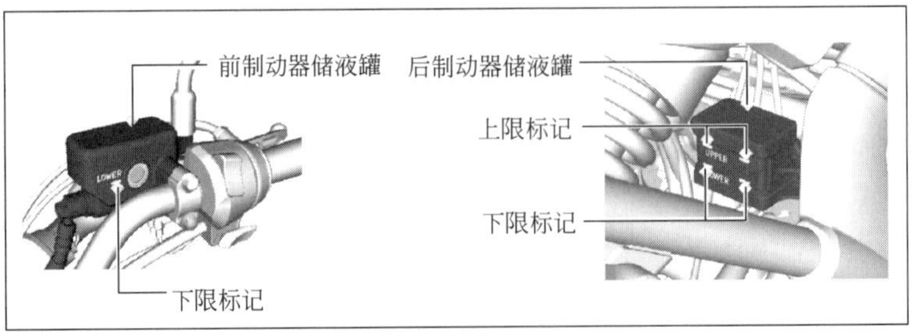

图 7-3-5　检查制动液液面高度

二、传动链维护保养

1. 传动链润滑

摩托车传动链可采用 HONDA 摩托车专用润滑剂进行润滑，也可采用 SAE80 或 SAE90 齿轮油进行润滑，如图 7-3-6 所示。

2. 传动链链轮磨损检查

按照图 7-3-7 所示，检查传动链链轮的轮齿，如果发现有磨损或损坏，应及时更换链轮。

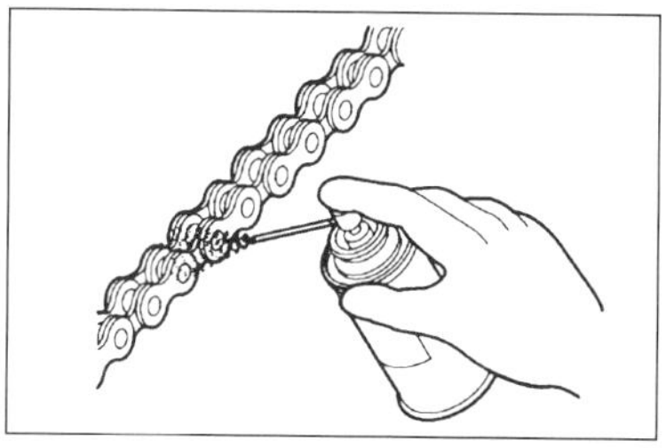

图 7-3-6 喷洒传动链润滑剂

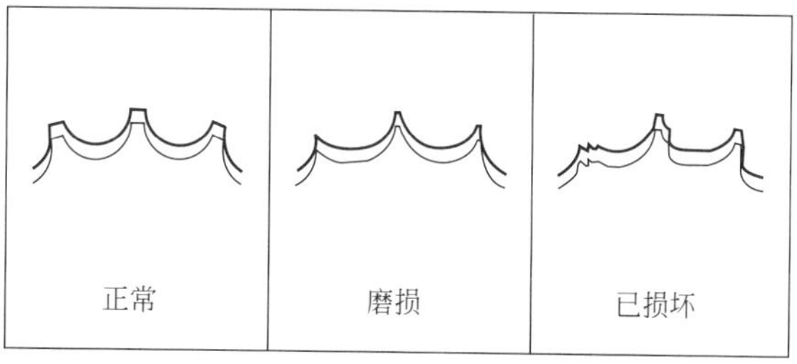

图 7-3-7 检查传动链链轮磨损

3. 检查传动链松弛度（表 7-3-7）

表 7-3-7 检查传动链松弛度

步骤	操 作
1	关闭发动机，将摩托车变速器设定到 N 挡
2	将摩托车停放到平台坚实的地面上，用侧支架支好
3	按照图 7-3-8 所示，检查传动链松弛度
4	规范范围应为 25～35mm，如果测量结果大于 50mm，则不能继续驾驶摩托车，应及时送交维修厂维修处理

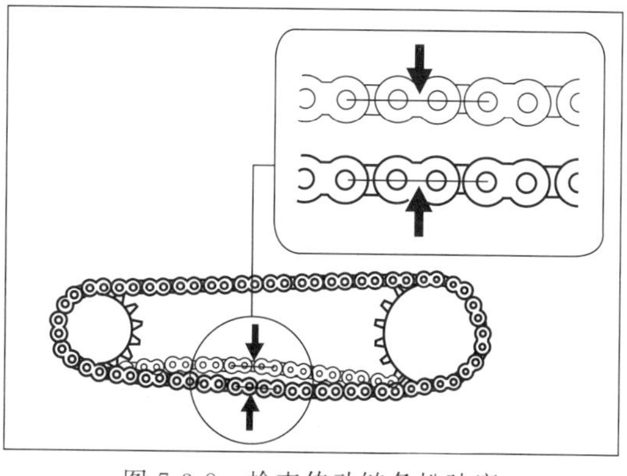

图 7-3-8 检查传动链条松弛度

三、轮胎维护保养

1. 轮胎磨损或损伤检查

按照图 7-3-9 所示，检查轮胎是否有不正常的磨损或损伤，如果有，应及时更换轮胎。

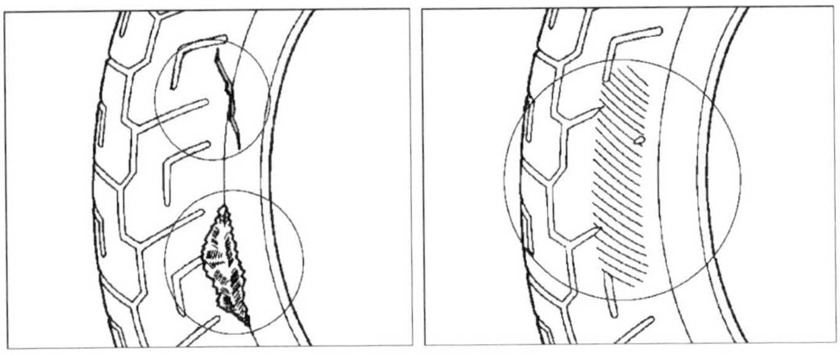

图 7-3-9　轮胎的损伤和不正常磨损识别

2. 轮胎胎面花纹深度磨损检查

轮胎胎面花纹深度磨损达到极限时，会在胎面花纹处显露图 7-3-10 所示的三角形标记或 TWI 字符，如果看到这个标记或字符，说明轮胎胎面花纹已经达到磨损极限，应立即更换轮胎。前轮胎胎面花纹深度不能小于 1.5mm；后轮胎胎面花纹深度不能小于 2.0mm。

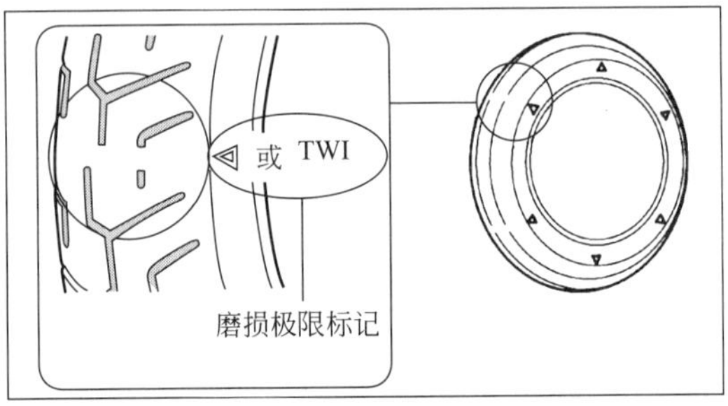

图 7-3-10　轮胎胎面花纹磨损极限标记识别

3. 轮胎压力与规格（表 7-3-8）

表 7-3-8　轮胎压力与规格

品牌	规格	前轮压力/kPa	后轮压力/kPa
前轮:Dunlop D222F M 无内胎式子午线轮胎 后轮:Dunlop D222 M 无内胎式子午线轮胎	前轮:120/70 ZR17 M/C(58W) 后轮:180/55 ZR17 M/C(73W)	250	290

四、制动系统维护保养

1. 制动灯开关调节

维护保养时应注意检查制动灯开关，如果发现制动灯开关操作迟缓，可按照图 7-3-11 所示，将调节螺母向图中的方向 A 转动，即可提高响应速度；如果发现制动灯开关操作速度过快，将调节螺母向图中方向 B 转动，即可降低响应速度。

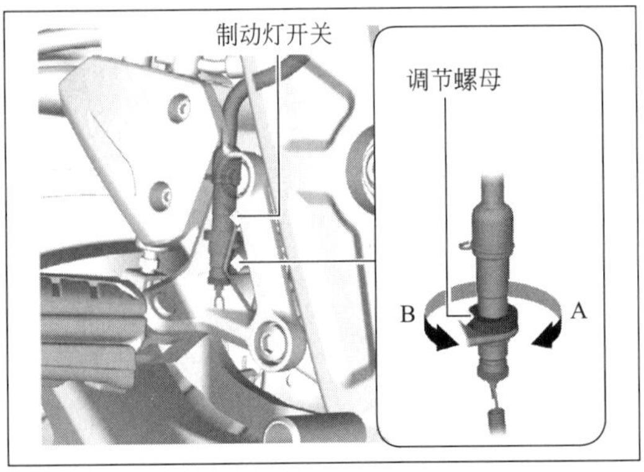

图 7-3-11　制动灯开关调节

2. 制动衬块磨损检查

维护保养时要检查制动器上的制动衬块厚度，如果发现已经显露出磨损极限标志，应立即更换制动衬块。如图 7-3-12 所示。

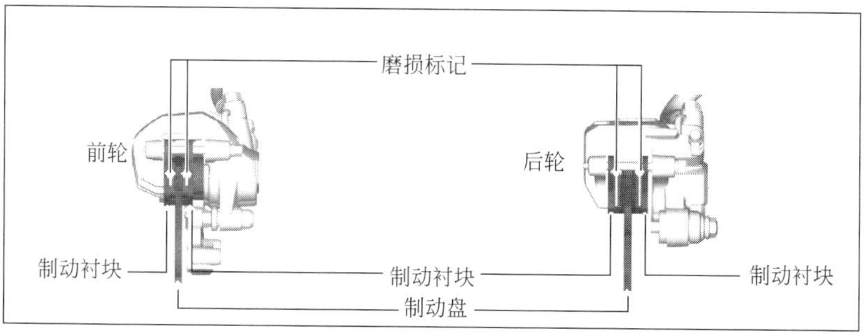

图 7-3-12 检查制动衬块磨损

3. 制动控制杆与车把握柄之间的距离调节

如果感觉制动控制杆与车把握柄之间的距离不合适，可按照图 7-3-13 进行调节。调节时将制动控制杆沿图中黑色箭头方向推动，然后转动调节器，调节器共有 6 挡距离可调，可根据需要转动调节器，将其调节到骑手感觉最恰当的距离。

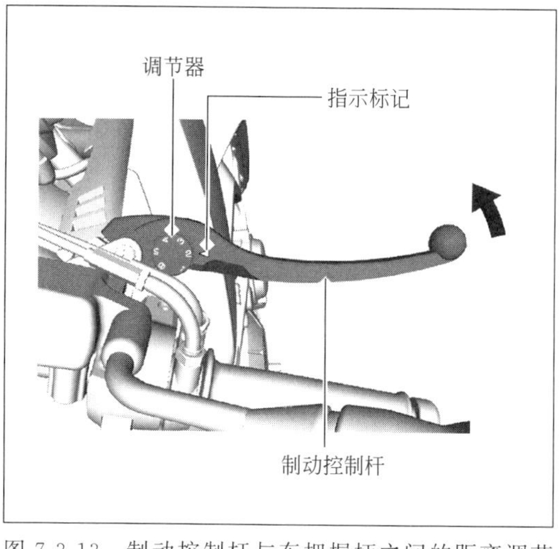

图 7-3-13 制动控制杆与车把握柄之间的距离调节

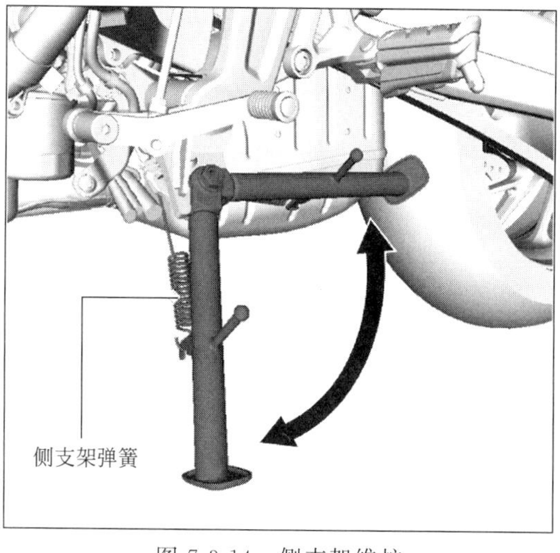

图 7-3-14 侧支架维护

五、摩托车侧支架检查与维护（表 7-3-9）

表 7-3-9 摩托车侧支架检查与维护

步骤	操 作
1	检查侧支架运动是否顺畅平滑，如果发现侧支架运动卡滞，可用润滑剂润滑侧支架的枢轴螺栓
2	按照图 7-3-14 所示，检查侧支架弹簧是否损坏或弹力下降
3	跨骑到摩托车上，把摩托车变速器设置到 N 挡，升起侧支架
4	启动发动机，扳动离合器控制杆，使变速器换挡
5	降下侧支架，发动机应在驾驶员降下侧支架时关闭，如果发动机没有关闭，应送交维修厂进行维护处理

六、火花塞型号与电极间隙规范

本田 CBR 600RR 摩托车采用 DENSO U27FER9 火花塞或 NGK CR9EH-9 火花塞，火花塞电极间隙为 0.8～0.9mm。更换火花塞时应注意火花塞型号要保持一致。

七、车灯

1. 灯泡规格（表 7-3-10）

表 7-3-10 灯泡规格

灯　泡	规　格
前照灯灯泡	12V-60/55W 灯泡
制动灯灯泡	LED
位置灯灯泡	LED
牌照灯灯泡	12V-5W 灯泡
前转向灯灯泡(2 个)	12V-21W 灯泡
后转向灯灯泡(2 个)	12V-21W 灯泡

2. 前照灯垂直照射方向调节

如果前照灯垂直照射方向发生偏离，可按照图 7-3-15 所示，用十字改锥转动图中所示的调节齿轮，对前照灯进行垂直照射方向的调节。

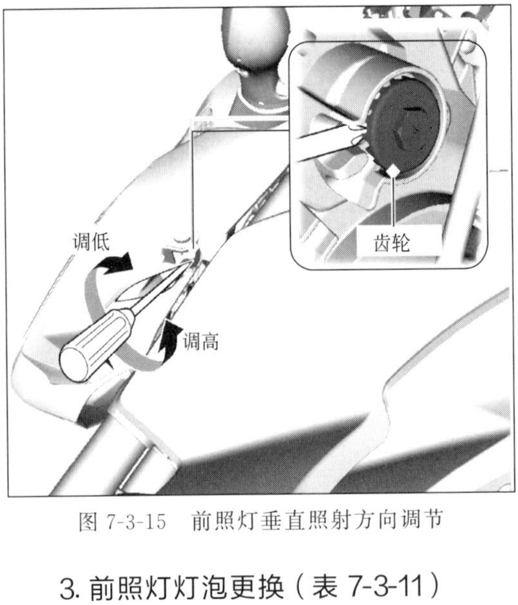

图 7-3-15 前照灯垂直照射方向调节

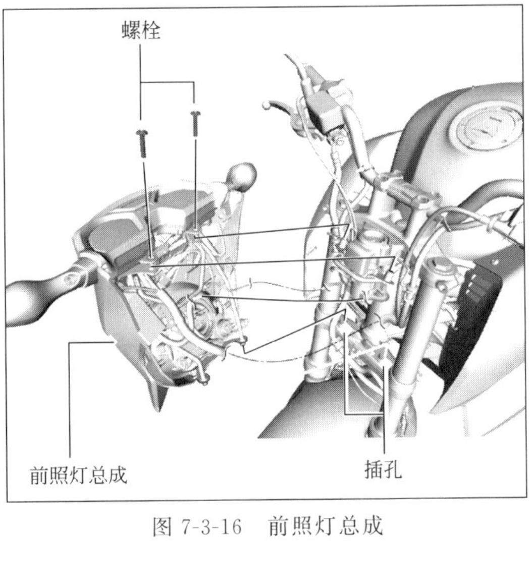

图 7-3-16 前照灯总成

3. 前照灯灯泡更换（表 7-3-11）

表 7-3-11 前照灯灯泡更换

步骤	操　作
1	按照图 7-3-16 所示，拆下前照灯总成上的螺栓，将前照灯总成从插孔处抽出卸下
2	按照图 7-3-17 所示，拔下插座
3	拆下防尘罩

续表

步骤	操　　作
4	推动并抬起灯泡护圈，解除护圈的卡紧状态，然后将灯泡拆下
5	按照与拆卸相反的步骤安装新灯泡，防尘罩的箭头标志应朝上

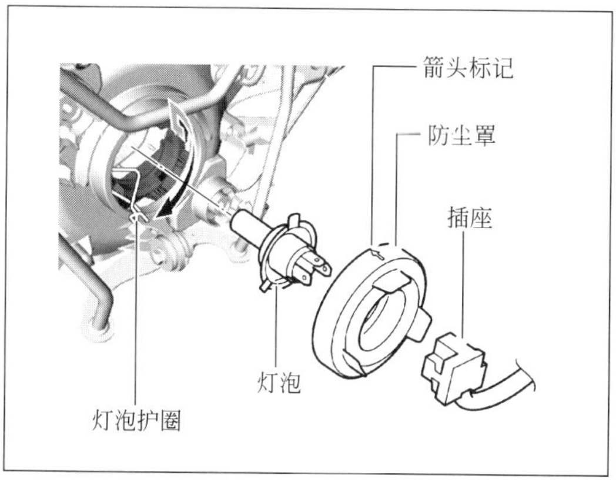

图 7-3-17　更换前照灯灯泡

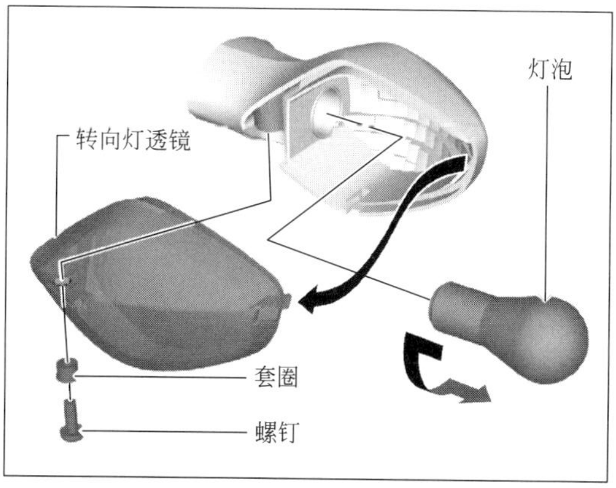

图 7-3-18　更换转向灯灯泡

4. 转向灯灯泡更换（表 7-3-12）

表 7-3-12　转向灯灯泡更换

步骤	操　　作
1	按照图 7-3-18 所示，拆下螺钉和套圈
2	拆下转向灯透镜
3	轻轻压下灯泡，沿逆时针转动，将灯泡拆下
4	按照与拆卸相反的步骤安装新灯泡

5. 牌照灯灯泡更换（表 7-3-13）

表 7-3-13　牌照灯灯泡更换

步骤	操　　作
1	按照图 7-3-19 所示，拆下螺钉
2	拆下灯罩和灯罩密封件
3	把灯泡从灯座中拉出
4	按照与拆卸相反的顺序安装新灯泡
5	安装灯罩

八、熔丝检查

1. 熔丝盒内熔丝检查（表 7-3-14）

表 7-3-14　熔丝盒内熔丝检查

步骤	操　　作
1	熔丝盒安装在摩托车座椅下面，拆下座椅即可找到，如图 7-3-20 所示

续表

步骤	操　　作
2	拆下熔丝盒盖
3	用熔丝拆卸工具逐一拔下盒内的熔丝,检查熔丝是否熔断,如果熔断,则从备用熔丝中选取额定电流相同的熔丝予以替换
4	检查完毕后,重新安装好熔丝盒盖
5	重新安装好前座

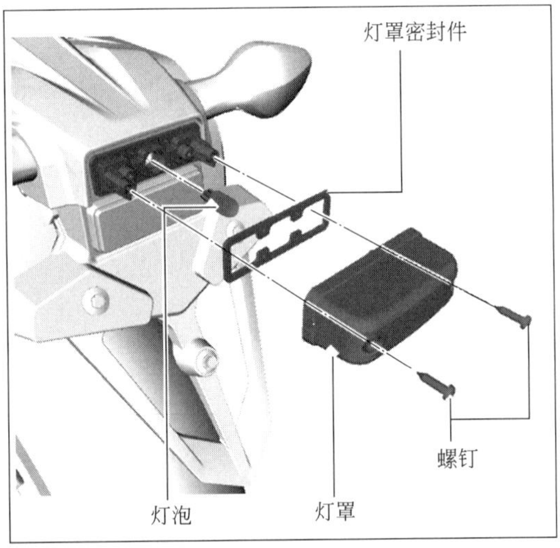

图 7-3-19　更换牌照灯灯泡

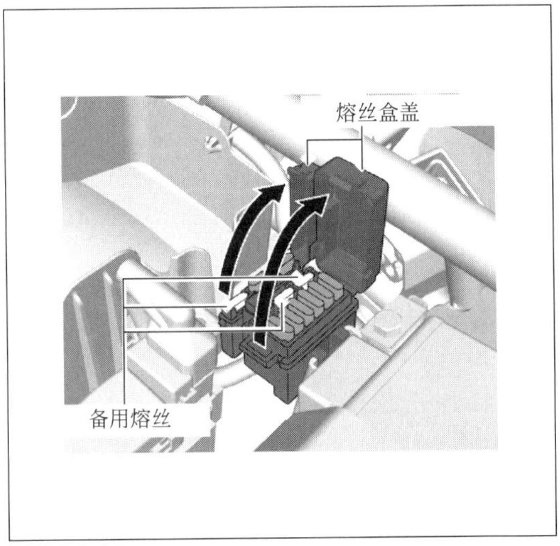

图 7-3-20　熔丝盒识别

2. 主熔丝检查（表 7-3-15）

表 7-3-15　主熔丝检查

步骤	操　　作
1	主熔丝安装在摩托车座椅下面,拆下座椅即可找到,如图 7-3-21 所示
2	断开起动机电磁开关的线束接头
3	用熔丝拆卸工具拔下主熔丝,检查熔丝是否熔断,如果熔断,则用备用主熔丝予以替换
4	检查完毕后,重新安装好其他部件

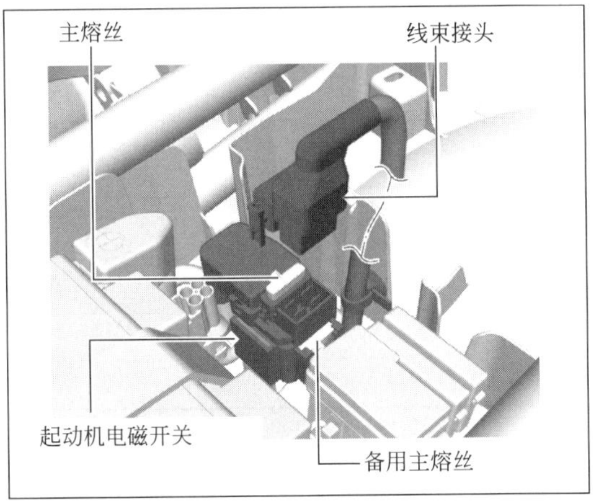

图 7-3-21　检查主熔丝

九、车架号与发动机编号位置

车架号和发动机编号位置识别见图 7-3-22 与图 7-3-23。进行车辆登记或订购配件时均需提供准确的车架号和发动机编号，防止发生错订。

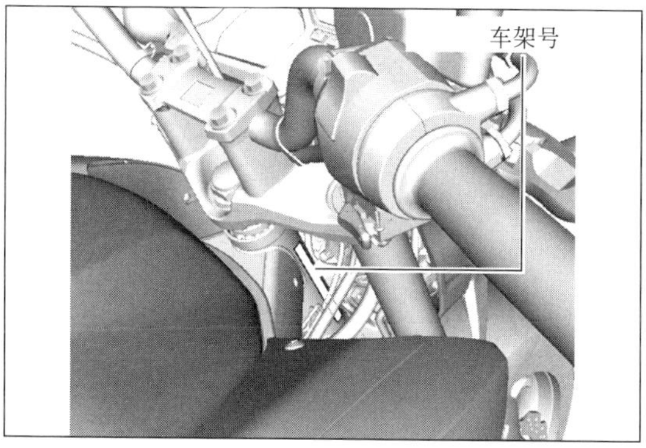

图 7-3-22 车架号位置识别

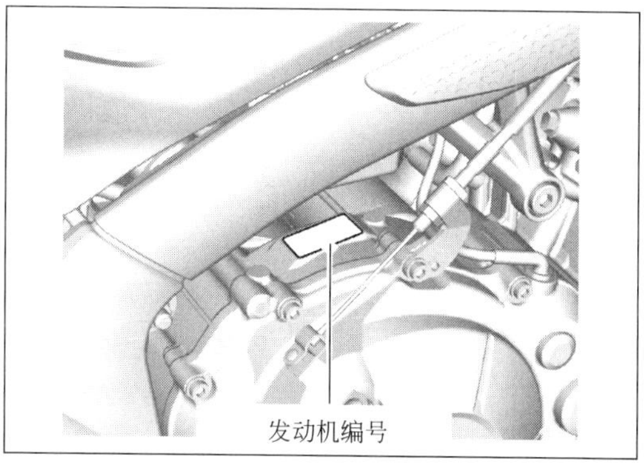

图 7-3-23 发动机编号位置识别

十、离合器控制杆维护保养

1. 检查离合器控制杆自由间隙

离合器控制杆的自由间隙如图 7-3-24 所示，应保持在 10～20mm。如果检查时发现自由间隙不符合规范，应进行调整。

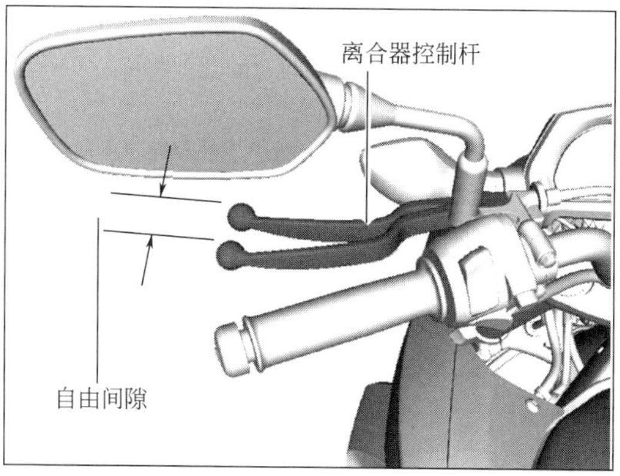

图 7-3-24 离合器控制杆的自由间隙

2. 离合器控制杆自由间隙调节（表 7-3-16）

表 7-3-16 离合器控制杆自由间隙调节

步骤	操作
1	首先通过离合器拉索上端的调节器进行调节，按照图 7-3-25 所示，松开调节器锁止螺母，转动离合器拉索上端的调节器即可调节离合器控制杆的自由间隙
2	如果将拉索上端的离合器调节器转动到极限位置后，离合器控制杆的自由间隙仍不能符合规范值，则松开离合器拉索下端的锁止螺母，转动离合器拉索下端的调节螺母，如图 7-3-26 所示，使离合器控制杆自由间隙达到 10～20mm 的规范范围

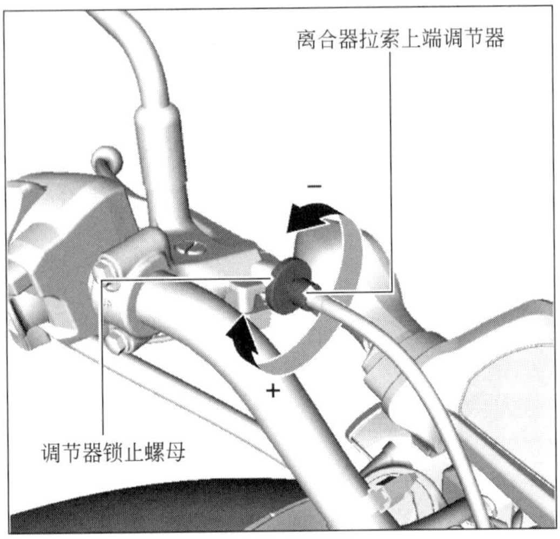

图 7-3-25　转动离合器拉索上端的调节器

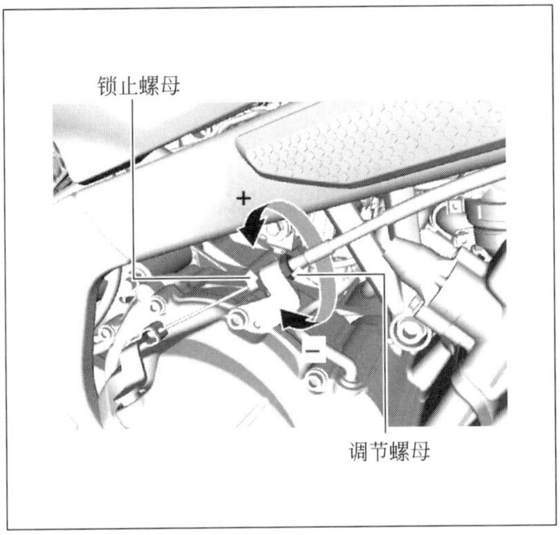

图 7-3-26　转动离合器拉索下端的调节螺母

十一、后悬架弹簧预紧力调节

摩托车骑手可根据摩托车载重（轻或重）或道路情况（道路平坦或坑洼不平）对后悬架弹簧预紧力进行调节。如图 7-3-27 所示，用延长杆和销子扳手转动调节器即可调节弹簧预紧力，调节器处于位置 1 时，弹簧预紧力最小，悬架最软；调节器位于位置 7 时，弹簧预紧力最大，悬架最硬。弹簧预紧力标准设置为位置 2。调节时应逐级调节，不允许从位置 1 直接调到位置 7 或从位置 7 直接调到位置 1。

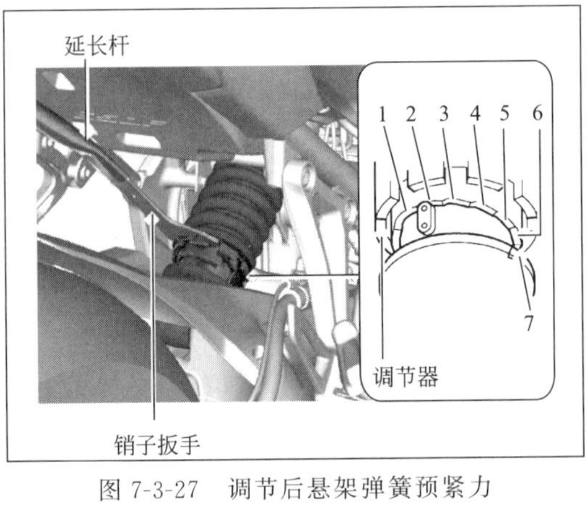

图 7-3-27　调节后悬架弹簧预紧力

第八章

KAWASAKI（川崎）摩托车

第一节 NINJA ZX-6R 摩托车（2015 年款）

一、油品

1. 油品规格（表 8-1-1）

表 8-1-1 油品规格

油　　品	规　　格	用　　量
发动机机油	摩托车发动机机油，黏度为 SAE 10W-40；API SG、SH、SJ、SL 或 SM	排出发动机机油后添加：2.8L 排出发动机机油并更换机油滤清器后添加：3.1L
制动液	DOT4 制动液	
发动机冷却液	原厂发动机冷却液	

2. 发动机机油油位检查（表 8-1-2）

表 8-1-2 发动机机油油位检查

步骤	操　　作
1	启动发动机，怠速运行 3～5min
2	关闭摩托车点火开关，使发动机停机，然后等待 2～3min
3	按照图 8-1-1 所示，通过机油油位观察窗查看油位
4	油位应位于上限标记与下限标记之间
5	如果发现发动机机油油位低于下限标记，应予以添加，使机油油位达到规范范围

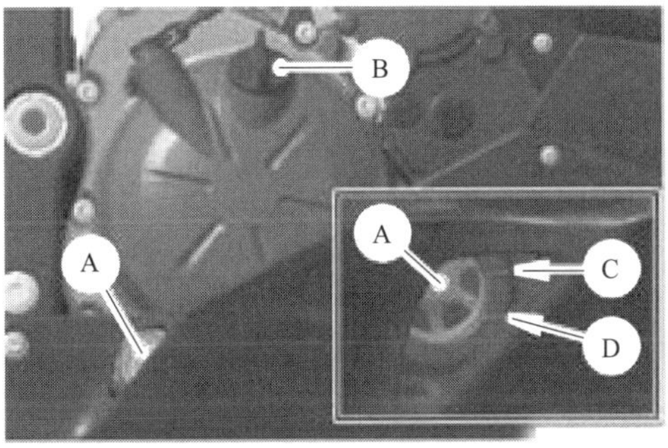

图 8-1-1 检查发动机机油油位

A—油位观察窗；B—机油加注口盖；C—油位上限标志；D—油位下限标志

3. 添加发动机机油（表 8-1-3）

表 8-1-3　添加发动机机油

步骤	操　　作
1	将摩托车停放到平整坚实的地面上，车身保持直立
2	按照图 8-1-1 所示，拆下发动机机油加注口盖
3	添加机油，直至油位符合规范范围
4	将机油加注口附近的污渍擦拭干净
5	重新将机油加注口盖安装好

4. 更换发动机机油和机油滤清器（表 8-1-4）

表 8-1-4　更换发动机机油和机油滤清器

步骤	操　　作
1	启动发动机，怠速运行 3～5min
2	关闭摩托车点火开关，使发动机停机，然后等待 2～3min
3	将摩托车停放到平整坚实的地面上支好
4	把接油盘放到图 8-1-2 所示的放油螺栓下面，准备承接放出的发动机机油
5	拆下机油加注口盖，拆下放油螺栓和密封垫圈，彻底排放发动机机油
6	按照图 8-1-3 所示，用机油滤清器拆卸扳手拆下机油滤清器，使机油滤清器内的残存机油排放出来，然后将拆下的机油滤清器废弃
7	在新机油滤清器的橡胶密封环上涂抹一层干净的发动机机油
8	安装机油滤清器并紧固至 17N · m
9	在放油螺栓上换装新的密封垫圈，将放油螺栓紧固至 29N · m
10	加注足量的发动机机油，然后将机油加注口盖装好
11	检查发动机机油油位，确认油位符合规范
12	检查机油加注口盖和放油螺栓处没有机油泄漏

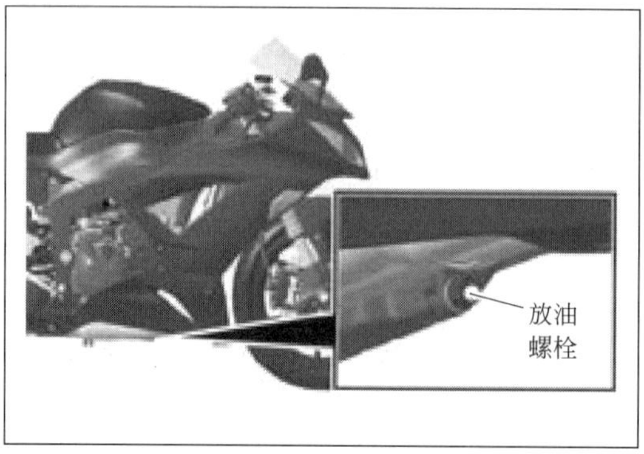

图 8-1-2　放油螺栓位置识别

图 8-1-3　机油滤清器识别

A—发动机机油滤清器

5. 发动机冷却液液面高度检查（表 8-1-5）

表 8-1-5　发动机冷却液液面高度检查

步骤	操　作
1	把摩托车停放到平整坚实的地面上
2	使摩托车车身保持直立，以便能准确检查发动机冷却液液位
3	按照图 8-1-4 所示，检查冷却液储液罐内冷却液的液面高度
4	应处于上限标记和下限标记之间
5	如果液位低于下限标记，则拧下储液罐盖(图 8-1-5)，添加冷却液，直至液位达到上限标记
6	添加完毕后，将储液罐盖拧好

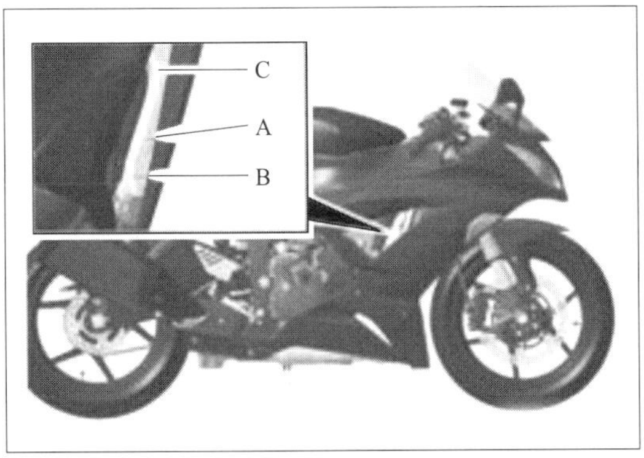

图 8-1-4　检查发动机冷却液液面高度

A—上限标记；B—下限标记；C—冷却液储液罐

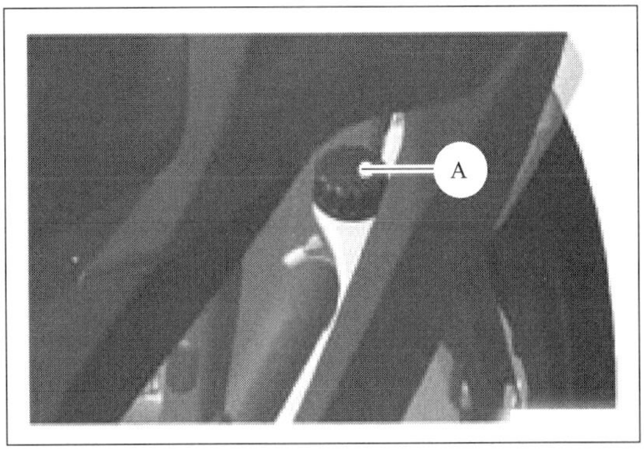

图 8-1-5　冷却液储液罐盖识别

A—冷却液储液罐盖

6. 检查制动液液位（表 8-1-6）

表 8-1-6　检查制动液液位

步骤	操　作
1	把摩托车停放到平整坚实的地面上
2	使摩托车车身保持直立，以便能准确检查制动液液位
3	按照图 8-1-6 和图 8-1-7 所示，检查制动液储液罐内的液面高度
4	液面应处于上限标记和下限标记之间

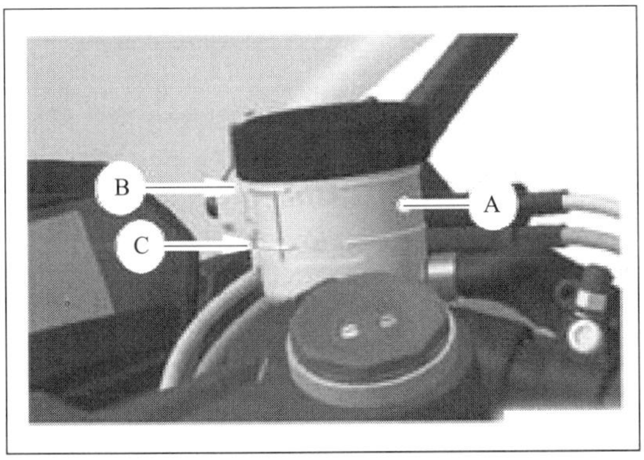

图 8-1-6　检查前制动器制动液液面高度

A—制动液储液罐；B—上限标记；C—下限标记

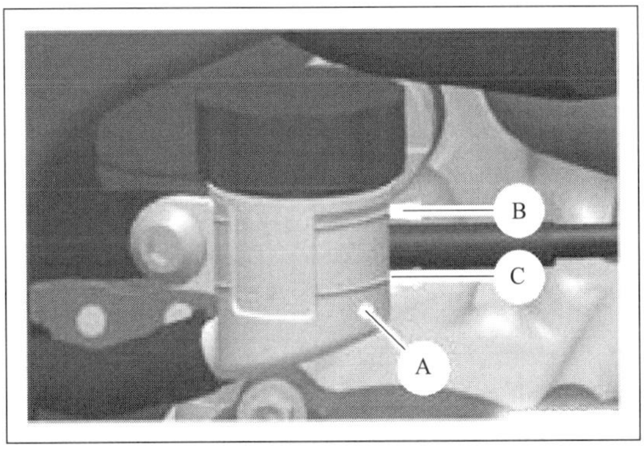

图 8-1-7　检查后制动器制动液液面高度

A—制动液储液罐；B—上限标记；C—下限标记

二、传动链松弛度检查（表 8-1-7）

表 8-1-7　传动链松弛度检查

步骤	操　　作
1	关闭发动机，将摩托车变速器设定到 N 挡
2	将摩托车停放到平台坚实的地面上，用侧支架支好
3	转动后轮，使传动链绷紧，按照图 8-1-8 所示，检查传动链松弛度
4	规范范围为 30～40mm

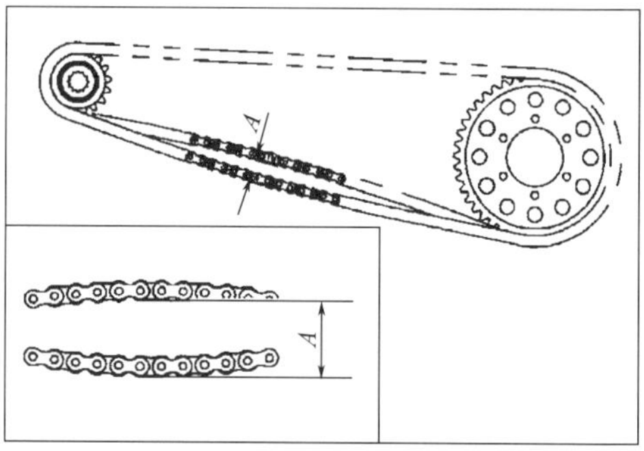

图 8-1-8　检查传动链松弛度
A—传动链条松弛度

三、轮胎维护保养

1. 轮胎压力检测

压力检测需在轮胎处于冷态时执行，按照图 8-1-9 所示，取下轮胎气门芯盖，用轮胎压力表测量轮胎压力，前轮轮胎压力应为 250kPa，后轮轮胎压力应为 290kPa。

2. 轮胎胎面花纹深度磨损检查

前轮轮胎胎面花纹最小深度不能低于 1.0mm（图 8-1-10）。后轮轮胎分 2 种情况：在摩托车行驶速度高于 130km/h 时，轮胎胎面花纹最小深度不能低于 3.0mm；如果摩托车行驶速度低于 130km/h，则轮胎胎面花纹最小深度不能低于 2.0mm。

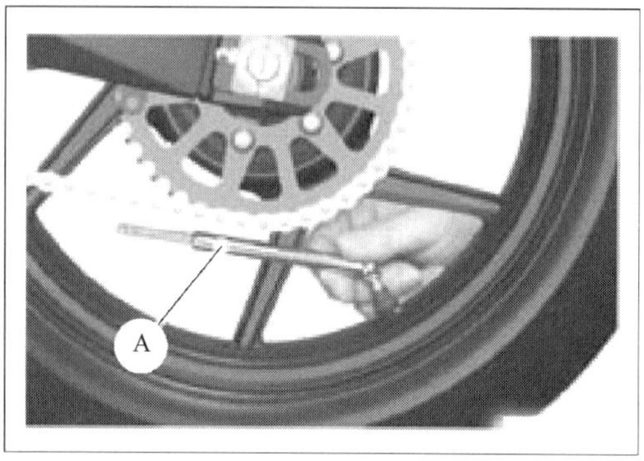

图 8-1-9　用轮胎压力表检测轮胎压力
A—轮胎压力表

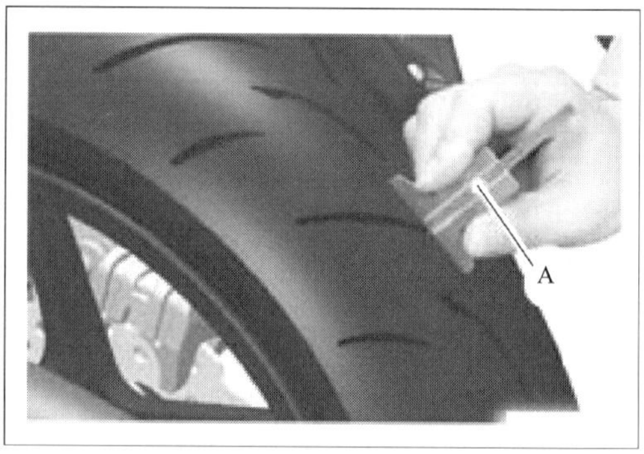

图 8-1-10　测量轮胎胎面花纹深度
A—轮胎胎面花纹深度测量器

3. 轮胎品牌与规格（表 8-1-8）

表 8-1-8　轮胎品牌与规格

品　　牌	规　　格
前轮：Bridgestone Battlax Hypersport S20F J 轮胎 后轮：Bridgeston E Battlax Hypersport S20R J 轮胎	前轮：120/70 ZR17 M/C(58W) 后轮：180/55 ZR17 M/C(73W)

4. 轮胎胎面检查

按照图 8-1-11 所示，检查轮胎胎面状况，如果发现有石子嵌入轮胎花纹中，应及时清理；如果发现轮胎破裂、划伤、被钉子扎入或轮胎表面凸起膨胀，应更换轮胎。

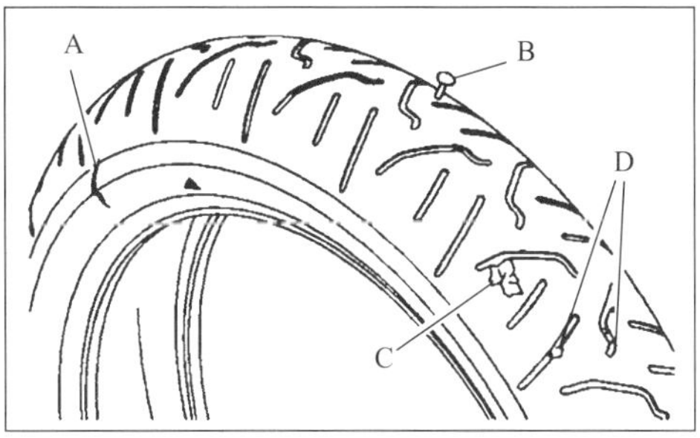

图 8-1-11 检查轮胎胎面

A—破裂或划伤；B—钉子扎入；C—膨胀或凸起；D—嵌入石子

四、制动系统维护保养

1. 制动灯开关调节

维护保养时应注意检查制动灯开关，如果发现制动灯开关操作迟缓，可按照图 8-1-12 所示，将调节螺母向图中的方向 C 转动，即可提高响应速度；如果发现制动灯开关响应时间过早，将调节螺母向图中方向 D 转动，即可降低响应速度。

2. 制动衬块磨损检查

维护保养时要检查制动器上的制动衬块厚度，如果发现已经低于最低允许厚度，应立即更换制动衬块，如图 8-1-13 和图 8-1-14 所示。

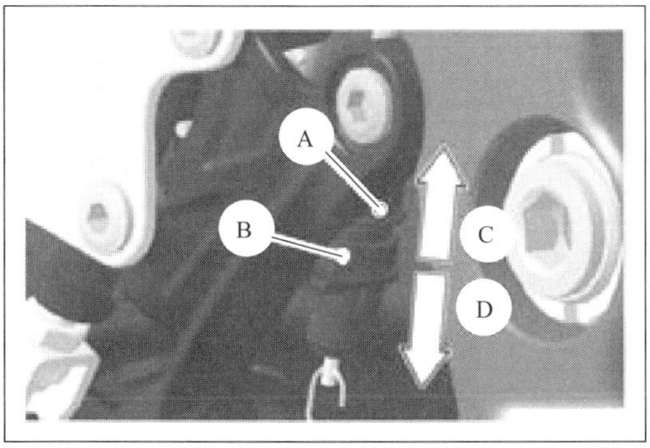

图 8-1-12 制动灯开关调节

A—制动灯开关；B—调节螺母；C—制动灯响应提前；D—制动灯响应延迟

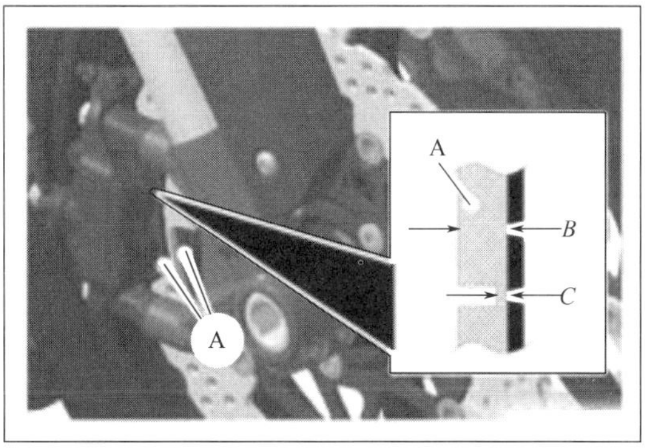

图 8-1-13 检查前制动器制动衬块

A—前制动器制动衬块；*B*—摩擦片规范厚度；*C*—摩擦片最低允许厚度（1.0mm）

3. 制动控制杆与车把握柄之间的距离调节

如果感觉制动控制杆与车把握柄之间的距离不合适，可按照图 8-1-15 进行调节。调节时将制动控制杆向前推动，然后转动调节器，调节器共有 6 挡距离可调，将调节器上的数字 1 对准图中的指示标记时，制动控制杆与车把握柄之间的距离最大；将调节器上的数字 6 对准图中的指示标记时，制动控制杆与车把握柄之间的距离最小。可根据需要转动调节器，将距离调节到骑手感觉最恰当的距离。

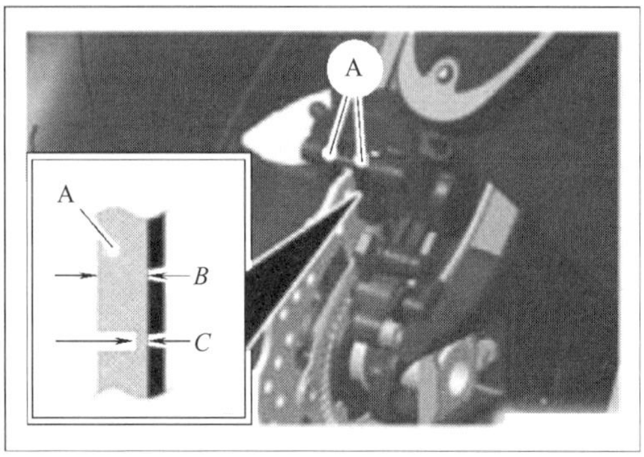

图 8-1-14　检查后制动器制动衬块
A—后制动器制动衬块；B—摩擦片规范厚度；
C—摩擦片最低允许厚度（1.0mm）

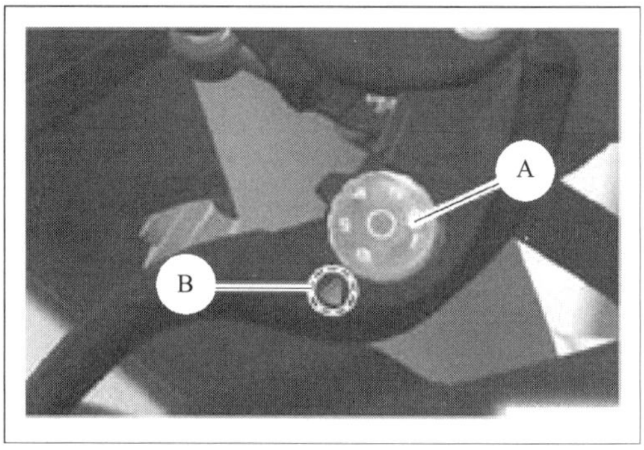

图 8-1-15　制动控制杆与车把握柄之间的距离调节
A—调节器；B—指示标记

五、前照灯照射方向调节

如果前照灯照射方向发生偏离，可按照图 8-1-16 所示，对前照灯照射方向进行调节。

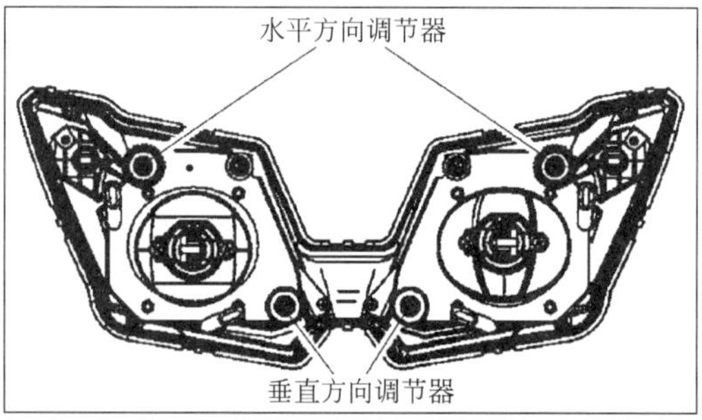

图 8-1-16　前照灯照射方向调节

六、熔丝检查

熔丝盒和主熔丝位置识别见图 8-1-17；检查可见图 8-1-18，如果发现熔丝熔断，应更换规格相同的熔丝。

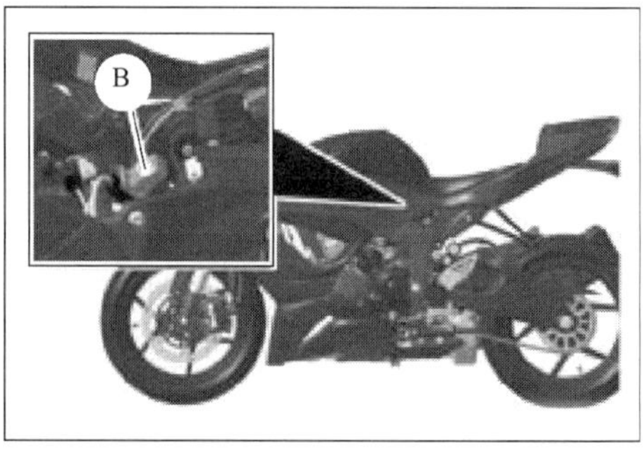

图 8-1-17　熔丝盒与主熔丝位置识别
A—熔丝盒；B—主熔丝

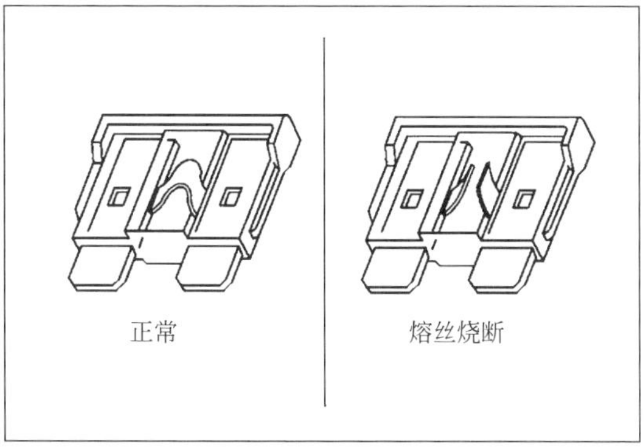

图 8-1-18　检查熔丝

七、火花塞型号与电极间隙

川崎 NINJA ZX-6R 摩托车采用 NGK CR9E 火花塞，火花塞电极间隙规范值为 0.7～0.8mm。更换火花塞时应注意型号准确。

八、车架号与发动机编号位置

车架号和发动机编号位置识别见图 8-1-19 及图 8-1-20。进行车辆登记或订购配件时均需提供准确的车架号和发动机编号，防止发生错订。

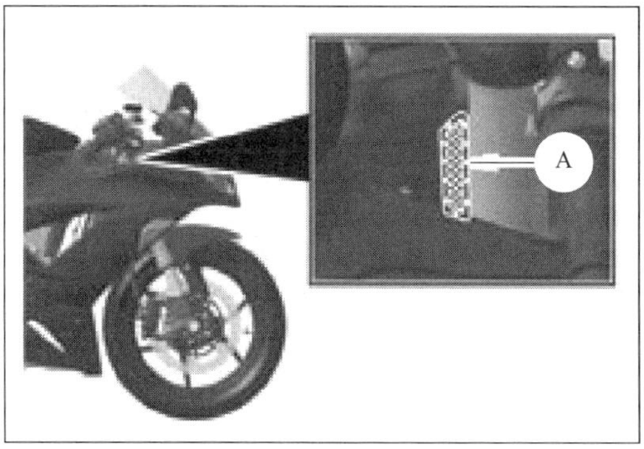

图 8-1-19　车架号位置识别
A—车架号

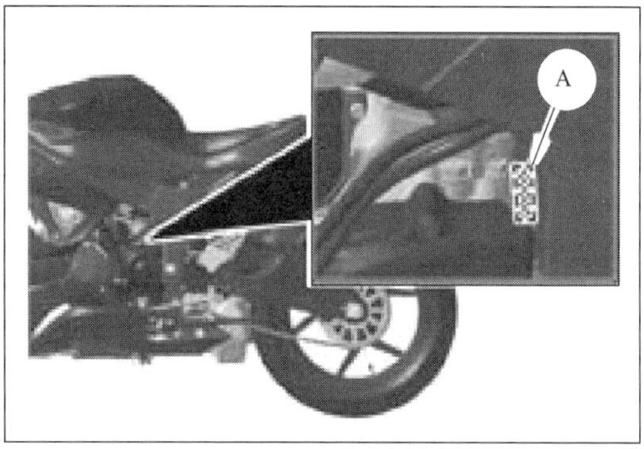

图 8-1-20　发动机编号位置识别
A—发动机编号

九、离合器控制杆自由间隙检查与调节

离合器控制杆的自由间隙如图 8-1-21 所示，应保持在 2～3mm。如果检查时发现自由间隙不符合规范，应转动图中所示的调节器进行调整。

十、前悬架调节

1. 前悬架弹簧预紧力调节

摩托车骑手可根据摩托车载重（轻或重）或道路情况（道路平坦或坑洼不平）对前悬架弹簧预紧力进行调节。如图 8-1-22 所示，用内六角扳手插入位于前叉左侧的调节器中并顺时针转动，即可增大弹簧预紧力，使悬架变硬；逆时针转动，即可减小弹簧预紧力，使悬架变软。前悬架弹簧预紧力标准位置为距离最软位置 5 圈，从最软位置沿顺时针方向将调节器转动 5 圈即可达到预紧力标准位置。

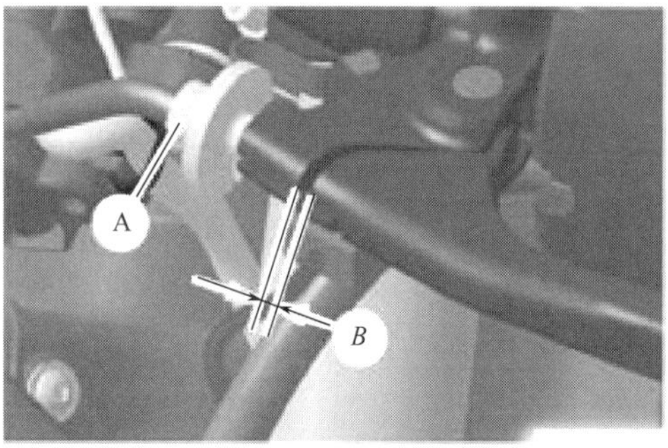

图 8-1-21　离合器控制杆的自由间隙

A—调节器；B—离合器控制杆的自由间隙

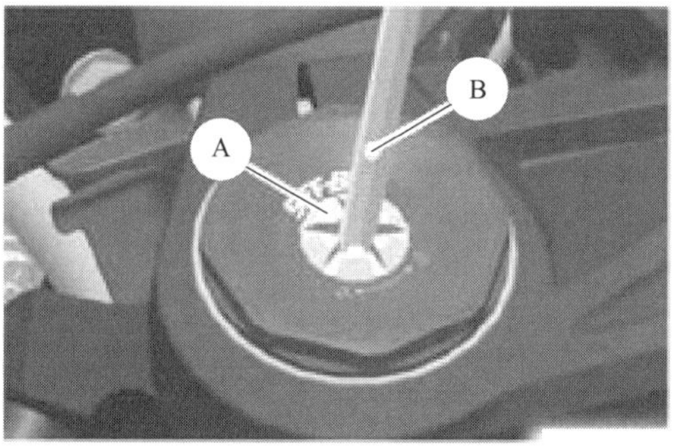

图 8-1-22　调节前悬架弹簧预紧力

A—前悬架弹簧预紧力调节器；B—内六角扳手

2. 回弹阻尼调节

摩托车骑手可根据摩托车载重（轻或重）或道路情况（道路平坦或坑洼不平）对前悬架回弹阻尼进行调节。按照图 8-1-23 所示，用螺丝刀插入位于前叉右侧回弹阻尼调节器的插槽中转动即可进行调节，沿顺时针方向转动可增大回弹阻尼，使悬架回弹变硬；沿逆时针方向转动可减小回弹阻尼，使悬架回弹变软。回弹阻尼标准位置是距离最硬（调节器顺时针转动到极限位置）位置 4.5 圈，将阻尼调节器从最硬位置沿逆时针方向转动 4.5 圈即可达到标准位置。

3. 压缩阻尼调节

摩托车骑手可根据摩托车载重（轻或重）或道路情况（道路平坦或坑洼不平）对前悬架压缩阻尼进行调节。按照图 8-1-24 所示，将螺丝刀插入位于前叉右侧压缩阻尼调节器的插槽中转动即可进行调节，沿顺时针方向转动可增大压缩阻尼，使悬架压缩变硬；沿逆时针方向转动可减小压缩阻尼，使悬架压缩变软。压缩阻尼标准位置是距离最硬（调节器顺时针转动到极限位置）位置 6 圈，将阻尼调节器从最硬位置沿逆时针方向转动 6 圈即可达到标准位置。

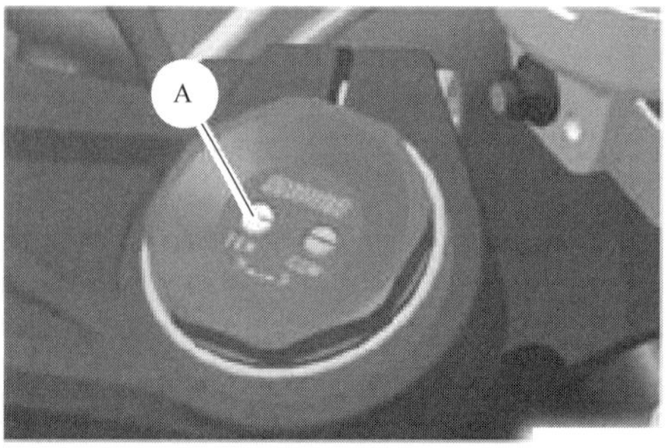

图 8-1-23　调节前悬架回弹阻尼

A—回弹阻尼调节器

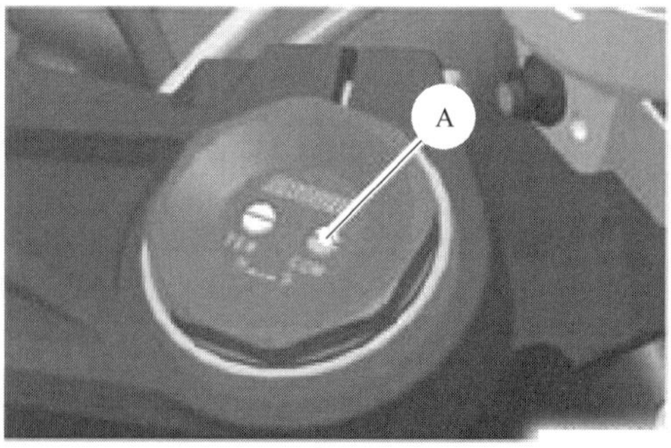

图 8-1-24　调节前悬架压缩阻尼

A—压缩阻尼调节器

十一、后悬架调节

1. 回弹阻尼调节

摩托车骑手可根据摩托车载重（轻或重）或道路情况（道路平坦或坑洼不平）对后悬架回弹阻尼进行调节。按照图 8-1-25 所示，回弹阻尼调节器位于后减振器下端，转动调节器即可进行调节，沿顺时针方向转动可增大回弹阻尼，使悬架回弹变硬；沿逆时针方向转动可减小回弹阻尼，使悬架回弹变软。回弹阻尼标准位置是距离最硬（调节器顺时针转动到极限位置）位置 1.5 圈，将阻尼调节器从最硬位置沿逆时针方向转动 1.5 圈即可达到标准位置。

2. 压缩阻尼调节

摩托车骑手可根据摩托车载重（轻或重）或道路情况（道路平坦或坑洼不平）对后悬架压缩阻尼进行调节。按照图 8-1-26 所示，压缩阻尼调节器位于后减振器上端，转动调节器即可进行调节，沿顺时针方向转动可增大压缩阻尼，使悬架压缩变硬；沿逆时针方向转动可减小压缩阻尼，使悬架压缩变软。压缩阻尼标准位置是距离最硬（调节器顺时针转动到极限位置）位置 2.5 圈，将阻尼调节器从最硬位置沿逆时针方向转动 2.5 圈即可达到标准位置。

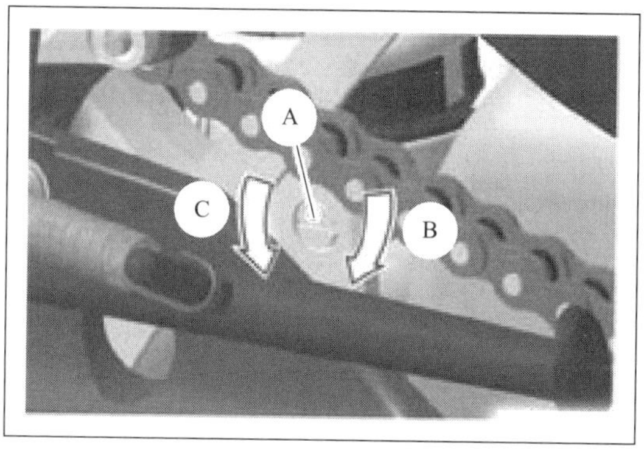

图 8-1-25 调节后悬架回弹阻尼
A—回弹阻尼调节器；B—增大回弹阻尼；C—减小回弹阻尼

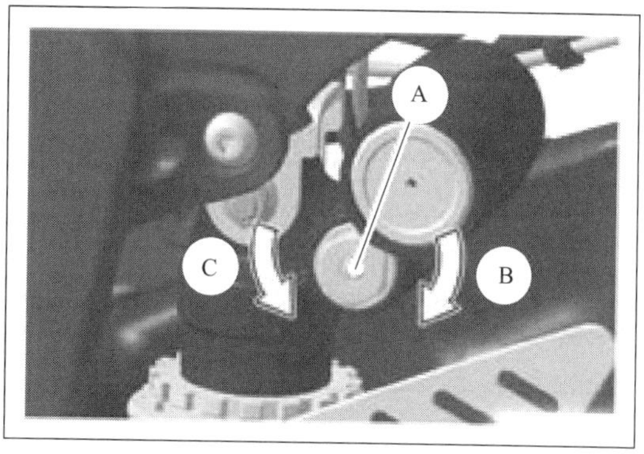

图 8-1-26 调节后悬架压缩阻尼
A—压缩阻尼调节器；B—增大压缩阻尼；C—减小压缩阻尼

第二节 Z1000 摩托车（2015 年款）

一、油品

1. 油品规格（表 8-2-1）

表 8-2-1 油品规格

油品	规格	用量
发动机机油	摩托车发动机机油，黏度为 SAE 10W-40；API SG、SH、SJ、SL 或 SM	排出发动机机油后添加：3.2L 排出发动机机油并更换机油滤清器后添加：3.8L
制动液	DOT4 制动液	
发动机冷却液	原厂发动机冷却液	

2. 发动机机油油位检查（表 8-2-2）

表 8-2-2　发动机机油油位检查操作步骤

步骤	操　作
1	启动发动机，怠速运行 3～5min
2	关闭摩托车点火开关，使发动机停机，然后等待 2～3min
3	按照图 8-2-1 所示，通过机油油位观察窗查看油位
4	油位应位于上限标记与下限标记之间
5	如果发现发动机机油油位低于下限标记，应予以添加，使机油油位达到规范范围

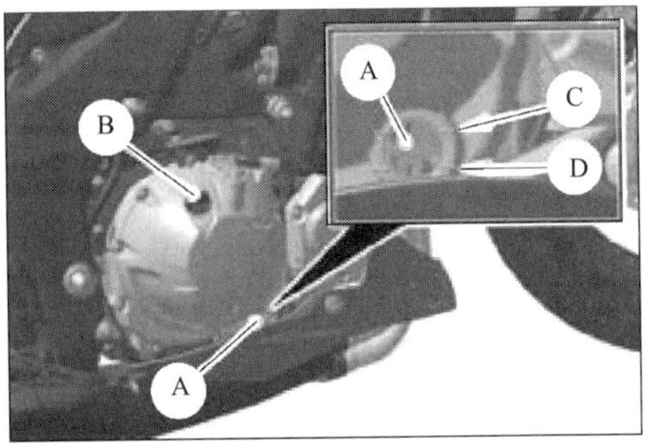

图 8-2-1　检查发动机机油油位
A—机油油位观察窗；B—机油加注口盖；
C—油位上限标记；D—油位下限标记

3. 添加发动机机油（表 8-2-3）

表 8-2-3　添加发动机机油

步骤	操　作
1	将摩托车停放到平整坚实的地面上，车身保持直立
2	按照图 8-2-1 所示，拆下发动机机油加注口盖
3	添加机油，直至油位符合规范范围
4	将机油加注口附近的污渍擦拭干净
5	重新将机油加注口盖安装好

4. 更换发动机机油和机油滤清器（表 8-2-4）

表 8-2-4　更换发动机机油和机油滤清器

步骤	操　作
1	启动发动机，怠速运行 3～5min
2	关闭摩托车点火开关，使发动机停机，然后等待 2～3min
3	将摩托车停放到平整坚实的地面上支好
4	把接油盘放到图 8-2-2 所示的放油螺栓下面，准备承接放出的发动机机油
5	拆下机油加注口盖，拆下放油螺栓和密封垫圈，彻底排放发动机机油
6	按照图 8-2-3 所示，用机油滤清器拆卸扳手拆下机油滤清器，使机油滤清器内的残存机油排放出来，然后将拆下的机油滤清器废弃
7	在新机油滤清器的橡胶密封环上涂抹一层干净的发动机机油
8	安装机油滤清器并紧固至 17N·m
9	在放油螺栓上换装新的密封垫圈，将放油螺栓紧固至 29N·m
10	加注足量的发动机机油，然后将机油加注口盖装好
11	检查发动机机油油位，确认油位符合规范
12	检查机油加注口盖和放油螺栓处没有机油泄漏

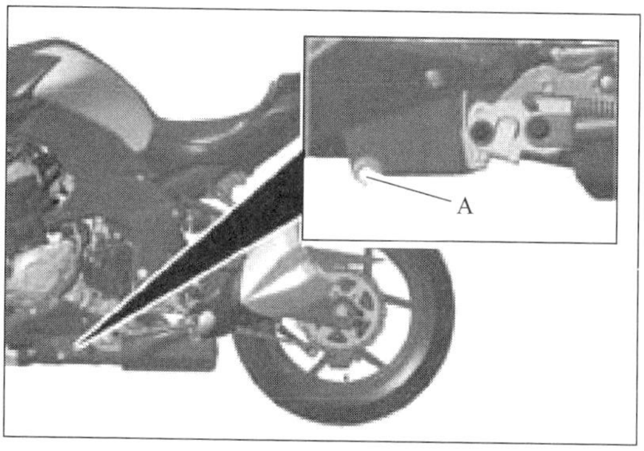

图 8-2-2 放油螺栓位置识别

A—发动机机油放油螺栓

图 8-2-3 机油滤清器识别

A—机油滤清器

5. 发动机冷却液液面高度检查（表 8-2-5）

表 8-2-5 发动机冷却液液面高度检查

步骤	操作
1	把摩托车停放到平整坚实的地面上
2	使摩托车车身保持直立，以便能准确检查发动机冷却液液位
3	按照图 8-2-4 所示，检查冷却液储液罐内冷却液的液面高度
4	应处于上限标记和下限标记之间
5	如果液位低于下限标记，则拧下储液罐盖(图 8-2-5)，添加冷却液，直至液位达到上限标记
6	添加完毕后，将储液罐盖拧好

图 8-2-4 检查发动机冷却液液面高度

A—上限标记；B—下限标记；C—冷却液储液罐

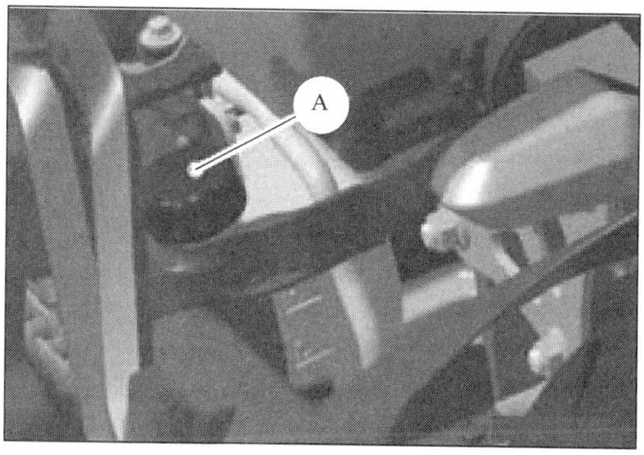

图 8-2-5 冷却液储液罐盖识别

A—冷却液储液罐盖

6. 检查制动液液位（表 8-2-6）

表 8-2-6 检查制动液液位

步骤	操作
1	把摩托车停放到平整坚实的地面上
2	使摩托车车身保持直立，以便能准确检查制动液液位

续表

步骤	操　　作
3	按照图 8-2-6 和图 8-2-7 所示，检查制动液储液罐内的液面高度
4	液面应处于上限标记和下限标记之间

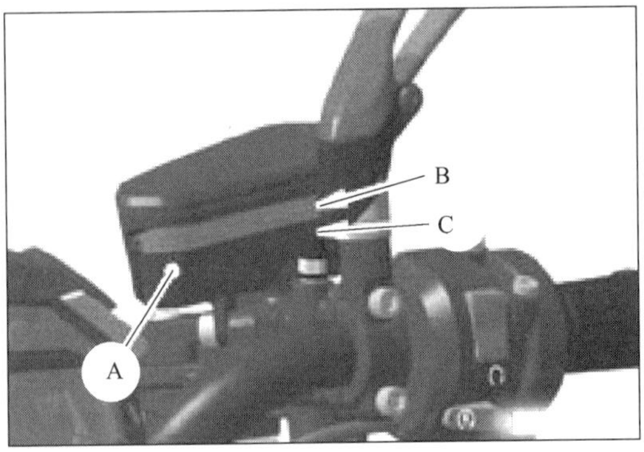

图 8-2-6　检查前制动器制动液液面高度
A—前制动器制动液储液罐；B—制动液上限标记；C—制动液下限标记

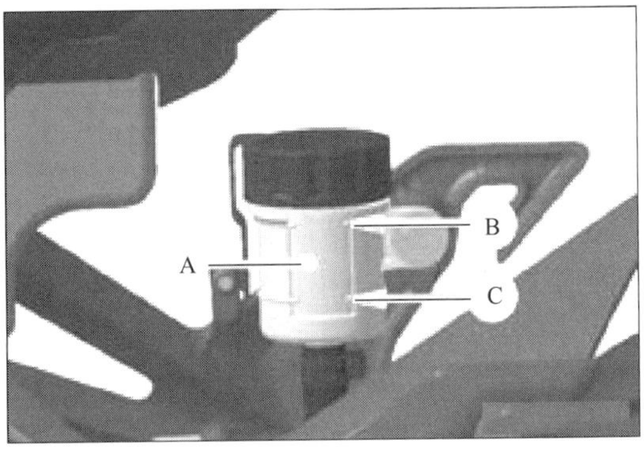

图 8-2-7　检查后制动器制动液液面高度
A—后制动器制动液储液罐；B—制动液上限标记；C—制动液下限标记

二、传动链松弛度检查（表 8-2-7）

表 8-2-7　传动链松弛度检查

步骤	操　　作
1	关闭发动机，将摩托车变速器设定到 N 挡
2	将摩托车停放到平台坚实的地面上，用侧支架支好
3	转动后轮，使传动链绷紧，按照图 8-2-8 所示，检查传动链松弛度
4	规范范围应为 20～30mm

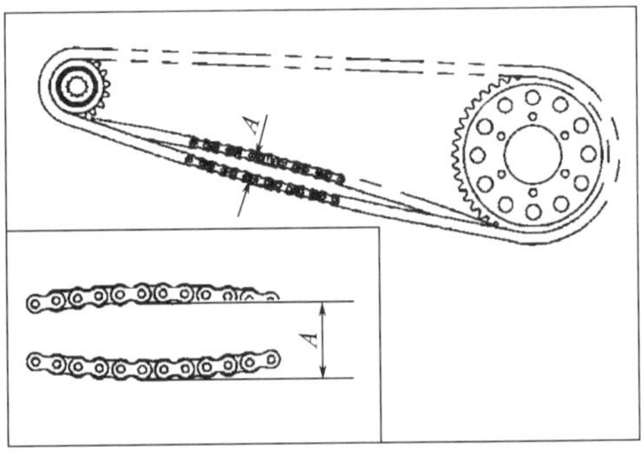

图 8-2-8　检查传动链松弛度
A—传动链松弛度

三、轮胎维护保养

1. 轮胎压力检测

压力检测需在轮胎处于冷态时执行，按照图 8-2-9 所示，取下轮胎气门芯盖，用轮胎压力表测量轮胎压力，前轮轮胎压力应为 250kPa，后轮轮胎压力应为 290kPa。

2. 轮胎胎面花纹深度磨损检查

前轮轮胎胎面花纹最小深度不能低于 1.0mm（图 8-2-10）。后轮轮胎分 2 种情况：在摩托车行驶速度高于 130km/h 时，轮胎胎面花纹最小深度不能低于 3.0mm；如果摩托车行驶速度低于 130km/h，则轮胎胎面花纹最小深度不能低于 2.0mm。

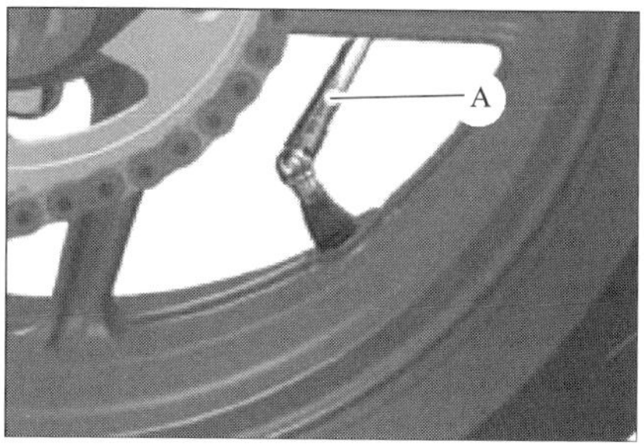

图 8-2-9 用轮胎压力表检测轮胎压力
A—轮胎压力表

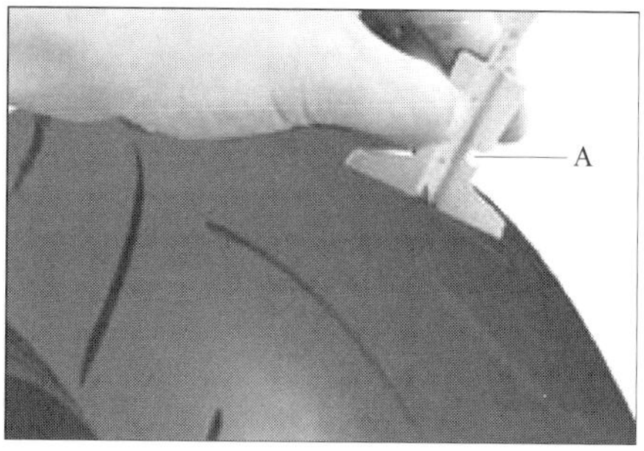

图 8-2-10 测量轮胎胎面花纹深度
A—轮胎胎面花纹深度测量器

3. 轮胎品牌与规格（表 8-2-8）

表 8-2-8 轮胎品牌与规格

品 牌	规 格
前轮：Dunlop D214F T 轮胎 后轮：Dunlop D214 T 轮胎	前轮：120/70 ZR17 M/C(58W) 后轮：180/55 ZR17 M/C(73W)

4. 轮胎胎面检查

按照图 8-2-11 所示，检查轮胎胎面状况，如果发现有石子嵌入轮胎花纹中，应及时清理；如果发现轮胎破裂、划伤、被钉子扎入或轮胎表面凸起膨胀，应更换轮胎。

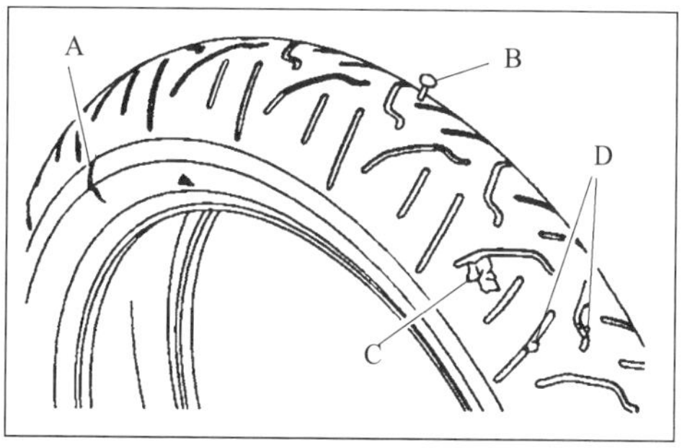

图 8-2-11 检查轮胎胎面
A—破裂或划伤；B—钉子扎入；
C—膨胀或凸起；D—嵌入石子

四、制动系统维护保养

1. 制动灯开关调节

维护保养时应注意检查制动灯开关，如果发现制动灯开关操作迟缓，可按照图 8-2-12 所示，拆下右前脚承支架螺栓，把支架向外略微拉出，然后按照图 8-2-13 所示，将调节螺母向图中的方向 C 转动，即可提高响应速度；如果发现制动灯开关响应时间过早，将调节螺母向图中方向 D 转动，即可降低响应速度。调节完毕后，将右前脚承支架重新安装好。

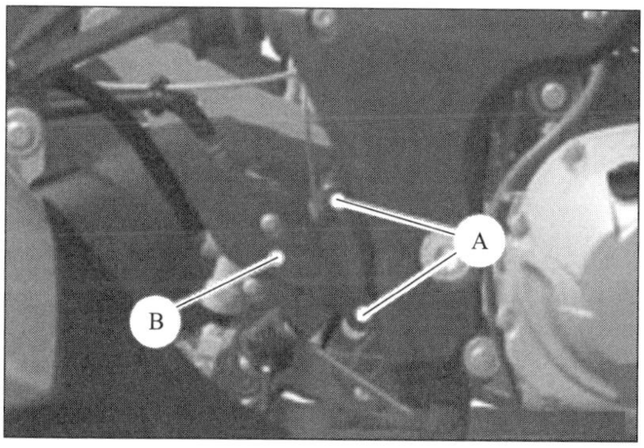

图 8-2-12 脚承支架螺栓识别
A—螺栓；B—右前脚承支架

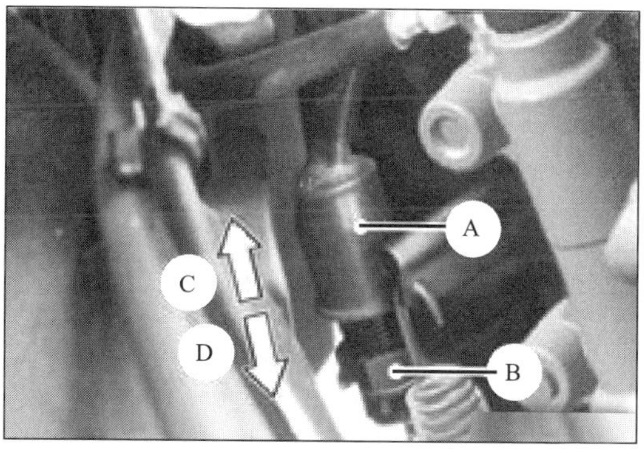

图 8-2-13 制动灯开关调节
A—制动灯开关；B—调节螺母；C—响应提前；D—响应延迟

2. 制动衬块磨损检查

维护保养时要检查制动器上的制动衬块厚度，如果发现已经低于最低允许厚度，应立即更换制动衬块，如图 8-2-14 和图 8-2-15 所示。

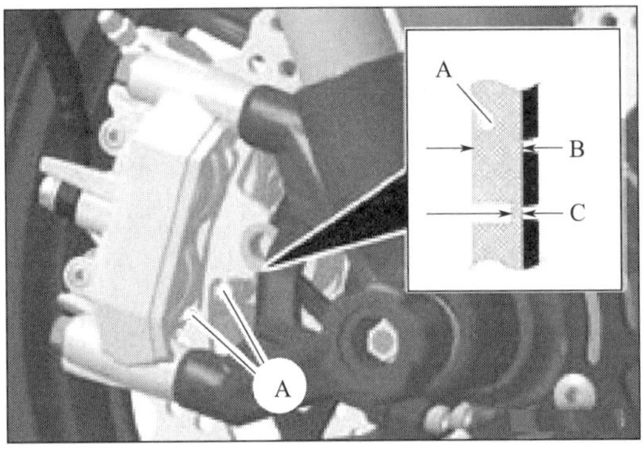

图 8-2-14　检查前制动器制动衬块
A—前制动器制动衬块；B—摩擦片规范厚度；
C—摩擦片最低允许厚度（1.0mm）

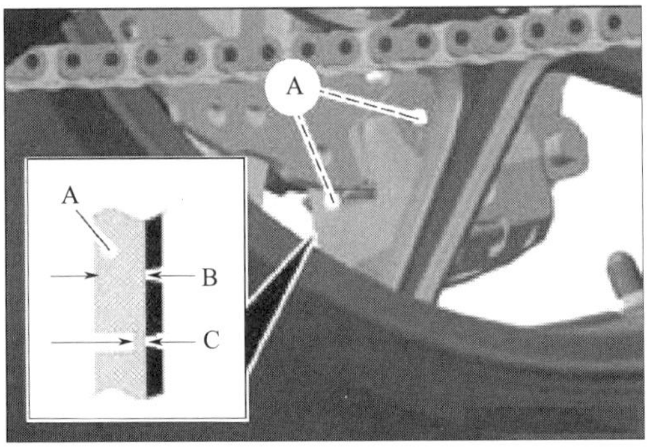

图 8-2-15　检查后制动器制动衬块
A—后制动器制动衬块；B—摩擦片规范厚度；
C—摩擦片最低允许厚度（1.0mm）

3. 制动控制杆与车把握柄之间的距离调节

如果感觉制动控制杆与车把握柄之间的距离不合适，可按照图 8-2-16 进行调节。调节时将制动控制杆向前推动，然后转动调节器，调节器共有 6 挡距离可调，将调节器上的数字 1 对准图中的指示标记时，制动控制杆与车把握柄之间的距离最大；将调节器上的数字 6 对准图中的指示标记时，制动控制杆与车把握柄之间的距离最小。可根据需要转动调节器，将距离调节到骑手感觉最恰当的距离。

五、前照灯照射方向调节

如果前照灯照射方向发生偏离，可按照图 8-2-17 所示，转动图中所示的调节器，对前照灯进行照射方向的调节。

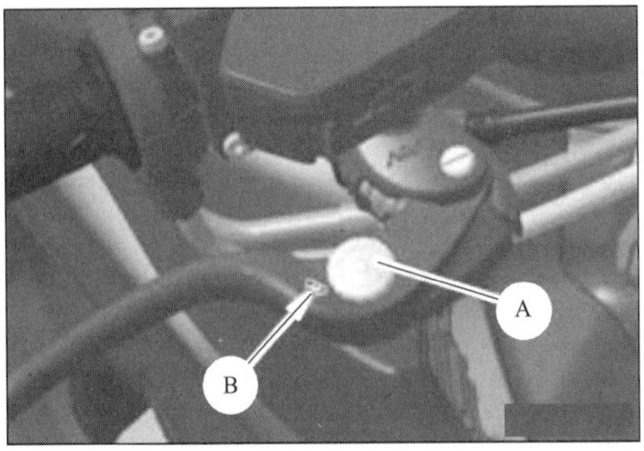

图 8-2-16　制动控制杆与车把握柄之间的距离调节
A—调节器；B—指示标记

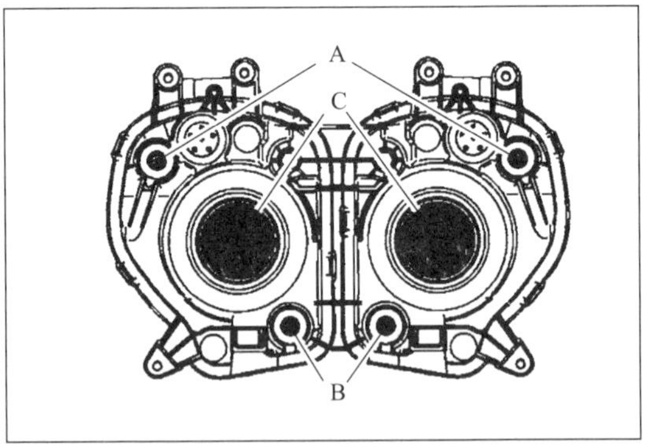

图 8-2-17　前照灯照射方向调节
A—水平方向调节器；B—垂直方向调节器；C—散热片

六、熔丝检查

熔丝盒和主熔丝位置标识见图 8-2-18；检查可见图 8-2-19，如果发现熔丝熔断，应更换规格相同的熔丝。

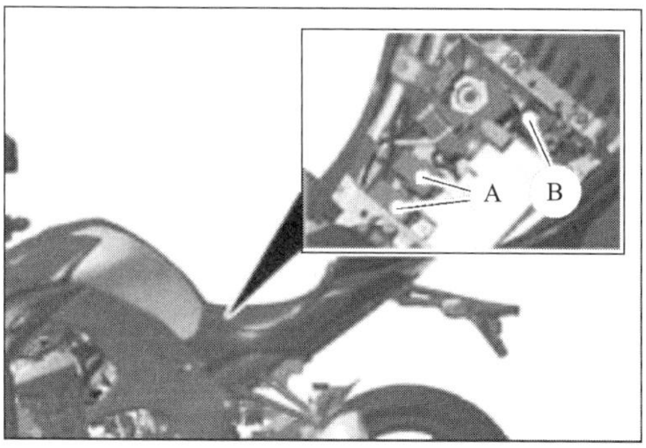

图 8-2-18　熔丝盒与主熔丝位置识别

A—熔丝盒；B—主熔丝

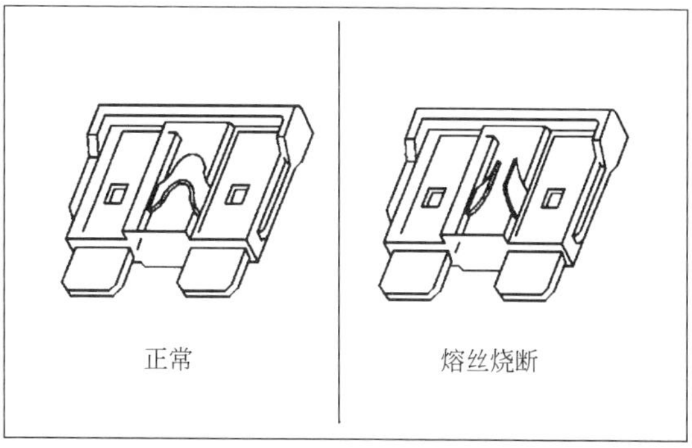

图 8-2-19　检查熔丝

七、火花塞型号与电极间隙

川崎 Z1000 摩托车采用 NGK CR9EIA-9 火花塞，火花塞电极间隙规范值为 0.8～0.9mm。更换火花塞时应注意型号准确。

八、车架号与发动机编号位置

车架号和发动机编号位置识别见图 8-2-20 及图 8-2-21。进行车辆登记或订购配件时均需提供准确的车架号和发动机编号，防止发生错订。

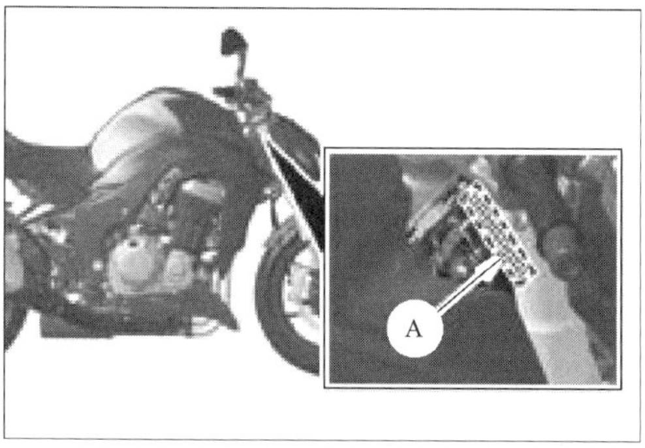

图 8-2-20　车架号位置识别

A—车架号

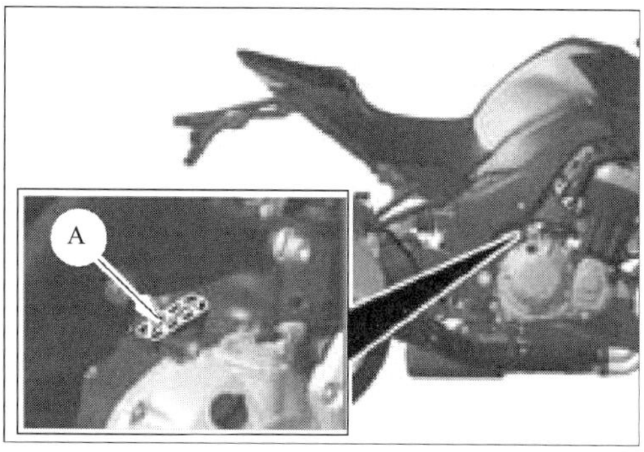

图 8-2-21　发动机编号位置识别

A—发动机编号

九、离合器控制杆自由间隙检查与调节

离合器控制杆的自由间隙如图 8-2-22 所示，应保持在 2～3mm。如果检查时发现自由间隙不符合规范，应松开锁止螺母，转动图中所示的调节器将自由间隙调整到规范范围。

十、前悬架调节

1. 前悬架弹簧预紧力调节

摩托车骑手可根据摩托车载重（轻或重）或道路情况（道路平坦或坑洼不平）对前悬架弹簧预紧力进行调节。如图 8-2-23 所示，用内六角扳手插入位于前叉左侧的前悬架弹簧预紧力调节器中，顺时针转动，即可增大弹簧预紧力，使悬架变硬；逆时针转动，即可减小弹簧预紧力，使悬架变软。前悬架弹簧预紧力标准位置为距离最软位置 6.25 圈，从最软位置沿顺时针方向将调节器转动 6.35 圈即可达到预紧力标准位置。

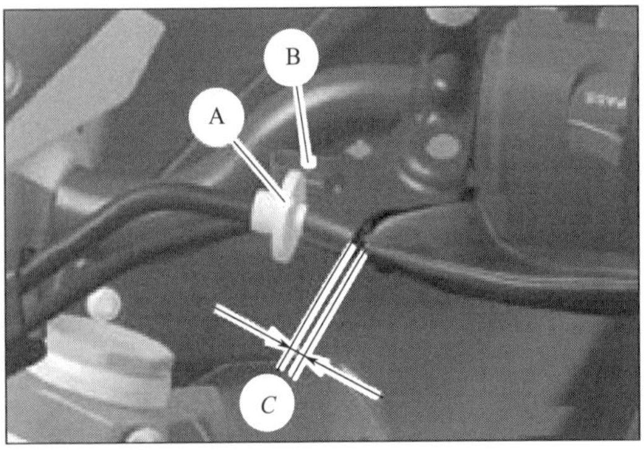

图 8-2-22　离合器控制杆的自由间隙

A—调节器；B—锁止螺母；C—离合器控制杆的自由间隙

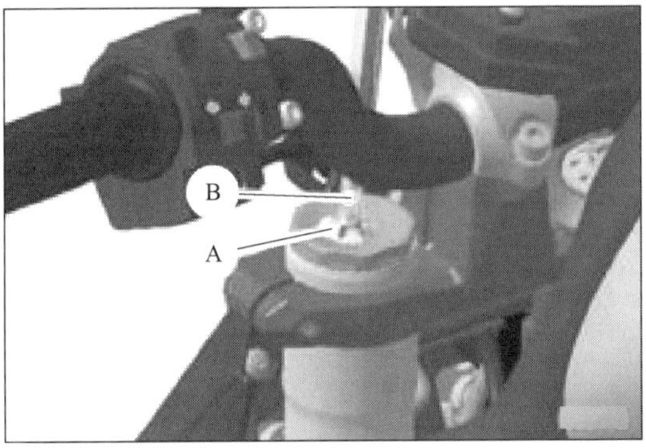

图 8-2-23　调节前悬架弹簧预紧力

A—前悬架弹簧预紧力调节器；B—内六角扳手

2. 回弹阻尼调节

摩托车骑手可根据摩托车载重（轻或重）或道路情况（道路平坦或坑洼不平）对前悬架回弹阻尼进行调节。按照图 8-2-24 所示，用螺丝刀插入位于前叉右侧回弹阻尼调节器的插槽中转动即可进行调节，沿顺时针方向转动可增大回弹阻尼，使悬架回弹变硬；沿逆时针方向转动可减小回弹阻尼，使悬架回弹变软。回弹阻尼标准位置是距离最硬（调节器顺时针转动到极限位置）位置 2.5 圈，将阻尼调节器从最硬位置沿逆时针方向转动 2.5 圈即可达到标准位置。

3. 压缩阻尼调节

摩托车骑手可根据摩托车载重（轻或重）或道路情况（道路平坦或坑洼不平）对前悬架压缩阻尼进行调节。按照图 8-2-25 所示，将螺丝刀插入位于前叉右侧压缩阻尼调节器的插槽中转动即可进行调节，沿顺时针方向转动可增大压缩阻尼，使悬架压缩变硬；沿逆时针方向转动可减小压缩阻尼，使悬架压缩变软。压缩阻尼标准位置是距离最硬（调节器顺时针转动到极限位置）位置 4.5 圈，将阻尼调节器从最硬位置沿逆时针方向转动 4.5 圈即可达到标准位置。

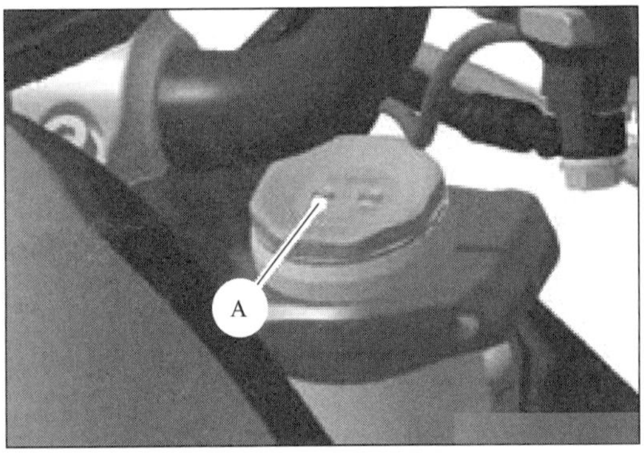

图 8-2-24　调节前悬架回弹阻尼

A—回弹阻尼调节器

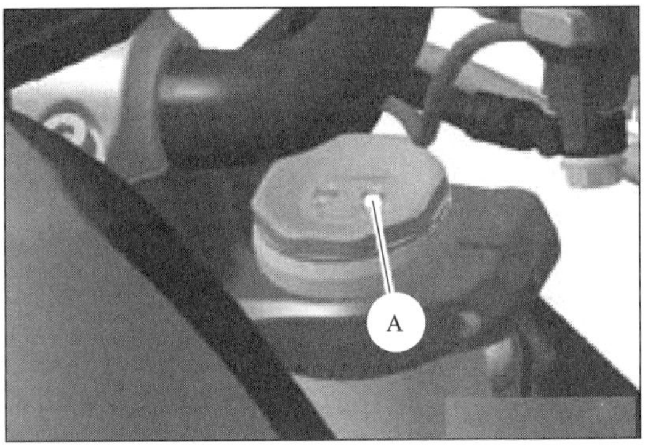

图 8-2-25　调节前悬架压缩阻尼

A—压缩阻尼调节器

十一、后悬架调节回弹阻尼调节

摩托车骑手可根据摩托车载重（轻或重）或道路情况（道路平坦或坑洼不平）对后悬架回弹阻尼进行调节。按照图 8-2-26 所示，回弹阻尼调节器位于后减振器下端，用螺丝刀转动调节器即可进行调节，沿顺时针方向转动可增大回弹阻尼，使悬架回弹变硬；沿逆时针方向转动可减小回弹阻尼，使悬架回弹变软。回弹阻尼标准位置是距离最硬（调节器顺时针转动到极限位置）位置 0.75 圈，将阻尼调节器从最硬位置沿逆时针方向转动 0.75 圈即可达到标准位置。

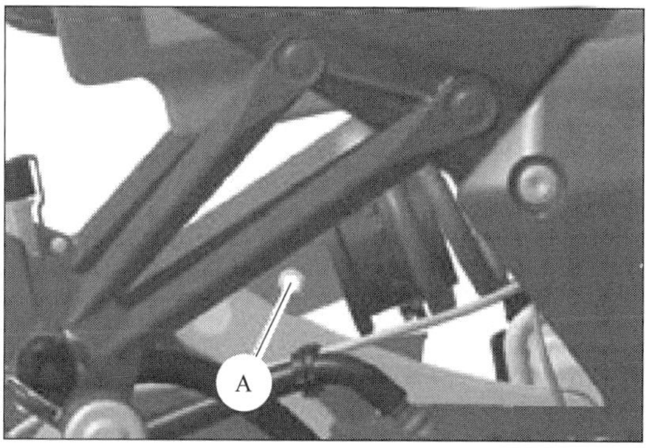

图 8-2-26　调节后悬架回调阻尼

A—回弹阻尼调节器

第九章

YAMAHA（雅马哈）摩托车

第一节 YAMAHA YZF-R1 摩托车（2014 年款）

一、油品

1. 油品规格（表 9-1-1）

表 9-1-1 油品规格

油 品	规 格	用 量
发动机机油	推荐使用 YAMALUBE 摩托车发动机机油，黏度为 SAE 10W-40，10W-50，15W-40，20W-40 或 20W-50；API SG，SH，SJ，SL 或 SM	排出发动机机油后添加：3.73L 排出发动机机油并更换机油滤清器后添加：3.93L
制动液	DOT4 制动液	
发动机冷却液	原厂发动机冷却液	2.73L

2. 发动机机油油位检查（表 9-1-2）

表 9-1-2 发动机机油油位检查操作步骤

步骤	操 作
1	启动发动机，怠速运行 3～5min
2	关闭摩托车点火开关，使发动机停机，然后等待 2～3min
3	使摩托车车身直立，按照图 9-1-1 所示，通过机油油位观察窗查看油位
4	油位应位于上限标记与下限标记之间
5	如果发现发动机机油油位低于下限标记，应予以添加，使机油油位达到规范范围

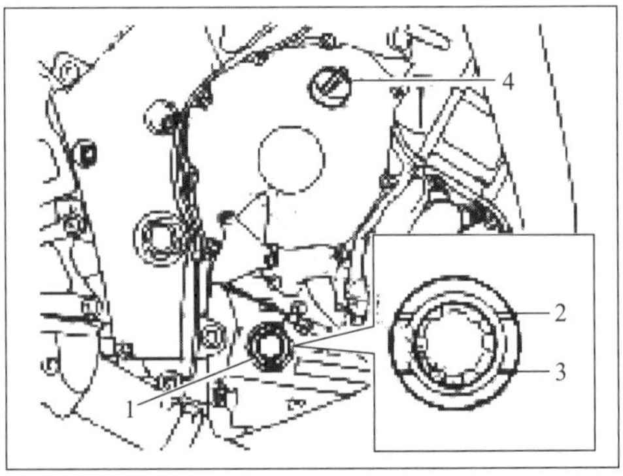

图 9-1-1 检查发动机机油油位

1—发动机机油油位观察窗；2—机油油位上限标记；3—机油油位下限标记；4—机油加注口盖

3. 添加发动机机油（表 9-1-3）

表 9-1-3　添加发动机机油

步骤	操　　作
1	将摩托车停放到平整坚实的地面上，车身保持直立
2	按照图 9-1-1 所示，拆下发动机机油加注口盖
3	添加机油，直至油位符合规范范围
4	将机油加注口附近的污渍擦拭干净
5	重新将机油加注口盖安装好

4. 更换发动机机油和机油滤清器（表 9-1-4）

表 9-1-4　更换发动机机油和机油滤清器

步骤	操　　作
1	拆下发动机整流罩
2	启动发动机，怠速运行 3～5min
3	关闭摩托车点火开关，使发动机停机，然后等待 2～3min
4	将摩托车停放到平整坚实的地面上支好
5	把接油盘放到图 9-1-2 所示的放油螺栓下面，准备承接放出的发动机机油
6	拆下机油加注口盖，拆下放油螺栓和密封垫圈，彻底排放发动机机油
7	按照图 9-1-3 所示，用机油滤清器拆卸扳手拆下机油滤清器，使机油滤清器内的残存机油排放出来，然后将拆下的机油滤清器废弃
8	在新机油滤清器的橡胶密封环上涂抹一层干净的发动机机油
9	安装机油滤清器并紧固至 17N・m
10	在放油螺栓上换装新的密封垫圈，将放油螺栓紧固至 43N・m
11	加注足量的发动机机油，然后将机油加注口盖装好
12	检查发动机机油油位，确认油位符合规范
13	检查机油加注口盖和放油螺栓处没有机油泄漏
14	重新安装好发动机整流罩

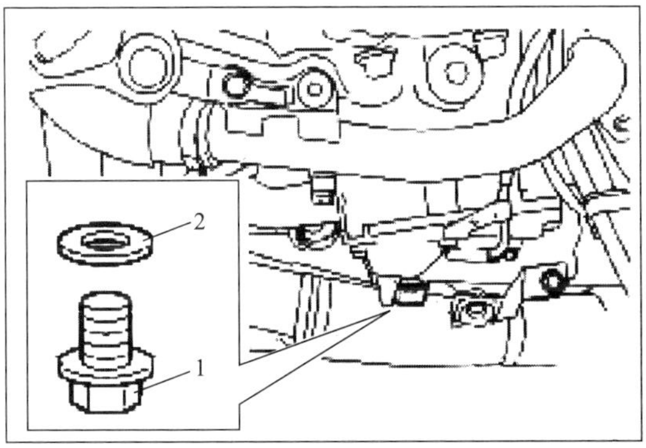

图 9-1-2　放油螺栓位置识别

1—发动机机油放油螺栓；2—密封垫圈

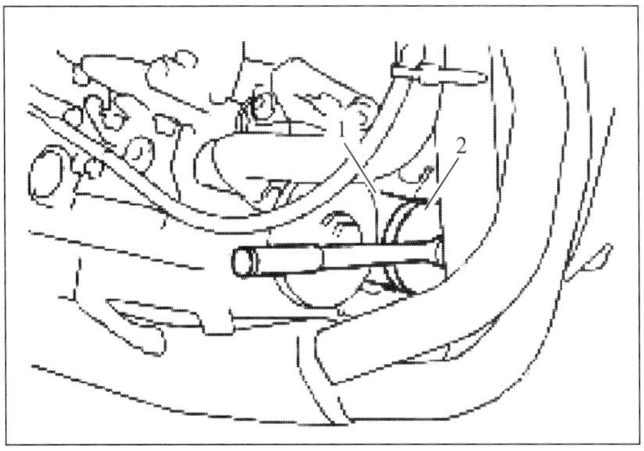

图 9-1-3　机油滤清器识别

1—机油滤清器；2—机油滤清器拆卸扳手

5. 发动机冷却液液面高度检查（表 9-1-5）

表 9-1-5　发动机冷却液液面高度检查

步骤	操　作
1	把摩托车停放到平整坚实的地面上
2	使摩托车车身保持直立，以便能准确检查发动机冷却液液位
3	按照图 9-1-4 所示，检查冷却液储液罐内冷却液的液面高度
4	应处于上限标记和下限标记之间
5	如果液位低于下限标记，则按照图 9-1-5 所示，拆下固定冷却液储液罐护罩的螺栓，把护罩取下，露出储液罐盖，拧下储液罐盖(图 9-1-6)，添加冷却液，直至液位达到上限标记
6	添加完毕后，将储液罐盖拧好，重新安装好储液罐护罩

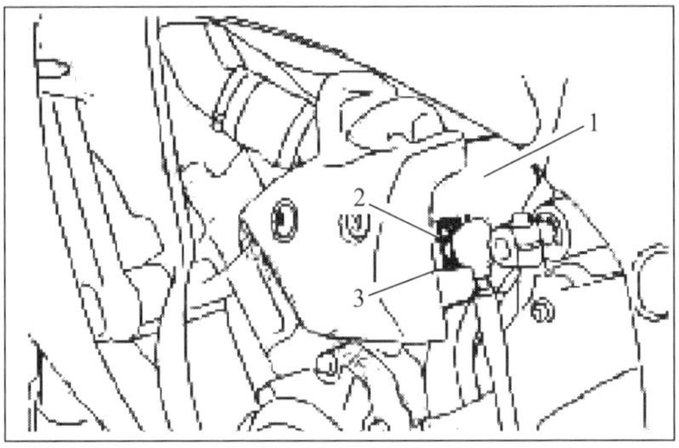

图 9-1-4　检查发动机冷却液液面高度
1—冷却液储液罐；2—液位上限标记；3—液位下限标记

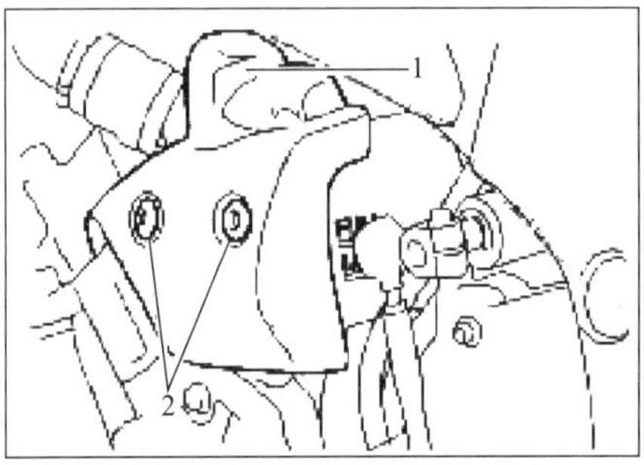

图 9-1-5　冷却液储液罐护罩
1—冷却液储液罐护罩；2—螺栓

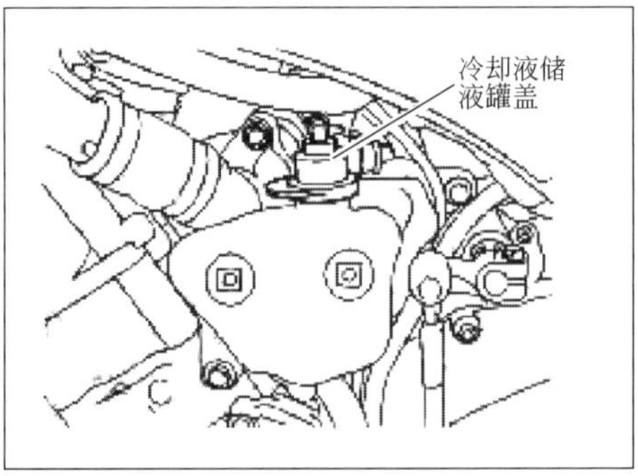

图 9-1-6　冷却液储液罐盖识别

6. 检查制动液液位（表 9-1-6）

表 9-1-6　检查制动液液位

步骤	操　作
1	把摩托车停放到平整坚实的地面上
2	使摩托车车身保持直立，以便能准确检查制动液液位
3	按照图 9-1-7 和图 9-1-8 所示，检查制动液储液罐内的液面高度
4	液面应高于下限标记

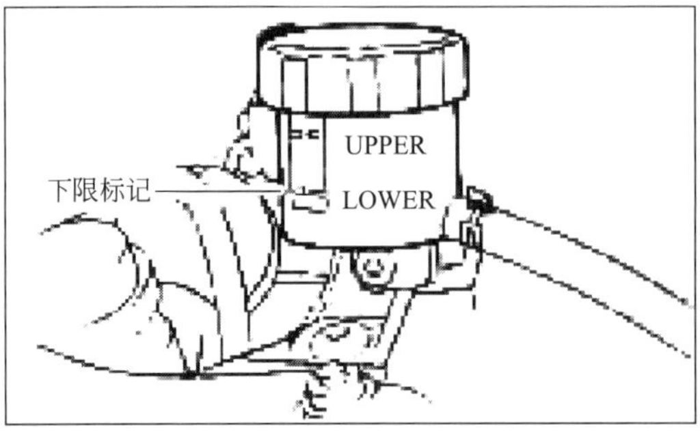

图 9-1-7　检查前制动器制动液液面高度

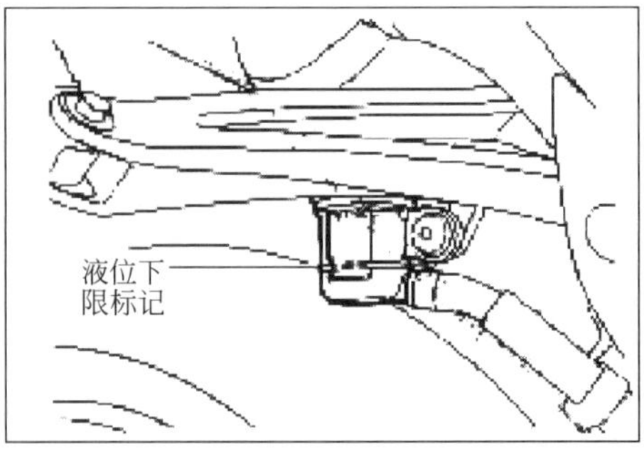

图 9-1-8　检查后制动器制动液液面高度

二、传动链松弛度检查（表 9-1-7）

表 9-1-7 传动链条松弛度检查

步骤	操 作
1	关闭发动机，将摩托车变速器设定到 N 挡
2	将摩托车停放到平台坚实的地面上，用侧支架支好
3	按照图 9-1-9 所示，检查传动链松弛度
4	规范范围应为 25～35mm

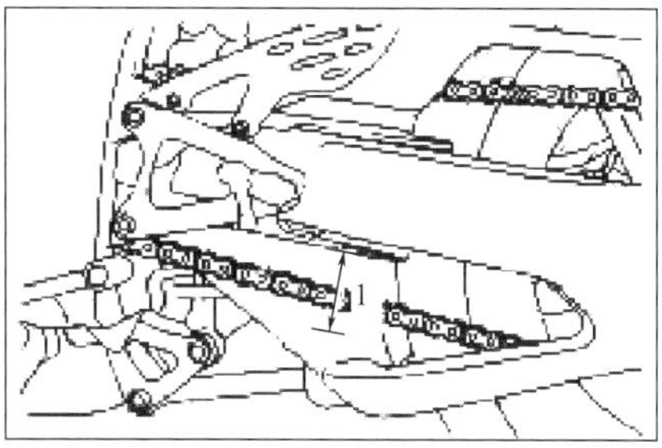

图 9-1-9 检查传动链条松弛度

1—传动链条松弛度

三、轮胎维护保养

1. 轮胎压力检测

压力检测需在轮胎处于冷态时进行，用轮胎压力表测量轮胎压力，前轮轮胎压力应为 250kPa，后轮轮胎压力应为 290kPa。

2. 轮胎胎面花纹深度和轮胎磨损检查

轮胎胎面花纹最小深度不能低于 1.0mm；检查时如果发现轮胎胎面花纹深度低于 1.0mm 或轮胎上显露出磨损极限标志，应立即更换轮胎（图 9-1-10）。

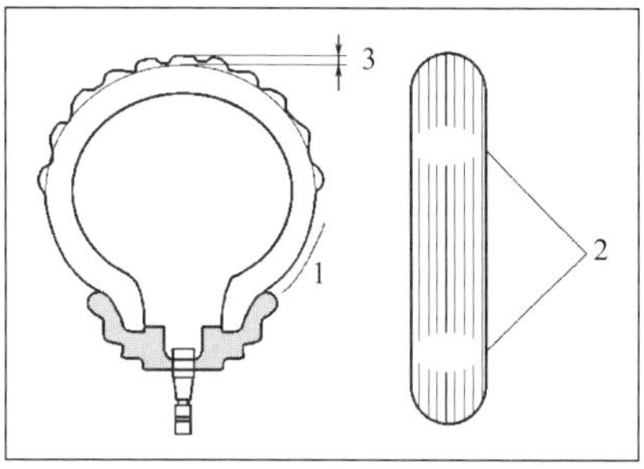

图 9-1-10 测量轮胎

1—轮胎侧壁；2—磨损极限指示标记；3—胎面花纹深度

3. 轮胎品牌与规格（表 9-1-8）

表 9-1-8 轮胎品牌与规格

品 牌	规 格
前轮：Dunlop Qualifier Ⅱ轮胎 后轮：Dunlop Qualifier Ⅱ轮胎	前轮：120/70 ZR17 M/C(58W) 后轮：180/55 ZR17 M/C(73W)

四、制动系统维护保养

1. 制动灯开关调节

维护保养时应注意检查制动灯开关，如果发现制动灯开关操作迟缓，可按照图 9-1-11 所示，将调节螺母向图中的方向 A 转动，即可提高响应速度；如果发现制动灯开关响应时间过早，将调节螺母向图中方向 B 转动，即可降低响应速度。

2. 制动衬块磨损检查

维护保养时要检查制动器上的制动衬块厚度，如果发现已经小于最低允许厚度，应立即更换制动衬块，如图 9-1-12 和图 9-1-13 所示。

图 9-1-11 制动灯开关调节

1—制动灯开关；2—制动灯开关调节螺母

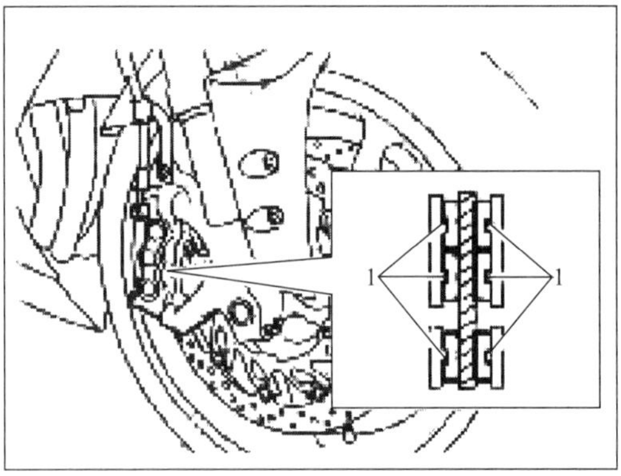

图 9-1-12 检查前制动器制动衬块

1—制动衬块磨损指示凹槽

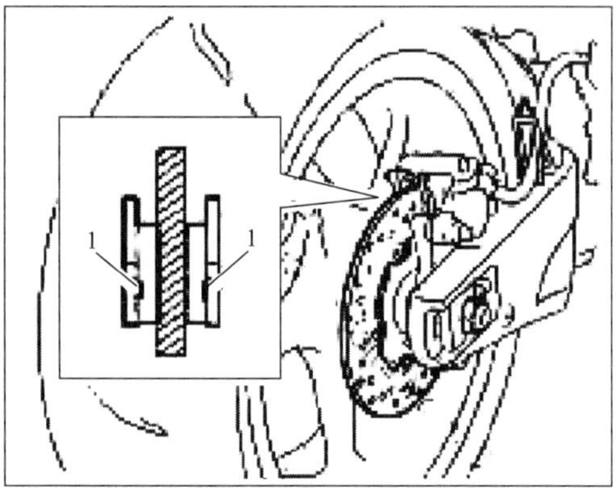

图 9-1-13 检查后制动器制动衬块

1—制动衬块指示磨损凹槽

五、车灯

1. 灯泡规格（表 9-1-9）

表 9-1-9 灯泡规格

名称	规格
前照灯灯泡(2 个)	12V,55W
尾灯/制动灯灯泡	LED
前转向灯灯泡(2 个)	12V,21W/5.0W
后转向灯灯泡(2 个)	12V,21W
牌照灯灯泡	12V,5.0W

2. 前照灯灯泡更换（表 9-1-10）

表 9-1-10 前照灯灯泡更换

步骤	操作
1	按照图 9-1-14 所示，沿逆时针方向转动前照灯灯罩，把灯罩拆下
2	按照图 9-1-15 所示，断开前照灯接头
3	按照图 9-1-16 所示，松开灯泡支架，拆下烧毁的前照灯灯泡
4	把新灯泡用支架固定好
5	连接前照灯接头
6	安装灯罩，将灯罩沿顺时针方向拧紧

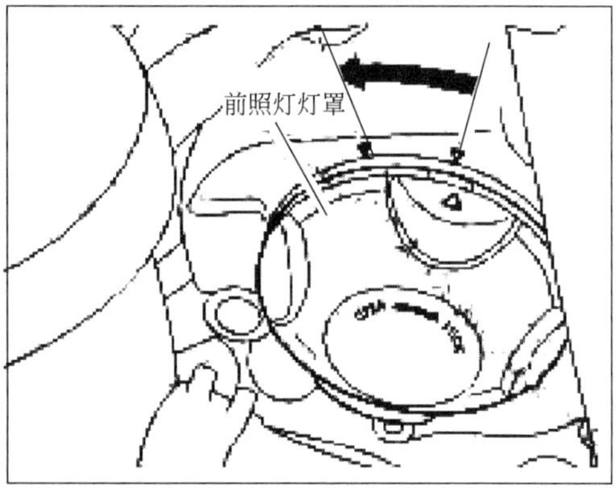

图 9-1-14 拆卸灯罩

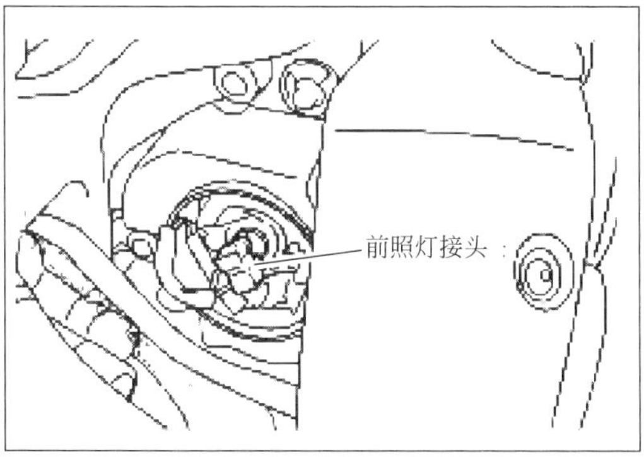

图 9-1-15　断开接头

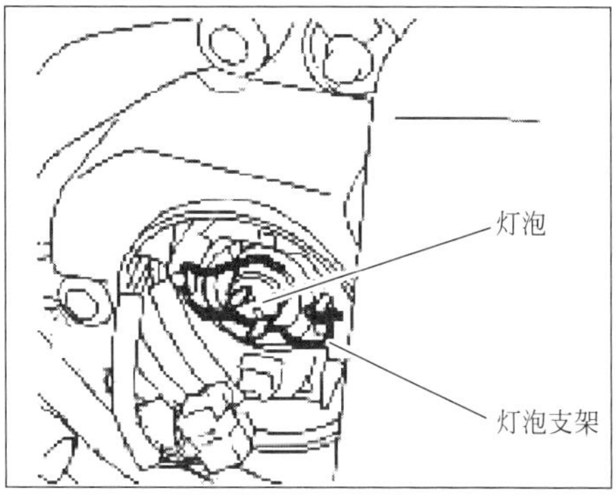

图 9-1-16　灯泡和灯泡支架识别

3. 转向灯灯泡更换（表 9-1-11）

表 9-1-11　转向灯灯泡更换

步骤	操　　作
1	按照图 9-1-17 所示，拆下螺钉和转向灯组件
2	按照图 9-1-18 所示，沿逆时针方向转动灯座，即可将灯泡插座连同灯泡一起拆下
3	按照图 9-1-19 所示，把烧毁的灯泡从灯泡插座中拉出
4	把新灯泡插入灯泡插座
5	沿顺时针方向转动灯泡插座，将其安装好
6	安装好转向灯组件，将螺钉重新紧固好

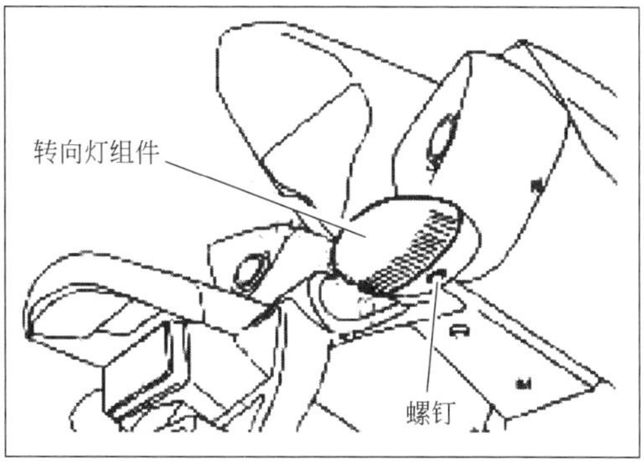

图 9-1-17　螺钉和转向灯组件识别

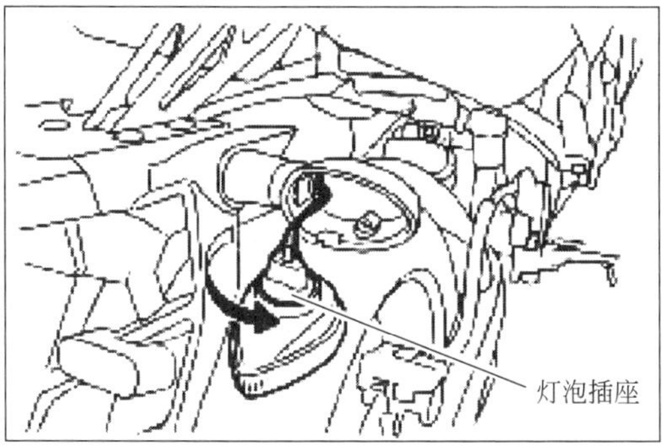

图 9-1-18　灯泡插座识别

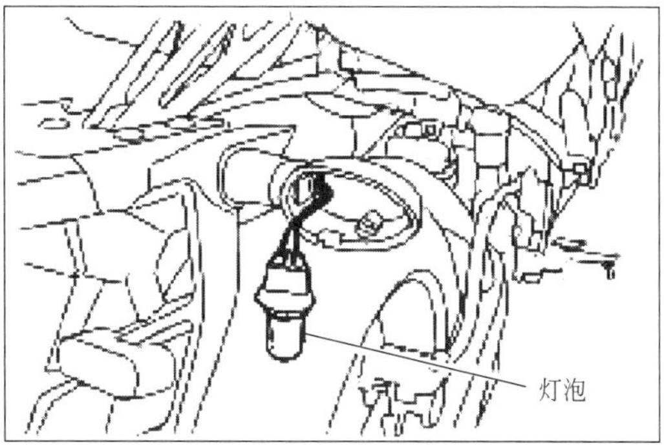

图 9-1-19　转向灯灯泡识别

4. 牌照灯灯泡更换（表 9-1-12）

表 9-1-12　牌照灯灯泡更换

步骤	操　　作
1	按照图 9-1-20 所示，拆下螺钉和牌照灯总成
2	按照图 9-1-21 所示，把灯泡连同灯泡插座一起拉出拆下
3	把烧毁的灯泡从灯泡插座中拉出

续表

步骤	操　作
4	把新灯泡插入灯泡插座
5	推入灯泡插座，将其安装好
6	安装好牌照灯，将螺钉重新紧固好

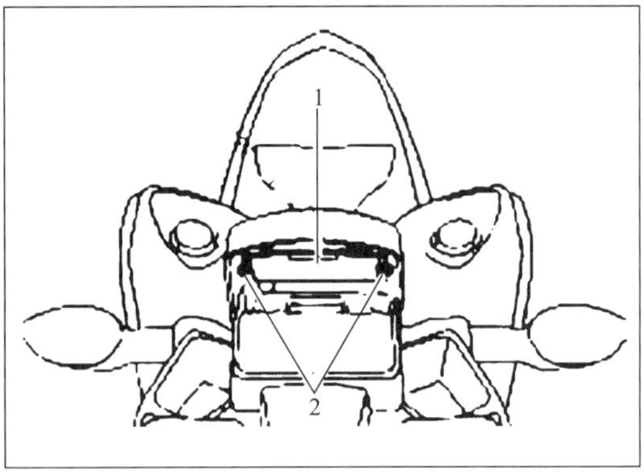

图 9-1-20　牌照灯总成与螺钉识别

1—牌照灯总成；2—螺钉

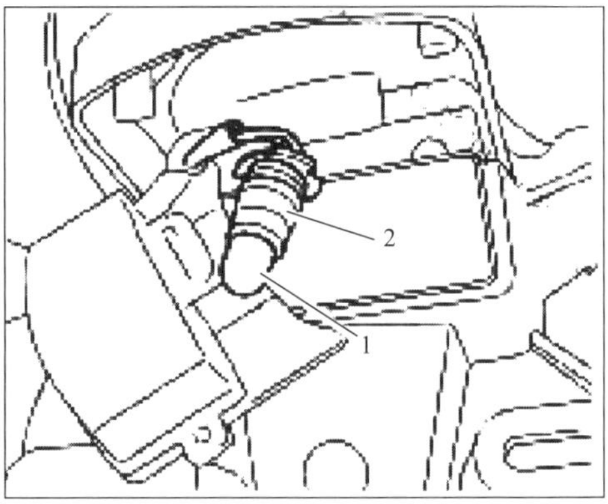

图 9-1-21　牌照灯灯泡与灯泡插座识别

1—牌照灯灯泡；2—灯泡插座

六、熔丝检查

熔丝盒和主熔丝位置在骑手座椅下面，取下座椅后即可找到，见图 9-1-22；检查熔丝盒内的熔丝见图 9-1-23，如果发现熔丝熔断，应更换规格相同的熔丝。

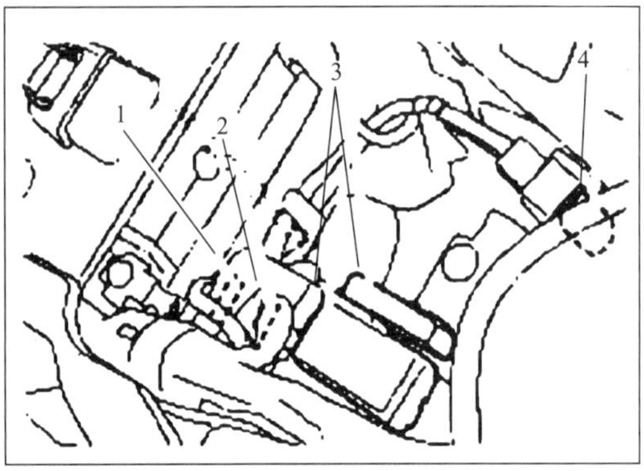

图 9-1-22　熔丝盒与主熔丝位置识别

1—燃油喷射系统熔丝（15A）；
2—燃油喷射系统备用熔丝（15A）；
3—熔丝盒；4—主熔丝（50A）

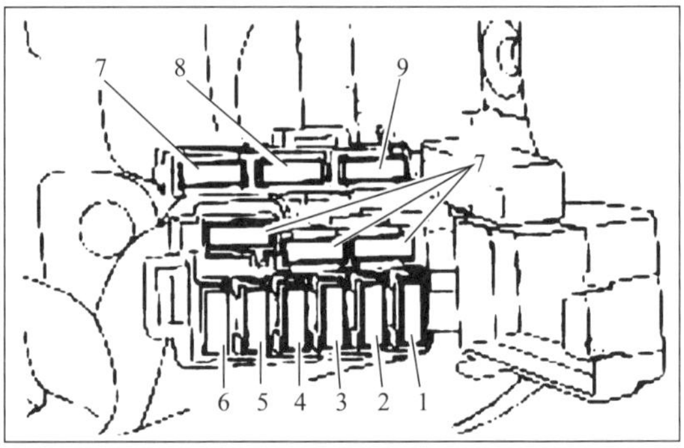

图 9-1-23　检查熔丝盒内的熔丝

1—点火系统熔丝（15A）；2—信号系统熔丝（10A）；3—电子节气门控制（7.5A）；4—后备熔丝（电子钟）（7.5A）；5—右侧散热器风扇熔丝（10A）；6—左侧散热器风扇熔丝（10A）；7—预留熔丝；8—转向减振系统熔丝（7.5A）；9—前照灯熔丝（20A）

七、火花塞型号与电极间隙

雅马哈 YZF-R1 摩托车采用 NGK LMAR9E-J 火花塞，火花塞电极间隙规范值为 0.6～0.7mm。更换火花塞时应注意型号准确。

八、VIN 编码与摩托车车型编号位置

VIN 编码与摩托车车型编号位置识别见图 9-1-24 和图 9-1-25。进行车辆登记或订购配件时均需提供准确的 VIN 编码与摩托车车型编号，防止发生错订。

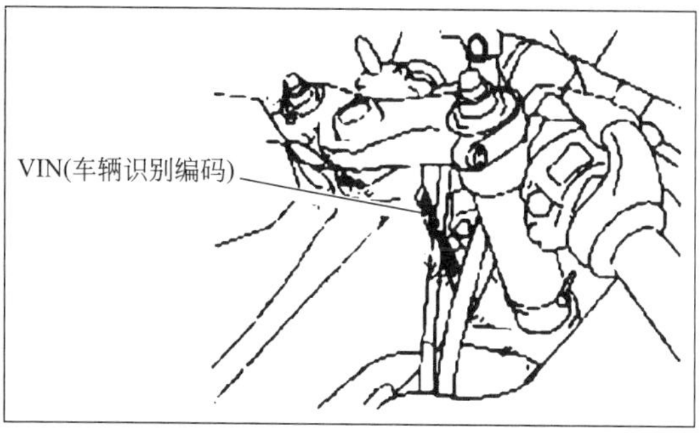

图 9-1-24　VIN 编码位置识别

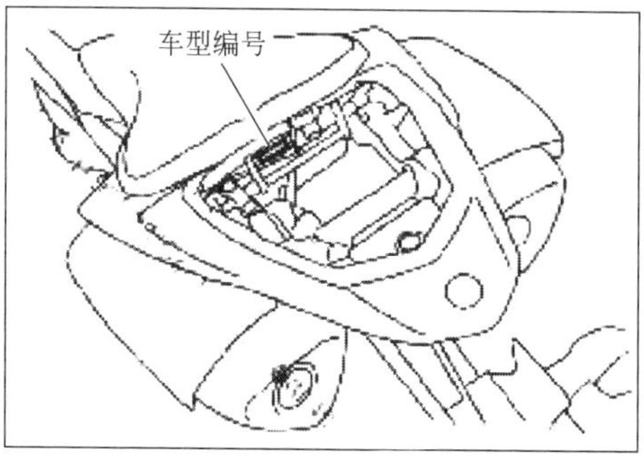

图 9-1-25　摩托车车型编号位置识别

第二节　YAMAHA YZF-R6 摩托车（2014 年款）

一、油品

1. 油品规格（表 9-2-1）

表 9-2-1　油品规格

油　品	规　格	用　量
发动机机油	推荐使用 YAMALUBE 摩托车发动机机油，黏度为 SAE 10W-40，10W-50，15W-40，20W-40 或 20W-50；API SG，SH，SJ，SL 或 SM	排出发动机机油后添加：2.4L 排出发动机机油并更换机油滤清器后添加：2.6L
制动液	DOT4 制动液	
发动机冷却液	原厂发动机冷却液	2.3L

2. 发动机机油油位检查（表 9-2-2）

表 9-2-2　发动机机油油位检查

步骤	操　作
1	启动发动机，怠速运行 3～5min
2	关闭摩托车点火开关，使发动机停机，然后等待 2～3min
3	按照图 9-2-1 所示，拔出发动机机油尺，擦拭干净后将机油尺插回，然后再次拔出，查看机油油位
4	油位应位于上限标记与下限标记之间
5	如果发现发动机机油油位低于下限标记，应予以添加，使机油油位达到规范范围

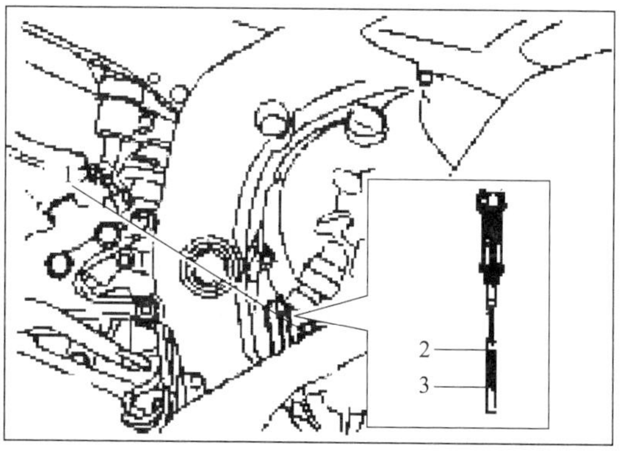

图 9-2-1　检查发动机机油油位
1—发动机机油油尺；2—上限标记；3—下限标记

3. 添加发动机机油（表 9-2-3）

表 9-2-3　添加发动机机油

步骤	操　作
1	将摩托车停放到平整坚实的地面上，车身保持直立
2	按照图 9-2-2 所示，拆下发动机机油加注口盖
3	添加机油，直至油位符合规范范围
4	将机油加注口附近的污渍擦拭干净
5	重新将机油加注口盖安装好

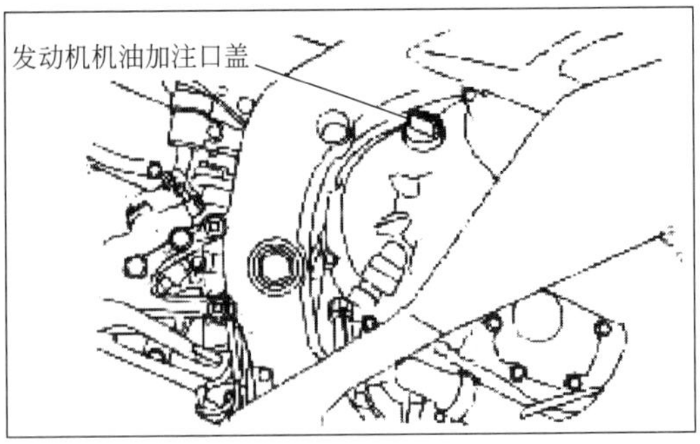

图 9-2-2　发动机机油加注口盖位置识别

4. 更换发动机机油和机油滤清器（表 9-2-4）

表 9-2-4　更换发动机机油和机油滤清器

步骤	操　作
1	拆下发动机整流罩
2	启动发动机，怠速运行 3～5min
3	关闭摩托车点火开关，使发动机停机，然后等待 2～3min
4	将摩托车停放到平整坚实的地面上支好
5	把接油盘放到图 9-2-3 所示的放油螺栓下面，准备承接放出的发动机机油
6	拆下机油加注口盖，拆下放油螺栓和密封垫圈，彻底排放发动机机油
7	用机油滤清器拆卸扳手拆下机油滤清器，使机油滤清器内的残存机油排放出来，然后将拆下的机油滤清器废弃
8	在新机油滤清器的橡胶密封环上涂抹一层干净的发动机机油
9	安装机油滤清器并紧固至 17N·m
10	在放油螺栓上换装新的密封垫圈，将放油螺栓紧固至 43N·m
11	加注足量的发动机机油，然后将机油加注口盖装好
12	检查发动机机油油位，确认油位符合规范
13	检查机油加注口盖和放油螺栓处没有机油泄漏
14	重新安装好发动机整流罩

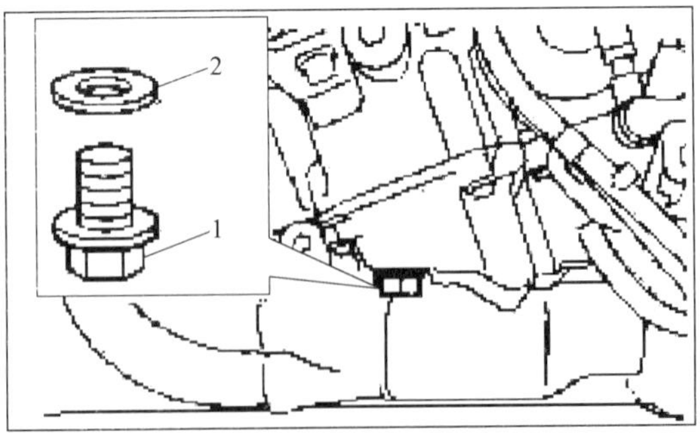

图 9-2-3　放油螺栓位置识别

1—发动机机油放油螺栓；2—放油螺栓密封垫圈

5. 发动机冷却液液面高度检查（表 9-2-5）

表 9-2-5　发动机冷却液液面高度检查

步骤	操　　作
1	把摩托车停放到平整坚实的地面上
2	使摩托车车身保持直立，以便能准确检查发动机冷却液液位
3	按照图 9-2-4 所示，检查冷却液储液罐内冷却液的液面高度
4	应处于上限标记和下限标记之间
5	如果液位低于下限标记，则按照图 9-2-5 所示，拧下储液罐盖，添加冷却液，直至液位达到上限标记
6	添加完毕后，将储液罐盖拧好

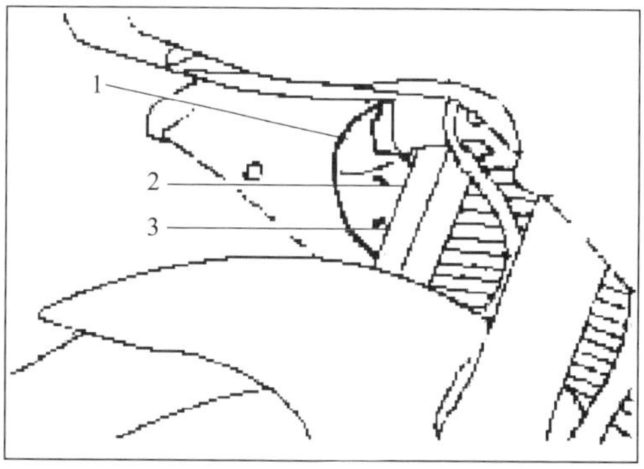

图 9-2-4　检查发动机冷却液液面高度
1—冷却液储液罐；2—液位上限标记；3—液位下限标记

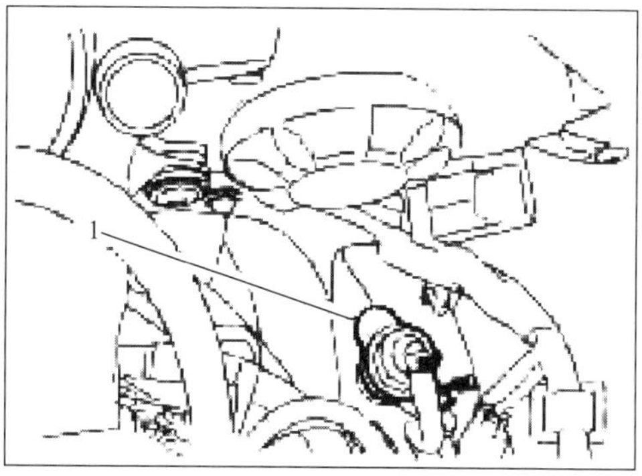

图 9-2-5　冷却液储液罐盖识别
1—冷却液储液罐盖

6. 检查制动液液位（表 9-2-6）

表 9-2-6　检查制动液液位

步骤	操　　作
1	把摩托车停放到平整坚实的地面上
2	使摩托车车身保持直立，以便能准确检查制动液液位
3	按照图 9-2-6 和图 9-2-7 所示，检查制动液储液罐内的液面高度
4	液面应高于下限标记

图 9-2-6　检查前制动器制动液液面高度
1—液位下限标记

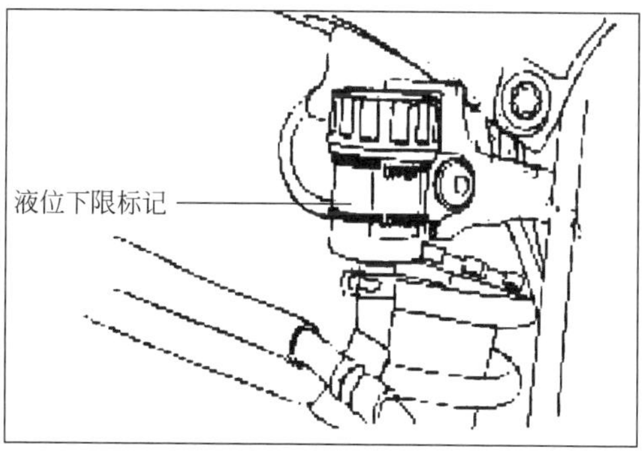

图 9-2-7　检查后制动器制动液液面高度

二、传动链松弛度检查（表 9-2-7）

表 9-2-7　传动链松弛度检查

步骤	操　　作
1	关闭发动机，将摩托车变速器设定到 N 挡
2	将摩托车停放到平整坚实的地面上，用侧支架支好
3	按照图 9-2-8 所示，检查传动链松弛度
4	规范范围应为 30～45mm

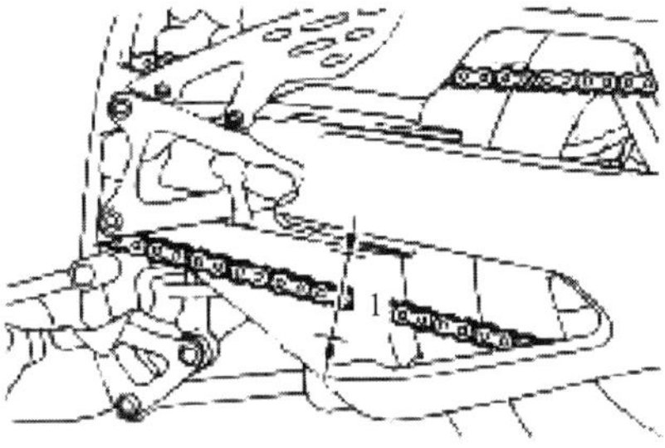

图 9-2-8　检查传动链松弛度
1—传动链松弛度

三、轮胎维护保养

1. 轮胎压力检测

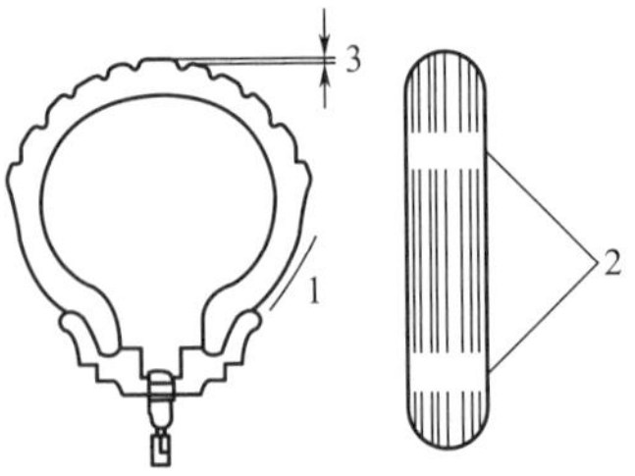

图 9-2-9　测量轮胎
1—轮胎侧壁；2—磨损极限指示标记；3—胎面花纹深度

压力检测需在轮胎处于冷态时进行，用轮胎压力表测量轮胎压力，前轮轮胎压力应为 250kPa，后轮轮胎压力应为 290kPa。

2. 轮胎胎面花纹深度和轮胎磨损检查

轮胎胎面花纹最小深度不能低于 1.0mm；检查时如果发现轮胎胎面花纹深度低于 1.0mm 或轮胎上显露出磨损极限标志，应立即更换轮胎（图 9-2-9）。

3. 轮胎品牌与规格（表 9-2-8）

表 9-2-8　轮胎品牌与规格

品　　牌	规　　格
前轮：Dunlop Qualifier PT M 轮胎 后轮：Dunlop Qualifier PT M 轮胎	前轮：120/70 ZR17 M/C(58W) 后轮：180/55 ZR17 M/C(73W)

四、制动系统维护保养

1. 制动灯开关调节

维护保养时应注意检查制动灯开关，如果发现制动灯开关操作迟缓，可按照图 9-2-10 所示，将调节螺母向图中的方向 A 转动，即可提高响应速度；如果发现制动灯开关响应时间过早，将调节螺母向图中方向 B 转动，即可降低响应速度。

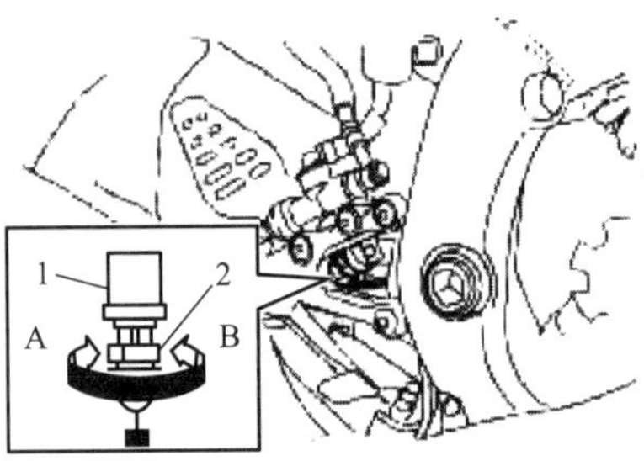

图 9-2-10　制动灯开关调节
1—制动灯开关；2—制动灯开关调节螺母

2. 制动衬块磨损检查

维护保养时要检查制动器上的制动衬块，如果发现已经能在制动衬块上看到磨损指示标记，则说明制动衬块已经达到磨损极限，应立即更换制动衬块，如图 9-2-11 和图 9-2-12 所示。

图 9-2-11　检查前制动器制动衬块
1—磨损指示

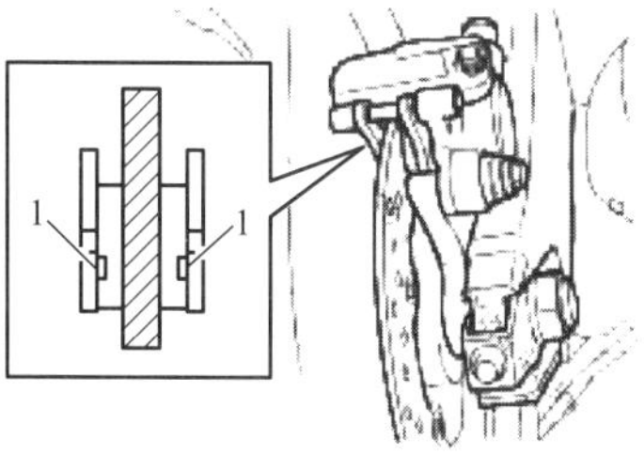

图 9-2-12　检查后制动器制动衬块
1—制动衬块磨损指示凹槽

五、车灯

1. 灯泡规格（表 9-2-9）

表 9-2-9　灯泡规格

名　　称	规　　格
前照灯灯泡(2 个)	12V,55W
尾灯/制动灯灯泡	LED
前转向灯灯泡(2 个)	12V,21W/5.0W
后转向灯灯泡(2 个)	12V,21W
牌照灯灯泡	12V,5.0W

2. 前照灯灯泡更换（表 9-2-10）

表 9-2-10　前照灯灯泡更换

步骤	操　　作
1	按照图 9-2-13 所示,沿逆时针方向转动前照灯灯罩,把灯罩拆下
2	按照图 9-2-14 所示,断开前照灯接头
3	按照图 9-2-15 所示,松开灯座,拆下烧毁的前照灯灯泡
4	把新灯泡插入灯座
5	连接前照灯接头
6	安装灯罩,将灯罩沿顺时针方向拧紧

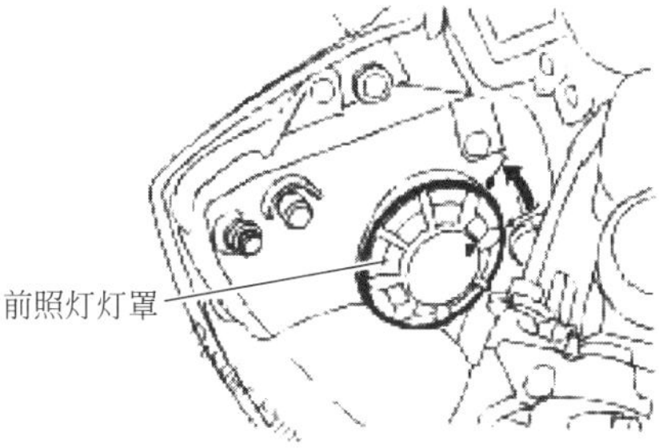

图 9-2-13　拆卸灯罩

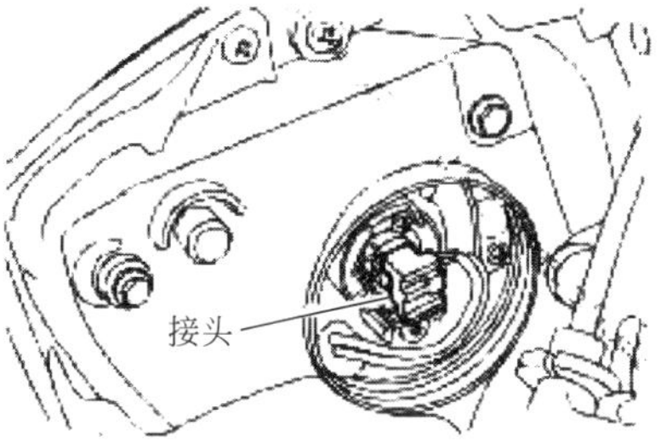

图 9-2-14　断开接头

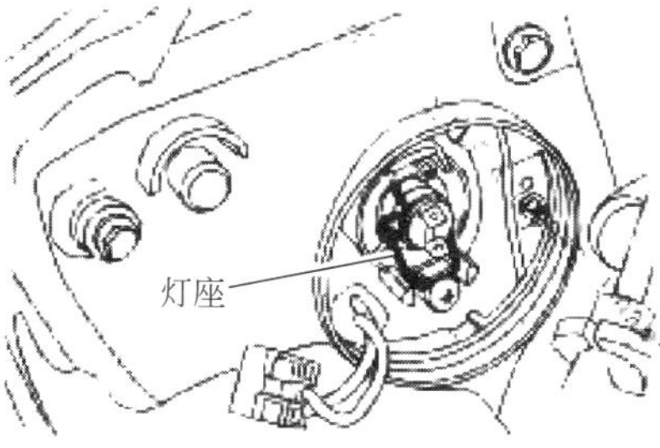

图 9-2-15　灯座识别

3. 转向灯灯泡更换（表 9-2-11）

表 9-2-11　转向灯灯泡更换

步骤	操　作
1	按照图 9-2-16 所示，拆下螺钉和转向灯组件
2	按照图 9-2-17 所示，沿逆时针方向转动灯座，即可将灯泡插座连同灯泡一起拆下
3	按照图 9-2-18 所示，把烧毁的灯泡从灯泡插座中拉出
4	把新灯泡插入灯泡插座
5	沿顺时针方向转动灯泡插座，将其安装好
6	安装好转向灯组件，将螺钉重新紧固好

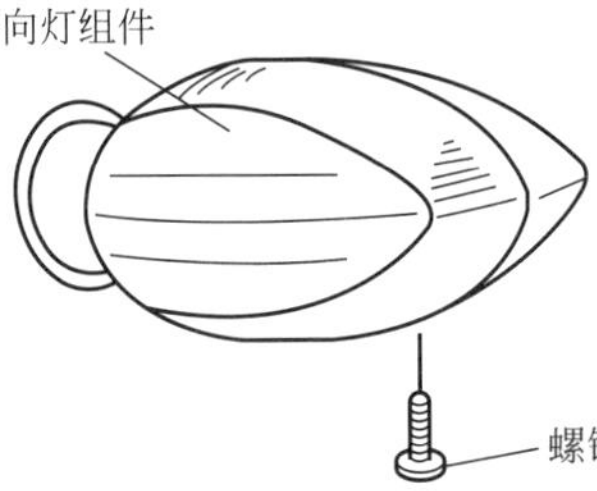

图 9-2-16　螺钉和转向灯组件识别

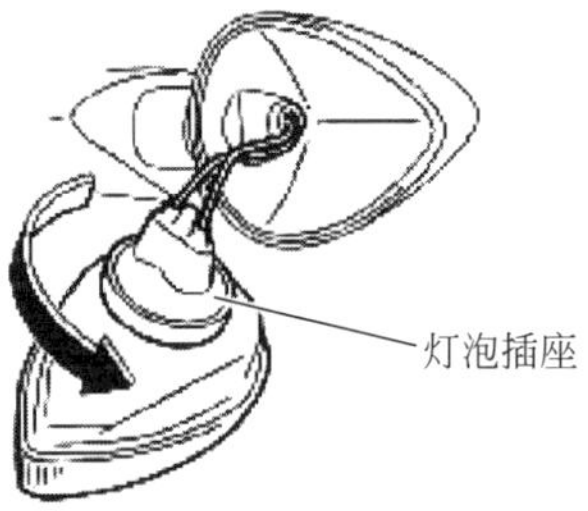

图 9-2-17　灯泡插座识别

图 9-2-18　转向灯灯泡识别

4. 牌照灯灯泡更换（表 9-2-12）

表 9-2-12　牌照灯灯泡更换

步骤	操　作
1	按照图 9-2-19 所示，拆下螺钉和牌照灯总成
2	按照图 9-2-20 所示，把灯泡连同灯泡插座一起拉出拆下
3	把烧毁的灯泡从灯泡插座中拉出
4	把新灯泡插入灯泡插座
5	推入灯泡插座，将其安装好
6	安装好牌照灯，将螺钉重新紧固好

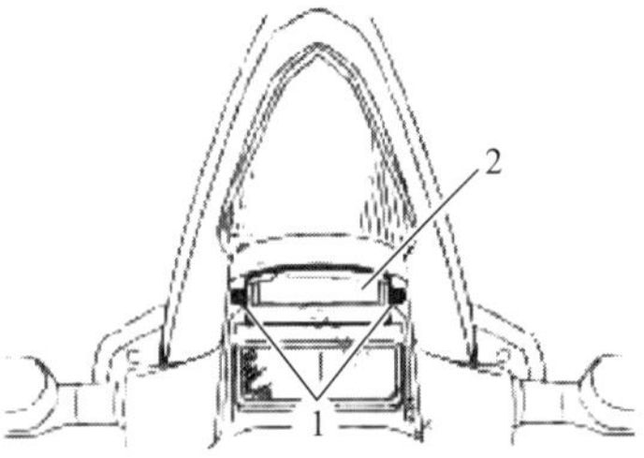

图 9-2-19　牌照灯总成与螺钉识别

1—螺钉；2—牌照灯总成

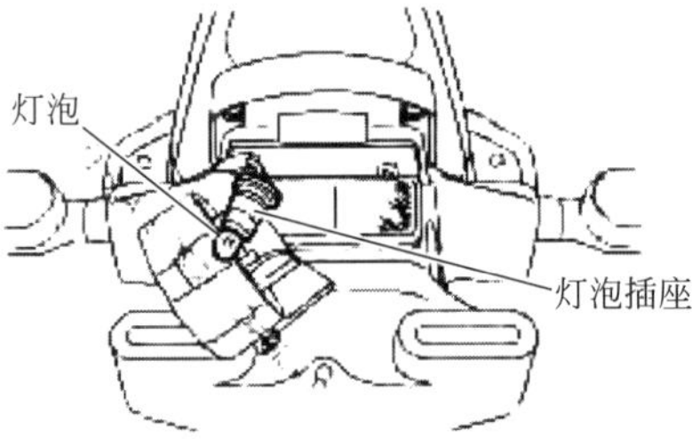

图 9-2-20　牌照灯灯泡插座与灯泡

六、熔丝检查

熔丝盒 1 和主熔丝位置在骑手座椅下面，取下座椅后即可找到，见图 9-2-21；熔丝盒 2 安装在摩托车仪表板左侧的盖板 A 下，见图 9-2-22。按照图 9-2-23 所示检查熔丝盒 2 的熔丝，如果发现熔丝熔断，应更换规格相同的熔丝。

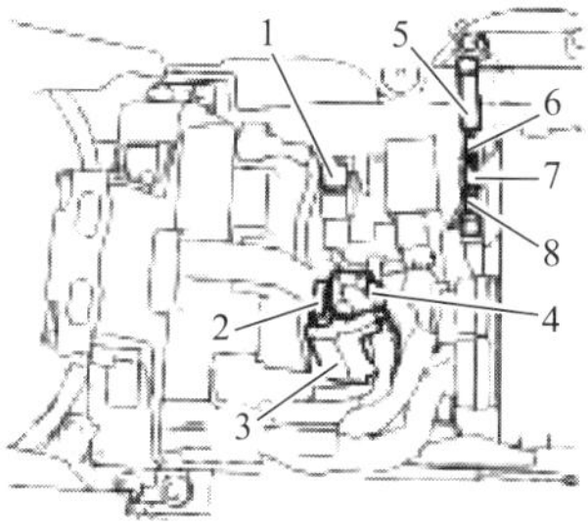

图 9-2-21　熔丝盒 1 与主熔丝识别

1—主熔丝（50A）；2—燃油喷射系统备用熔丝（15A）；3—起动机继电器盖；4—燃油喷射系统熔丝（15A）；5—熔丝盒 1；6—后备熔丝（电子时钟）（7.5A）；7—电子节气门熔丝（7.5A）；8—备用熔丝

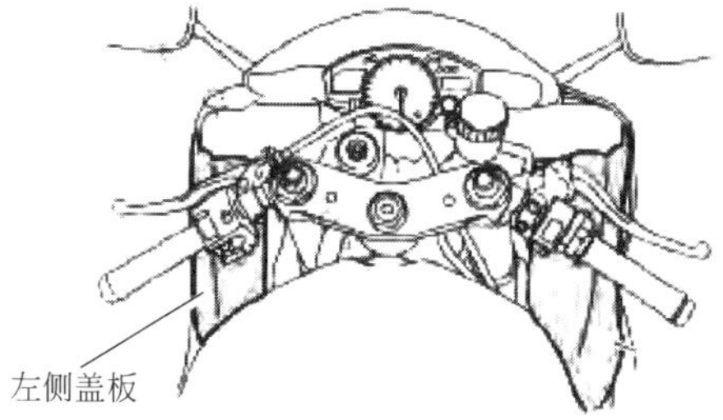

图 9-2-22　仪表板左侧盖板 A 识别

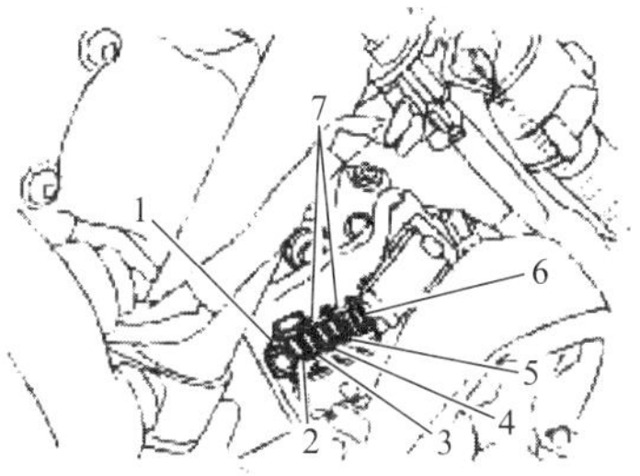

图 9-2-23　熔丝盒 2 熔丝识别

1—熔丝盒 2；2—左侧散热器风扇熔丝（15A）；3—右侧散热器风扇熔丝（15A）；4—信号系统熔丝（10A）；5—点火系统熔丝（15A）；6—前照灯熔丝（15A）；7—备用熔丝

七、火花塞型号与电极间隙

雅马哈 YZF-R6 摩托车采用 NGK CR10EK 火花塞，火花塞电极间隙规范值为 0.6～0.7mm。更换火花塞时应注意型号准确。

八、VIN 编码与摩托车车型编号位置

VIN 编码与摩托车车型编号位置识别见图 9-2-24 和图 9-2-25。进行车辆登记或订购配件时均需提供准确的 VIN 编码与摩托车车型编号，防止发生错订。

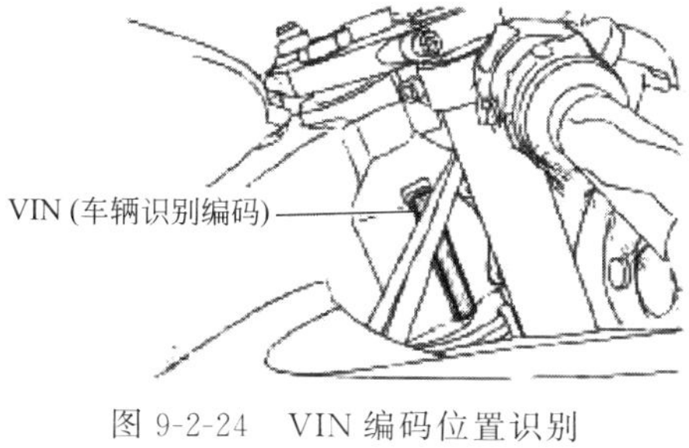

图 9-2-24　VIN 编码位置识别

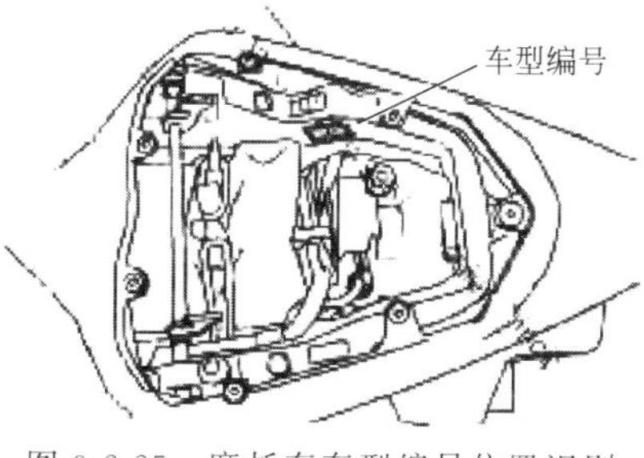

图 9-2-25　摩托车车型编号位置识别

第十章

SUZUKI（铃木）摩托车

第一节 SUZUKI GXS-S1000 摩托车（2015 年款）

一、油品

1. 油品规格（表 10-1-1）

表 10-1-1 油品规格

油　　品	规　　格	用　　量
发动机机油	推荐使用铃木原厂发动机机油；黏度为 SAE 10W-40；API SG、SH、SJ、SL	排出发动机机油后添加：2.8L 排出发动机机油并更换机油滤清器后添加：3.2L
制动液	DOT4 制动液	
发动机冷却液	Suzuki Super Long Life 发动机冷却液	2.8L

2. 发动机机油油位检查（表 10-1-2）

表 10-1-2 发动机机油油位检查

步骤	操　　作
1	把摩托车停放到平整坚实的地面上，将车用侧支架支好
2	启动发动机，怠速运行 3min
3	关闭摩托车点火开关，使发动机停机，然后等待 3min
4	使摩托车车身直立，按照图 10-1-1 所示，通过机油油位观察窗查看油位
5	油位应位于 F(上限标记)与 L(下限标记之间)
6	如果发现发动机机油油位低于下限标记，应予以添加，使机油油位达到规范范围

3. 更换发动机机油和机油滤清器（表 10-1-3）

表 10-1-3 更换发动机机油和机油滤清器

步骤	操　　作
1	把摩托车用侧支架支好
2	按照图 10-1-2 所示，拆下发动机底部整流罩

续表

步骤	操 作
3	按照图 10-1-3 所示，拆下机油加注口盖
4	把接油盘放到图 10-1-4 所示的放油螺栓下面，准备承接放出的发动机机油
5	拆下放油螺栓和密封垫圈，彻底排放发动机机油
6	按照图 10-1-5 所示，用机油滤清器拆卸扳手沿逆时针方向转动，拆下机油滤清器，使机油滤清器内的残存机油排放出来，然后将拆下的机油滤清器废弃
7	按照图 10-1-6 所示，在新机油滤清器的橡胶密封环上涂抹一层干净的发动机机油
8	安装机油滤清器并紧固至 20N·m
9	在放油螺栓上换装新的密封垫圈，将放油螺栓紧固至 23N·m
10	加注足量的发动机机油，然后将机油加注口盖装好
11	检查发动机机油油位，确认油位符合规范
12	启动发动机，怠速运行 3min；确认机油加注口盖和放油螺栓处没有机油泄漏

图 10-1-1 检查发动机机油油位

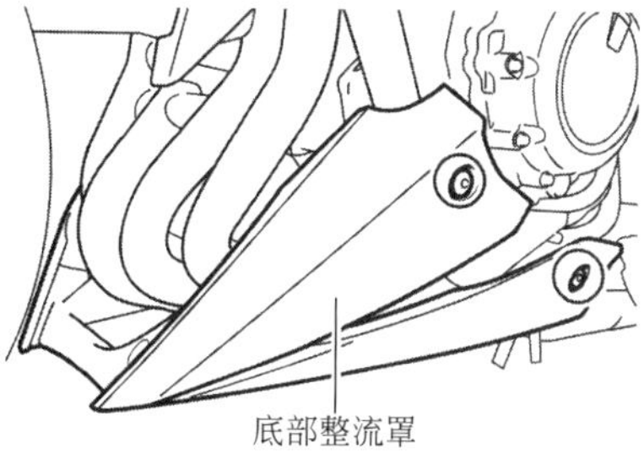

图 10-1-2 拆下发动机底部整流罩

图 10-1-3 发动机机油加注口盖识别

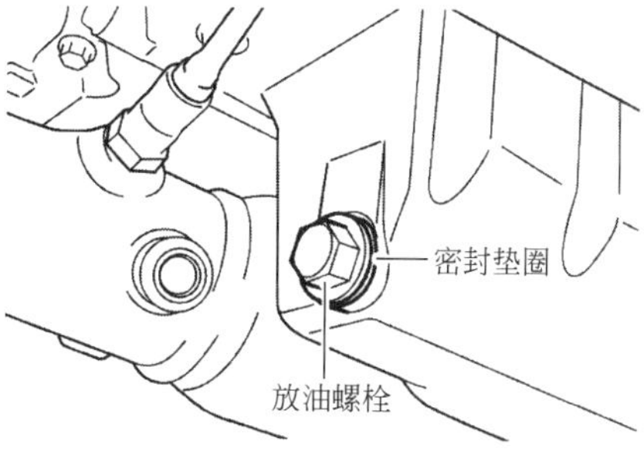

图 10-1-4 放油螺栓位置识别

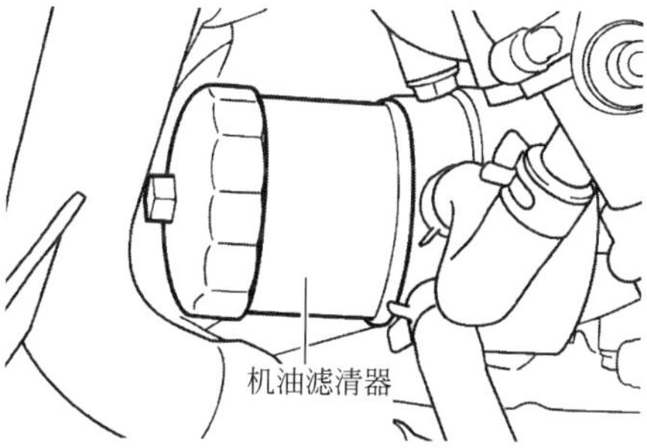

图 10-1-5 机油滤清器识别

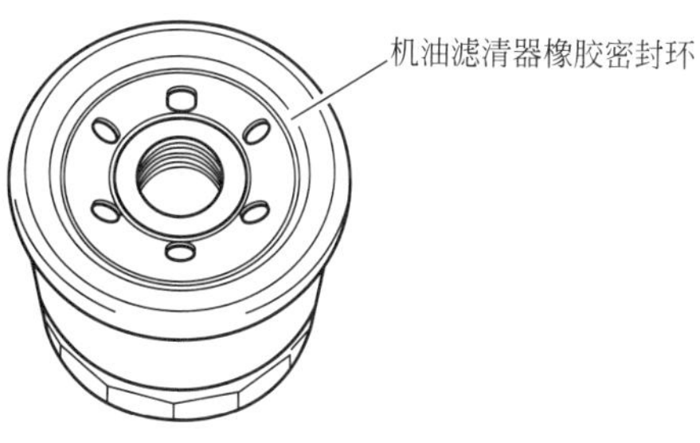

图 10-1-6 橡胶密封环识别

4. 发动机冷却液液面高度检查（表 10-1-4）

表 10-1-4　发动机冷却液液面高度检查

步骤	操　　作
1	把摩托车停放到平整坚实的地面上
2	使摩托车车身保持直立，以便能准确检查发动机冷却液液位
3	按照图 10-1-7 所示，检查冷却液储液罐内冷却液的液面高度
4	应处于 F(上限标记)和 L(下限标记)之间
5	如果液位低于下限标记，则按照图 10-1-8 所示，拆下整流罩，露出储液罐盖，拧下储液罐盖(图 10-1-8 中箭头所示)，添加冷却液，直至液位达到上限标记
6	添加完毕后，将储液罐盖拧好，重新安装好整流罩

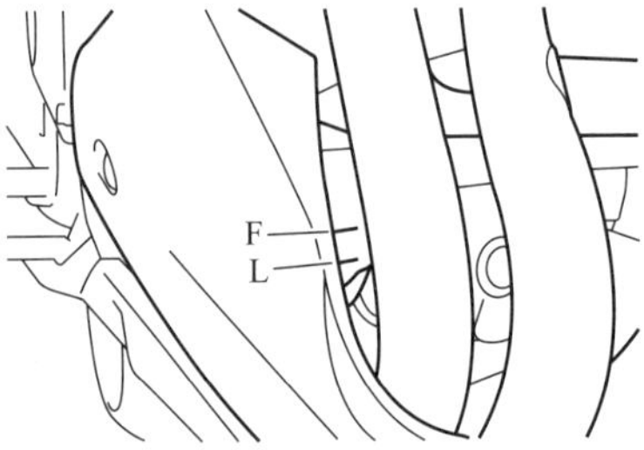

图 10-1-7　检查发动机冷却液液面高度

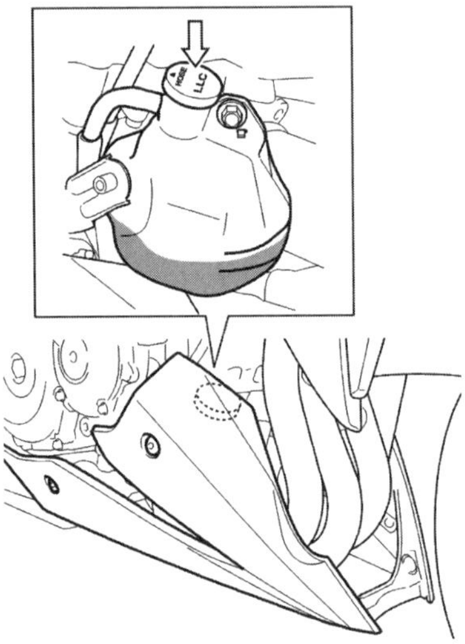

图 10-1-8　冷却液储液罐盖识别

5. 检查制动液液位（表 10-1-5）

表 10-1-5　检查制动液液位

步骤	操　　作
1	把摩托车停放到平整坚实的地面上
2	使摩托车车身保持直立，以便能准确检查制动液液位
3	按照图 10-1-9 和图 10-1-10 所示，检查制动液储液罐内的液面高度
4	液面应高于下限标记

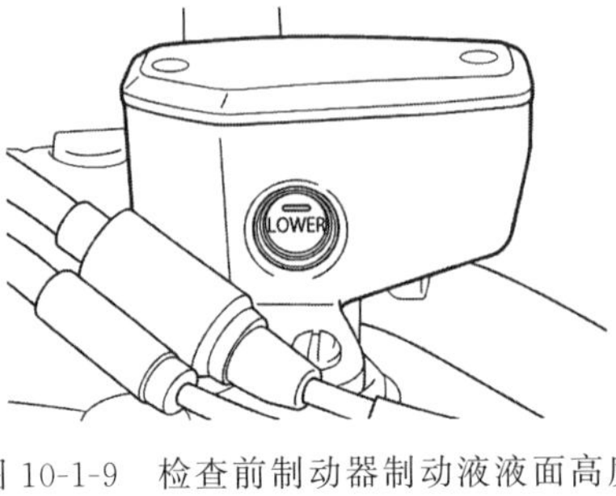

图 10-1-9　检查前制动器制动液液面高度

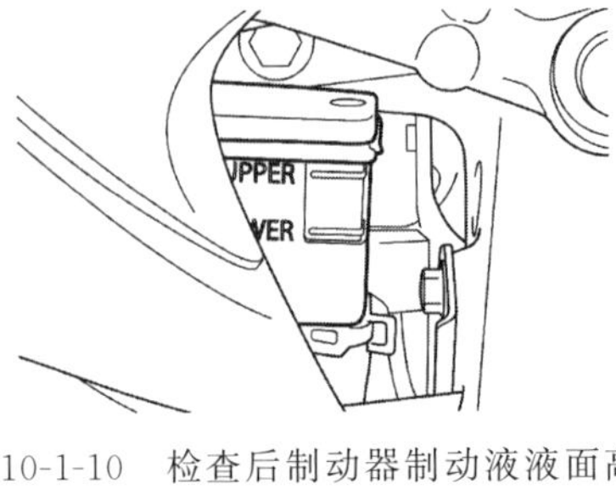

图 10-1-10　检查后制动器制动液液面高度

二、传动链

1. 传动链链轮轮齿检查

按照图 10-1-11 所示，检查传动链链轮轮齿是否磨损，如果发现轮齿磨损，应更换链轮。

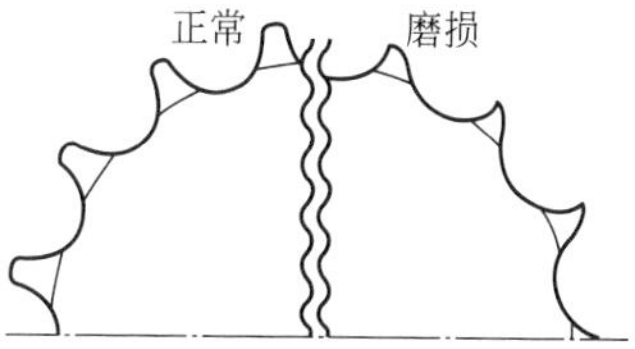

图 10-1-11　检查传动链链轮轮齿

2. 传动链松弛度检查（表 10-1-6）

表 10-1-6　传动链松弛度检查

步骤	操　　作
1	关闭发动机，将摩托车变速器设定到 N 挡
2	将摩托车停放到平整坚实的地面上，用侧支架支好
3	按照图 10-1-12 所示，检查传动链松弛度
4	规范范围应为 20～30mm

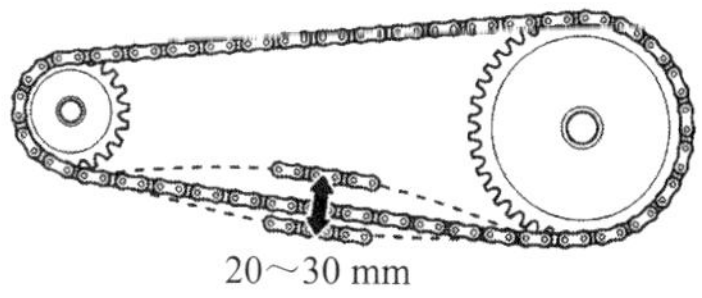

图 10-1-12　检查传动链松弛度

3. 传动链松弛度调节

当维护保养中发现传动链松弛度不符合 20～30mm 的规范时，应按照表 10-1-7 的操作步骤将传动链松弛度调节到规范范围。

表 10-1-7　传动链松弛度调节步骤

步骤	操　　作
1	将摩托车停放到平整坚实的地面上，用侧支架支好
2	按照图 10-1-13 所示，松开车轮螺母
3	按照图 10-1-13 所示，松开车轮左侧和右侧的锁止螺母
4	按照图 10-1-13 所示，转动车轮左侧和右侧的调节螺母，将链条松弛度调节到 20～30mm，调节时要注意使后链轮与前链轮对齐，左侧和右侧参考标记应处于相同刻度位置
5	调节完毕后，拧紧车轮左侧和右侧的锁止螺母
6	将车轮螺母紧固至 100N·m

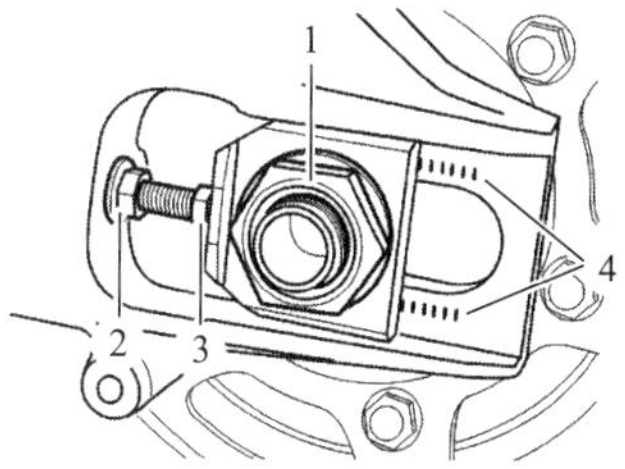

图 10-1-13　调节传动链松弛度
1—车轮螺母；2—锁止螺母；
3—链条松弛度调节螺母；
4—参考标记

三、轮胎维护保养

1. 轮胎压力检测

压力检测需在轮胎处于冷态时进行，用轮胎压力表测量轮胎压力，前轮轮胎压力应为 250kPa，后轮轮胎压力应为 290kPa。

2. 轮胎胎面花纹深度

检查轮胎胎面花纹深度，检查时如果发现前轮轮胎胎面花纹深度低于 1.6mm，后轮轮胎胎面花纹深度低于 2.0mm，应立即更换轮胎，如图 10-1-14 所示。

3. 轮胎磨损检查

轮胎侧壁上有一个三角形标记，表明该处有轮胎磨损极限标记，当轮胎达到磨损极限时，胎面上会显露出磨损极限指示标记（图 10-1-15），看到这个标记后，应立即更换轮胎。

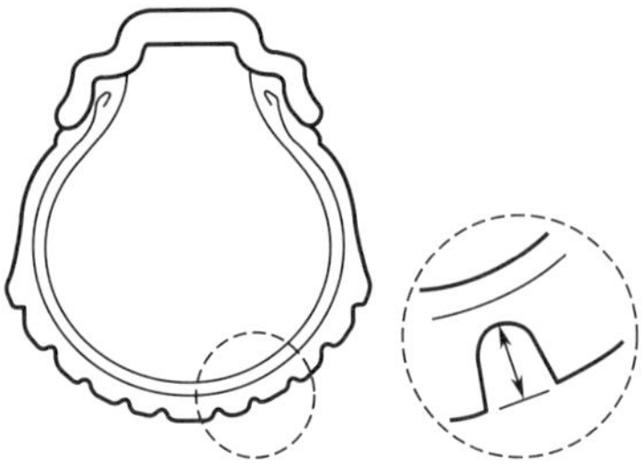

图 10-1-14　测量轮胎胎面花纹深度

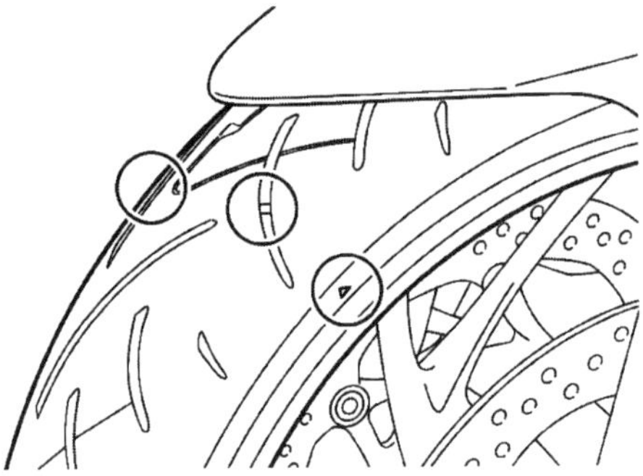

图 10-1-15　轮胎磨损极限指示标记识别

4. 轮胎品牌与规格（表 10-1-8）

表 10-1-8　轮胎品牌与规格

品　　牌	规　　格
前轮：Dunlop D214F M 轮胎 后轮：Dunlop D214M 轮胎	前轮：120/70 ZR17 M/C(58W) 后轮：180/55 ZR17 M/C(73W)

四、制动衬块磨损检查

维护保养时要检查制动器上的制动衬块厚度，如果发现已经抵达磨损极限标记，应立即更换制动衬块，如图 10-1-16 和图 10-1-17 所示。

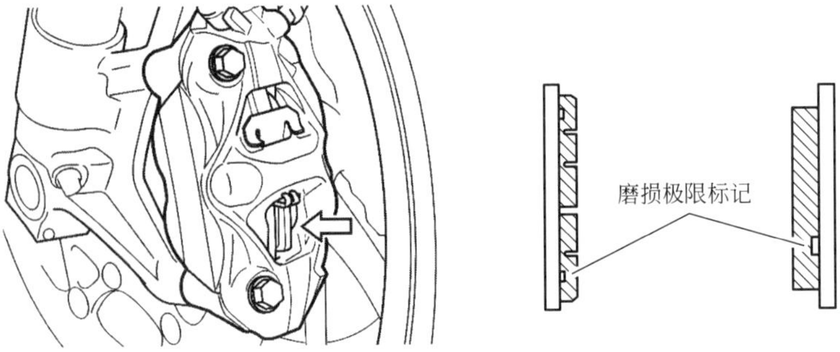

图 10-1-16　检查前制动器制动衬块

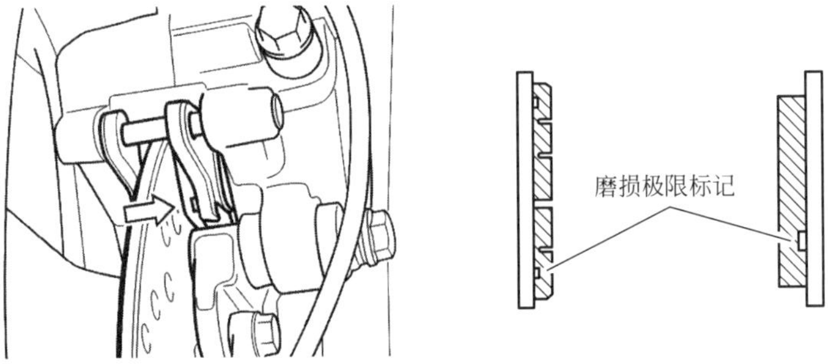

图 10-1-17　检查后制动器制动衬块

五、车灯

1. 灯泡规格（表 10-1-9）

表 10-1-9 灯泡规格

名　　称	规　　格
前照灯灯泡	H4(12V,60/55W)
转向灯灯泡(4 个)	12V,21W
牌照灯灯泡	12V,5.0W

2. 前照灯灯泡更换（表 10-1-10）

表 10-1-10 前照灯灯泡更换

步骤	操　　作
1	按照图 10-1-18 所示，拆下仪表护罩固定螺栓，将护罩拆下
2	按照图 10-1-19 所示，松开螺栓，拉出前照灯总成
3	按照图 10-1-20 所示，断开插座，拆下橡胶盖(重新安装橡胶盖时注意：橡胶盖上的 TOP 标记应朝上)
4	按照图 10-1-21 所示，松开灯座弹簧，拔出灯泡
5	安装新灯泡
6	按照与拆卸相反的步骤安装其他部件

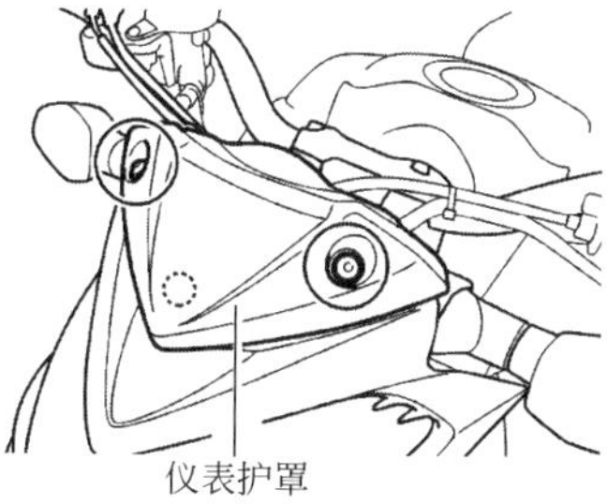

图 10-1-18 拆卸仪表护罩

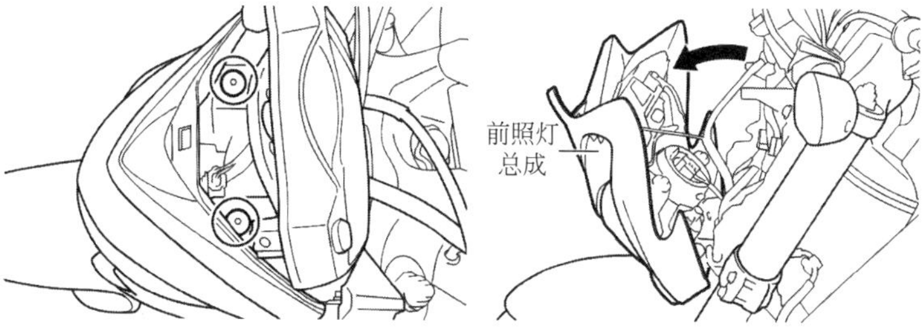

图 10-1-19 拉出前照灯总成

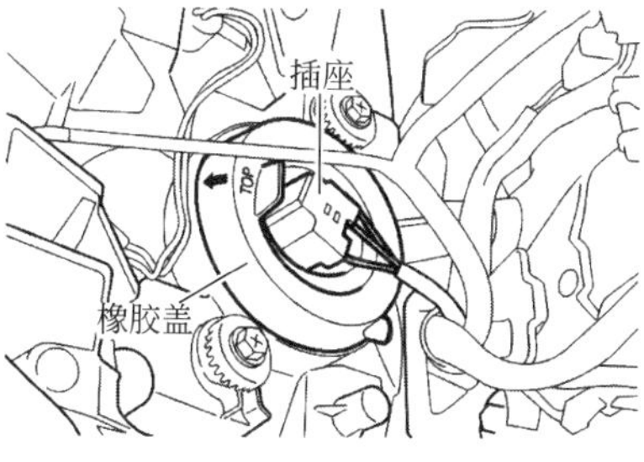

图 10-1-20 断开插座并拆下橡胶盖

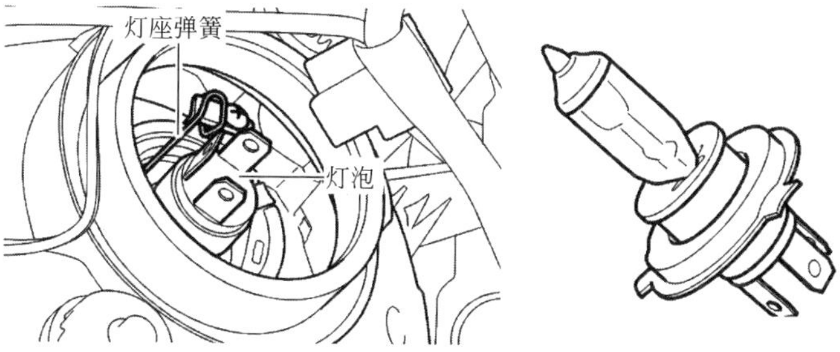

图 10-1-21 灯座弹簧和灯泡识别

3. 前照灯照射方向调节

按照图 10-1-22 所示，用螺丝刀转动图中所示的 2 个调节螺钉即可对前照灯高低方向和水平方向进行调节。

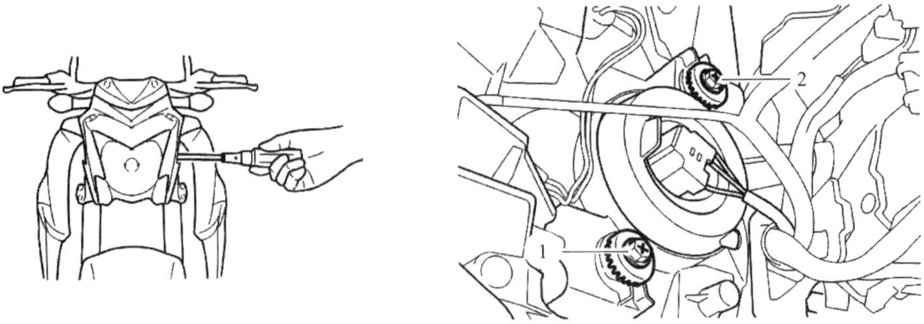

图 10-1-22　前照灯照射方向调节螺钉识别

1—高低方向调节螺钉；2—水平方向调节螺钉

4. 转向灯灯泡更换（表 10-1-11）

表 10-1-11　转向灯灯泡更换

步骤	操　　作
1	按照图 10-1-23 所示，拆下转向灯螺栓，拆下转向灯透镜
2	按照图 10-1-23 所示，握住灯泡向内按压，然后沿逆时针方向转动灯泡，将烧毁的灯泡拆下
3	把新灯泡向内按压，然后沿顺时针方向转动，将灯泡安装好
4	安装转向灯透镜，将螺栓紧固好

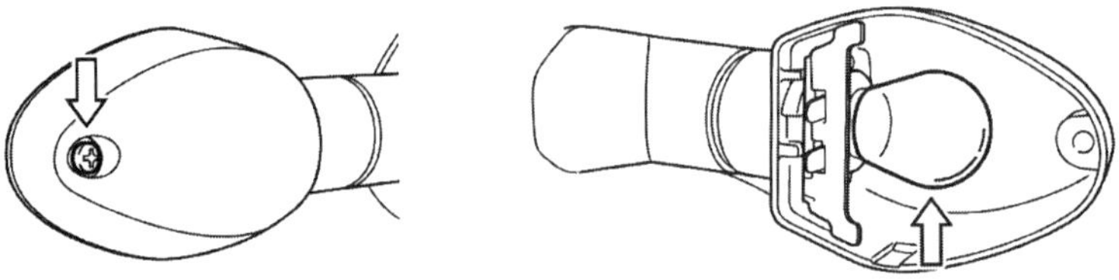

图 10-1-23　更换转向灯灯泡

5. 牌照灯灯泡更换（表 10-1-12）

表 10-1-12　牌照灯灯泡更换

步骤	操　　作
1	按照图 10-1-24 所示，拆下螺钉和牌照灯灯罩
2	把烧毁的灯泡拔出
3	把新灯泡插入灯泡插座
4	将螺钉重新紧固好

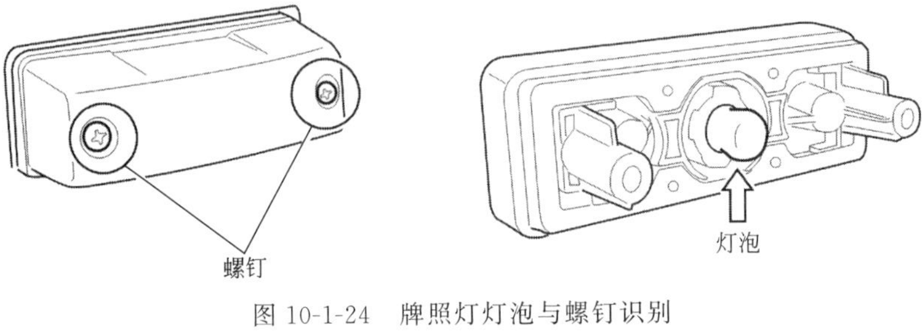

图 10-1-24　牌照灯灯泡与螺钉识别

六、熔丝检查

熔丝盒位置在骑手座椅下面，取下座椅后即可找到，见图 10-1-25；检查熔丝盒内的熔丝时，如果发现熔丝熔断，应更换规格相同的熔丝。

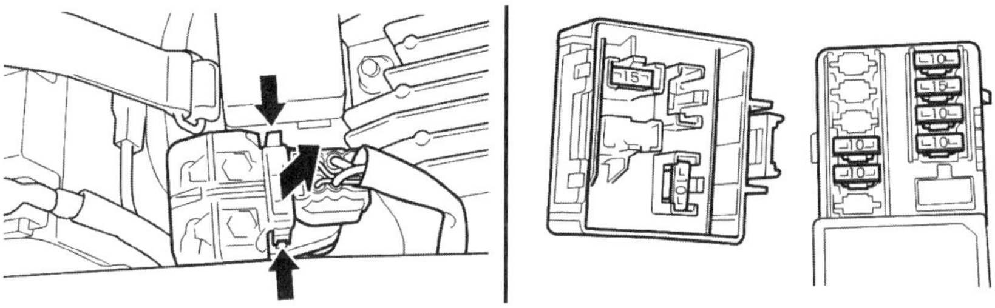

图 10-1-25　熔丝盒位置与熔丝识别

七、火花塞型号

铃木 GSX-S1000 摩托车采用 NGK CR9EIA-9 或 DNESO IU27D 火花塞。更换火花塞时应注意型号准确。

八、车架号与发动机编号位置

车架号与摩托车发动机编号位置识别见图 10-1-26 和图 10-1-27。进行车辆登记或订购配件时均需提供准确的车架号与发动机编号，防止发生错订。

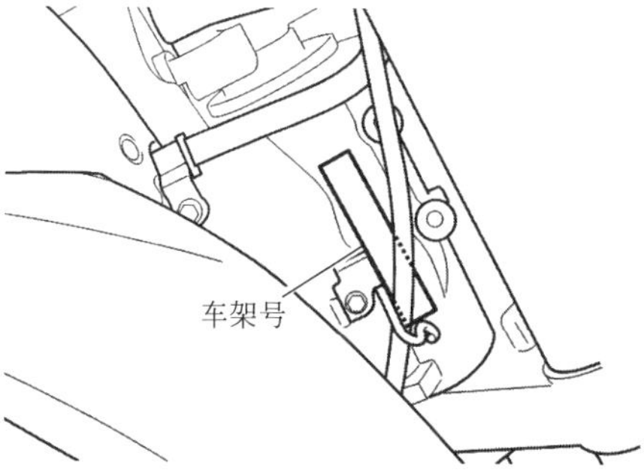

图 10-1-26　车架号位置识别

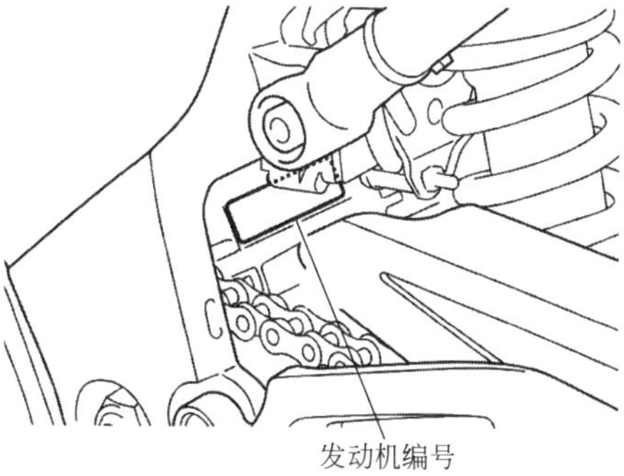

图 10-1-27　摩托车发动机编号位置识别

九、前悬架调节

1. 弹簧预紧力调节

摩托车骑手可根据摩托车载重（轻或重）对前悬架弹簧预紧力进行调节。如图 10-1-28 所示，将调节器向图中 H 方向（顺时针）转动，即可增大弹簧预紧力，使悬架变硬；将调节器向图中 L 方向（逆时针）转动，即可减小弹簧预紧力，使悬架变软。弹簧预紧力调节器上带有 5 道刻度线，分别表示不同的预紧力设定，位置 5 表示前悬架预紧力最大；位置 1 表示前悬架弹簧预紧力最小。标准位置为 2.5，即 5 道刻度线的中间位置，见图 10-1-29。

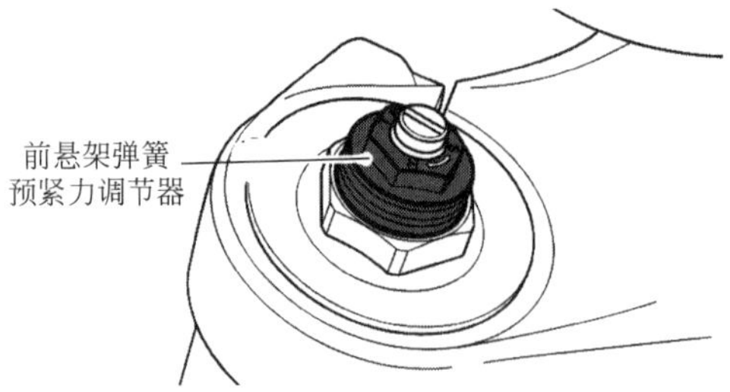

图 10-1-28　前悬架弹簧预紧力调节器识别

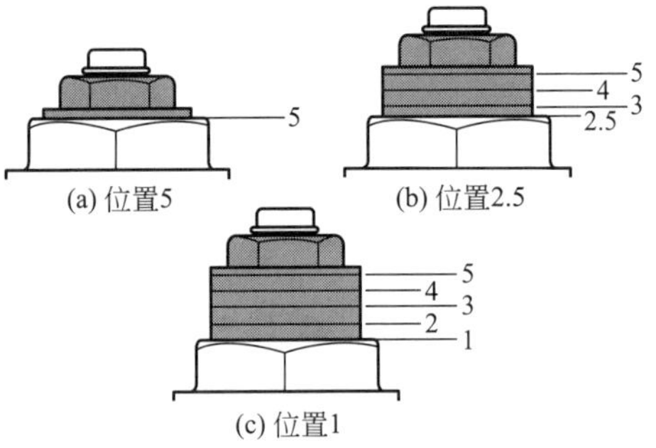

图 10-1-29　前悬架弹簧预紧力调节器调节位置识别

2. 前悬架回弹阻尼调节

摩托车骑手可根据摩托车载重（轻或重）对前悬架回弹阻尼进行调节。按照图 10-1-30 所示，将随车工具套装中的调节工具取出，将工具插入回弹阻尼调节器（图中标有 TEN 字符的调节器）的插槽中转动即可进行调节。沿 H 方向调节（顺时针转动）可增大回弹阻尼，使悬架回弹变硬；沿 S 方向调节（逆时针转动）可减小回弹阻尼，使悬架回弹变软。回弹阻尼标准位置是距离最硬（调节器顺时针转动到极限位置）位置 8 个调节声，即将阻尼调节器从最硬位置沿逆时针方向转动，听到调节器发出 8 个咔哒声后可达到标准位置。

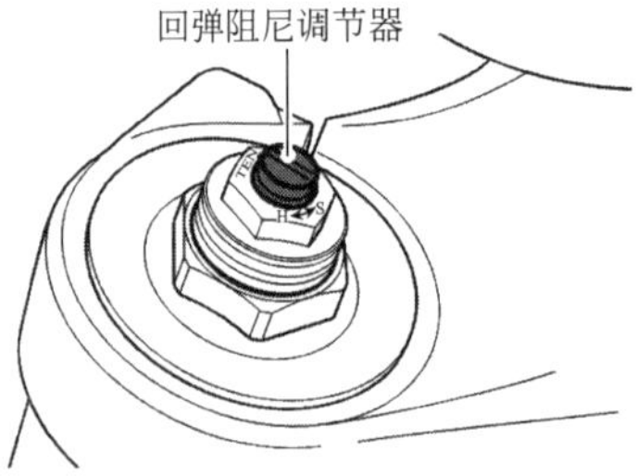

图 10-1-30　回弹阻尼调节器识别

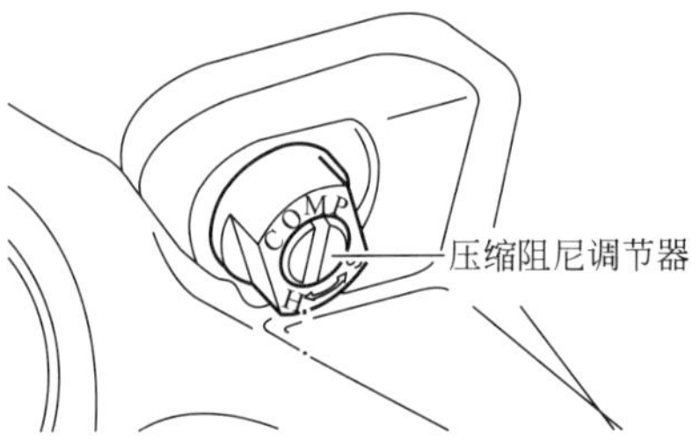

图 10-1-31　压缩阻尼调节器识别

3. 压缩阻尼调节

摩托车骑手可根据摩托车载重（轻或重）或道路情况（道路平坦或坑洼不平）对前悬架压缩阻尼进行调节。按照图 10-1-31 所示，将随车工具套装中的调节工具取出，将工具插入压缩阻尼调节器（图中标有 COMP 字符的调节器）的插槽中转动即可进行调节。沿顺时针方向转动可增大压缩阻尼，使悬架压缩变硬；沿逆时针方向转动可减小压缩阻尼，使悬架压缩变软。压缩阻尼标准位置是距离最硬（调节器顺时针转动到极限位置）位置 8 个调节声，即将阻尼调节器从最硬位置沿逆时针方向转动，听到调节器发出 8 个咔哒声后可达到标准位置。

十、后悬架调节

1. 后悬架弹簧预紧力调节

摩托车骑手可根据摩托车载重（轻或重）对后悬架弹簧预紧力进行调节。先将摩托车用侧支架支好，然后如图 10-1-32 所示，用随车工具转动调节器卡环。调节器有 7 种调节位置，调节器位于位置 1 时，弹簧预紧力最小；位于位置 7 时，弹簧预紧力最大。摩托车出厂时，后悬架弹簧预紧力预设在位置 4 处。

2. 回弹阻尼调节

摩托车骑手可根据摩托车载重（轻或重）对后悬架回弹阻尼进行调节。按照图 10-1-33

所示，转动调节器即可进行调节，沿顺时针方向转动可增大回弹阻尼，使悬架回弹变硬；沿逆时针方向转动可减小回弹阻尼，使悬架回弹变软。回弹阻尼标准位置是距离最硬（调节器顺时针转动到极限位置）位置1圈，即将阻尼调节器从最硬位置沿逆时针方向转动1圈可达到标准位置。为了达到最好的调节效果，防止调节过量，调节时转动幅度不要过大，一次调节转动1/8圈即可。

图 10-1-32 后悬架弹簧预紧力调节

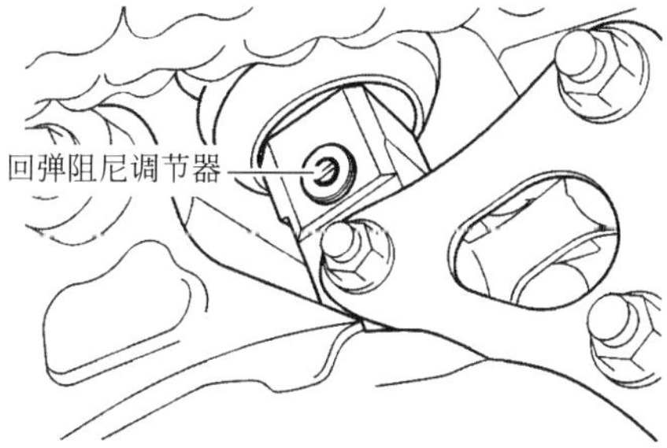

图 10-1-33 回弹阻尼调节器识别

第二节 SUZUKI VL800 摩托车（2010 年款）

一、油品

1. 油品规格（表 10-2-1）

表 10-2-1 油品规格

油品	规格	用量
发动机机油	推荐使用 Suzuki Performance 4 Motor Oil 发动机机油；黏度为 SAE 10W-40	排出发动机机油后添加：3.0L 排出发动机机油并更换机油滤清器后添加：3.4L
制动液	DOT4 制动液	
发动机冷却液	Suzuki Super Long Life 发动机冷却液	1.5L
传动齿轮油	SAE90 齿轮油	0.2～0.22L

2. 发动机机油油位检查（表 10-2-2）

表 10-2-2 发动机机油油位检查

步骤	操作
1	把摩托车停放到平整坚实的地面上，将车用侧支架支好
2	启动发动机，怠速运行 3min
3	关闭摩托车点火开关，使发动机停机，然后等待 3min
4	使摩托车车身直立，按照图 10-2-1 所示，通过机油油位观察窗查看油位
5	油位应位于 F(上限标记)与 L(下限标记)之间
6	如果发现发动机机油油位低于下限标记，应予以添加，使机油油位达到规范范围

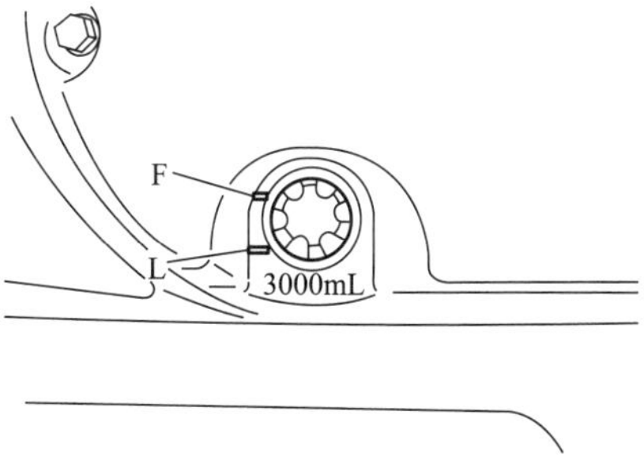

图 10-2-1 检查发动机机油油位

3. 更换发动机机油和机油滤清器（表 10-2-3）

表 10-2-3　更换发动机机油和机油滤清器

步骤	操　作
1	把摩托车用侧支架支好
2	按照图 10-2-2 所示，拆下机油加注口盖
3	把接油盘放到图 10-2-3 所示的放油螺栓下面，准备承接放出的发动机机油
4	拆下放油螺栓和密封垫圈，彻底排放发动机机油
5	按照图 10-2-4 所示，用机油滤清器拆卸扳手沿逆时针方向转动，拆下机油滤清器，使机油滤清器内的残存机油排放出来，然后将拆下的机油滤清器废弃
6	按照图 10-2-5 所示，在新机油滤清器的橡胶密封环上涂抹一层干净的发动机机油
7	安装机油滤清器并紧固至 20N・m
8	在放油螺栓上换装新的密封垫圈，将放油螺栓紧固至 23N・m
9	加注足量的发动机机油，然后将机油加注口盖装好
10	检查发动机机油油位，确认油位符合规范
11	启动发动机，怠速运行 3min；确认机油加注口盖和放油螺栓处没有机油泄漏

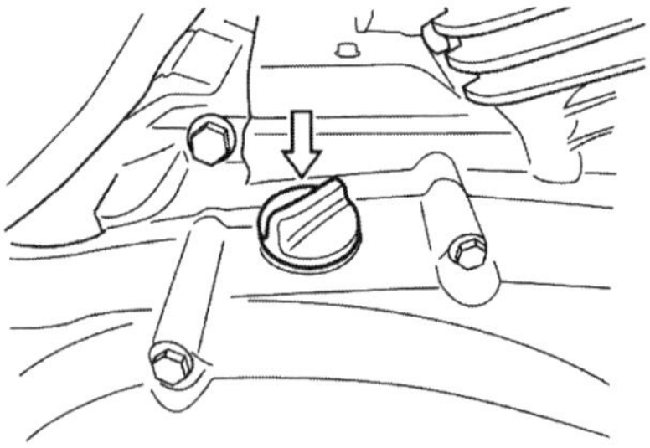

图 10-2-2　发动机机油加注口盖识别

图 10-2-3　放油螺栓位置识别

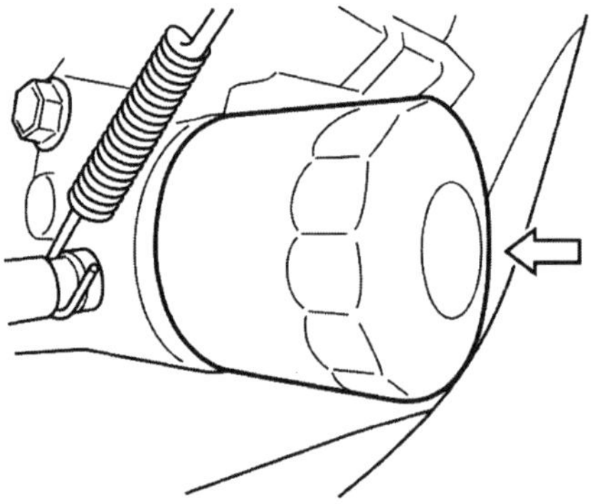

图 10-2-4　机油滤清器识别

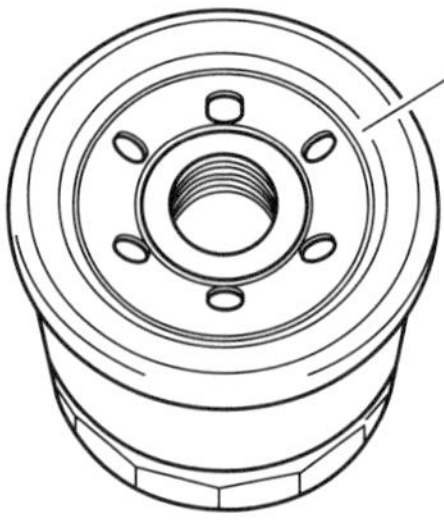

图 10-2-5　橡胶密封环识别

4. 发动机冷却液液面高度检查（表 10-2-4）

表 10-2-4 发动机冷却液液面高度检查

步骤	操 作
1	把摩托车停放到平整坚实的地面上
2	使摩托车车身保持直立，以便能准确检查发动机冷却液液位
3	按照图 10-2-6 所示，检查冷却液储液罐内冷却液的液面高度
4	应处于 F(上限标记)和 L(下限标记)之间
5	如果液位低于下限标记，则按照图 10-2-7 所示，拆下螺栓和护罩，露出储液罐盖，拧下储液罐盖(图 10-2-8 中箭头所示)，添加冷却液，直至液位达到上限标记
6	添加完毕后，将储液罐盖拧好，重新安装好护罩

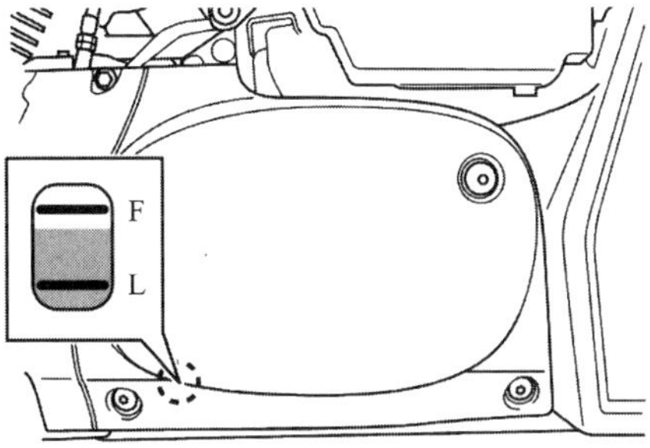

图 10-2-6 检查发动机冷却液液面高度

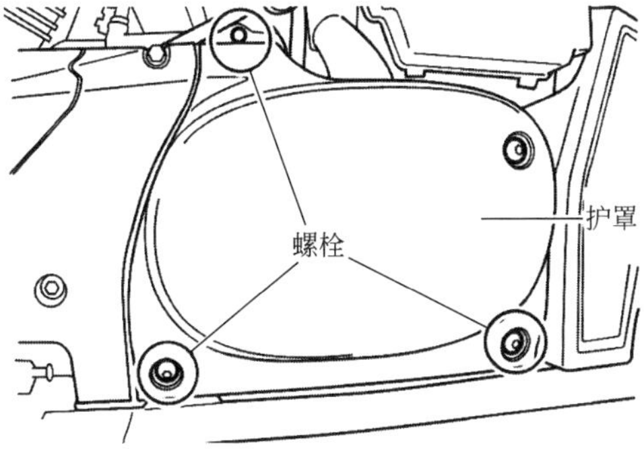

图 10-2-7 拆下螺栓和护罩

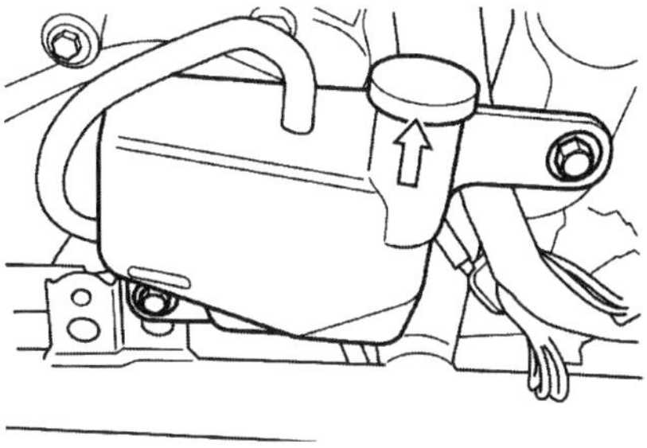

图 10-2-8 冷却液储液罐盖

5. 检查制动液液位（表 10-2-5）

表 10-2-5 检查制动液液位

步骤	操 作
1	把摩托车停放到平整坚实的地面上
2	使摩托车车身保持直立，以便能准确检查制动液液位
3	按照图 10-2-9 所示，检查制动液储液罐内的液面高度
4	液面应高于下限标记

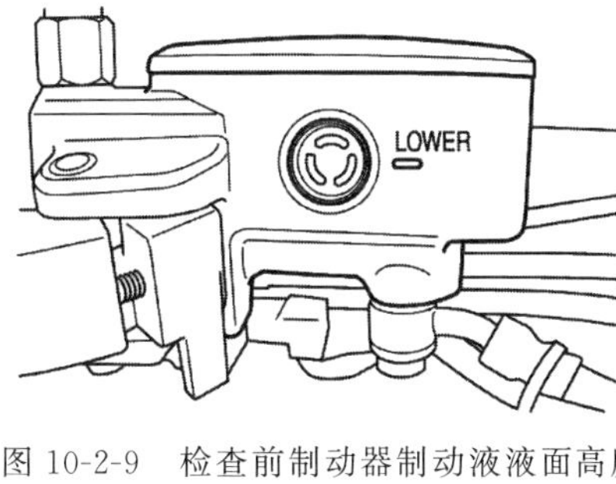

图 10-2-9 检查前制动器制动液液面高度

6. 传动齿轮油更换（表 10-2-6）

表 10-2-6　更换传动齿轮油

步骤	操　　作
1	把摩托车停放到平整坚实的地面上
2	把摩托车用侧支架支好
3	按照图 10-2-10 所示，拆下齿轮油加注口盖
4	将合适的容器放置到图 10-2-10 所示的放油螺塞下面，拆下螺塞，放出齿轮油
5	彻底排放齿轮油后，将放油螺塞重新拧紧
6	将摩托车车身保持直立，从加注口盖加注 200～220mL 的齿轮油
7	重新安装好齿轮油加注口盖

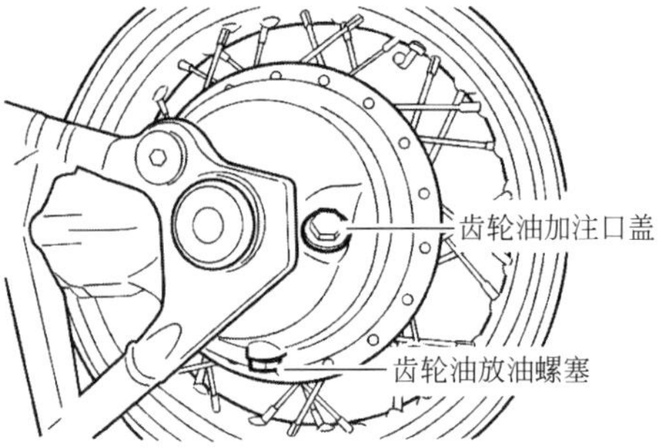

图 10-2-10　更换传动齿轮油

二、轮胎维护保养

1. 轮胎压力检测

压力检测需在轮胎处于冷态时进行，用轮胎压力表测量轮胎压力，前轮轮胎压力应为 200kPa，后轮轮胎压力应为 250kPa。

2. 轮胎胎面花纹深度

检查轮胎胎面花纹深度，检查时如果发现前轮轮胎胎面花纹深度低于 1.6mm，后轮轮胎胎面花纹深度低于 2.0mm，应立即更换轮胎，如图 10-2-11 所示。

3. 轮胎磨损检查

轮胎侧壁上有一个三角形标记，表明该处有轮胎磨损极限标记，当轮胎达到磨损极限时，胎面上会显露出磨损极限指示标记，看到这个标记后，应立即更换轮胎，如图 10-2-12 所示。

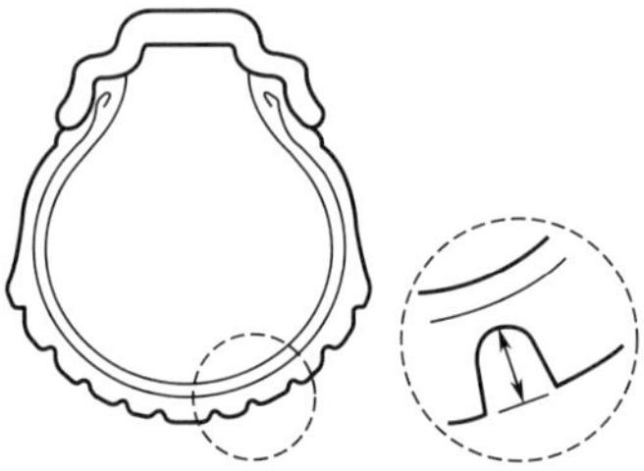
图 10-2-11　测量轮胎胎面花纹深度

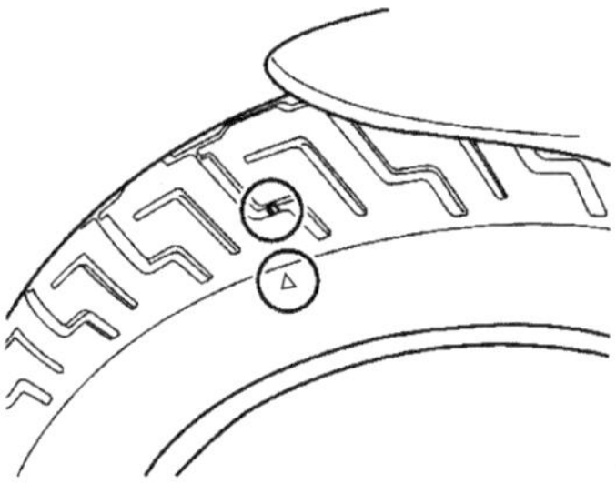
图 10-2-12　轮胎磨损极限指示标记识别

4. 轮胎品牌与规格（表 10-2-7）

表 10-2-7　轮胎品牌与规格

车　　轮	规　　格
前轮：IRC GS-23F	130/90 16 M/C(67H)
后轮：IRC GS-23R	170/80 15M/C(77H)

三、制动衬块磨损检查

1. 前轮制动器制动衬块检查

维护保养时要检查制动器上的制动衬块厚度，如果发现已经抵达磨损极限标记，应立即更换制动衬块，如图 10-2-13 所示。

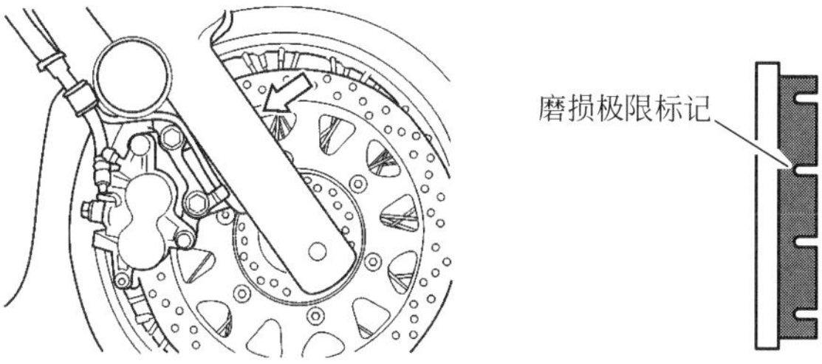

图 10-2-13　检查前制动器制动衬块

2. 后轮制动器制动衬块检查

检查后轮制动器制动衬块时，要查看指示标记的延长线是否在规范范围内，如图 10-2-14 所示，如果指示标记的延长线超出规范范围，说明已经达到磨损极限，要立即更换制动衬块。

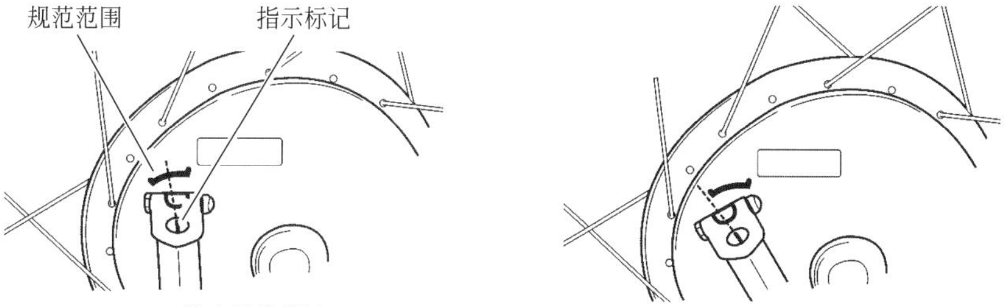

(a) 符合规范范围　　(b) 超出规范范围

图 10-2-14　检查后制动器制动衬块

四、车灯

1. 灯泡规格（表 10-2-8）

表 10-2-8　灯泡规格

名　　称	规　　格
前照灯灯泡	H4(12V,60/55W)
前转向灯灯泡	12V,21/5W
后转向灯灯泡	12V,21W

2. 前照灯灯泡更换（表 10-2-9）

表 10-2-9　前照灯灯泡更换

步骤	操　　作
1	按照图 10-2-15 所示,拆下前照灯固定螺栓,将前照灯总成拆下
2	按照图 10-2-16 所示,从橡胶盖上拔下灯泡插座

续表

步骤	操　　作
3	按照图 10-2-17 所示，松开灯座卡簧，拔出烧毁的灯泡
4	换上新灯泡
5	按照与拆卸相反的步骤安装其他部件

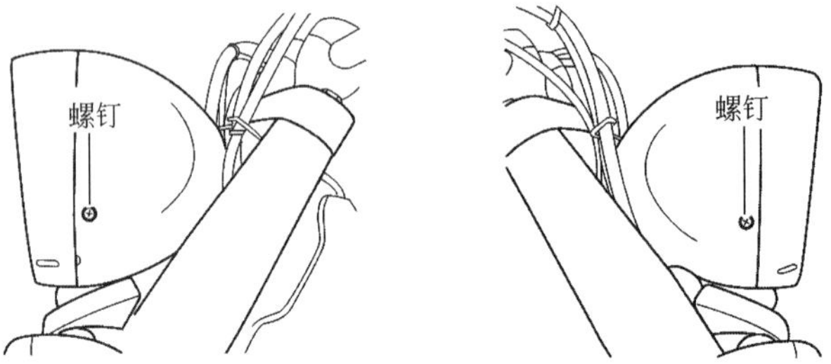

图 10-2-15　拆卸前照灯固定螺栓

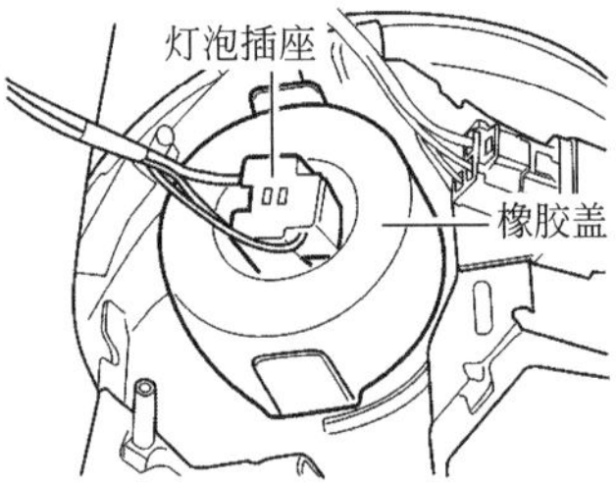

图 10-2-16　拔下灯泡插座

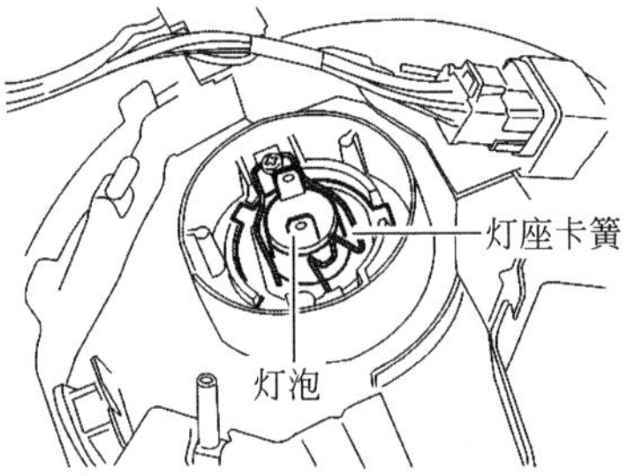

图 10-2-17　松开卡簧拔下灯泡

3. 前照灯照射方向调节

用螺丝刀转动图 10-2-18 中所示的 2 个调节螺钉即可对前照灯垂直方向和水平方向进行调节。

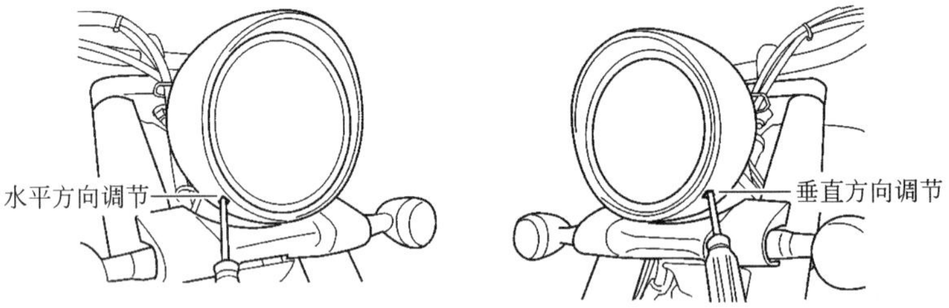

图 10-2-18　前照灯照射方向调节螺钉识别

4. 转向灯灯泡更换（表 10-2-10）

表 10-2-10　转向灯灯泡更换

步骤	操　　作
1	按照图 10-2-19 所示，拆下转向灯螺钉，拆下转向灯透镜
2	按照图 10-2-20 所示，握住灯泡向内按压，然后沿逆时针方向转动灯泡，将烧毁的灯泡拆下

续表

步骤	操 作
3	把新灯泡向内按压，然后沿顺时针方向转动，将灯泡安装好
4	安装转向灯透镜，将螺栓紧固好

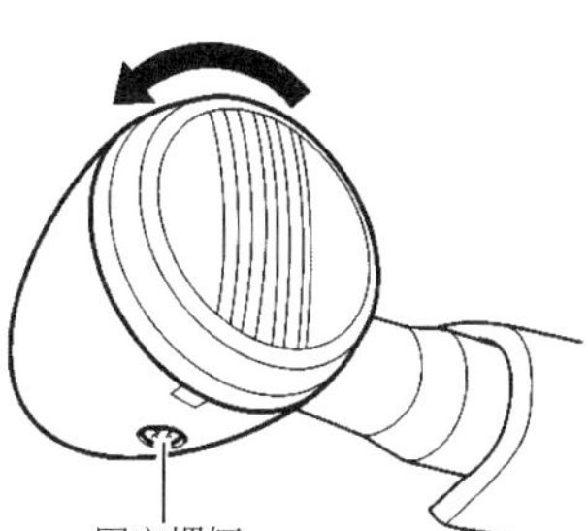

图 10-2-19 转向灯固定螺钉

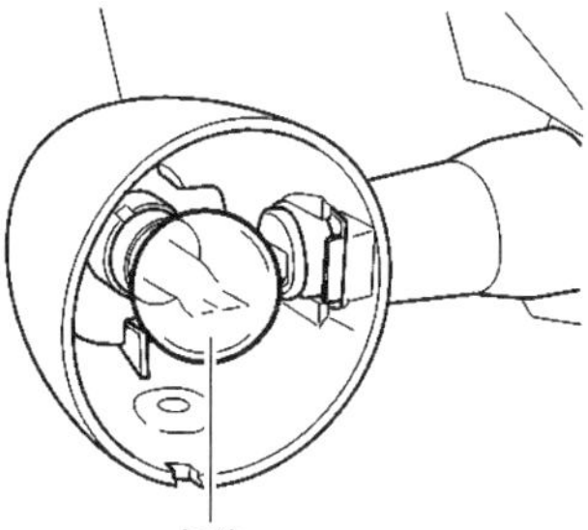

图 10-2-20 转向灯灯泡识别

5. 牌照灯灯泡更换（表 10-2-11）

表 10-2-11 牌照灯灯泡更换

步骤	操 作
1	按照图 10-2-21 所示，沿逆时针方向转动牌照灯透镜，将透镜取下
2	按照图中箭头所示，把烧毁的灯泡拔出
3	把新灯泡插入灯泡插座
4	重新装好牌照灯透镜

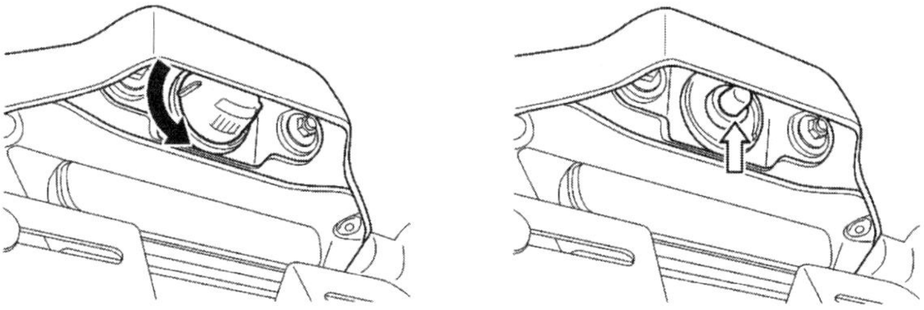
图 10-2-21 牌照灯灯泡与螺钉识别

五、熔丝检查

1. 主熔丝检查

主熔丝位置在骑手座椅下面，取下座椅后即可找到，见图 10-2-22；检查熔丝盒内的熔丝时，如果发现熔丝熔断，应更换规格相同的熔丝。

2. 熔丝盒检查

熔丝盒安装在摩托车发动机左侧曲轴箱护罩后，打开护罩即可找到，如图 10-2-23 所示。如果发现熔丝熔断，要用额定电流相同的熔丝进行更换。

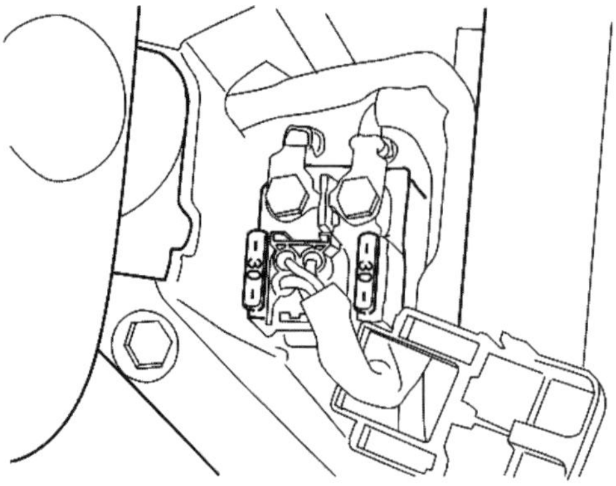

图 10-2-22　主熔丝识别

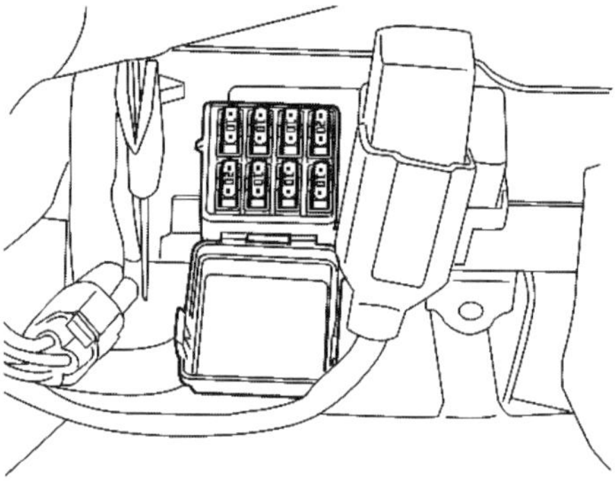

图 10-2-23　熔丝盒识别

六、火花塞型号与电极间隙

铃木 VL800 摩托车采用 NGK DPR7EA-9 或 DNESO X223P4-U9 火花塞；火花塞电极间隙规范范围为 0.8～0.9mm。更换火花塞时应注意型号准确。

七、车架号与摩托车发动机编号位置

车架号与摩托车发动机编号位置见图 10-2-24。进行车辆登记或订购配件时均需提供准确的车架号与发动机编号，防止发生错订。

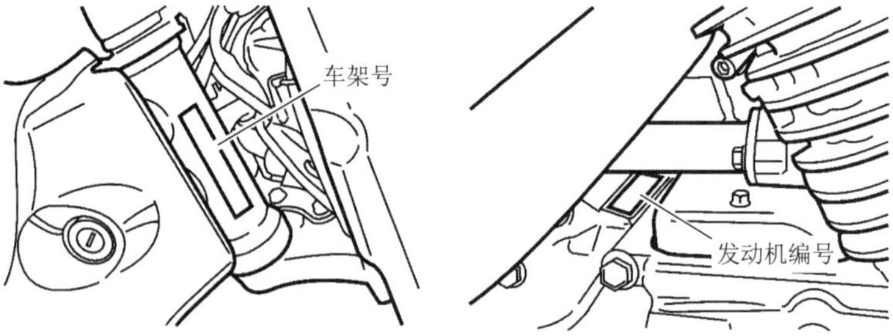

图 10-2-24　车架号与发动机编号位置识别